U0947079

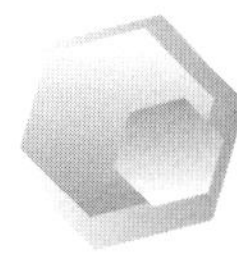

21·世·纪·经·济·学·系·列·教·材

计量经济学

（第三版）

熊义杰　孙赵勇　编著

中国人民大学出版社
·北京·

21 世纪经济学系列教材

学术顾问（按姓氏笔画为序）：

卫兴华　吴大琨　吴易风　宋　涛
陈　共　胡　钧　胡乃武　高成兴
高鸿业　黄　达　阎达五

主编：

杜厚文　林　岗

编委：

韦　伟　李子奈　杨瑞龙　邱华炳
易丹辉　周立群　周茂荣　洪银兴
姚开建　徐茂魁　高德步　高培勇
黄卫平　黄泰岩　彭　刚　舒　元

总　序

改革开放以来，经济社会的发展对中国经济学教育、教学产生了重要的影响，提出了新的要求。为了使经济学教育、教学根植于我国改革开放和现代化建设的肥沃土壤，服务于时代和实践的需求，中国人民大学出版社从本世纪初就开始组织国内知名经济学者编写适应新时期经济学教学的"21 世纪经济学系列教材"。

十多年来，21 世纪经济学系列教材已经逐步推出了许多适合中国特点的经济学教科书，影响了一批又一批的青年学子。这其中，我国经济学界杰出教育家、西方经济学学科主要奠基人之一高鸿业先生主编的《西方经济学》，已成为我国高校经济学专业的权威性教材，读者早已超过千万！中国马克思主义政治经济学的奠基人宋涛先生的《政治经济学》，对马克思主义政治经济学在中国的传播、普及和发展发挥了重要作用。该系列已经出版的其他教材，如孙久文教授的《区域经济学》、彭刚教授的《发展经济学》、王则柯教授的《博弈论教程》、黄卫平教授的《国际经济学》等等，都产生了广泛的影响，为中国的经济学教育作出了贡献。

近几年来，中国的经济学教育、教学面临新的形势，取得了长足的进步：一是我国经济学界教育思想、教育观念已经发生了重大转变，更加重视素质教育；二是教学内容有了重大改革，在学科专业调整建设、课程体系、教学内容改革方面取得了进展；三是教育、教学方法有了重大进步，更加重视理论联系实际，实验、实践、案例教学逐步加强，现代化教学手段被广泛应用。

有鉴于此，为了应对新的形势与变化，中国人民大学出版社在认真调查研究高等学校经济学专业本科培养方案和课程教学大纲的基础上，组织专家学者，经过反复研究论证、合理定位、精心写作、吐故纳新，进一步整合优化了"21 世纪经济学系列教材"。这套教材将涵盖经济学专业所有的基础课、主干课、核心课，使学生通过《政治经济学》《微观经济学》《宏观经济学》等基础理论教材的学习，掌握经济学的基础理论，培养厚实的经济学理论功底；通过《产业经济学》《区域经济学》《国际经济学》等应用类主干课程教材的学习，掌握现实经济部门的运行和发展；通过《经济学说史》《经济思想史》《世界经济史》等经济史学类教材的学习，理解经济学的发展和演变规律；通过《计量经济学》《统计学》等经济学方法类教材的学习，掌握经济学的思考方法和具体的研究方法；通过《博弈论》《行为经济学》等专业教材的学习，了解经济学理论的前沿进展；通过《〈西方经济学〉典型题题解》《政治经济学学习与教学手册》等基础课程的配套教辅书，牢固掌握所学经济学理论。

这套教材的编写特色主要体现在以下几个方面：

第一，作者阵容强大，教学经验丰富。作者大都是来自中国人民大学、北京大学、清华大学、南开大学、复旦大学、浙江大学、武汉大学等国内重点大学的学科带头人，有很高的科研水平和丰富的教学经验。

第二，在教材编写和内容安排上，强调基础知识、基本理论、基本技能。同时充分吸收国内外优秀教材的优点，定位明确，体系科学，概念准确，深入浅出。

第三，融合本学科现有的研究成果，反映本学科研究的最新进展，反映中国改革开放和现代化建设实践中的新成果，反映当今世界发生的深刻变革对经济学理论和实践产生的影响。

第四，教材重视加入现实经济生活中的案例、新闻素材等内容，使教材的可读性更强，更能够与当前中国经济现实结合起来，使学生能够学以致用。

中国人民大学出版社希望通过这套教材的出版，与广大教师、学生一起研究和探讨，进一步提高中国经济学教材的编写水平，提高经济学教学质量，为经济学的发展，为培养具有创新能力与实践能力、具有国际视野又了解中国国情的高层次经济学人才作出新的贡献。

内容提要

计量经济学是教育部确定的经济类专业8门核心课程之一。本书是适合高等院校经济管理类专业本科生和零起点的硕士研究生使用的计量经济学教科书。全书共8章，分上下两篇。上篇共4章，属于计量经济学的基础和入门部分，下篇共4章，属于计量经济学的引申和提高部分。上篇作为基础篇，主要包括计量经济学概要、一元线性回归模型、多元线性回归模型和计量经济学问题及二级检验等内容。下篇为提高篇，主要包括单方程模型的其他形式、计量经济学的矩阵运算、联立方程模型和面板数据模型等内容。为了提高学生的计量经济学动手操作能力，除第1章外，每章都增加了专门的本章实验及案例分析。为巩固记忆、加深印象，每章之后均附有充足的课后思考及练习题，第4章之后还附有上篇总复习。本书的主要特点为：一是内容精炼，适用性强；二是内容安排由浅入深，容易理解，如基础篇在叙述上力求避免使用晦涩难懂的矩阵方法，一贯采用方便易用的连加规则，大大地方便了学生的理解和掌握；三是行文体例符合记忆规律，便于识记掌握。本教材可作为40～80学时计量经济学课程的教材使用，40学时的课程可只讲上篇。

本书也可供从事计量经济学教学和研究的所有人员作为教学和研究的参考书，还可供高等院校和其他相应的研修班或培训班作为教材使用。

前 言

《计量经济学（第三版）》是在由我独立编著的《经济计量学教程（第 2 版）》（北京，国防工业出版社，2009）的基础上修订而成的。

《经济计量学教程（第 2 版）》以通俗易懂和深入浅出见长，尤其是在基础篇中对计量经济学关系式的表达始终坚持使用在数学形式上直观明白的求和方式（$\sum$），避免使用晦涩难懂的矩阵方式，很适合数学基础相对欠缺的经济管理类学生使用。作为计量经济学的入门教材，总体上说，《经济计量学教程（第 2 版）》是比较适用的，但它也有缺点，虽然在第 2 版中增加了应用和展望篇，但在应用案例分析方面仍略显不足，仍然有理论分析部分过重的感觉。有鉴于此，本次修订做了较大幅度的修改，具体来说，主要包括以下几方面：

（1）关于书名。计量经济学是由“econometrics”翻译过来的，是关于如何计量经济关系的一门学科，也常被译为经济计量学。两种译名的区别在于，前者试图通过名称强调它是一门经济学学科，后者试图从名称上强调它是一门计量经济活动的方法论学科。但从教材的适用性角度考虑，国内前一种名称比较流行，这一点无论是在中国知网（CNKI）上搜索篇名时，还是从流行的不同版本的教材看，均可以得到证明，所以本次修订将名称做了更改。

（2）删除第三篇的应用和展望篇，除第 1 章绪论外，每一章都增加了本章实验及案例分析。这实际上是对应用问题换一种形式进行说明，因为实验和案例分析都是对基本原理和方法的应用。这一点可以说是一次大刀阔斧的改动。之所以做这样的改动，是出于对人的一般认知过程的思考。人类对于事物的认知是不断由感性认识上升到理性认识的过程，总是先有感性认识，然后才有理性认识。学生上机实验实际上正是不断增加感性认识的过程。有了感性认识，在老师的引导下，理性认识就容易形成了。

（3）把原来由第 6 章和第 7 章承担的矩阵运算内容合并为一章，删除了岭回归和贝叶斯估计方法简介。关于矩阵运算方法，除基本内容外只保留广义最小平方法和主成分分析。教学实践表明，矩阵运算对于经济管理各专业的同学来说的确太难了，不只是本科生，即使是硕士生，在听有关矩阵运算的部分时都有种云里雾里的感觉。另外，从简明适用的要求出发，本次修订还删除了一些相对比较偏或者比较难的内容，如原 2.4.4 节对高斯-马尔可夫定理的模拟证明，3.1.1 节中不大常用的二元模型的三种图示方法，以及 3.1.2 节中二元模型的经济分析意义。

（4）根据计量经济学快速发展的实际，本次修订增加了第 8 章“面板数据模型”的介绍。面板数据模型做起来无疑比时间序列数据模型和截面数据模型都要难，然而随着计算机技术的飞速发展，这方面的应用目前已经十分广泛。所以作为相关学科，显然不能没有这方面的内容。同时，根据时间序列数据模型的应用和发展，在原 5.3.4 节“协整理论”中增加了“格兰杰因果关系检验”。在近年来的计量经济分析实践中，这方面的应用也很多，作为相关课程应该予以反映。另外，第 4 章还增加了两个新的假设检验方法。

（5）从教学实用的角度考虑，删除了第 2 版附录 1 中很少使用的英文词汇表。同时，把原 1.6 节“一些必要的准备”改为“一些必要的数理统计知识”，并将其作为附录 1，把原 6.1 节“矩阵代数基本知识回顾”和 7.1 节“关于矩阵代数的进一步知识”合并，改为“矩阵运算的基础知识”，并将其作为附录 2。这样改动的好处是，虽然这两部分内容很重要，但毕竟属于先修课程的内容，作为附录，老师根据学生的基础可讲可不讲，比较灵活，即学生基础好就可以不讲，学生基础欠缺就可以提纲挈领地讲一讲。

算起来，从我读大学时钟情于计量经济建模开始，到读研究生时眷恋计量经济学，再到研究生毕业后留校任教与计量经济学结缘，至今已经有三十多年了。在我三十多年的计量经济学教学实践中，常常有学生向我反映计量经济学太难学。其实，说句公道话，由计量经济学的学科性质所决定，不仅学生学起来吃力，老师教起来也并不省心。也正是因为如此，尽可能地探索一种适合计量经济学教学特点的教学方法就非常重要。

很显然，要学好计量经济学，首先必须充分认识这门课的性质和特点。计量经济学是经济理论、数学和统计学的结合，是由多种学科形成的一门综合性的交叉学科。因此，要学好计量经济学，首先必须具备多方面的基础知识，其中包括必要的经济理论知识（要求必须先修现代经济学，包括微观经济学和宏观经济学）、统计学知识（包括数理统计学和经济统计学等）和数学知识（包括微积分和线性代数等）。因此，在安排教学计划时，教学管理部门必须特别注意，计量经济学的开课时间必须安排在这些先修课程之后，一般安排在大三的第二学期比较合适。学生不具备相关基础知识是学生普遍感到困难的重要原因。如果在教学中有学生反映学起来吃力，作为任课老师就有必要了解一下学生是否学过相关的先修课程，尤其是经济学和统计学，必要时甚至需要对课程安排进行调整。对于想要自学计量经济学的同学来说，在开始计量经济学的学习之前，也必须先学习这些先修课程。如果已经学过，对于其中不熟悉的内容也必须经常温习，以便加深对有关内容的理解，从而形成完整的知识体系。

在我多年的计量经济学教学生涯中，我深切地感觉到，对于计量经济学的学习来说，有两种素质非常重要，同学们必须不断加强这方面的训练，即一要勤于思考，二要善于观察。关于这两点，数学科普作家谈祥柏在他的科普著作《乐在其中的数学》一书中讲过两个例子，对我们很有启发。一个例子叫做“韩信立马分油”。案例说的是，一天有两个人一起做生意，余下 10 斤食用油，装在一个里面涂了漆的竹篓里。他们试图想要用一个容量为 7 斤的罐子和一个容量为 3 斤的葫芦均分这 10 斤油。他们两人在一起倒过来倒过去，就是分不好。当韩信得知此事后，他勒马想了想，说：“葫芦归罐罐归篓，分好油来朝家走。”两人一听恍然大悟，然后分了油高高兴兴地回家去了。实际上，韩信分油的公式就是：10－3×3＋7－3＝2＋3。很显然，这里思考的关键是3×3－7＋3＝5，即必须找到一种方式，把7和3与5联系起来。也就是说，勤于思考，强调的就是必须要能够由此及彼，善于把相关的因素联系起来。

谈祥柏讲到的另一个例子叫做“你绝对想不到π会出现”。案例说的是，如果把26个大写的拉丁字母均匀地排列在一个圆周上，然后逐一地划掉左右对称的大写字母，包括：A，H，I，M，O，T，U，V，W，X，Y。再从J（J是“Jupiter”的缩写，Jupiter是天神，也是木星）开始统计记数，分别得到3，1，4，1，6，即分别为圆周率π值的各位有效数。这一发现简直让我们为之瞠目，为之惊叹。这真的是天神的有意安排吗？不是，这就是善于观察和善于发现的杰作。当然，善于观察和善于发现必须具备一定的基础，比如在这里必须知道π是什么。也就是说，善于观察要求必须有广博的知识面。善于观察对于学好计量经济学非常重要，因为计量经济学中的很多结论实际上都是通过对数学式的形式进行观察后得到的。

在计量经济学的学习过程中，我想着重提出四点看法，以便与同学们共勉：

(1) 必须端正态度。在教学过程中，我发现有一部分同学在了解了计量经济学是应用数学的方法研究经济问题的特点之后，便对学习采取了一种放弃的态度。这些同学认为自己没有数学天赋，不管怎么用功也不会有成效，这是不对的。计量经济学固然要用到数学，但这些数学方法都是很基本的，结合实际应用并不难理解。计量经济学开课的目的，就是要通过数学的训练方式来培养未来的经济学家们的严密思维、逻辑推理能力以及精确的表达能力。在西方国家大学的经济学专业中，越来越多地开设了各种类型的数学课程。它们的硕士和博士不论是攻读什么方向，都必须通过计量经济学课程的资格考试，才能进入论文准备阶段。许多世界一流大学的经济系在其教学计划的培养目标中，对学生应用数学工具的能力提出了明确的要求。例如，加拿大多伦多大学认为，经济类专业的学生必须学会用数学工具描述和发展经济学理论；美国斯坦福大学认为，教学计划的目标之一是教会学生将数学作为经济分析的一个基本工具去思考和描述经济问题和政策。所以，经济管理类专业的同学要想使得自己成为优秀的经济管理人才，就必须学会用数学的方法思考和描述经济问题，即必须下功夫学好计量经济学。

(2) 要充分认识到计量经济学的重要性。说这话并非“王婆卖瓜，自卖自夸”。因为事实是：第一，经济问题的研究方法不外乎定性和定量两种，而计量经济学所要解决的问题，正是从结构上看至少占到50%的如何定量的问题。第二，经济问题的定量研究是经济学研究的一个方向。一种科学只有在成功地运用数学时，才算达到了真正完善的地步。在1969—2001年的诺贝尔经济学奖得主中，有不少（至少有12位）就是因为在经济问题的定量研究或在计量经济学的研究中取得了某一方面的突出成就而获奖的。第三，1998年教育部高等学校经济学学科教学指导委员会就将计量经济学确定为经济学门类核心课程之一，无疑显示了计量经济学在经济学大厦中的突出地位。

(3) 要有一点“啃骨头”的精神。第一，要克服思维惰性。在教学过程中，我发现很多人有这样一种思维定式，即一旦遇到某个问题一时不明白，他就会立刻将自己封闭起来。这时，不管老师讲什么或如何讲，他都已经听不进去了。我把这种现象概括为“思维惰性”。在这种情况下，你一定要耐着性子听，说不准过一会儿你就会茅塞顿开，恍然大悟。第二，要不放过任何一个问题。在这里，我提倡同学们相互学习。有问题一定要问，可以先互相问，比如说，“这个问题老师讲过没有”“你如何理解这个问题”等等。如果经过讨论大家都不清楚，可以来问老师。这样做可以显著地提高学习效率。因为不少同学提出的问题其实都是老师反复讲过的。一定要把每一个问题都弄清楚，否则问题越积越多，积重难返就麻烦了。到那时，有问题想问可能都不知道该从何处着手了。第三，要多读一些参考书。老师要教好一门课，备课时一定要找来很多参考书。同学们学习时也应该这样做。同一个问题，不同的书表述的方式可能会不完全相同。同一个问题看这本书不明白，看另外一本书可能就会感到豁然开朗，惊叹原来不过如此。

(4) 要讲求学习方法。不同的课程要求的学习方法不完全相同。在这里我提倡一种“四轮学习方略”。我没有研究过流行的所谓“四轮学习方略”。我所说的“四轮学习方略”是，第一轮，要课前预习，这一点对于学习计量经济学来说很重要，即对教学内容必须要先熟悉一下。我常常发现有一些同学，老师讲了半天，他还不知道老师在讲什么，似乎老师是在讲天书一样。预习可以有效地避免这种现象。第二轮，在课堂上一定要认真听讲，尤其要注意老师讲得慢的地方和反复讲的地方，特别是每一章、每一节的开头。每一章、每一节开头的地方必然涉及章与章、节与节之间的逻辑联系。弄清楚这些问题有利于形成完整的知识体系。第三轮，课后一定要认真复习。复习不仅可以巩固已有的知识，温故还可以知新。计量经济学属于内在逻辑联系比较强的一门学科。如果前面学后面忘，就很难学好这门科学。第四轮，要多做练习勤动手。练习包括课后思考及练习题、讲课过程中的证明题等，一定要亲自动手做一做，养成勤动手的好习惯，深刻体会“眼过千遍不如手过一遍”的道理。

在这里，我要特别强调的是课前预习。也就是说，课前一定要抽空好好地看看教材。在《经济计量学教程（第2版）》的前言中，我曾经引用过一则短文，题目叫做《施氏食狮史》，可以用来说明预习的重要性。奇文可供鉴赏，在此奉献给读者，以飨各位。此文的内容是：“石室诗士施氏，嗜狮，誓食十狮。施氏时时适市视狮。十时，适十狮适市。是时，适施氏适市。氏视是十狮，恃矢势，使是十狮逝世。氏拾是十狮尸，适石室。石室湿，氏使侍拭石室。石室拭，氏始试食十狮尸。食时，始识是十狮，实十石狮尸。试释是事。”对于这篇短文，我想即使请公认的播音大师读给听众，也绝对不会有人能够听懂，因为听众根本不了解此文所描述的情景。但对于一个有一定文学基础的人来说，如果把原文拿给他看，我相信他应该是能够看得懂的。这种情况正好与计量经济学的教学过程类似。

由于计量经济学是运用数学和统计学的方法来研究经济问题，因而必然要使用符号和数学式来描述经济变量及其相互间的关系。因此，授课过程中常常就可能会发生这样的情况，即如果同学们对一些符号的含义因一时疏忽不清楚，或因为对某一关系式存有疑问，一时没有弄明白，那么对于老师以后所讲的内容，往往就可能有点像听《施氏食狮史》一样而不知所云了。生活中也常常会有这样的现象，在人们的相互交流中，如果交流的内容涉及一个陌生的环境，对于一个未曾身临其境的人来说，即使说的人再声情并茂、绘声绘色，听者也未必能明白。之所以会这样，是因为对于每一位初识计量经济学的人来说，毕竟他还是一个门外汉，对计量经济学的内容体系、结构框架、研究对象和研究方法等并不十分了解。而通过课前预习，再加上由此及彼的系统思考，就可以有效地避免这种现象。

本书的突出特点就是深入浅出，通俗易懂。读者在阅读中将会发现，本书在前 4 章基础篇的叙述中，公式中采用一般读者都容易理解的求和符号（$\sum$）来表述，而一概避免艰深晦涩的矩阵方式。读者在入门以后就会知道，在计量经济学中对于计算公式的表述通常有两种不同方式，一种是采用求和符号来表述，一种是采用矩阵方式来表述。矩阵方式不仅艰深晦涩，而且要求读者必须有极强的空间想象能力，即每看到一个公式或符号，就必须想象到这一符号所表述的矩阵是什么样子，计算的结果又是一个什么形式。如果你想象不到这些，那么当上课听讲时，你一定会像听《施氏食狮史》一样而不知所云。摆脱不了矩阵方式的束缚，是目前国内流行教材的一个通病，而本书在这一点上则完全与众不同。

最后，我想强调的一点就是，我们不仅要认识计量经济学的特点，同时还必须充分了解计量经济学的发展趋势。计量经济学目前正在朝着与实验经济学相结合的方向发展。实验经济学，或者说是经济学的实验方法，是经济理论研究中实验方法的规范、系统和广泛应用，具体说来就是在设定的实验环境（实验室、现场或实地测试）中对特定经济现象和问题，通过控制条件进行重复实验，以观察实验者行为和分析实验结果，揭示决策行为动机和结果的相互关系及传导机制，以此检验、比较和完善经济理论并提供决策支持的一门学科，因而也可以说是实验室里走出来的经济学。经济理论的实验不可能刻意复制出现实经济的运转过程，而是允许模拟出不同的环境和场合，以便实验者能够在设定的环境中观察人们不确定的价值观、行为选择及其与环境之间的相互作用，尽量使所得结果在离开实验后仍能符合实际。尤其对于不确定事件，人们的偏好属性很难用标准的理论解释，而实验经济学在偏好诱导（preference elicitation）方面有成功的实验案例；并通过可控的实验能够很好地建立要分析的变量之间的因果关系，从而予以研究，这一点正好与计量经济学方法不谋而合。

实验经济学与行为经济学联袂形成的动因和主要功能之一是检验经济理论，尤其是逐一验证基本行为假设，如风险态度、偏好稳定性、效用价值、市场竞争、信息和制度规则等对决策行为的影响。实验经济学的这些特点与计量经济学的研究方法一致。正是基于这样的认识，本书的另一个突出特点就是，突出计算机实验技能的训练，以强化学生的动手操作能力，同时增强学生对计量经济学的感性认识。对于每一章的实验和案例分析，任课教师在讲授了每一章的基本内容之后，至少应安排两个学时的上机时间，由学生依教材进行上机实验，上机后由学生根据实验过程提交实验报告。实验报告应包括实验题目、实验内容、实验步骤、实验结果和实验心得等，这些均由学生根据实验过程自行总结提炼，以培养学生的总结归纳能力，实验报告提交后，由任课教师给出实验课成绩，实验课成绩应在总评成绩中占一定比例（建议 20％～30％）。

所有的课后实验及案例分析，我们推荐的应用软件是 EViews。虽然从方便使用的角度考虑，在教材的正文部分我们也介绍了 Excel 在计量经济分析中的某些应用，但 Excel 毕竟不是专门的计量经济分析软件，所以我们必须熟悉 EViews 的应用。同学们在上机实验的过程中，所有的实验结果都可以与 Excel 的可用方法进行对照，以确定实验分析结果的正确性。

在这次修订中，第 2 章至第 8 章中增加的“本章实验及案例分析”由我院青年教师孙赵勇副教授根据我校使用的计量经济学实验大纲整理完成，最后由我总纂定稿。另外，本次修订对本章实验及案例分析、教材正文以及部分练习题中的数据也进行了更新和重新计算，并在原来的“课后思考及练习题”的基础上，对练习题做了进一步的补充，这些工作都是由孙赵勇副教授负责完成的。

首先，在这里我要特别感谢中国人民大学出版社的王晗霞编辑，是她积极热情的合作，才使得《计量经济学（第三版）》的出版如愿以偿。其次，我也要感谢我的夫人——西安理工大学图书馆的李苏媚女士，是她在生活上给了我无私的关爱和照顾，才使我有充足的精力和时间研究学问，从而使拙作得以不断完善。

由于作者的能力和水平有限，错漏之处在所难免。在此恳请读者及使用单位多提宝贵意见，以促使本书不断完善。

我的电子邮箱地址是：xiongyj@xaut. edu. cn 或者 xiong-yijie@163. com。

西安理工大学　熊义杰

2017 年 2 月

目 录

上篇：基础篇

第 1 章 绪论 …… 3
§1.1 计量经济学的产生和发展 …… 3
§1.2 计量经济学的概念及方法 …… 7
§1.3 计量经济学与相关学科的联系与区别 …… 13
§1.4 计量经济学的研究目的及其门类 …… 14
§1.5 计量经济学研究的一般程序 …… 19
课后思考及练习题 …… 22
第 2 章 一元线性回归模型 …… 24
§2.1 经济变量间的关系 …… 24
§2.2 随机扰动项的内容及有关假定 …… 26
§2.3 最小平方法 …… 29
§2.4 最小平方估计值的性质 …… 32
§2.5 最小平方估计值的标准误差与区间估计 …… 35
§2.6 最小平方估计值的拟合优度与假设检验 …… 39
§2.7 预测区间与弹性估计 …… 46
§2.8 一元线性回归模型的应用 …… 49
本章实验及案例分析 …… 54
课后思考及练习题 …… 60
第 3 章 多元线性回归模型 …… 64
§3.1 二元线性回归模型 …… 64
§3.2 一般线性回归模型 …… 73

§3.3 非线性回归模型 …… 75
§3.4 偏相关及偏相关系数 …… 80
§3.5 方差分析与回归分析 …… 82
§3.6 几种常用的 F 检验 …… 91
§3.7 虚拟变量模型 …… 95
§3.8 多元方程模型的变量选择 …… 99
本章实验及案例分析（一） …… 101
本章实验及案例分析（二） …… 104
课后思考及练习题 …… 109
第 4 章 计量经济学问题及二级检验 …… 113
§4.1 设定误差 …… 113
§4.2 自相关 …… 118
§4.3 异方差 …… 125
§4.4 多重共线性 …… 133
本章实验及案例分析（一） …… 139
本章实验及案例分析（二） …… 143
课后思考及练习题 …… 148
上篇总复习 …… 151

下篇：提高篇

第 5 章 单方程模型的其他形式 …… 159
§5.1 虚拟因变量模型 …… 159
§5.2 滞后变量模型 …… 167
§5.3 时间序列模型及预测 …… 173
本章实验及案例分析 …… 194
课后思考及练习题 …… 199
第 6 章 计量经济学的矩阵运算 …… 203
§6.1 多元模型及其参数 …… 203
§6.2 最小平方估计式的性质 …… 205
§6.3 拟合优度及预测 …… 207
§6.4 广义最小平方法 …… 209
§6.5 主成分回归方法 …… 214
本章实验及案例分析 …… 226
课后思考及练习题 …… 231
第 7 章 联立方程模型 …… 234
§7.1 联立方程模型的基本概念 …… 234
§7.2 联立方程模型的识别 …… 240
§7.3 联立方程模型的估计方法 …… 246

本章实验及案例分析 …… 257
课后思考及练习题 …… 260
第8章　面板数据模型 …… 262
§8.1　面板数据模型及其应用 …… 262
§8.2　静态面板数据模型 …… 266
§8.3　变截距模型的参数估计 …… 269
§8.4　面板数据模型的EViews估计 …… 271
§8.5　随机效应模型估计 …… 281
本章实验及案例分析 …… 286
课后思考及练习题 …… 292
附录1　一些必要的数理统计知识 …… 294
A1.1　概率及其分布 …… 294
A1.2　期望与方差 …… 295
A1.3　连加规则 …… 296
附录2　矩阵运算的基础知识 …… 297
A2.1　有关的定义 …… 297
A2.2　矩阵的基本运算规则 …… 298
A2.3　向量内积及正交向量 …… 301
A2.4　特征值与特征向量 …… 302
附录3　常用临界值表 …… 304
附表1　标准正态分布表 …… 304
附表2　t分布表 …… 305
附表3　相关系数临界值表 …… 306
附表4A　F分布表　$F_{0.05}(v_1, v_2)$ …… 307
附表4B　F分布表　$F_{0.01}(v_1, v_2)$ …… 308
附表5A　DW临界值表（$\alpha=0.05$） …… 309
附表5B　DW临界值表（$\alpha=0.01$） …… 310
附表6　χ^2分布表 …… 311
主要参考书目 …… 312

上篇：基础篇

第1章

绪 论

§1.1 计量经济学的产生和发展

1.1.1 计量经济学与弗里希

计量经济学，在我国也叫做经济计量学。所谓计量经济学，简单地说就是经济问题的数量分析。

计量经济学的概念首先是由挪威经济学家弗里希（Frisch）于1926年提出并着手研究的，因而弗里希（其肖像参见图1-1）是计量经济学公认的创始人。1930年12月，弗里希、丁伯根和费歇尔等人在美国克利夫兰市成立计量经济学会。1933年开始定期出版《计量经济学》（*Econometrica*）杂志。

20世纪30年代前后是经济学获得很大发展的年代，在1928年拉姆齐所发表的文章还没有多少人能读懂的时候（拉姆齐理论是英国数学家、哲学家兼经济学家拉姆齐于1928年在他的一篇文章中提出的，它的核心内容是“任何一个足够大的结构中必定包含有一个给定大小的规则子结构”），1930年又有一位年轻人从欧洲的北部挪威越过大西洋，不远万里跑到了美国，准备干一番惊天动地的大事业。这个年轻人就是弗里希。1919年，24岁的弗里希毕业于奥斯陆大学，取得经济学学士学位，1923年开始在母校任教，35岁就受聘担任经济学教授并兼任经济研究所所长。1926—1928年间，他曾到美国做过洛克菲勒短期访问学者，因此有机会与大名鼎鼎的欧文·费雪（Irving Fisher）相识。他向费雪倡议成立一个专门的组织，研究用统计方法检验以往数理经济理论所推导出的结果，以推动理论研究向实用方面发展，并受到了费雪的赞赏和支持。

图1-1 弗里希（1895—1973）肖像

当时，费雪在美国经济学界如日中天，曾有权威刊物评论说："欧文·费雪是20世纪美国最伟大的经济学家之一，即使不是最伟大的，也肯定是最引人注目的。"在费雪的大力支持下，弗里希策划组织，终于在1930年12月底的时候，在美国的克利夫兰市召开了一个小型讨论会，决定成立计量经济学会。参加此会的有许多大师级的经济学家，有已发表四部学术著作（《国民经济理论的本质和主要内容》(1908)、《经济发展理论》(1912)、《教条主义方法论的时代》(1914) 和《税收国家的危机》(1918))，并以创新理论闻名的熊彼特（Joseph A. Schumpeter，1883—1950）；有参加过巴黎和会并提出不同见解的剑桥大学教授、后来领导一场经济学革命的凯恩斯（John Maynard Keynes，1883—1946）；有日后才崭露头角并引领新剑桥学派的年轻学者琼·罗宾逊（Joan Robinson，1903—1983）以及系统讲解计量经济学的丁伯根（Jan Tinbergen，1903—1994）。

1933年，弗里希在费雪的帮助下，筹集资金创立了著名杂志《计量经济学》，标志着计量经济学作为独立学科正式诞生，此后弗里希担任该杂志的主编长达22年，并发表了一些文章。这可能是弗里希在1969年与丁伯根同获诺贝尔经济学奖的重要原因。但是弗里希所作的还远不止这些，从20世纪20年代起，他就不断地发表数理经济及统计方面的论著。虽然他没有发表过系统的计量经济学专著，但他在这方面的理论贡献是无与伦比的。首先是他仿效生物计量学（biometrics）一词创造了计量经济学（econometrics）一词，并取得了欧文·费雪的认可和支持。在纯经济理论领域，他于1932年所发表的《度量边际效用的新方法》（*New Methods of Measuring Marginal Utility*）一文，是一篇阐述计量经济学的经典文章。他认为，根据边际效用原理，一定收入用于购买每一商品所支付的最后一分钱的边际效用均应相等，如果收入增加则边际效用降低，如果将两个收入不同的人的边际效用之间的关系加以测量，或者是将一个人在不同时间购买的不同价格和不同收入情况相比较，都可以得出边际效用的弹性。

根据这一原理，弗里希从巴黎的一些大公司里找来统计资料，并认真分析计算了诸如食糖一类"独立"商品的边际效用弹性，即边际效用的相对变动和收入的相对变动两者的比值。再以这些比值组成商品的需求曲线，称之为统计的需求曲线，并由此引申出统计的供给曲线。对于"非独立"商品（这类商品的边际效用会受到其他商品价格的变动的影响）的边际效用弹性的计算问题，弗里希是运用复相关的计算方法来校正其价格影响的。这是一种独辟蹊径的统计度量方法，而费雪采用的是无差异曲线分析方法。两种方式都得到了大家的承认，一致的看法是：在纯经济理论研究方面，费雪的方法更为简明，但是后者在计量经济学方面更为方便。

在计量经济学建立之初，宏观方面的研究尚不盛行，大家都忙于在微观经济学领域用计量经济学的方法进行检验。而弗里希却首次使用了"宏观"（macro）一词，以致名气当时就比他大的凯恩斯在其成名著作《就业、利息和货币通论》中所使用的"总体分析"（aggregate analysis）这一概念都没有能得到认可和延续。此外，"等产量曲线"（isoquant curve）这一概念也是由弗里希原创的。

他的经典文献是1933年发表的《动态经济学的传播和推动问题》一文。该文指出一个经济周期能够通过一个持久性随机振动模型进行解释，他建议最好是一种熊彼特式的模型。这个模型与凯恩斯的经济周期和宏观动态分析有某些相似性。后来，他对此作了更具体的阐述。弗里希1936年发表的《论均衡和非均衡概念》一文在该领域进行了另一个重要的创新，为动态经济学方法论的建立和有关术语的形成作出了很大贡献。有关动态经济学方面的其他研究成果还包括：《论解决经济学中出现的混合差和微分方程的技术问题》(1935)、《银行活动中的反周期管理方法》(1936)、《两个经济变量的图示分析》(1937)和《经济周期理论要素的一般分析》(1947)等。

弗里希在20世纪30年代初的研究成果实际假设了一种不同的研究方案。他并不满意用纯理性方法去解决这个问题，因为那种方法没有把统计材料与理论结合起来。同时，他对制度学派的经验研究也感到灰心丧气，因为这种研究如果不靠理论分析加以阐述将一无所获。鉴于这种情况，弗里希把计量经济学方法应用到经济分析中。他试图把经济理论、数学和统计学分析结合在一起阐明经济问题。目前，弗里希有关传播和推动问题的论文在非数理经济学家和经济周期研究学派及其拥护者中获得了广泛的重视。

弗里希精力过人，著述颇丰。但是，他从来不关心自己研究成果的出版，他最关心的是弄清某些亟待解决的问题。一旦这些问题获得解决，他便迅速着手开辟新的研究领域，而不忙于把自己的手稿细加推敲，拿去出版。因此，自1926年以来的近50年中，他公开发表的论著虽然有约160多项，但专著却寥寥无几。弗里希对经济学的贡献大部分表现在各大学的讲演、教学讲义和各种手稿中。据说，仅其手稿一项，就约2吨多重。1965年，为了庆祝他70岁的生日，他在奥斯陆大学的学生和同事把他的论文汇装成27大册，共6 500页，作为寿礼献给了他。他的另外两本重要著作：《定量、动态政治经济学》(1974)和《经济计划研究论文集》(1976)都是论文集，是他1973年逝世后由他的学生和支持者分别于两个不同时期在匈牙利和荷兰出版的。

1961年弗里希获意大利林西国家学院安东尼奥·弗尔特林纳里大奖。他是英国皇家统计学会、美国科学与技术协会、美国经济协会名誉会员，英国科学院、英国皇家经济学会通讯院士，剑桥大学、伯明翰大学、哥本哈根大学、斯德哥尔摩大学名誉博士。

1.1.2 计量经济学产生的历史背景

计量经济学之所以诞生于20世纪30年代，不是偶然的，它有着深厚的理论基础和一定的时代背景。

(1) 数理经济学的发展和形成为计量经济学的产生提供了必要的理论基础

在这里，有三位重要的代表人物值得一提。一是英国的古典政治经济学兼统计学家威廉·配第（William Petty，1623—1687）和他的《政治算术》一书。《政治算术》是一部公认的最早用数字阐述经济现象的著作。二是法国经济学家古诺（A. A. Cournot，1801—1877）和他的《财富理论的数学原理的研究》一书，古诺是数理学派公认的奠基人。以《财富理论的数学原理的研究》一书的出版为标志，西方开始用数学语言系统地阐述和研究某些经济规律和经济问题。三是剑桥学派的创始人马歇尔（A. Marshall，1842—1924）和他的《经济学原理》一书。在《经济学原理》一书中，数学已经成为西方经济学中不可缺少的描述和分析推理工具。于是，数理经济学进入了新的发展阶段，从而为计量经济学的产生奠定了初步的理论基础。

(2) 经济预测的需要使计量经济学的产生成为可能

计量经济学的产生和发展过程，实质上是计量经济模型建立、应用和发展的过程。这主要得益于资本主义世界周期性的经济危机。在进入20世纪以后，资本主义世界周期性的经济危机日益严重。于是，资本主义国家出于干预政策的需要，资本家集团为了减缓经济危机的打击，都广泛地采用计量经济学理论和方法进行经济预测，加强市场研究。同时，随着科学技术的发展和进步，各门学科都出现了相互合作和相互渗透的趋势，数学、计算机科学及系统论、信息论和控制论相继进入经济研究领域，加上计算机技术的发展和进步，这些都为计量经济学的进一步广泛应用奠定了重要的工具基础。

(3) 计量经济学的形成是一个不断发展和完善的过程

计量经济学的发展和应用大体上经历了由简单到复杂、由微观分析到宏观分析、由局部均衡分析到全局均衡分析等过程。20 世纪 30 年代的计量经济学主要是个量分析或微观分析，包括个别生产者、消费者、家庭和厂商的经济行为分析等。40 年代至 70 年代，开始转入总量分析或宏观分析，如关于消费、储蓄、投资、国民收入、就业以及各个产业部门间联系的计量分析。进入 80 年代后，随着理论方法上的突破和计算机技术的进一步成熟，模型的规模也越来越大，如美国的“Link Plan”（链接计划），该计划涉及 18 个国家，包括了 7 447 个方程和 3 368 个外生变量。这些情况表明，计量经济学已经成为改善经济计划和管理的有效工具。

目前，计量经济模型越来越多地应用于经济学研究的各个领域，计量经济模型可以检验经济变量中的因果关系，揭示经济的传导机制；可以检验经济变量之间的协整关系，揭示经济系统的长期稳定和均衡关系；可以检验数据的结构突变，以揭示政策的变化，外生冲击对经济的影响；可以模拟经济变量的变化规律，预测经济周期；可以模拟随机波动规律，度量金融风险；等等。总之，计量经济学在经济学的研究中越来越重要，不仅可以模拟经济规律，解释经济现象，验证经济理论，而且可以创造出新的经济理论。正如著名经济学家、诺贝尔经济学奖获得者萨缪尔森所说：“第二次世界大战后的经济学是计量经济学的时代。”随着诺贝尔经济学奖的频繁授予，计量经济学这一过去曾经属于经济学的非主流分支，也必将成为未来经济学的主流分支。

在西方国家，计量经济学自诞生之日起，就显示出强大的生命力，经过 20 世纪四五十年代的大发展和 60 年代的大扩张，已在经济学中占有极其重要的地位，是当今西方国家经济类专业三门核心课程（宏观经济学、微观经济学、计量经济学）之一。

1.1.3 计量经济学在我国的传播

我国学者在 20 世纪 50 年代末才将现代数学方法逐步应用于经济学和经济管理领域。1959 年，我国著名经济学家孙冶方等到苏联访问，考察了苏联关于经济数学方法和模型的研究工作情况。他们回国后就在中国科学院经济研究所建立了经济数学方法小组，开始从事经济数学方法的学习、宣传和研究工作，并着手准备与数学界合作，这标志着我国计量经济学研究和应用的起步。但“文化大革命”使得这次合作未能实现，研究工作基本停滞。十一届三中全会以后，在改革开放的新形势下，计量经济学的研究重新兴起。1979 年 3 月，我国首次成立了“经济数学方法研究会”，1982 年改名为“中国数量经济学会”，并把经济数学方法的应用正式命名为“数量经济学”，这是我国学者为了区别西方计量经济学和苏联的经济学方法而提出的一个新概念。它在本质上与计量经济学是一致的，但比计量经济学的研究范围要广泛得多。1981 年中科院经济研究所成立了数量经济研究室，并开始招收数量经济学研究生。1980 年，中国数量经济学会受中科院经济研究所的委托，邀请世界著名计量经济学专家克莱因等 7 人来华讲学，举办全国计量经济学讲习班，对宣传和普及这门学科起到了积极作用，也为我国培训了第一批计量经济学学者，这些人后来很多都成为了计量经济学的学术骨干和学术带头人。随后我国出版了一些计量经济学的专著、译著和教材。紧接着，我国许多高等院校的财经、管理、规划等专业陆续开设了“计量经济学”课程。最初，各高校只是在经济类硕士研究生中开设该课程，到了 90 年代初期，更多高校的本科教学计划也陆续开设了该课程，1995 年国家教委审核通过了计量经济学教学大纲，1998 年 7 月教育部确定了高等院校经济学门类各专业的八门共同核心课程，从此，“计量经济学”成为经济学门类各专业的必修课之一。

应该说，在 1982 年全国数量经济研究会首届年会后，我国的计量经济学发展很快。无论是在学科建设、理论研究方面，还是在实际应用方面，计量经济学都取得了很大成绩，并建立了许多实用性的计量经济模型及体系。同时，数量经济学也成为经济科学中具备招收硕士研究生条件的学科之一。正如日本著名计量经济学家马场正雄评论中国计量经济学的发展时所说的一样，“从 1982 年中国数量经济学会创立以来，中国的计量经济学研究得到了十分惊人的发展，这不禁使人感到十分惊讶。”与此同时，我们还应该看到，由于我国计量经济学的研究起步较晚，同西方国家相比，无论是在理论研究、实际应用、还是在队伍建设方面都存在着较大的差距。在理论研究方面，我国计量经济学工作者在把理论经济学和实际经济运行联系起来，揭示经济数量关系的变化规律方面做得还很不够；在实际应用方面，由于在过去很长一段时期内，我国计量经济学工作者不重视经济管理科学，不重视经济统计资料的分析研究，不重视数学方法在经济管理中的应用，造成了应用经济学不如理论经济学发展得好，定量分析不如定性分析充分，方法和方法论的研究不如纯理论的研究活跃的状况；在数学应用方面，数学在经济理论研究领域应用得不够广泛；在队伍建设方面，我国现有的经济研究队伍数学水平较低，许多人不习惯数学演算和推导，在经济学的教学中不重视数学训练，在经济数学课程的教学中，缺乏既懂经济又有较深数学知识的教师担任这类课程的教学，因此，通过广泛开展经济数学的普及教育工作，提高我国经济研究队伍的数学素质，扩大知识面，建立合理的知识结构，并着力培养既懂数学又懂经济且能熟练使用计算机的高级专门人才，是我国计量经济学研究在队伍建设方面的当务之急。

§1.2　计量经济学的概念及方法

1.2.1　计量经济学是经济理论、统计学和数学的结合

我们已经知道，所谓计量经济学也就是对经济问题的计量研究。如果要给计量经济学确定一个比较准确的概念的话，可以说计量经济学是利用经济理论、数学、统计推断等工具对经济现象进行分析的一门经济科学。

计量经济学的英文单词“econometrics”，是由这一学科的创始人弗里希仿照生物计量学一词（biometrics），由“economy”和“metric”合成而来的。我国一些学者把它译作计量经济学，主要目的是突出它的经济学属性。按照弗里希的说法，计量经济学就是经济理论、数学和统计学的结合，但它又完全不同于这三门学科中的每一个分支。他

1933年在《计量经济学》的发刊词中这样说道："经验表明，经济理论、数学和统计学三个方面的观点，是实际理解现代经济生活中数量关系的必要条件，但任何一种观点本身都不是充分条件。这三者的统一才是强有力的工具，正是由于这三者的统一才构成了计量经济学。"

那么，这三者在计量经济学中又分别扮演什么样的角色呢？著名计量经济学家美籍华人邹至庄认为，"计量经济学就是根据以往的经济统计资料，从经济理论出发，运用数理统计的分析方法建立计量经济模型，并据以对经济系统进行结构分析、经济预测和评价的科学。"在邹至庄的这个概念中，既包括了计量经济学的任务（建立计量经济模型），也包括了计量经济学的目的（对经济系统进行结构分析、经济预测和评价），更说明了其中三个组成部分之间的关系和作用（统计学提供数据资料，经济理论提供建模的依据，数学提供建模的方法）。所以，应该说邹至庄的概念是一个比较完整的关于计量经济学的定义。

在这里，我们还可以看看英国《麦克米伦现代经济词典》（*The Macmillan Dictionary of Modern Economics*，David W. Pearce，1981）对"econometrics"一词的解释，更有助于我们进一步加深对计量经济学概念的理解。在那里，该词条的释义是这样的："Econometrics，a branch of statistics concerned with the testing of economic hypotheses，and the estimation of economic parameters（e. g. the marginal propensity to consume)，mainly through the use of multiple regression techniques，though sometimes through the use of more sophisticated methodology."这段英文的汉语大意为："计量经济学，即一门与经济假设的检验和经济参数的估计（如消费的边际倾向）相关的统计学分支，尽管有时也会使用经验的方法，但它主要利用的是多元回归方法。"

1.2.2 计量经济学方法

任何学科都有它特定的研究方法。计量经济学方法即专门适用于经济现象的特性研究的统计方法。这里涉及两个重要概念，一是经济现象的特性是什么。

经济现象的特性包含随机性。具体来说，计量经济学家通常总是先从经济现象之间的相互关系入手，先抽象出经济变量之间的相互关系，再用数学语言加以表达即建立模型，以便进行测量，然后再用特殊的方法即所谓的计量经济学方法来获取经济关系的参数估计值。比如，经济理论肯定个人的消费支出取决于个人的可支配收入，于是可建立如下模型：

$$C=\alpha+\beta Y \tag{1—1}$$

其中，C表示个人的消费支出，Y表示个人的可支配收入，参数α是个人消费支出的基数，参数β是消费的边际倾向。在这里，由于α和β均未知，因此，模型（1—1）并不能告诉我们任何有用信息，因此我们必须探讨参数α和β的估计方法。假如我们已经知道$\alpha=150$，$\beta=0.8$，则有：

$$C=150+0.8Y$$

据此，我们可以了解到，个人消费支出的基数是150，消费的边际倾向是0.8。

在这里，模型（1—1）的建立使用的方法属于数理方法。因为在该模型中，影响个人消费支出的只有个人的可支配收入，其他因素都被舍弃掉了。但是事实上，我们知道，除了个人的可支配收入影响个人的消费支出以外，还有很多其他因素也会影响个人的消费支出，比如消费者偏好、消费品的质量和价格等。因此，要反映真实的个人消费支出，就必须对模型（1—1）进行修正，这也就是计量经济学方法。应用计量经济学方法建立的模型是：

$$C=\alpha+\beta Y+U \tag{1—2}$$

其中，U 称作随机扰动项（unknown），也就是一个未知项。在这里，U 就反映了其他各种因素包括随机因素对个人消费支出的影响。

二是什么是统计方法。统计方法就是通过统计数据的搜集、整理和分析以观察了解经济现象规律的方法。毫无疑问，任何特定时期的统计数据都不可能是某个经济现象的全体（统计学中称作总体），任何特定时期关于某一经济现象的统计数据，都只能看作源于某一总体的一个特定样本，既然是样本，其中也就必然包含随机性。而如何处理经济现象中的随机性，这一点正是计量经济学方法不同于一般数理方法的特点所在。

当然，计量经济学方法并不只是在模型中引入一个随机扰动项这么简单。在计量经济学中，我们通常把类似于模型（1—2）的方程式叫做一个总体方程式，它反映适合该关系式的全体对象的情况。而把类似于模型（1—1）的方程式叫做总体回归直线。我们已经知道，要运用这些模型进行经济分析，首先要获得有关参数的估计值，比如这里的 α 和 β 非常重要，然而为了获得 α 和 β 的估计值，我们必须获得一组关于 C 和 Y 的观测值，即一个样本，因为我们根本不可能掌握或拥有关于 C 和 Y 的全部数据即总体。由此我们不难了解，**计量经济学的基本方法，可以概括为利用样本推断总体**。具体来说包括：

一是经济建模问题，即把经济变量之间的关系用数学模型反映出来。这纯粹是一个理论抽象的过程，可依据经济理论完成。这里所使用的方法，从方法论上看，基本上是一种演绎方法。

二是参数估计问题。参数估计的一个非常简单的方法就是图示法，或称作散点图方法，即把一对变量的一组观测数据描绘在平面坐标图上，然后用一条近似的直线来代表或反映观测数据，如图 1-2 所示。很显然，这种方法比较粗糙。然而，这种散点图方法为我们研究两变量之间的关系提供了一种基本手段，是我们在计量经济学分析中的一种常用方法。在计量经济学的学习和研究中，我们必须习惯于把点理解为数据，以方便研究；而在计量经济学的应用中，要习惯于把数据描绘成图形，以便判断其趋势。散点图方法是计量经济学研究的一个非常重要的基本方法。对于二元模型，利用 Excel 描绘气泡图，也是与散点图相类似的了解某变量与两个解释变量之间关系的一种重要方法。

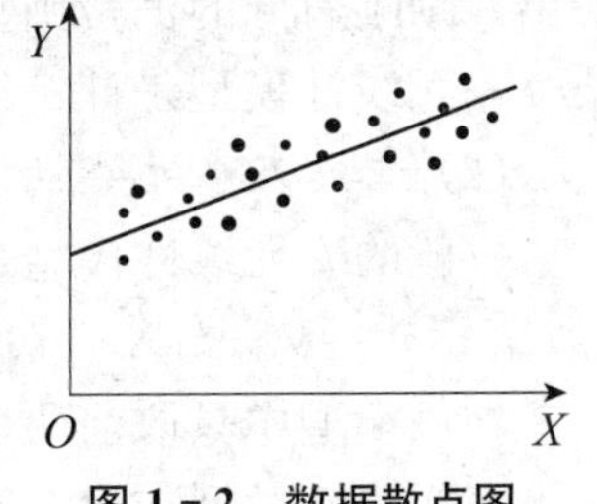

图 1-2　数据散点图

参数估计的基本方法是所谓的线性回归分析方法，包括一元线性回归和多元线性回归。

三是假设检验问题。假设检验也是计量经济学中经常使用的基本方法。在计量经济学中，假设检验主要用来对各种参数的有效性进行评价。也就是说，不管使用什么方法取得的参数，首先必须是充分有效的，而不应该是近乎于零的。在计量经济学中，最基本的检验方法是统计检验，包括 T 检验和 F 检验等。没有经过检验的任何参数都不能用来说明问题。假设检验的目的主要是对样本数据与总体一致性进行判断。在计量经济学研究中，我们必须始终牢记，我们只是用一个给定的样本来研究探讨总体的规律，因此假设检验就非常重要。在计量经济学的学习和应用过程中，只见树木不见森林是很多人经常犯的错误，看不到样本和总体之间的关系是很多人感到计量经济学难以理解的关键。

从方法论的角度看，假设检验基本上可以看作一种归纳方法，即通过假设检验，把由特定样本获得的参数和模型归纳为能够反映和解释一般问题的结论。

由以上描述我们不难概括出计量经济学如下的主要特点：

1）数量性：计量经济学在内容上必然包括数量，即运用统计数据、统计方法和数学方法，对引入模型的变量进行计量经济分析，探讨经济现象的数量变化规律。

2）多学科性：计量经济学是经济理论、数学和统计学的结合，是多种学科相互结合、相互渗透的结果。因此，学好计量经济学要求必须具有多方面的相关知识，比如必要的经济理论基础、数学基础和统计学基础等。

3）在方法论上，既有演绎又有归纳，通常先演绎（建模过程）后归纳（假设检验过程）。这一点很独特。很多学科通常都只是使用归纳方法，而计量经济学则不同，通常都是两种方法交替使用。

4）联系经济现象中客观存在的随机因素。这一特点使得计量经济学不同于数理统计学。

1.2.3 计量经济学的常见模型

所谓**模型**，即对现实的一种简化和抽象，模型有物理模型、数学模型、概念模型和图模型等。计量经济学中的模型是指数学模型，**即满足某些假定条件的一个或一组代数方程**。其中，只有一个代数方程的称作单方程模型，由一组代数方程组成的称作联立方程模型。常见的单方程模型主要有：

(1) 一元线性模型

其数学形式是：

$$Y=a+bX+U$$

该模型是分析投入产出之间关系的常见模型。如果用 Y 表示成本，X 表示产出，则 a 就是固定成本（或不变成本），b 就是单位产出的变动成本。如果 Y 表示产出，X 表示变动资源投入，则 a 就是产出随着投入的变化增长的基数，b 就是相应变动资源投入的边际产出。刚刚看到的消费函数（1—2）式也是一个一元线性模型。

一元线性模型是计量经济学分析中最基本的模型。

(2) 二元及多元线性模型

一般的 k 元线性模型是：

$$Y=b_0+b_1X_1+b_2X_2+\cdots\cdots b_kX_k+U$$

在该模型中只取前两个变量，就是一个二元线性模型。

多元线性模型在**投入产出分析**中更适合一项产出需要多项投入的情况，比如任何一项产出都需要人力投入和资本投入。

在进行**市场调查**时，商品的需求量也常常受到多种因素的影响，比如该种商品的价格、其他相关商品的价格、居民的收入水平以及商品的质量、消费者偏好等，这些都会影响一种商品的需求量。

在经济活动分析中，二元和多元线性模型能够**更真实**地反映经济生活的现实。因为很多经济变量实际上都受到多种相关因素的影响，而不仅仅是某一种。

(3) 抛物线及 k 阶多项式

一般的 k 阶多项式即：

$$Y=\beta_0+\beta_1 X+\beta_2 X^2+\cdots+\beta_k X^k+U$$

省略二次项以后的部分就是一个二次抛物线。

一般地，某一项变动资源投入与产出之间的关系，多数情况下可能都是一个上凸的抛物线形式，比如不管是人力资源还是机器设备的投入都是如此。更一般地，根据生产函数的三阶段理论，变动资源投入与产出之间的关系应该是一个三次多项式。另外，一种新产品的需求量与时间的关系，也基本上属于上凸的抛物线（产品市场寿命周期）。

再比如，政策的失效率（政策抵抗者人数/总人数＝1－政策接受者人数/总人数）与时间的关系，呈现出一种上凹的抛物线形式（浴盆定律）。

(4) 柯布-道格拉斯生产函数

柯布-道格拉斯生产函数的数学形式为：

$$Y_i=\beta_0 X_1^{\beta_1} X_2^{\beta_2} e^U$$

这是计量经济学研究中一个极具研究价值的函数。之所以如此，是因为这一函数具有三个非常重要的优越特性：

1）不管哪个因素为零，产出都为零。所以，一般用该函数表示必要生产因素如劳动力和资本与产出的关系。

2）每一个变量的指数都表示产出对于该投入因素变化的常弹性系数。正因如此，该函数也叫做常弹性生产函数。

3）两变量指数的和反映产出变化的规模报酬。这又分为三种情况：

当指数之和大于1时，产出为递增规模报酬；

当指数之和等于1时，产出为不变规模报酬；

当指数之和小于1时，产出为递减规模报酬。

上述几种不同类型的模型，都是本书要研究讨论的对象。

1.2.4 计量经济学的一些常用软件及网站

(1) Excel（电子表格）中的数据分析工具

利用 Excel 中的“工具”菜单下面的“加载宏”命令，可加载“数据分析”工具（前提是 Excel 必须是完全安装的，或者自定义安装包括了“加载宏”的，如果 Excel 是最小化安装的，则需要利用原安装盘重新安装 Excel）。在“数据分析”工具中，包括了“回归”“相关系数”和“方差分析”等大部分计量经济分析工具，利用“回归”工具，可进行一元和多元回归分析，并可获得计量经济分析中的大部分统计检验指标。

本书中第2章和第3章的许多基本分析都将借助 Excel 进行操作。

(2) EViews（Econometrics Views）计量经济学视窗

这是 TSP（即 time serial processing，一种 DOS 系统下的计量经济学应用软件，目前已很少使用）的 For Win 版本。它是由经济学家采用面向对象的程序语言 Basic 设计开发的。EViews1.0 可基本满足教学需要，一张软盘可以装下，但必须安装在硬盘上才能运行。目前已经有 EViews6.0 到 EViews9.0 等多种版本。各种版本都允许为不同的对象进行汉语注释或添加汉语标签。EViews6.0 是目前最流行的版本。适应于计量经济学不断发展和进行多方面分析的要求。本书推荐的应用软件是 EViews8.0，该软件由美国 QMS 公司开发，简单易学，基本上可无师自通。

本书中每一章的本章实验及案例分析和第 3 章以后主要问题的分析都将借助 EViews 软件来完成。

（3）SPSS 社会科学统计分析软件包

SPSS 的全称为“Statistical Package for the Social Sciences”，即“社会科学统计分析软件包”。最近，伴随 SPSS 产品服务领域的扩大和服务深度的增加，SPSS 公司已决定将其英文全称更改为“Statistical Product and Service Solutions”，意为“统计产品与服务解决方案”，标志着 SPSS 的战略方向正在作出重大调整。该软件功能强大，版本日益更新，用户在不断扩大，是广谱性的统计分析软件。虽然在联立方程模型估计方面存在局限性，但并不影响使用它进行计量经济学的教学和研究。有的学校同时采用 EViews 和 SPSS 组织计量经济学课程的教学，效果不错（但要求学时较多）。

（4）SAS 统计分析系统

SAS 统计分析系统是我国应用最为广泛的统计分析软件。除估计、检验模型外，还具有回归诊断的功能。该系统由 SAS 软件研究所于 1976 年正式推出，经过多年的发展，现已被 120 多个国家和地区的近 3 万家机构采用，直接用户则超过 300 万人。它被广泛应用于金融、医药卫生、生产、运输、通信、政府和教育科研等领域，可以用以完成统计分析、时间序列分析和运筹决策等工作。在英美等国，能熟练使用 SAS 软件进行统计分析是许多公司和科研机构选才用人的条件之一。在数据处理和统计分析领域，SAS 统计分析系统被誉为国际标准软件系统，并在 1996—1997 年度被评选为建立数据库的首选产品，堪称统计软件界的巨无霸。SAS 和 SPSS 两个软件都可以看作统计分析集大成的工具。

（5）MATLAB 矩阵实验室

这是一个非常强大的工具，有专门处理方程系统的工具箱。通过它进行估计方法理论的演示教学，效果较好。

（6）ORIGIN

该软件主要适用于计量经济分析及作图。

上述软件中常用的如 EViews 等在计量经济学的几个主要网站上均可下载，这些网站同时也可以作为学习计量经济学的辅助手段：

（1）国家统计局网站：http://www.stats.gov.cn/

首页包括有统计公报、统计数据、统计分析等重要栏目，其中统计数据中又分为统计进度数据、年度统计数据、普查数据、专题数据、部门数据和国际数据等栏目，是计量经济分析中取得合法数据的权威网站。

（2）人大经济论坛：http://bbs.pinggu.org/

该网站有个计量经济学与统计软件板块，注册登录后可以免费下载计量经济学的相关教材、软件以及有关软件的学习资料等。

（3）高等教育出版社计量经济学网站：http://4a.hep.edu.cn：8088/jljx/jiaoxue.htm

该网站包括纸质教材、教学资源、学习资源、网络课程、教学视频、课程信息、资源下载等一些非常有用的栏目。

§1.3 计量经济学与相关学科的联系与区别

1.3.1 计量经济学与经济理论

经济理论是计量经济学据以建立模型的依据，同时帮助计量经济学识别参数的符号和大小。

比如，首先根据经济理论，我们知道，一个消费者的消费支出取决于他可支配的收入，因此应有：

$$C=\alpha+\beta Y+U$$

其次，根据经济理论，我们可以肯定，α 必取正值，因为它反映的是消费者随着个人可支配收入的增加，个人消费支出增长的基数。而 β 必介于 0 和 1 之间，因为第一，随着个人可支配收入的增加，个人消费支出不会减少；第二，个人可支配收入增加一个单位，个人消费支出的增加不可能大于一个单位。

再比如，经济理论肯定，一种商品 A 的需求 Q_A，不仅与该商品的价格 P_A 有关，也与其他相关商品 B 的价格 P_B 密切相关，同时受到当地居民收入水平 Y 的影响。因此应有：

$$Q_A=b_0+b_1P_A+b_2P_B+b_3Y+U$$

根据经济理论，我们可以肯定，b_1 应该取负号，因为商品需求与价格负相关；而 b_3 应取正号，因为商品需求与居民的收入水平正相关；b_2 的符号则取决于 B 商品的属性，即要看它究竟是 A 的互补商品还是替代商品。如果 B 是 A 的互补商品，则 b_2 取负号；如果 B 是 A 的替代商品，则 b_2 取正号。由于每一系数均反映相应的因素对于因变量的一个边际值，属于弹性系数的分量，因此其大小均与商品 A 的性质密切相关，即要看 A 究竟属于基本生活用品（弱弹性商品）还是耐用的奢侈品（强弹性商品）而定。如果 A 属于强弹性商品，其边际值就高；如果 A 属于弱弹性商品，其边际值就低。

从本质上说，经济理论所提出的命题和假说，多以定性描述为主。例如，微观经济理论中提到的，在其他条件不变的情况下，一种商品价格的上升会引起该商品需求量的减少。因而得出结论：商品的价格与该商品的需求量呈反方向变动——这就是著名的向下倾斜的需求曲线，简称需求法则。但是，该理论本身却无法度量价格和需求量这两个变量之间的数量关系，也就是说，它不能告诉我们当商品的价格发生某一变动时，该商品的需求量增加或减少了多少。计量经济学家的任务就是提供这样的数量估计。换一种说法，计量经济学依据观测和试验，对大多数经济理论给出经验的解释。如果在研究或试验中发现，当每单位商品的价格上升 1 元，引起该商品需求量的下降，比如说下降 100 个单位，那么，我们就不仅验证了需求法则，还提供了价格和需求量这两个变量之间的数量估计。这就是计量经济学的功能。

1.3.2 计量经济学与数理经济学

数理经济学（mathematical economics）用符号来表述经济理论，主要关心的是如何用数学公式或数学模型来表述经济理论，而不考虑对经济理论进行经验解释。数理经济学假定经济关系是确定的，而且数理经济学也从来不提供模型中变量的参数估计值。计量经济学则不同。计量经济学家感兴趣的是对经济理论的经验确认，计量经济学家虽然也采用数理经济学家提供的数学模型，但主要是把它们用于经验检验。此外，计量经济学虽然也用符号表述经济理论，但它并不假定经济关系是确定的，而是联系其中的随机因素，且提供经济关系参数的估计值，二者在本质上是严格不同的。

1.3.3 计量经济学与统计学

统计学搜集统计数据和资料，考察经济变量（经济指标）发展的趋势或推测经济关系的一般模式，侧重于描述方面。也就是说，经济统计学家主要关心的是搜集、处理经济数据以及如何将这些数据绘制成图表的形式。这些数据就成为计量经济学分析的原始数据。虽然统计学家搜集到经济统计数据后，也可能会计算发展速度（增长速度）、平均数（众数和中位数）以及指数等，但一般并不关心经济变量之间的关系，也不进行有关参数的测量。此外，经济统计学家也从来不关心如何用这些搜集到的数据检验经济理论。而计量经济学则需要考察经济变量相互之间的关系，进而需要了解变量相互作用的情况，亦即参数的大小等。也就是说，统计学是数据导向型的，而计量经济学则是问题导向型的。在这一点上，计量经济学完全不同于经济统计学。

计量经济学与各相关学科的联系如图 1－3 所示。

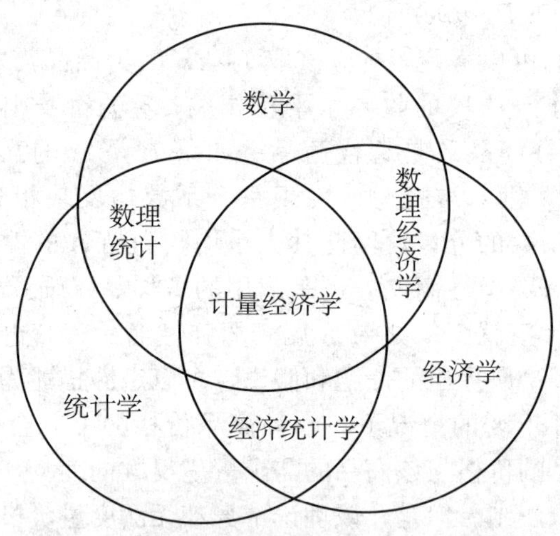

图 1－3 计量经济学与相关学科关系示意图

§1.4 计量经济学的研究目的及其门类

1.4.1 研究目的

（1）分析检验经济理论

经济理论之所以需要检验，是因为早期的经济理论研究通常总是要先提出一些似乎合理的假定，然后才根据抽象的逻辑推理，由这些假定导出有关经济运行的某些一般结论。如需求理论假定，消费者的目的就是在给定的商品价格条件下，实现最大的满足或效用；

而生产理论则假定，生产者的动机是获取最大利润。然而，这些理论并没有对照经济现实加以检验。换言之，以往的经济学家并没有考察过经济理论是否恰当地解释了个体单位的经济行为、有没有例外发生、或者发生例外的概率有多大等等。

计量经济学的目的首先在于检验经济理论，即获取经验数据，以检验经济理论的解释能力，判断它对所观测的经济单位的行为究竟能解释到何种程度。任何经济理论，不管其表现形式如何，如果未经过检验，就不能成立和普遍为人们所接受。

举例来说，在本章 1.2.2 节，我们根据经济理论建立了一元线性方程模型：$C=\alpha+\beta Y+U$，然后我们就可以搜集一组关于 C 和 Y 的数据即样本，估计其中的参数 α 和 β，估计出参数后如果经过检验 α 和 β 的估计值均显著地不同于零，我们就可以肯定，根据所使用的样本数据，经济理论是成立的，即一个人的消费支出确实取决于他的可支配收入；如果经过检验，结论是 α 和 β 的估计值均不显著地不同于零即近乎于零，我们就可以肯定，根据所使用的样本数据，经济理论是不成立的。

（2）为政策模拟提供经济关系参数的估计值

在多数情况下，计量经济学都用于取得经济关系中个别参数的估计值。根据这些估计值，可以求出弹性和经济理论的其他参数，如技术系数、边际成本或边际收入等，以便据以制定政策或作为决策使用。

比如，对于有关变动资源投入的决策，常常取决于产出对于变动资源投入的弹性。如果产出对于变动资源投入的弹性大于 1，则应不断地增加投入，以便平均产出量能不断增大；如果产出对于变动资源投入的弹性小于 1 大于 0，则应适当控制投入。再比如，如果某产品的价格需求弹性小于 1，则企业就不应采用降低价格以扩大需求的策略；相反地，在这种情况下采用提价策略则是合算的。反过来，如果价格需求弹性大于 1，则企业就可以采用降低价格以扩大需求的策略。现以价格需求弹性为例，其证明过程如下：

由于收入＝销量×价格，设 $Y_0=Q_0P_0$，则有：

$$\begin{aligned}Y_1&=Q_0(1+\Delta Q)P_0(1+\Delta P)\\&=Y_0(1+\Delta Q+\Delta P+\Delta P\Delta Q)\end{aligned}$$

显然，要使 $Y_1>Y_0$，须使 $1+\Delta Q+\Delta P+\Delta P\Delta Q>1$，由于 $\Delta P\Delta Q$ 为高阶无穷小，所以令 $\Delta P\Delta Q=0$，则有：

$$1+\Delta P+\Delta Q>1$$

亦即：

$$\Delta Q>-\Delta P$$

这时需分两种情况讨论：

①当采用降价策略时，因 $\Delta P<0$，应有 $\Delta Q/\Delta P>1$；

②当采用提价策略时，因 $\Delta P>0$，应有 $\Delta Q/\Delta P<1$。

（$\Delta Q/\Delta P$ 即弹性 Ep，因为 ΔQ 和 ΔP 均代表变动百分数。）

上述分析中的弹性系数 $\Delta Q/\Delta P$，通常可以根据需求函数的一元线性方程模型 $Y=a+bX+U$（Y 为需求量，X 为价格）中的系数 b 和 X 的均值计算得出，b 反映的就是 X 对 Y 的边际贡献。

（3）预测

进行决策必须首先预测。预测即运用参数的估计值以预测经济变量的未来值，包括点预测和区间预测。

点预测即给定一个自变量，由所得到的回归方程可得到一个因变量。点预测常常会发生一定的误差。

区间预测，即在给定的精度条件下，可以根据已知条件预测出因变量变化的一个范围。区间预测有一定的可信度。

1.4.2 计量经济学的门类

计量经济学首先可以根据其研究内容分为两个大类，即理论计量经济学和应用计量经济学；其次，还可以根据建模过程中使用的数据分为动态计量经济学和静态计量经济学。

(1) 理论计量经济学和应用计量经济学

这是从研究内容方面对计量经济学的一种分类。

理论计量经济学主要侧重于适合经济关系的计量方法（即参数估计方法）的研究，其中心任务是探讨和研究引入模型中的随机变量（随机扰动项）的性质及其影响。

各种计量经济学方法（参数估计理论）的关系如图 1-4 所示。

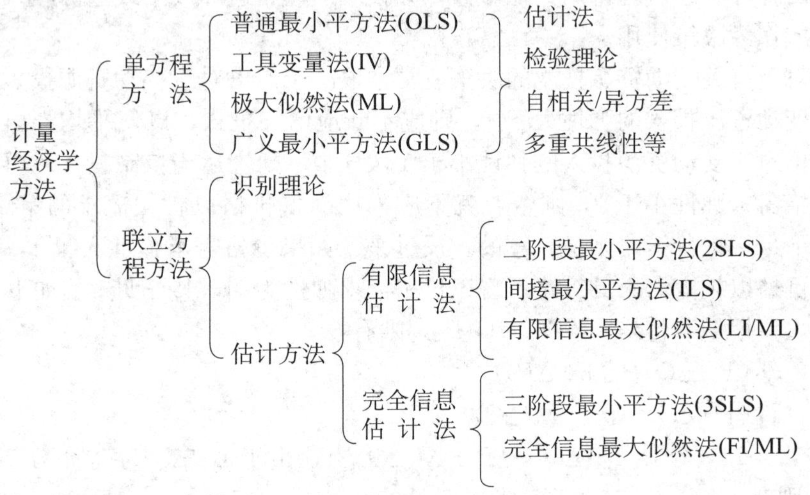

图 1-4　计量经济学方法构成图

应用计量经济学主要侧重于探讨计量经济学方法如何应用于经济理论的特殊分支，主要应用理论计量经济学方法分析经济现象和预测经济行为。

应用计量经济学目前研究的范围很广，包括在供需理论、生产理论、投资理论、宏观计量经济模型、动态计量经济模型等多方面的应用。

(2) 动态计量经济学和静态计量经济学

这是从建模过程中应用的数据类型角度对计量经济学所作的一种分类。

动态计量经济学主要侧重于时间序列模型的研究，处理的对象主要是时间序列数据。目前市面上已有了相关的研究成果。

20 世纪 70 年代末 80 年代初，以英国计量经济学家 D. F. Hendry 为代表，在误差修正模型和协整理论的基础上，提出了动态计量经济学模型的理论和方法。自 20 世纪 80 年代末以来，在我国的有关学术刊物上，出现了一些介绍“Hendry 学派”的文章，对以 Hen-

dry 为代表的关于动态计量经济学模型理论的研究成果进行了介绍，对该学派的建模理论给予了很高的评价，甚至认为它是计量经济学建模理论的革命。但是在西方，它并没有被公认为一个新的学派。不管如何评价，Hendry 所倡导的动态建模理论，确实具有与传统的经典建模理论不同的思路。

2003 年的诺贝尔经济学奖分别授予美国经济学家罗伯特·恩格尔（Robert F. Engle）和英国经济学家克莱夫·格兰杰（Clive W. J. Granger）充分说明了动态计量经济学广阔的发展前景。恩格尔和格兰杰获奖的主要原因是在经济问题的时间序列分析方面进行了开拓性的工作。绝大多数的经济时间序列具有两种关键的特质，即非平稳和波动水平随时间变化。恩格尔提供了对随时间变化而波动的经济时间序列的分析工具——条件异方差自回归模型；格兰杰则建立了对非平稳经济时间序列的分析方法——协整理论。对动态计量经济学有兴趣的读者可阅读 Hendry 与秦朵合著的《动态计量经济学》（上海：上海人民出版社，1998）一书。

静态计量经济学主要侧重于截面模型的研究，处理的对象主要是截面数据。但在计量经济学界，很少使用静态计量经济学这一概念。多数都使用**空间计量经济学**的概念来表述截面模型，这主要是因为截面数据多与区域空间密切相关的缘故。

空间计量经济学（spatial econometrics）的概念是由荷兰经济学家 J. Paelinck 于 1974 年 5 月 2 日在荷兰统计协会年会大会致词时正式提出的，关于空间计量经济学的想法，他在 1966 年区域科学协会年会的报告中就已经提到过了。另一位经济学家 Anselin（1988）对空间计量经济学进行了系统的研究，Anselin 对空间计量经济学的定义是：“在区域科学模型的统计分析中，研究由空间引起的各种特性的一系列方法。”Anselin 所提到的区域科学模型，明确将区域、位置及空间交互影响综合在模型中，并且它们的估计及确定也是基于参照地理的（即截面的或空间的）数据，数据可能来自空间上的点，也可能来自某个区域，前者对应于经纬坐标，后者对应于区域之间的相对位置。

空间计量经济学主要研究何以存在空间效应的问题。空间效应主要包括空间相关和空间差异性。在研究中涉及空间相邻、空间相邻矩阵等概念。存在空间相关的原因有两方面：相邻空间单元存在测量误差，空间交互影响的存在。空间相关不仅意味着空间上的观测缺乏独立性，并且意味着这种相关性取决于空间结构，也就是说空间相关的强度及模式由绝对位置和相对位置（布局，距离）决定。空间差异性是指空间上的区域缺乏均一性，如存在中心区和郊区、先进和后进地区等。研究空间差异性的模型主要有：E. Casetti 提出的空间扩展模型（1972）和回归参数漂移分析方法（DARP）模型（1982）。

（3）初、中、高级计量经济学

这种分类主要是适应于不同层次的使用对象从知识程度的角度对计量经济学所作的一种分类。

初级计量经济学一般包括计量经济学的基础理论知识，包括必要的数理统计知识和矩阵代数知识、经典的线性计量经济学模型理论与方法（以单方程模型为主）、单方程模型应用等内容，在描述方法上，主要采用统计求和方法描述，很少运用矩阵描述。

中级计量经济学主要以经典的线性计量经济学模型理论与方法及其应用为内容，包括单方程模型和联立方程模型。在应用方面，主要讨论计量经济学模型在生产、需求、消费、投资、货币需求和宏观经济系统等传统领域的应用，注重应用过程中实际问题的处理。

高级计量经济学则以扩展的线性模型理论与方法、非线性模型理论与方法和动态模型理论与方法以及它们的应用为主要内容。

中、高级计量经济学在叙述方法上普遍运用矩阵描述。

(4) 线性计量经济学和非线性计量经济学

这种分类是从模型类型角度对计量经济学所作的一种划分。

线性计量经济学又分为经典的线性计量经济学和非经典的线性计量经济学。经典的线性计量经济学以经典线性模型为研究对象，以揭示经济现象之间的因果关系为目的，在数学上主要应用回归分析的方法。其内容构成了初、中级计量经济学的主要内容，在一个相当长的时间里代表了计量经济学的主流。

非经典的线性计量经济学以非经典的线性模型为研究对象，是经典线性模型在模型结构方面的扩展。例如由经典的常参数线性模型扩展的变参数线性模型；由反映变量之间因果关系的经典线性模型扩展为并不反映因果关系的线性模型，如著名的 MA，AR，ARMA 等时间序列分析模型和线性增长模型；由根据经济理论和经济行为规律设定的经典线性模型扩展为根据对数据的协整分析而设定的误差修正模型等等。

非线性计量经济学是以非线性模型为研究对象的计量经济学。顾名思义，非线性模型是一类用非线性方程描述经济变量之间的非线性关系的经济数学模型，包括非线性单方程模型和非线性联立方程模型。非线性模型由于其估计方法的复杂性，构成了高级计量经济学的主要内容。

(5) 宏观计量经济学和微观计量经济学

从现行的文献可以看出，计量经济学正在形成和发展成为三大分支：微观计量、宏观计量和金融计量。尽管目前对这三大分支还没有一个统一的定义和划分，也不可能如同微观经济学和宏观经济学具有各自完整的框架和内容，但这三大分支正以较快的速度发展，其功能也正在不断扩大。

微观计量经济学是专门用来分析消费者、厂商、政府部门和其他机构或个体行为的模型和方法。微观计量经济学的对象是微观数据，即大量与个人、家庭或企业的经济信息处理相关的经济理论和统计方法，微观数据可以是某一时点的横向数据，也可以是相同观测对象的时间序列数据。它适用于除了价格指数、货币供给、总就业等总量之外的所有数据，因此它的应用十分广泛。微观计量经济学的诞生是和数学模型被引入经济学紧密相连的。在过去的 30 多年里，有两个重要因素使微观计量经济学得以迅速发展，一个因素是能容纳大量微观数据的数据库的创立为微观计量经济学奠定了坚实的研究基础，并使微观计量经济学领域得到迅速扩展；另一个因素是计算机运行速度的不断提升以及计算方法的不断改进为微观计量经济学的研究提供了快速而有效的手段，使得对微观经济理论作实证分析成为可能。

宏观计量经济学以大量宏观数据为研究对象，如一国的国民收入、GDP、就业及居民的整体消费等。与微观计量经济学不同，宏观计量经济学主要研究宏观经济变量的稳定性、收敛性和均衡性，所采用的数据大多是时间序列数据，模型也多是时间序列模型。宏观计量经济学的主要任务是经济预测、经济结构分析和政策评价。在宏观计量经济学的发展中，金融计量经济学目前已成为重要的一部分。金融计量经济学主要研究金融时间序列，利用模型（如 ARCH 模型）模拟数据中所隐含的条件异方差，以度量风险和收益。尽管宏观计量经济模型自身确实存在一些缺点，但是目前经典的大规模宏观计量经济模型仍然广泛地被各国政府和商业部门使用，模型的类型和数量仍在增长，它能生存和发展似乎是一个谜。正如英格兰银行在 1996 年 2 月的《通货膨胀报告》中谈到的："经济现象太复杂了，经济行为变化太快以至任何形式的方程或模型无法描述。"但是，宏观计量经济模型本身具有进行决策制定和预测过程的潜在功能，即使在经典宏观计量经济模型受到责难的时期，也仍出现了布鲁金斯模型和沃特模型等著名模型。宏观计量经济学本身也是一个不断发展和不断丰富的过程，新一代的大规模计量经济模型已经将结构性协整向量自回归方法、动态随机一般均衡方法和理性预期思想融入宏观建模的实际应用中。目前国际上比较著名的大规模宏观联立方程模型有在美国联邦储备委员会建立的反映美国经济的菲尔模型（1994）；先后在伦敦商学院、英国国家经济和社会研究委员会、英国财政部和英格兰银行建立的反映英国经济的模型和反映澳大利亚经济的 Murphy 模型（1988，1992）等。研究人员不断地维护和修改，不断地引入新的宏观经济理论和新的计量经济方法，从而推动着宏观计量经济模型进一步完善和发展。

§1.5 计量经济学研究的一般程序

第一步 确立模型

我们已经知道，计量经济学中的所谓模型，就是满足某些假定条件的一个或一组代数方程。模型必然包括假定条件，所以，这一步在计量经济学中也叫做列出保留假设。确立模型通常会涉及四个基本要素：变量、参数、随机扰动项和方程。一个计量经济模型的一般式通常可以表示为：$Y=f(X, b, U)$，即它包含因变量或被解释变量 Y、解释变量 X、参数 b 和随机扰动项 U。确立模型就是用合适的方程形式 $f(\cdot)$ 将计量经济模型的其他三个要素联结在一起以形成一个完整的数学表达式，通常可以是线性形式或非线性形式，也可以是单方程形式或联立方程形式，以便运用恰当的解释变量 X 解释被解释变量 Y 的变化。所以这里主要会涉及三个方面的工作：

1）确定模型中应包含的变量（包括被解释变量和解释变量）的数目。在这里，明确下面的有关变量概念对于正确建立模型非常重要：

①内生变量和外生变量：内生变量是由模型系统所决定的变量，在单方程模型中属于因变量。外生变量是在模型系统以外决定的变量，属于自变量性质的变量。

②政策变量和非政策变量：政策变量是可以人为控制的变量，如政府支出、利息率等。政策变量通常又叫做工具变量。计量经济学的研究，就是要利用工具变量调节目标变量。非政策变量是人类无法控制的变量，如农业收成、汇率等。

③滞后变量和虚拟变量：滞后变量是一个时间序列变量中当期变量的前期变量。在经济生活中，很多变量都存在着较强的序列相关性，即本期数值常常取决于其前期数值，甚至前几期的数值。如一定时期固定资产的形成，就不仅与当期投资有关，而且与前期甚至前几期的投资有关。这种情况就需要用滞后变量来反映。虚拟变量是对反映事物质量属性的指标所作的一种人为量化，也叫做一位二进制变量，多用于充当解释变量。

所有的外生变量和滞后外生变量合称前定变量。

一个模型中究竟应该包括多少变量，包括哪些变量更好，主要应根据经济理论来确定。所以，要确定一个好的计量经济模型，必须熟悉经济理论，包括微观经济理论和宏观经济理论。这是建立一个好的计量经济模型的基础和依据。

2）确定模型的数学形式，如方程的个数，线性方程还是非线性方程等；通常需要利用散点图完成。

这一步需要特别注意的是，计量经济学所研究的变量相互间的关系属于因果关系，因此，模型绝对不能是定义方程，如：Y（国民收入）$=I$（投资）$+C$（消费），等等。定义方程在现实生活中的例子很多。

3）识别模型中参数的符号和大小的先验（理论）期望值，以便对模型进行经济检验。这可以依经济理论确定。

第二步　搜集数据

通常为了估计模型中的参数，我们总是要先获取一组相关数据的样本，即首先要搜集数据。**样本**即随机抽取的一组有关变量的观测数据，而有关这组观测数据的全部可用资源就称作**样本总体**。

一般地说，搜集数据必须有明确的目标。明确的目标是说，首先需要根据计量经济学研究的目的，明确你的分析目的，究竟是要检验经济理论，还是要进行结构分析，或者是进行经济预测，等等。明确目标后才能够根据研究的相应目的搜集有关数据。

【例 1.1】 某公司欲调查办公楼的租金和空置率之间的关系，工作人员在 10 个不同的城市里搜集数据，对办公楼中每平方米的月租金和空置率的数据记录如表 1－1 所示，试对调查结果进行分析。

表 1－1　　办公楼月租金和空置率调查资料

城市	1	2	3	4	5	6	7	8	9	10
空置率（X，%）	3	11	6	5	9	2	5	7	10	8
月租金（Y，元）	5	2.5	4.75	4.5	3	4.5	4	3	3.25	2.75

这里的 10 组数据就是一个关于办公楼空置率与月租金关系的样本。对这一样本应用统计学方法进行分析，可以求得 $\bar{X}=6.6$，$\bar{Y}=3.725$。如果进一步我们还想知道空置率和月租金之间究竟是一种什么关系，当空置率增加一个单位时，月租金会发生什么样的变化，我们就必须建立空置率与月租金的计量经济模型，并估计有关的参数。这就需要用到计量经济学方法。

一般地，估计参数所需要的资料通常主要有两种类型，即时间序列资料和截面资料。时间序列资料或数据（time series data）即对某一经济指标按照时间顺序所作的排序，简称时序资料或**数据**，大部分经济统计资料都是时序资料。利用时序资料估计参数往往容易产生**序列相关**。截面资料或数据（cross-sectional data）即对同一时点上的某一对象的罗列，如人口普查资料。利用截面资料估计参数则往往容易产生异方差问题。表 1－1 中的资料是一个时间序列数据样本。除了时序资料和截面资料外，有时还需要利用一些合并数据。所谓混合数据（pooled data）也叫做面板数据，即数据中既有时间序列数据又有截面数据。例如，如果我们搜集了10年间西部地区10个省区的国民收入数据，那么，这个数据集合就是一个合并数据，每个省区10年间的国民收入数据是时间序列数据，而10个不同省区每年的国民收入数据又组成截面数据。虚拟变量数据也是二进制数据，取值为1或0，主要用来描述事物的属性特征，如性别、季节、种族等定性或其他类别特征。

成功的计量经济研究需要大量高质量的数据。幸运的是互联网为我们提供了大量翔实的数据。在国家统计局网站中，有我国1996年之后历年的各种统计数据供研究者下载使用。同学们必须熟悉相关的一些网站并学会下载数据。

进行计量经济分析，数据的整理非常重要。计量经济建模对数据整理的基本要求是变量一一对应。数据整理对于一般的常规变量分析问题不大，但对于一些特殊变量，比如滞后变量、虚拟变量的分析就容易产生问题，这些我们将在后面讲到这些变量的应用时再予以介绍。

第三步　参数估计

这一步重要的是要选择恰当的参数估计方法。

参数估计的基本方法是最小平方法（即最小二乘法，ordinary least square，OLS），就是使观测值与理论估计值的离差平方和最小。计量经济学认为，使用最小平方法估计参数是最好的方法。这是因为，首先，最小平方法具有三个方面的显著特点：一是使用最小平方法得到的回归直线过样本均值点，这说明回归直线没有偏离观测点的中心；二是使用最小平方法得到的回归方程计算理论估计值的均值与观测值的均值相同，这说明理论估计值与观测值的重心是一致的；三是使用最小平方法得到的残差即观测值与理论估计值的离差均值为零，这说明使用最小平方法得到的理论估计值误差最小。其次，使用最小平方法得到的参数估计值具有三个方面的优越特性：一是线性特性，即使用最小平方法获得的参数估计值都是样本观测值的线性函数，因此有不同的样本观测值，必然会有不同的参数估计值；二是无偏特性，即虽然使用不同的样本会得到不同的参数估计值，但是在大量抽样的基础上，参数估计值的期望或均值等于总体真实参数；三是有效性，即使用最小平方法得到的参数估计值具有最小方差特性，因而是最有效的参数估计值。

最小平方法所具有的这些特性在紧接着的第2章中会得到进一步的严格证明。

第四步　检验评价模型

对模型的检验和评价主要包括以下四种方法：

①经济先验准则检验，由经济理论决定，这种评价也叫做经济意义检验，即根据经济理论对参数的符号和大小进行评价。

②统计准则检验，又称作一级检验，由统计理论决定（包括T检验和F检验等），主要是根据统计理论对参数的有效性进行检验。

③计量经济准则检验，也称作二级检验，由计量经济学理论决定，如对于设定误差、异方差和序列相关以及多重共线性的检验等。在这一阶段，所使用的样本数据是否存在序列相关、异方差和多重共线性问题，必须使用计量经济学方法予以查明。因为如果发生这些问题，会严重影响到参数估计的准确性。任何模型的参数都必须严格通过上述三种不同类型的检验，否则，参数就是无效的。无效的参数是不能用来解释经济现象和说明问

题的。

④评定模型的预测功效。预测是计量经济分析的一个重要目的。预测要求模型必须是可以用于预测的，即模型必须有良好的预测功效。这种评定主要可利用 F 检验进行。

课后思考及练习题

1. 什么是计量经济学？它是在什么背景下产生的？
2. 计量经济学的任务是什么？它有何研究目的？
3. 计量经济学如何研究问题？计量经济学常用的检验方法有哪些？
4. 跟计量经济学密切相关的学科有哪些？它们相互间的关系如何？
5. 计量经济学模型包括什么要素？举例说明一些常见的计量经济学模型。
6. 计量经济学模型与数理经济学模型的区别是什么？
7. 试解释下面给出的概念：

(1) 总体；

(2) 样本；

(3) 期望；

(4) 方差；

(5) 概率分布函数；

(6) 概率密度函数；

(7) 概率度；

(8) 自由度；

(9) 正态分布；

(10) t 分布。

8. 请完成下面的选择题：

(1) 计量经济学模型可分为两大类：单方程计量经济学模型和（　　）。

A. 动态计量经济学模型　　B. 静态计量经济学模型

C. 联立方程计量经济学模型　　D. 应用计量经济学模型

(2) 根据变量是否由模型系统决定，可将有关变量分为（　　）。

A. 内生变量和外生变量　　B. 解释变量和被解释变量

C. 自变量和因变量　　D. 滞后变量和前定变量

(3) 我国西部地区 10 个省区 10 年间的国民收入数据的数据类型是（　　）。

A. 截面数据　　B. 时间序列数据

C. 面板数据　　D. 虚拟变量数据

(4) 对模型参数估计值的符号（正号或负号）进行理论上的判断检验，属于（　　）。

A. 经济意义检验　　B. 计量经济准则检验

C. 统计准则检验　　D. 稳定性检验

(5) 计量经济学检验中的一级检验指的是（　　）。

A. 经济先验准则检验　　B. 统计准则检验

C. 计量经济准则检验　　　　　　　　　　D. 预测功效检验

9. 试分析下列计量经济学模型的经济意义是否合理，并说明理由。

(1) 某商品的需求价格模型为：$\hat{Q}_t=30+1.2P_t$，其中 Q_t 和 P_t 分别为该商品的需求量和价格。

(2) 某地居民的收入消费模型为：$\hat{C}_t=800+2.5Y_t$，其中 C_t 和 Y_t 分别为该地居民的消费支出和可支配收入。

第2章

一元线性回归模型

一元线性方程模型，也叫做双变量模型，是计量经济学模型中最基本的形式。计量经济学中的很多基本理论都是以一元线性方程模型为基础建立的。

§2.1 经济变量间的关系

2.1.1 确定的函数关系

如果一个变量的值能够被一个或者若干个其他变量的值按某一规律唯一地确定，则这类变量就具有完全确定的关系，通常称作**函数关系**。可用数学式表示为：

$$Y=f(X) \quad \text{或} \quad F(X, Y)=0$$

比如，如果某商品的价格 p 已知，则销售收入 y 就与销售量 x 成函数关系。用数学式表示即：

$$y=px$$

如果某变量与多个变量成函数关系，可表示为：

$$Y=f(X_1, X_2, \cdots, X_n) \quad \text{或} \quad F(X_1, X_2, \cdots, X_n; Y)=0$$

经济变量之间的函数关系是数理经济学研究的对象。

2.1.2 非确定的相关关系

如果变量之间既存在密切的数量关系，但又不能由一个或几个变量的值精确地求出另一个变量的值，只有在大量的统计资料或观测资料的基础上，方可判断这类变量之间的数量变化规律性，则这类变量之间的关系就是非确定的关系，也叫做**统计相关关系或回归关系**。经济变量之间的相关关系或回归关系，正是计量经济学研究的对象。计量经济学对于相关关系的研究，其基本的方法就是相关分析和回归分析。

相关分析主要用于确定两个变量之间是否存在密切的线性相关关系以及这种关系的密

切程度。从变量相关关系的表现形式看，可分为线性相关和非线性相关。从变量相关关系变化的方向看，可分为正相关、负相关和不相关。

回归分析就是首先根据相关变量之间的实际观测值建立模型并估计有关参数，然后再回过头来应用模型研究相关变量之间的关系，或检验经济理论，或进行政策模拟，或进行经济预测等。回归的古典含义为回归到中等，弗朗西斯·高尔顿（Francis Galton）发现子女的身高具有趋向全人口平均身高的趋势，即高个子父辈群体，其子女平均身高低于父辈；低个子父辈群体，其子女平均身高高于父辈。现代意义的回归分析是若干解释变量对一个被解释变量依存关系的研究。

在现实的社会生活中，这种非确定的统计相关关系的例子很多。比如，农作物的产量 Y 受施肥量 X 的影响，工作人员月工资 Y 的高低受到受教育年限 X 的影响，社会犯罪率 Y 的高低受警察人数多少的影响，等等。两个变量之间是否存在非确定的相关关系，通常可以借助散点图进行分析。在画**散点图**时，通常应该按照数学方法的一般规定进行，即以自变量为横轴，以因变量为纵轴。在实际应用中，散点图可利用 Excel 来描绘，非常方便。

利用 Excel 描绘散点图的步骤是：

1）输入变量 X 和 Y 的数值（注意 X 应为第一列）；

2）选中数据；

3）在常用工具栏上打开“图表向导”；

4）选定“XY 散点图”，进入下一步；

5）完成散点图的有关选项（包括标题、网格线、图例、数据标志等）。

【例 2.1】 对 1.5 节中的样本资料（参见表 2－1，同表 1－1）进行分析。

表 2－1　　办公楼月租金和空置率调查资料

城市	1	2	3	4	5	6	7	8	9	10
空置率（X，%）	3	11	6	5	9	2	5	7	10	8
月租金（Y，元）	5	2.5	4.75	4.5	3	4.5	4	3	3.25	2.75

得到的散点图如图 2－1 所示。由图 2－1 不难看出，办公楼的空置率与月租金有着比较密切的负相关关系。

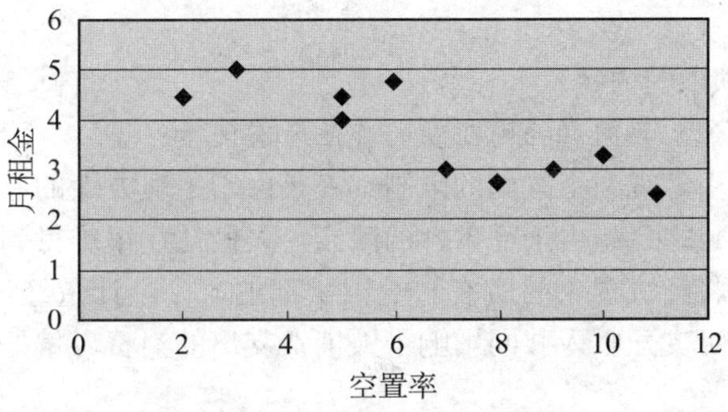

图 2－1　空置率与月租金的散点图

与确定的函数关系类似，相关关系也可以用如下函数形式表示：

$$Y=\mu(X)+U=E(Y|X)+U \tag{2—1}$$

该式说明，Y 就等于 X 的**类函数**或者 Y 对于 X 的回归方程加随机扰动项。换言之，Y 对于 X 的回归方程就等于 Y 在 X 为已知条件下的**期望函数**，其具体形式因 Y 与 X 之间的关系而异，可能是直线，也可能是曲线。根据（2—1）式，如果 Y 对于 X 的条件期望函数为直线，应有：

$$Y=\alpha+\beta X+U$$

或者：

$$U=Y-(\alpha+\beta X)=Y-E(Y|X) \tag{2—2}$$

也就是说，随机扰动项 U 实际上反映了 Y 的观测值与其条件期望即回归直线的离差。

2.1.3 相关关系与函数关系的联系及线性拟合

相关关系与函数关系的联系如图 2－2 所示。

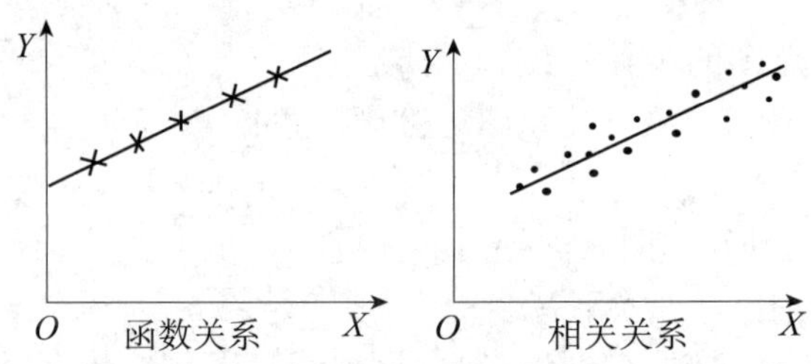

图 2－2 相关关系与函数关系的比较

从图 2－2 不难看出，在函数关系中，变量的对应点都落在一条直线上，而在相关关系中，变量的对应点（样本观测点）并不都落在直线上，而是随机地分布在直线附近。然而，虽然具有相关关系的一组变量的对应点并不落在直线上，但我们却可以用一条直线近似反映或描述这些观测点，这就是**线性拟合**。所谓线性拟合，就是用直线近似地描述各对数据对应点的分布规律。在计量经济学中，线性拟合的基本工具就是最小平方法。

§2.2 随机扰动项的内容及有关假定

2.2.1 随机扰动项的内容

（1）未列入模型但又共同影响因变量的其他所有因素

这主要是因为受主客观两个方面的限制：一是由于主观方面的原因，人们往往不可能认识到事物的本来面目；二是由于受条件的限制，人们往往很难得到足够的观测数据。所以，我们往往不可能将经济现象的所有影响因素都纳入一个计量经济学模型之中。比如，在消费函数中与个人可支配收入共同影响个人消费支出的消费者偏好、物价指数及消费品质量等。

（2）模型的设定误差

这主要是由于对模型的不适当简化造成的，比如可能将相乘关系设定为相加关系，把曲线关系设定为直线关系等，还有可能遗漏了某个重要的解释变量，也有可能引入某个不相关变量，等等。

（3）变量的观测误差

这种误差主要也受到主客观两个方面因素的影响。主观方面比如报喜不报忧，人为地夸大某些变量，人为地缩减某些变量等。客观方面比如观测手段方面的限制等。比如，在测量长度时，用皮尺和钢尺测量的结果肯定是不会完全相同的。

（4）随机误差

比如由于人的意识和行为的非重复性引起的误差，不在上述三种情况之中的其他误差，等等。

2.2.2 关于随机扰动项的基本假定

假定 1　零均值假定

假定 1 是说，以给定的 $X_i(i=1, 2, \cdots, n)$ 为条件，U_i 的条件期望值为零。用数学语言表示即：

$E(U_i|X_i)=0$　或简记为：$E(U_i)=0$

这一假定实际是说，在每一个时期 U 的所有可能值的总体中，总包含有正值、负值和零，其总和为零，因而均值亦为零。

根据假定 1，对于线性相关关系，应有：

$E(Y)=E(\alpha+\beta X)+E(U)=\alpha+\beta X$

这可以用图 2－3 予以说明。

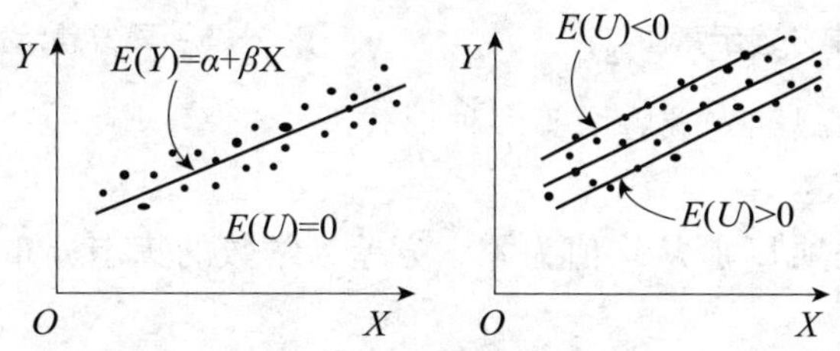

图 2－3　零均值假定示意图

如果违反这一假定，则出现如图 2－3 第二个图所示的两种情况。

假定 1 要求必须保证：（1）方程中包含了所有重要变量；（2）因变量不存在系统的测量正误差或负误差。

假定 2　无序列相关假定

假定 2 即各个随机扰动项互不相关，或者说各个随机扰动项之间不存在序列相关或自相关。用数学语言表示即：

$$\begin{aligned}\mathrm{Cov}(U_i, U_j)&=E[U_i-E(U_i)][U_j-E(U_j)]\\&=E(U_iU_j)=0\end{aligned}$$

其中，i、j 表示观测值的两个不同观测时期或观测点（$i\neq j$），Cov 为协方差。

这一假定亦可以等价地表述为：对应于不同观测值的误差项零相关，或者说，U 是一个随机变量，它在不同时期或不同观测点上的取值相互独立。因为 $E(U_iU_j)=0$ 只有在 U

的各项分别以一定的概率取正值、负值或零时才是可能的。

假定 3　常方差假定

常方差假定即对于每一个给定的 $X_i(i=1, 2, \cdots, n)$ 来说，U_i的方差（即条件方差）为常数。换言之，即对应于不同的 X 值，各个 U 的总体具有相同的方差。用数学语言表示即：

$$D^2(U_i|X_i)=E[U_i-E(U_i)]^2=E(U_i)^2=\sigma_u^2$$

这一假定表明，每一个 U 围绕其零均值的变差与 X 无关，换言之，U 的取值不受 X 的影响，两者的协方差为零。用数学语言表示即：

$$\begin{aligned}\text{Cov}(U, X)&=E[U_i-E(U_i)][X_i-E(X_i)]\\&=E\{U_i[X_i-E(X_i)]\}\\&=X_iE(U_i)-E(X_i)E(U_i)=0\end{aligned}$$

这种情况可以用某种商品在一年 12 个月中取不同价格时每天的销售量来说明。一方面，虽然销售量会随着每个月价格的不同而变化，另一方面，尽管在同一个月中每天的价格相同，但每天的销售量却不一定相同。

违反常方差假定称作异方差。图 2－4 和图 2－5 可分别说明常方差和异方差的情况。

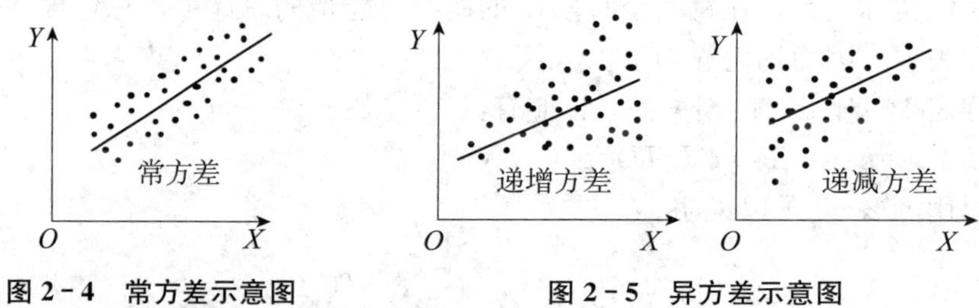

图 2－4　常方差示意图　　　　**图 2－5　异方差示意图**

异方差还有先增后减和先减后增等多种形式。

假定 4　正态性假定

假定 4 即随机扰动项 U 服从均值为零、方差为常数的正态分布。用数学语言表示即：

$$U_i\sim N(0, \sigma^2)$$

这一假定表明，随机扰动项 U 在回归直线两旁分布的基本规律是：越是靠近回归直线，其分布的密度就越大，越是远离回归直线，其分布的密度就越小。换言之，即 U 的较小值比较大值观测到的概率要大，极端值观测到的概率更小，甚至不可能。

这一假定可分别用图 2－6 中的（A）、（B）、（C）图予以说明。这三幅图从三个不同的角度说明了正态性假定的含义。

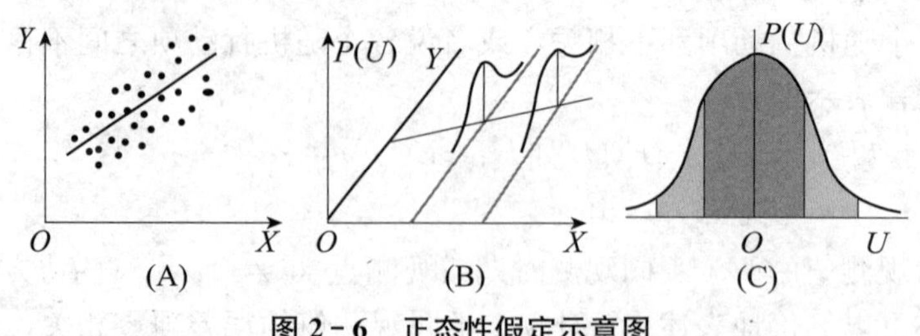

图 2－6　正态性假定示意图

§2.3 最小平方法

2.3.1 一元线性回归模型的几种不同表达方式

一般的一元线性回归模型是：

$$Y=\alpha+\beta X+U \tag{2—3}$$

1）X 与 Y 的真实关系式（即总体方程式）为：

$$Y=\alpha+\beta X+U$$

2）真实的回归直线（即总体回归直线）为：

$$E(Y)=\alpha+\beta X$$

3）由样本估计的关系式（即样本方程式）为：

$$Y=\hat{\alpha}+\hat{\beta}X+e$$

其中，e 叫做残差（error），是随机扰动项的样本估计值。$\hat{\alpha}$ 是总体参数 α 的样本估计值，$\hat{\beta}$ 是总体参数 β 的样本估计值。

4）由样本估计的回归直线（即样本回归直线）为：

$$\hat{Y}=\hat{\alpha}+\hat{\beta}X$$

根据样本方程式应有：

$$e=Y-(\hat{\alpha}+\hat{\beta}X)=Y-\hat{Y} \tag{2—4}$$

2.3.2 回归的几种可能途径

（1）使残差总和最小

使残差总和最小也就是使 $\sum e_i=\sum(Y_i-\hat{Y}_i)$ 最小。这一准则的显著缺点是，无法反映观测点距离回归直线的离散程度。如图 2-7 所示，观测点位于回归直线两边，残差可能相互抵消，使残差和为零。

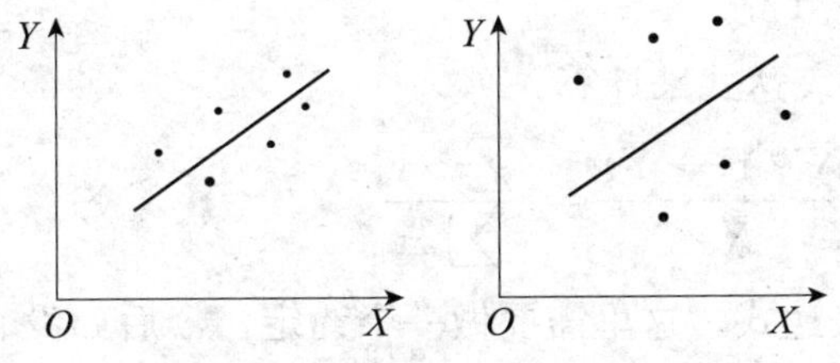

图 2-7　残差总和示意图

（2）使残差的绝对值之和最小

使残差的绝对值之和最小，也就是使 $\sum|e|=\sum|Y_i-\hat{Y}_i|$ 最小。这一方法虽然可以克服残差相互抵消的缺点，但同时也带来了计算上的麻烦。因为我们知道，在代数运算中对于绝对值常常需要分几种情况进行讨论。

（3）使残差的平方和最小

使残差的平方和最小，也就是使 $\sum e^2=\sum(Y_i-\hat{Y}_i)^2$ 最小。计量经济学认为，在所有可能的途径中，这一方法是最好的。

2.3.3 最小平方准则及其特点

最小平方准则即通过一定方法使 $\sum e^2 = \sum (Y_I - \hat{Y}_i)^2$ 取最小值。

根据数学分析原理，要使 $\sum e^2$ 取最小值，必须对：

$$\sum e_i^2 = \sum (Y_i - \hat{Y}_i)^2 = \sum (Y_i - \hat{\alpha} - \hat{\beta} X_i)^2$$

求偏微分并使其为 0，于是有：

$$\begin{cases} \dfrac{\partial \sum e_i^2}{\partial \hat{\alpha}} = -2\sum (Y_i - \hat{\alpha} - \hat{\beta} X_i) = 0 \\ \dfrac{\partial \sum e_i^2}{\partial \hat{\beta}} = -2\sum (Y_i - \hat{\alpha} - \hat{\beta} X_i) X_i = 0 \end{cases}$$

也就是：

$$\begin{cases} \sum Y_i = n\hat{\alpha} + \hat{\beta}\sum X_i \\ \sum X_i Y_i = \hat{\alpha}\sum X_i + \hat{\beta}\sum X_i^2 \end{cases} \tag{2—5}$$

解之，得到：

$$\begin{cases} \hat{\alpha} = \overline{Y} - \hat{\beta}\overline{X} \\ \hat{\beta} = \dfrac{\sum X_i Y_i - n\overline{X}\overline{Y}}{\sum X_i^2 - n\overline{X}^2} \end{cases} \tag{2—6}$$

该式叫做 $\hat{\alpha}$ 和 $\hat{\beta}$ 的观测值表达式。

如果模型中不包括常数项 α，则 β 的估计值变为：

$$\hat{\beta} = \frac{\sum XY}{\sum X_i^2} \tag{2—7}$$

这很容易理解。因为如果没有常数项 α，就没有（2—5）式中的第 1 个等式，第 2 个等式中也没有等号右边第 1 项。

$\hat{\beta}$ 还可以采用另一种表达式来计算

$$\hat{\beta} = \frac{\sum (X_i - \overline{X})(Y_i - \overline{Y})}{\sum (X_i - \overline{X})^2} = \frac{\sum x_i y_i}{\sum x_i^2} \tag{2—8}$$

该式叫做 $\hat{\beta}$ 的离差表达式。这里需要做一个约定，今后如没有特别说明，一般规定用大写字母表示变量的观测值，用小写字母表示变量的离差。

（2—8）式可以用两种不同的方式进行证明：

【证 1】

$$\begin{aligned} \sum XY - n\overline{X}\overline{Y} &= \sum XY - n\overline{X}\overline{Y} + n\overline{X}\overline{Y} - n\overline{X}\overline{Y} \\ &= \sum XY - \overline{Y}\sum X + n\overline{X}\overline{Y} - \overline{X}\sum Y \\ &= \sum [(Y - \overline{Y})X - (Y - \overline{Y})\overline{X}] \\ &= \sum (X - \overline{X})(Y - \overline{Y}) \end{aligned}$$

$$\begin{aligned}\sum X^2 - n\overline{X}^2 &= \sum X^2 - 2n\overline{X}^2 + n\overline{X}^2 \\ &= \sum X^2 - 2\overline{X}\sum X + n\overline{X}^2 \\ &= \sum (X^2 - 2\overline{X}X + \overline{X}^2) \\ &= \sum (X - \overline{X})^2\end{aligned}$$

【证 2】

$\because$ $\hat{Y}=\hat{\alpha}+\hat{\beta}X_i$ ①

$\overline{Y}=\hat{\alpha}+\hat{\beta}\overline{X}$ ②

①－②得到：

$$\hat{y}_i=\hat{Y}_i-\overline{Y}=\hat{\beta}x_i \tag{2—9}$$

该式称作关于 $\hat{\beta}$ 的斜率方程。

$$\begin{aligned}\therefore \quad e_i &= Y_i-\hat{Y}_i=(Y_i-\overline{Y})-(\hat{Y}_i-\overline{Y}) \\ &= y_i-\hat{y}_i=y_i-\hat{\beta}x_i \qquad (2—10)\end{aligned}$$

该式称作残差 e_i 的离差表达式。

于是有：

$$\sum e_i^2 = \sum (y_i - \hat{\beta}x_i)^2$$

令：

$$\frac{\mathrm{d}\sum e_i^2}{\mathrm{d}\hat{\beta}} = -2\sum (y_i - \hat{\beta}x_i)x_i = 0$$

则有：

$$\hat{\beta} = \frac{\sum x_i y_i}{\sum x_i^2}$$

在实际应用中，一元线性模型中的参数 $\hat{\alpha}$ 和 $\hat{\beta}$，可利用 Excel 在散点图中插入趋势线的方法求得，非常方便。

在散点图中插入趋势线的步骤是：

1）打开“图表向导”；

2）作出散点图；

3）点击图中任一数据点，再单击右键；

4）在对话框中选择“添加趋势线”命令；

5）在“类型”标签中选“线性图”；

6）在“选项”标签中选“显示公式”和“显示 R 平方值”。

在图 2－1 所示的散点图中插入趋势线后得到图 2－8。不难看出，其常参数是 5.480 2，斜率参数是－0.265 9（其中的 R^2 表示该回归直线对于样本数据解释的百分比，将在 2.6 节中讲到）。

由以上分析不难看出，最小平方法具有如下重要特点：

1）回归直线过 X 和 Y 的样本均值点（$\overline{X}$，$\overline{Y}$），如图 2－9 所示。

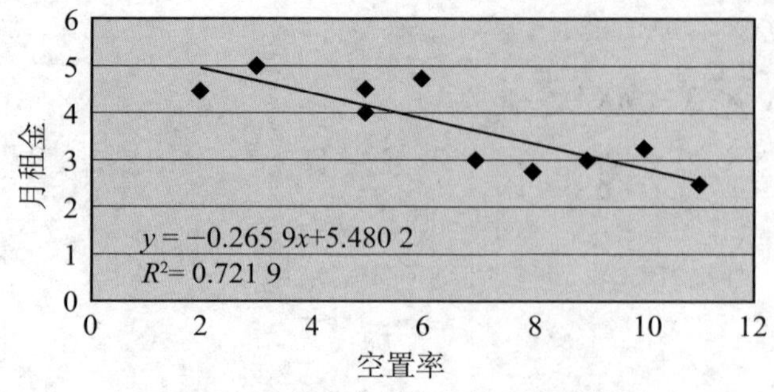

图 2－8　空置率与月租金的负相关关系

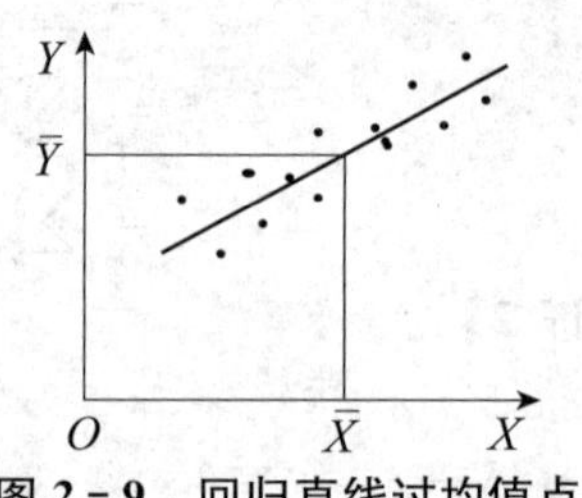

图 2－9　回归直线过均值点

2）估计值 $\hat{Y}$ 的均值等于观测值 Y 的均值。

【证】

$$\because \quad \hat{Y}_i = \hat{\alpha} + \hat{\beta}X$$
$$= (\bar{Y} - \hat{\beta}\bar{X}) + \hat{\beta}X_i$$
$$= \bar{Y} + \hat{\beta}(X_i - \bar{X})$$

$$\therefore \quad \sum \hat{Y}_i = n\bar{Y}$$

也就是：$\bar{\hat{Y}} = \bar{Y}$。

3）残差 e_i 的均值为零。

$$\because \quad \sum e_i = \sum (y_i - \hat{\beta}x_i) = \sum y_i - \hat{\beta}\sum x_i = 0$$

$$\therefore \quad \bar{e} = \frac{\sum e_i}{n} = 0$$

§2.4　最小平方估计值的性质

2.4.1　线性特性

所谓线性特性是说，估计值 $\hat{\alpha}$ 和 $\hat{\beta}$ 分别是样本观测值 Y_i 的线性组合或线性函数。线性特性表明了最小平方估计值与样本观测值的关系。

【证】(1)

$$\hat{\beta} = \frac{\sum x_i y_i}{\sum x_i^2} = \frac{\sum x_i (Y_i - \bar{Y})}{\sum x_i^2}$$
$$= \frac{\sum x_i Y_i - \bar{Y}\sum x_i}{\sum x_i^2}$$
$$= \sum \frac{x_i}{\sum x_i^2} Y_i$$

为简化起见，令 $k_i = \dfrac{x_i}{\sum x_i^2}$，则有：

$$\hat{\beta} = \sum k_i Y_i = k_1 Y_1 + k_2 Y_2 + \cdots + k_n Y_n \tag{2—11}$$

(2) 同理可证：

$$\hat{\alpha} = \overline{Y} - \hat{\beta}\overline{X} = \frac{1}{n}\sum Y_i - \overline{X}\sum k_i Y_i = \sum\left(\frac{1}{n} - \overline{X}k_i\right)Y_i$$

令$\frac{1}{n} - \overline{X}k_i = K_i$，则有：

$$\hat{\alpha} = \sum K_i Y_i$$

2.4.2 无偏性

无偏性是指，在大量抽样的基础上，参数估计值 $\hat{\alpha}$ 和 $\hat{\beta}$ 的期望值分别等于总体参数或真实参数 α 和 β。

【证】 假定样本是随机抽取的，则有：

$$\hat{\beta} = \sum k_i Y_i = \sum k_i(\alpha + \beta X_i + U_i)$$

$$= \alpha\sum k_i + \beta\sum k_i X_i + \sum k_i U_i$$

$$\because \quad \sum k_i = \frac{\sum x_i}{\sum x_i^2} = 0 \quad \sum x_i^2 = \sum x_i(X_i - \overline{X}) = \sum x_i X_i$$

$$\sum k_i X_i = \frac{\sum x_i X_i}{\sum x_i^2} = 1$$

$$\therefore \quad \hat{\beta} = \beta + \sum k_i U_i \qquad (2—12)$$

因此得到：

$$E(\hat{\beta}) = \beta + \sum k_i E(U_i) = \beta$$

同理，可证得：

$$E(\hat{\alpha}) = \alpha$$

$$\because \quad \hat{\alpha} = \sum K_i Y_i = \sum K_i(\alpha + \beta X_i + U_i) = \alpha\sum K_i + \beta\sum K_i X_i + \sum K_i U_i$$

且由于：

$$\sum K_i = \sum\left(\frac{1}{n} - \overline{X}k_i\right) = 1$$

$$\sum K_i X_i = \sum\left(\frac{1}{n} - \overline{X}k_i\right)X_i = 0$$

$$\therefore \quad \hat{\alpha} = \alpha + \sum K_i U_i \qquad (2—13)$$

因此应有：

$$E(\hat{\alpha}) = \alpha$$

2.4.3 有效性或最佳性

有效性或最佳性是说，在所有的线性无偏估计量中，最小平方估计量具有最小方差特性，因而是最佳的。

(1) $\hat{\beta}$ 的方差

$$\because \quad \hat{\beta} = \beta + \sum k_i U_i$$

$$\therefore \quad D^2(\hat{\beta}) = D^2(\beta) + \sum k_i^2 D^2(U_i)$$

$$=\sigma_U^2\sum\left(\frac{x_i}{\sum x_i^2}\right)^2$$

$$=\frac{1}{\sum x_i^2}\sigma_U^2$$

(2) $\hat{\alpha}$ 的方差

$$\because \quad \hat{\alpha}=\alpha+\sum\left(\frac{1}{n}-\overline{X}k_i\right)U_i$$

$$\therefore \quad D^2(\hat{\alpha})=\sum\left(\frac{1}{n}-\overline{X}k_i\right)^2 D^2(U_i)$$

$$=\sigma_U^2\sum\left(\frac{1}{n^2}-2\frac{\overline{X}}{n}k_i+\overline{X}^2k_i^2\right)$$

$$=\sigma_U^2\left(\frac{1}{n}+\frac{\overline{X}^2}{\sum x_i^2}\right)$$

或者 $D^2(\hat{\alpha})=\dfrac{\sum X_i^2}{n\sum x_i^2}\sigma_U^2$。

(3) $\hat{\beta}$ 具有最小方差的证明

这种证明可以采用反证法或比较证明法进行，即设想有另一同样具有线性特性和无偏特性的估计量 β^* 存在，如能证明 β^* 的方差的确大于 $\hat{\beta}$ 的方差，则命题得证。

设 $\beta^*=\sum w_iY_i$，其中 $w_i=k_i+d_i$，则：

$$E(\beta^*)=\sum w_iE(Y_i)$$

$$=\sum w_i(\alpha+\beta X_i)$$

$$=\alpha\sum(k_i+d_i)+\beta\sum(k_i+d_i)X_i$$

$$=\alpha\sum d_i+\beta+\beta\sum d_iX_i$$

显然，只有同时成立

$$\begin{cases}\sum d_i=0\\ \sum d_iX_i=0\end{cases}$$

才有 $E(\beta^*)=\beta$。

$$\therefore \quad D^2(\beta^*)=\sum w_i^2D^2(Y_i)$$

$$=\sigma_U^2\sum(k_i+d_i)^2$$

$$=\sigma_U^2\sum(k_i^2+2k_id_i+d_i^2)$$

$$=\sigma_U^2\left(\sum k_i^2+2\sum k_id_i+\sum d_i^2\right)$$

$$\because \quad \sum k_id_i=\frac{\sum(X_i-\overline{X})d_i}{\sum x_i^2}=\frac{\sum d_iX_i-\overline{X}\sum d_i}{\sum x_i^2}=0$$

$$\therefore \quad D^2(\beta^*)=\frac{1}{\sum x_i^2}\sigma_U^2+\sigma_U^2\sum d_i^2$$

$$=D^2(\hat{\beta})+\sigma_U^2\sum d_i^2$$

显然，在 $d_i \neq 0$ 的条件下，必有：

$$D^2(\beta^*) > D^2(\hat{\beta})$$

同理可证，$\hat{\alpha}$ 亦具有最小方差。

2.4.4 高斯-马尔可夫定理

【高斯-马尔可夫定理】 在满足所有关于随机扰动项基本假定的条件下，最小平方估计值 $\hat{\alpha}$ 和 $\hat{\beta}$ 必然是最佳线性无偏估计量。

高斯-马尔可夫定理肯定，只要参数估计过程中使用的样本满足关于随机扰动项的所有基本假定，包括零均值假定、无序列相关假定、常方差假定和正态性假定，最小平方估计值就一定是最佳线性无偏估计量。

所谓最佳线性无偏估计量，就是指同时满足线性特性、无偏性和有效性的估计量。

线性特性、无偏性和有效性均已做过证明。所以，该定理的成立是显而易见的，无需再作证明。

§2.5 最小平方估计值的标准误差与区间估计

2.5.1 $\hat{\alpha}$ 和 $\hat{\beta}$ 的标准误差

最小平方估计值的线性特性表明，$\hat{\alpha}$ 和 $\hat{\beta}$ 都是样本数据的函数，即随着样本数据的变化，其估计值也会随之变动。因此，人们就必然会提出这样的问题，即由特定样本所得到的参数估计值与总体参数究竟是否接近？这就需要用某一种“可靠性指标”来度量 $\hat{\alpha}$ 和 $\hat{\beta}$ 是否接近总体真实参数 α 和 β。

在统计上，衡量一个随机变量是否接近其期望值，一般都采用随机变量的标准误差。由最小平方估计值的方差公式容易得到 $\hat{\alpha}$ 和 $\hat{\beta}$ 的标准误差分别为：

$$\begin{cases} Se(\hat{\beta}) = \dfrac{1}{\sqrt{\sum x_i^2}}\hat{\sigma}_U \\ Se(\hat{\alpha}) = \hat{\sigma}_U\sqrt{\dfrac{1}{n}+\dfrac{\bar{X}^2}{\sum x_i^2}} \end{cases} \tag{2—14}$$

其中，$Se(\ )$ 表示括号中参数的标准误差（standard error）。$\hat{\sigma}_U$ 叫做估计标准误差，简称估计标准误，是 U 的常方差的样本估计值的平方根，可用以反映观测值距离理论估计值或回归直线的集中性程度，其数值越小，观测值距离回归直线就越集中。其定义式如下：

$$\hat{\sigma}_U^2 = \frac{\sum e_i^2}{n-2} = \frac{\sum(Y_i-\hat{Y}_i)^2}{n-2} \tag{2—15}$$

其中，残差平方和既可以直接计算，亦可以用下式计算：

$$\sum e_i^2 = \sum y_i^2 - \hat{\beta}^2\sum x_i^2 \tag{2—16}$$

【证】 $\sum e_i^2 = \sum(y-\hat{\beta}x_i)^2$

$$= \sum y_i^2 - 2\hat{\beta}\sum x_i y_i + \hat{\beta}^2\sum x_i^2$$

$\because \quad \hat{\beta} = \dfrac{\sum x_i y_i}{\sum x_i^2}$

$\therefore \quad \sum x_i y_i = \hat{\beta} \sum x_i^2$

因此应有：

$$\sum e_i^2 = \sum y_i^2 - \hat{\beta}^2 \sum x_i^2$$

在这里，自由度之所以要减 2，是因为要求 $\hat{Y}_i$，必先求 $\hat{\alpha}$ 和 $\hat{\beta}$，所以要失去 2 个自由度。**自由度**是指样本中的变量和观测值彼此独立不受约束可以自由变动的变量数目。比如，如果 n 个彼此独立的变量受到 $\sum X_i = n\bar{X}$ 这一条件的约束，给定 $\bar{X}$，那就只有 $n-1$ 个变量可以自由变动，这就使 n 个变量失去了一个自由度。

这一点亦可以证明如下：

我们已经知道：

$$e_i = y_i - \hat{y}_i = y_i - \hat{\beta}_1 x_i$$

另外，根据总体方程式

$$Y_i = \alpha + \beta X_i + U_i \qquad ①$$

应有：

$$\bar{Y} = \alpha + \beta \bar{X} + \bar{U} \text{（注意：} \bar{U} \neq E(U)\text{）} \qquad ②$$

①－②，得到：

$$y_i = Y_i - \bar{Y} = \beta x_i + u_i$$

所以：

$$e_i = (\beta - \hat{\beta}) x_i + u_i$$

$$\sum e_i^2 = (\beta - \hat{\beta})^2 \sum x_i^2 + \sum u_i^2 + 2(\beta - \hat{\beta}) \sum x_i u_i$$

$$E\left(\sum e_i^2\right) = [E(\beta - \hat{\beta})^2] \sum x_i^2 + E\left(\sum u_i^2\right) + 2E\left[(\beta - \hat{\beta}) \sum x_i u_i\right]$$

其中：

$$E(\beta - \hat{\beta})^2 = D^2(\hat{\beta}) = \frac{\sigma_U^2}{\sum x_i^2}$$

$$\begin{aligned} E\left(\sum u_i^2\right) &= E\left[\sum (U_i - \bar{U})^2\right] = E\left(\sum U_i^2 - n\bar{U}^2\right) \\ &= \sum E(U_i^2) - \frac{1}{n} E\left(\sum U_i\right)^2 \\ &= n\sigma_U^2 - \frac{1}{n}\left[\sum E(U_i^2) + 2\sum_{i=1}^{n}\sum_{j\neq i}^{n} E(U_i U_j)\right] \\ &= (n-1)\sigma_U^2 \end{aligned}$$

根据 $\hat{\beta} = \beta + \sum k_i U_i$ 可得：

$$\beta - \hat{\beta} = -\sum k_i U_i$$

$$\begin{aligned} \therefore \quad E\left[(\beta - \hat{\beta}) \sum x_i u_i\right] &= -E\left[\sum k_i U_i \sum x_i (U_i - \bar{U})\right] \\ &= -E\left[\sum k_i U_i \left(\sum x_i U_i - \bar{U} \sum x_i\right)\right] \quad \left(\text{注意：} \sum x_i = 0\right) \\ &= -\sum k_i x_i E(U_i^2) - \sum_{i=1}^{n}\sum_{j\neq i}^{n} k_i x_j E(U_i U_j) \end{aligned}$$

$$=-\sigma_U^2\sum k_i x_i=-\sigma_U^2 \qquad (注意：\sum k_i x_i=1)$$

$$\therefore \quad E\left(\sum e_i^2\right)=\sigma_U^2+(n-1)\sigma_U^2-2\sigma_U^2=(n-2)\sigma_U^2$$

亦即：

$$E\left[\frac{\sum e_i^2}{n-2}\right]=\sigma_U^2$$

显然 $\hat{\sigma}_U^2=\dfrac{\sum e_i^2}{n-2}$ 是 σ_U^2 的无偏估计量。

2.5.2 总体真值 α 和 β 的区间估计

我们知道，总体是不可观测的。因此，进行计量经济分析的目的，最重要的就是要通过样本了解总体的属性。比如，能否根据样本的属性包括均值和标准误差等，进一步了解总体参数的一些情况呢？具体点说，能否根据样本的分布情况得到总体参数的一个分布范围，以及以多大的把握程度分布在这样的区间范围内呢？这也就是总体参数的区间估计。

(1) 依正态分布进行估计

我们知道，总体参数 α 和 β 实际上是样本参数 $\hat{\alpha}$ 和 $\hat{\beta}$ 的均值或数学期望。根据数理统计学原理，要为一个参数估计具有一定置信度的置信区间，必须首先知道有关的随机变量的分布形式。根据 $\hat{\alpha}$ 和 $\hat{\beta}$ 的线性特性，我们不难知道，$\hat{\alpha}$ 和 $\hat{\beta}$ 的分布形式是：

$$\begin{cases}\hat{\beta}\sim N\left(\beta,\ \dfrac{1}{\sqrt{\sum x_i^2}}\sigma_U\right)\\[2ex] \hat{\alpha}\sim N\left(\alpha,\ \sigma_U\sqrt{\dfrac{1}{n}+\dfrac{\overline{X}^2}{\sum x_i^2}}\right)\end{cases}$$

同时，我们知道，正态分布的基本分布规律是一个以均值为中心的对称分布，具体的分布状态与方差的大小密切相关。图 2－10 反映了这种情况。在图 2－10 中，两个分布曲线的方差是不同的。高耸的曲线方差小，平坦的曲线方差大。两个分布曲线中间的部分给出的都是一个标准误差范围的概率（面积）。

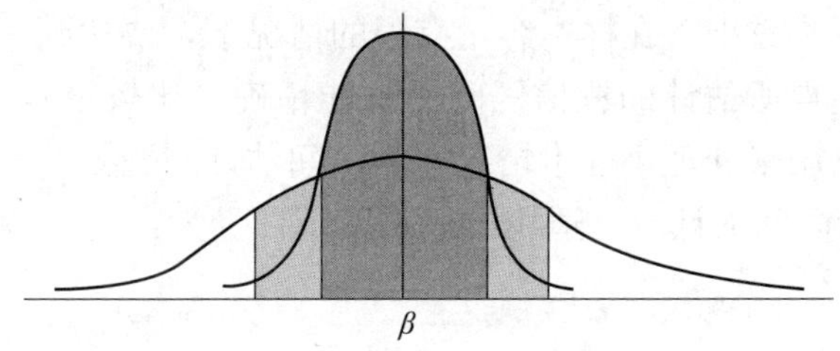

图 2－10 正态分布曲线比较

区间估计的实质是要确定随机变量在一定概率条件下的区间，在总体标准误差已知的条件下，这可以借助正态分布实现。利用正态分布可以很方便地查出随机变量距离均值 z 个标准误差的概率。由于一般的标准正态分布给出的都是概率值 $P(x\geqslant z)$，所以，要得到

随机变量距离均值 z 个标准误差的概率即 $P(-z\leqslant x\leqslant z)$，可借助下面的公式实现：

$$P(-z\leqslant x\leqslant z)=1-2P(x\geqslant z)$$

在标准正态分布表（参见附录 3 中的附表 1）中，利用上述公式，我们很容易得到如下数据：

$z=1\qquad P(\hat{\beta})=0.6826\qquad z=2\qquad P(\hat{\beta})=0.9544$

$z=3\qquad P(\hat{\beta})=0.9973\qquad z=1.96\qquad P(\hat{\beta})=0.95$

在这里，z 叫做概率度，也就是横轴上距离均值的标准误差。也就是说，按照正态分布，在距离均值 1.96 个标准误差的范围内，分布的概率有 95%。同时，根据数学原理，我们可以肯定，"$\hat{\beta}$ 落在 $\beta\mp1.96Se(\hat{\beta})$ 范围内"这一事件等价于：

1）$\hat{\beta}-\beta$ 落在 $0\mp1.96Se(\hat{\beta})$ 范围内；

2）$z=\dfrac{\hat{\beta}-\beta}{Se(\hat{\beta})}$ 落在 0 ∓ 1.96 范围内。

于是，应有：

$$P\left(-1.96\leqslant\frac{\hat{\beta}-\beta}{Se(\hat{\beta})}\leqslant1.96\right)=0.95$$

也就是说，我们有 95% 的把握可以肯定，总体真值 β 位于下面的区间范围内：

$$[\hat{\beta}-1.96Se(\hat{\beta}),\hat{\beta}+1.96Se(\hat{\beta})]$$

（2）依 t 分布进行估计

依正态分布进行估计的前提是，总体方差必须已知。在总体方差未知或在小样本条件下（$n\leqslant30$），区间估计就只能借助 t 分布进行估计。根据 t 分布表（参见附录 3 中的附表 2），我们便不难得到如下一组数据：

在要求的概率为 95% 时，t 的几种不同自由度的临界值为：

$n=7\qquad v=5\qquad t_{\alpha/2}=2.57$

$n=12\qquad v=10\qquad t_{\alpha/2}=2.23$

$n=17\qquad v=15\qquad t_{\alpha/2}=2.13$

$n=32\qquad v=30\qquad t_{\alpha/2}=2.04$

$n=62\qquad v=60\qquad t_{\alpha/2}=2.00$

在这里，α 称作显著性水平，v 是自由度，$t_{\alpha/2}$ 是概率度临界值。

由上述数据我们不难看出，在样本容量有限的情况下，要达到一定的置信度，我们只能提高概率度；而要使得所估计的置信区间尽可能精确（比较窄），我们只有增大样本容量。这种情况恰恰可以用来处理小样本情况下的区间估计问题。

在使用 t 分布进行区间估计时，适用的概率度统计量为：

$$t=\frac{\hat{\beta}-\beta}{Se(\hat{\beta})}\qquad(2\text{—}17)$$

于是应有：

$$P(-t_{\alpha/2}\leqslant t\leqslant t_{\alpha/2})=0.95$$

也就是：

$$P[\hat{\beta}-t_{\alpha/2}Se(\hat{\beta})\leqslant\beta\leqslant\hat{\beta}+t_{\alpha/2}Se(\hat{\beta})]=1-\alpha$$

§ 2.6　最小平方估计值的拟合优度与假设检验

2.6.1　拟合优度

所谓**拟合优度**（goodness of fit），是指样本回归直线对观测数据拟合的优劣程度，是反映拟合优度的总体性指标，称作**可决系数**。

为了探讨可决系数的定义，我们需要对因变量的变差进行分解，为此，不难得到：

$$(Y_i-\bar{Y})=(Y_i-\hat{Y}_i)+(\hat{Y}_i-\bar{Y})$$

即：

总变差＝随机误差＋条件变差

两端平方后再加总，得到：

$$\sum y_i^2=\sum \hat{y}_i^2+\sum e_i^2 \tag{2—18}$$

【证】

$$\begin{aligned}\sum(Y_i-\bar{Y})^2&=\sum[(Y_i-\hat{Y}_i)+(\hat{Y}_i-\bar{Y})]^2\\&=\sum(Y_i-\hat{Y}_i)^2+2\sum(Y_i-\hat{Y})(\hat{Y}_i-\bar{Y})+\sum(\hat{Y}_i-\bar{Y})^2\\&=\sum e_i^2+2\hat{\beta}\sum e_ix_i+\sum\hat{y}_i^2\\&=\sum e_i^2+\sum\hat{y}_i^2\quad（注意：\sum e_ix_i=0）\end{aligned}$$

（2—18）式的证明亦可以在（2—16）式中直接代入 $\hat{y}_i=\hat{\beta}x_i$。

（2—18）式亦可以表示为：

$$TSS=ESS+RSS$$

其中，TSS 即 total square sum，称作总平方和；ESS 即 error square sum，称作残差平方和；RSS 即 regression square sum，称作回归平方和。残差平方和是总平方和中没有被回归直线解释的部分；回归平方和是总平方和中被回归直线解释的部分。也就是说：

Y 的总变差＝由解释变量解释的部分＋未解释的残差部分

因此，应有：

$$1=\frac{RSS}{TSS}+\frac{ESS}{TSS}$$

或者，写成：

$$R^2=\frac{RSS}{TSS}=1-\frac{ESS}{TSS}$$

也就是说，可决系数可以定义为回归平方和与总平方和的比。它表示回归直线对样本数据解释的百分比。按照此定义，显然应有：

$$0\leqslant R^2\leqslant 1$$

那么，如此定义的可决系数能否满足要求呢？我们可以分三种情况进行讨论。这三种情况分别如图 2－11 中的（A）、（B）、（C）图所示。

在图 2－11（A）中，两变量为函数关系，所以回归直线可解释 100％的数据；在图 2－11（B）中，两变量为独立变量，所以回归直线（均值线）不能解释任何数据；在

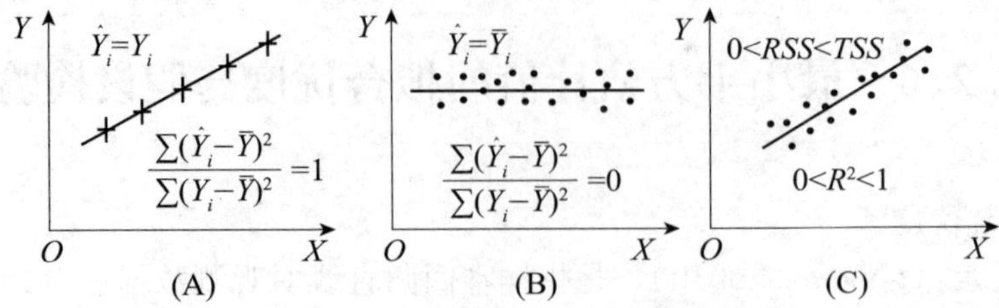

图 2-11　可决系数示意图

图 2-11（C）中，两变量为相关关系，所以回归直线所能够解释的百分比介于 0 和 1 之间。在这里，（A）和（B）中的情况在经济生活中均属极端情况，大多数经济现象都属于图 2-11（C）所描述的情况。

在一元线性模型中，可决系数也可以用 r^2 来表示。

$$\because \quad RSS = \hat{\beta}^2 \sum x_i^2$$

$$\therefore \quad r^2 = \frac{\hat{\beta}^2 \sum x_i^2}{\sum y_i^2} \quad 或 \quad r^2 = \frac{\hat{\beta} \sum x_i y_i}{\sum y_i^2} \tag{2—19}$$

2.6.2　相关分析和相关系数

可决系数的高低与变量之间的相关程度是密切相关的。毫无疑问，变量之间的相关程度高，回归直线能够解释的样本数据的百分比就高；变量之间的相关程度低，回归直线能够解释的样本数据的百分比就低。

所谓相关分析，即通过计算两个变量之间的相关系数，确定两变量之间关系密切程度的一种分析方法。

样本相关系数的计算公式为：

$$r = \frac{\sum x_i y_i}{\sqrt{\sum x_i^2 \sum y_i^2}} \tag{2—20}$$

【证】变量之间的相关性通常可用协方差表示：

$$S_{xy} = \frac{\sum xy}{n}$$

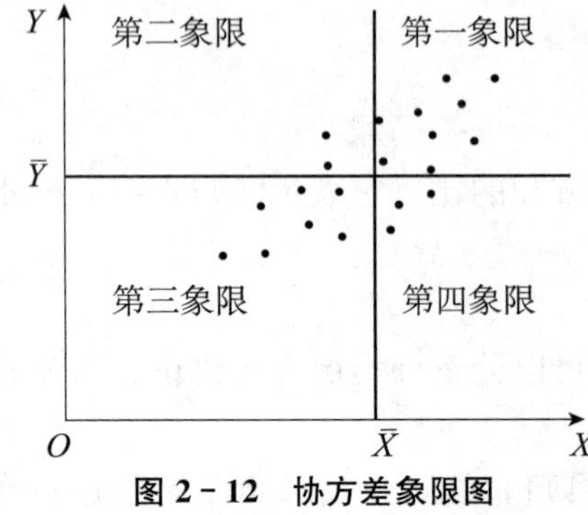

图 2-12　协方差象限图

协方差可反映变量之间的相关程度，这一点不难理解。把变量 X 和变量 Y 描绘在平面坐标中，如图 2-12 所示。

由于用小写字母表示的变量 x 和 y 都是离差，因此对于新的坐标原点（$\bar{X}$，$\bar{Y}$），显然应有：

在第一象限时：$x>0$，$y>0$；

在第二象限时：$x<0$，$y>0$；

在第三象限时：$x<0$，$y<0$；

在第四象限时：$x>0$，$y<0$。

不难看出，在第一象限和第三象限，变量 x 和

y 正相关，$\sum xy > 0$；在第二象限和第四象限，变量 x 和 y 负相关，$\sum xy < 0$。所以，当所有四个象限的和 $\sum xy > 0$ 时，全部变量就是正相关；当所有四个象限的和 $\sum xy < 0$ 时，全部变量就是负相关。

然而，由于协方差的大小往往会受到变量的计量单位的影响，因此必须利用均方差将变量标准化，因此有

$$r = \frac{1}{n}\sum \frac{x}{S_X} \cdot \frac{y}{S_Y}$$

式中，$S_X = \sqrt{\dfrac{\sum x^2}{n}}$，$S_Y = \sqrt{\dfrac{\sum y^2}{n}}$。

这实际上就是（2—20）式。相关系数与协方差相比，其显著特点就是其大小不受变量计量单位的影响。事实上，相关系数也就是标准化变量的协方差。

（2—20）式的证明，还可以在（2—19）式中代入 $\hat{\beta}$ 的离差表达式后将两端同时开平方得到。

根据（2—20）式，一般地应有：$-1 \leqslant r \leqslant 1$ 或者 $0 \leqslant |r| \leqslant 1$。

【证】 因为

$$\sum \left(\frac{x}{S_X} - \frac{y}{S_Y}\right)^2 = 2n(1-r)$$

因为左端$\geqslant 0$，所以 $(1-r) \geqslant 0$，即 $r \leqslant 1$。

同理，因为

$$\sum \left(\frac{x}{S_X} + \frac{y}{S_Y}\right)^2 = 2n(1+r)$$

因为左端$\geqslant 0$，所以 $(1+r) \geqslant 0$，即 $r \geqslant -1$。

在实际应用中，相关分析可利用 Excel 中的“数据分析”工具进行，尤其是在有多组变量，需要计算相关系数矩阵的时候。应用的步骤是：

1）打开“工具”菜单。

2）选择“数据分析”命令。如果 Excel 的工具菜单中没有“数据分析”功能，则可以通过运行其中的“加载宏”命令加载“数据分析”。（2010 版需打开菜单：“文件/选项”，选择“加载项/数据分析”，再点击“转到”）。如果不能加载宏，则必须重新安装 Excel（选完全安装）。

3）选择“相关系数”，并确定输入输出区域。

如利用表 2-1 中的数据进行分析，得到的结果如表 2-2 所示。运用 Excel 对多个变量进行相关分析十分方便。

表 2-2　　空置率与月租金的相关分析

	空置率	月租金
空置率	1	−0.849 63
月租金	−0.849 63	1

（2—20）式提供的相关系数只是它的样本估计值，作为一种分析方法，一个总体的总体相关系数的定义为：

$$\rho=\frac{\mathrm{Cov}(X, Y)}{\sqrt{\mathrm{Var}(X)\mathrm{Var}(Y)}}$$

其中，Cov(X，Y) 为 X 和 Y 的协方差，Var(X) 为 X 的方差，Var(Y) 为 Y 的方差。

按照相关系数的定义，我们不难了解相关系数与回归系数之间一定存在着密切的相互影响关系。两者之间的关系可用（2—21）式表示：

$$r=\hat{\beta}\frac{S_X}{S_Y} \quad 或 \quad \hat{\beta}=r\frac{S_Y}{S_X} \tag{2—21}$$

其中，S_X 和 S_Y 分别为相应变量的均方差。相关系数和回归系数之间的关系还可以表示为：

$$r^2=\hat{\beta}_X \cdot \hat{\beta}_Y \tag{2—22}$$

其中，$\hat{\beta}_X=\dfrac{\sum x_i y_i}{\sum x_i^2}$，$\hat{\beta}_Y=\dfrac{\sum x_i y_i}{\sum y_i^2}$。

（2—22）式具有非常重要的应用价值。比如，如果已经知道以 X 为解释变量的回归方程为：

$$\hat{Y}=150+0.8X$$

现要求以 Y 为解释变量的函数，如何求？

在这里我们切不可用上述函数式直接写出：

$$\hat{X}=-150/0.8+(1/0.8)Y$$

这种做法实际上是以两变量之间的相关系数 $r=1$ 为假定前提的。在相关系数 $r\neq1$ 的情况下，我们必须使用（2—22）式计算以 Y 为解释变量的回归系数，然后再利用关系式 $\hat{\alpha}_Y=\overline{X}-\hat{\beta}_Y\overline{Y}$ 计算出 $\hat{\alpha}_Y$。

最后，我们需要特别注意三点：

第一，相关系数是对两变量之间线性关系密切程度的量度，在一元模型条件下即可决系数的平方根，这是一元模型中的特有现象，这种关系仅限于一元模型。这是因为，在一元模型中，解释变量只有一个，所以解释变量对于因变量解释的百分比大小，与变量之间线性关系的密切程度直接等价。两变量之间的线性关系越密切，解释变量对于因变量变化解释的百分比就越大。这种关系是相关系数与拟合优度在一元模型条件下的一种特殊关系，并不具有普遍性。在多元模型条件下，这种关系不仅不复存在，而且它们的含义也有重大差别。

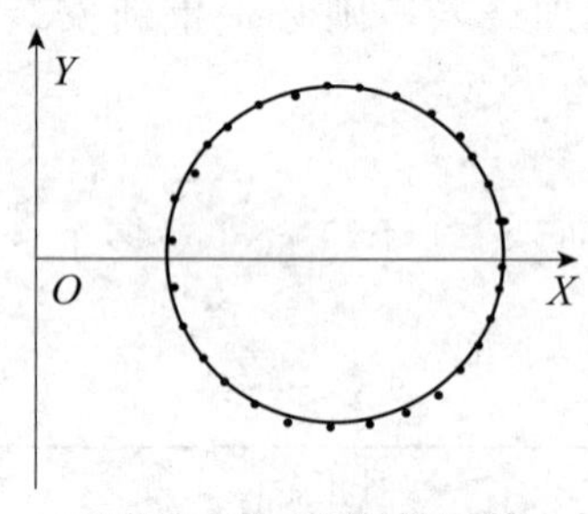

图 2-13　函数关系的相关系数

第二，由（2—20）式所定义的相关系数只适用于变量之间的线性关系，而不适用于非线性关系。比如，当一组变量的数值散布在一个圆周上或一条抛物线上时，变量之间为函数关系，但相关系数并不为 1 而是 0。当两变量之间的关系如图2-13所示时，变量之间遵循的函数关系式为：$Y=\pm\sqrt{a^2-X^2}$。这无疑是函数关系，但相关系数并不是 1，而是 0。

第三，相关分析只能给出变量之间线性关系的密切程度，并不能肯定变量之间函数关系的形式，即究竟何者为解释变量，何者为被解释变量等。在两个变量之间，何者为因，何者为果，依靠统计方法进行判断是无能为力的，只能依靠非统计的理论进行判断。比如，农业产量的上升究竟是源于种子的改良，还是源于降雨充沛，抑或是土壤肥力的提高等，这只能依靠农业科学来解释而不是由统计学解释。

2.6.3 假设检验

(1) $\hat{\beta}$ 的假设检验

假设检验的必要性是由抽样的随机性所决定的。由于抽样是随机的，因而在总体不相关的情况下，偶然也可能会获得一个具有一定相关程度的样本；而在总体相关的情况下，偶然也可能会获得一个不相关的样本。因此，在获得依样本估计的参数以后，就必须进行假设检验。

假设检验的基本原理与区间估计基本类似，只是在具体做法上有所不同。假设检验的具体方法是，首先必须先有一个原假设 H_0，然后对照这个原假设来检验备择假设 H_1。那么，究竟是接受 H_0 还是接受 H_1，则需要借助一个统计量进行判断。假如总体方差已知，**则假设检验可以利用正态分布进行**。

对 $\hat{\beta}$ 进行假设检验的原假设和备择假设分别是：

$$H_0: \beta=0 \quad H_1: \beta\neq 0$$

在这里，原假设的具体含义是，我们的样本来自一个总体参数为 0 的总体；相应地，备择假设的含义是说，我们的样本来自一个总体参数不为 0 的总体。

于是，按照区间估计的原理，我们就不难得到：

在 $\beta=0$ 的条件下，事件"$\hat{\beta}$ 落在 $\beta\mp 1.96Se(\hat{\beta})$ 范围内"就等价地变为：

"$z=\dfrac{\hat{\beta}}{Se(\hat{\beta})}$ 落在 0 ∓ 1.96 范围内"

也就是说，我们有：

$$P(-1.96\leqslant z\leqslant 1.96)=0.95$$

按照假设检验的原理，在这里，统计量：

$$z=\frac{\hat{\beta}}{Se(\hat{\beta})} \tag{2—23}$$

就是我们对原假设和备择假设取舍的标准。如果 z 统计量的绝对值大于 1.96，就接受备择假设；反之，如果 z 统计量的绝对值小于 1.96，就接受原假设。

上述检验过程是以总体方差 σ_Y^2 或 σ_U^2 已知为条件的。在总体方差未知的条件下，假设检验只能利用 t 分布进行。在**利用 t 分布进行假设检验**的情况下，我们有：

$$P[-t_{\alpha/2}(v)\leqslant t\leqslant t_{\alpha/2}(v)]=1-\alpha$$

其中，α 是检验要求的显著性水平，也叫做不可靠性概率，v 是样本自由度，t 就是假设检验所依据的统计量，其定义是：

$$t=\frac{\hat{\beta}}{Se(\hat{\beta})} \tag{2—24}$$

进行假设检验的原假设和备择假设仍然是：

$$H_0: \beta=0 \quad H_1: \beta\neq 0$$

检验的方法与运用正态分布检验相同，即如果 t 统计量的绝对值大于一定显著性水平和一定自由度条件下的临界值 $t_{\alpha/2}(v)$（可由附录 3 中的附表 2 查得），就接受备择假设，反之则接受原假设。假设检验的基本原理可以用图 2－14 予以说明。

(2) 假设检验中的两类错误

由于抽样是随机进行的，因而假设检验也必然会犯错误。比如，真实的总体可能是无

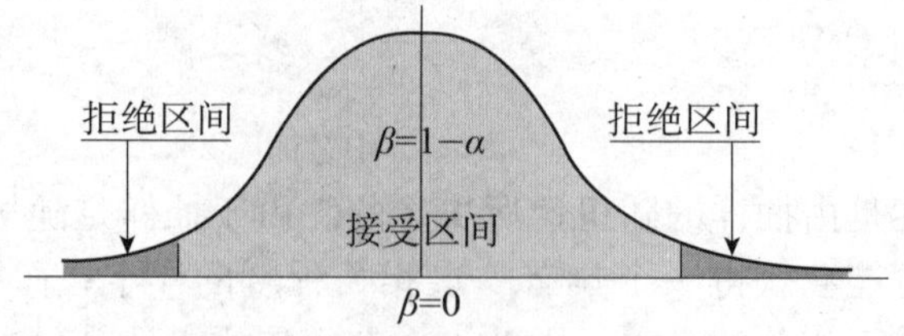

图 2-14　假设检验示意图

关的（H_0真），但由于抽样的随机性，所据以分析的样本却可能是相关的，这时就会错误地接受 H_1而否定 H_0，这样就犯了错误 I，即弃真。同样，真实的总体也可能是相关的（H_1真），但由于抽样的随机性，所据以分析的样本却可能是无关的，这时将会错误地接受 H_0而否定 H_1，这就犯了错误Ⅱ，即存伪。注意，这里我们不管是说弃真还是存伪，都是针对于原假设而言的。不明白这一点，往往就可能会混淆两类错误。假设检验中的这两类错误如表 2-3 所示。

表 2-3　假设检验中的两类错误

	接受 H_0（拒绝 H_1）	拒绝 H_0（接受 H_1）
H_0真 H_1假	无误	错误Ⅰ：弃真（5%）
H_0假 H_1真	错误Ⅱ：存伪（95%）	无误

假设检验中的两类错误在小样本条件下是不可避免的，这是由抽样的随机性所决定的。要想少犯这些错误，没有别的办法，唯有尽可能地增大样本容量。不难设想，当样本容量大到接近于总体的时候，这两类错误自然也就不复存在了。

（3）相关系数的假设检验

相关系数的假设检验可以通过两种方式进行。一种方式是利用 t 分布表进行。假设检验的原假设和备择假设分别是：

H_0：$\rho=0$　H_1：$\rho\neq 0$

在这里，ρ 表示总体相关系数。由于样本相关系数服从正态分布，即有：

$$r\sim N\left(0,\ \sigma_r=\sqrt{\frac{1-r^2}{n-2}}\right)$$

所以，可根据如下的 t 统计量，对样本进行检验：

$$t=\frac{r}{\sigma_r}=\frac{r\sqrt{n-2}}{\sqrt{1-r^2}} \tag{2—25}$$

检验的方法与对 $\hat{\beta}$ 的假设检验相同。

另一种方式是利用相关系数临界值表进行检验。相关系数临界值表形成的基本原理是这样的：

$$\because\quad t=\frac{r\sqrt{n-2}}{\sqrt{1-r^2}}\qquad \therefore\quad t^2=\frac{r^2(n-2)}{1-r^2}$$

$$\Rightarrow t^2(1-r^2)=r^2(n-2)$$

$$\Rightarrow t^2=r^2(n-2+t^2)$$

$$\Rightarrow |r| = \frac{t}{\sqrt{t^2+n-2}}$$

在上式中代入一定显著性水平和一定自由度条件下的概率度临界值和相应的自由度，即可得到相应的 r 临界值。相关系数临界值表参见附录 3 中的附表 3。

这里需要注意的是，使用相关系数临界值表进行假设检验，显著性水平不必除 2。因为在利用上式形成的相关系数临界值表中，t 的临界值使用的就是显著性水平除 2 后的临界值。

2.6.4 回归分析的 Excel 实现

在实际应用中，前面讲到的回归参数的估计、参数标准误差的计算、参数的区间估计和假设检验以及线性回归的拟合优度等，都可以通过 Excel 进行分析。需要注意的是，Excel 在运行“加载宏”加载分析数据库后，工具菜单中才会出现“数据分析”选项。

其应用的步骤是：

1）输入数据（注意：同一变量序列必须**按列输入**）；

2）打开“工具”菜单；

3）选择“数据分析”；

4）选择“回归”；

5）进行输入输出选择，然后“确定”。

比如，对于例 2.1 中关于月租金与空置率的关系进行分析后得到的输出结果如表 2-4 所示。

表 2-4　　月租金与空置率的回归分析结果

SUMMARY OUTPUT

回归统计	
Multiple R	0.849 634 381
R Square	0.721 878 581
Adjusted R Square	0.687 113 403
标准误差	0.516 759 15
观测值	10

方差分析

	df	SS	MS	F	Significance F
回归分析	1	5.544 93	5.544 93	20.764 4	0.001 857 703
残差	8	2.136 32	0.267 04		
总计	9	7.681 25			

	Coefficients	标准误差	t Stat	P-value	下限 95.0%	上限 95.0%
Intercept	5.480 229 592	0.418 419	13.097 5	1.1E-06	4.515 352 343	6.445 106 84
X Variable 1	−0.265 943 88	0.058 362	−4.556 8	0.001 86	−0.400 526 971	−0.131 360 8

输出结果主要有三部分。第一部分叫做回归统计，包括相关系数（多元模型中称作复相关系数）、可决系数、调整后的可决系数（下一章中进行介绍）、回归标准误差和样本容

量。第二部分是方差分析（下一章中进行介绍）。第三部分是回归方程及有关的可靠性指标，包括估计的参数、标准误差、t 统计量、临界概率和区间估计的结果。

根据回归分析的结果，能够写出计量经济模型的标准表达式，如与表 2－4 相对应的表达式就是：

$$\hat{Y}=5.48-2.66X \qquad r^{**}=0.85$$
$$(0.42)(0.06) \qquad (r_{0.01}=0.76)$$
$$[4.52,6.45][-0.4,-0.13] \quad E_X=?$$

对于一元线性模型，通常规定使用三行表达式。这种三行表达式规定，第一行写方程和相关系数；第二行写相应参数的标准误差和相关系数临界值，并使用圆括号括起来；第三行写相应参数的估计区间和弹性系数。

这样做的好处是，每一个参数的显著性检验一目了然，无需专门进行。在实际应用中，计量经济学规定，为了保证参数的充分有效性，每一参数与其标准误差的比率应明显大于 2（其含义是，如果样本的自由度大于 5，即有 90％以上的把握保证其充分有效。当然，自由度更大，把握程度还会更高）。另外，对相关系数的假设检验可在其右上方加上星号以表明其显著性。一个星号表示其显著地不同于 0（显著性水平 $\alpha=0.05$），两个星号表示其极显著地不同于 0（显著性水平 $\alpha=0.01$）。

§2.7 预测区间与弹性估计

2.7.1 点预测

点预测，也称作条件预测，即以一个未来的 X_F 已知为条件，根据所得到的回归方程 $\hat{Y}_F=\hat{\alpha}+\hat{\beta}X_F$ 预测未来因变量的一个估计值。

点预测通常都假定 Y 与 X 之间的关系在预测期间与样本期间保持不变，即所有参数在预测期间不发生变化。这就保证了 $\hat{Y}_F$ 为预测期间因变量观测值 Y_F 的无偏估计量。

【证】

∵ $\hat{Y}_F=\hat{\alpha}+\hat{\beta}X_F$

$E(\hat{Y}_F)=E(\hat{\alpha}+\hat{\beta}X_F)=\alpha+\beta X_F$

而 $Y_F=\alpha+\beta X_F+U_i$

$E(Y_F)=\alpha+\beta X_F+E(U_i)=\alpha+\beta X_F$

∴ $E(\hat{Y}_F)=E(Y_F)$

2.7.2 区间预测

区间预测，其实质是根据已知的点预测值来为它的期望值进行区间估计。这主要分两种情况。

(1) 关于 $E(Y_F)$ 的置信区间

根据区间估计的原理，要为一个随机变量的期望或均值估计区间，必须先知道该随机变量的方差。这里的随机变量就是 $\hat{Y}_F$，其期望即 $E(Y_F)$。

不难求得：

$$\begin{aligned}D^2(\hat{Y}_F)&=D^2(\hat{\alpha}+\hat{\beta}X_F)=E[\hat{\alpha}+\hat{\beta}X_F-E(\hat{\alpha}+\hat{\beta}X_F)]^2\\&=E[(\hat{\alpha}-\alpha)+(\hat{\beta}-\beta)X_F]^2\\&=E[(\hat{\alpha}-\alpha)^2+2X_F(\hat{\alpha}-\alpha)(\hat{\beta}-\beta)+X_F^2(\hat{\beta}-\beta)^2]\\&=D^2(\hat{\alpha})+2X_F\mathrm{Cov}(\hat{\alpha},\hat{\beta})+X_F^2D^2(\hat{\beta})\end{aligned}$$

而

$$\begin{aligned}\mathrm{Cov}(\hat{\alpha},\hat{\beta})&=E\left[\sum\left(\frac{1}{n}-\overline{X}k_i\right)U_i\sum k_iU_i\right]\\&=E\left[\sum\left(\frac{1}{n}-\overline{X}k_i\right)k_iU_i^2+\sum_{i=1}\sum_{j\neq i}\left(\frac{1}{n}-\overline{X}k_i\right)k_jU_iU_j\right]\\&=\sum\left(\frac{k_i}{n}-\overline{X}k_i^2\right)E(U_i^2)+0=-\frac{\overline{X}}{\sum x_i^2}\sigma_U^2\end{aligned}$$

$$\begin{aligned}\therefore\quad D^2(\hat{Y}_F)&=\frac{\sum X_i^2}{n\sum x_i^2}\sigma_U^2-\frac{2\overline{X}X_F}{\sum x_i^2}\sigma_U^2+\frac{X_F^2}{\sum x_i^2}\sigma_U^2\\&=\frac{\sigma_U^2}{\sum x_i^2}\left(\frac{\sum X_i^2-n\overline{X}^2}{n}+\overline{X}^2-2\overline{X}X_F+X_F^2\right)\\&=\frac{\sigma_U^2}{\sum x_i^2}\left[\frac{\sum x_i^2}{n}+(X_F-\overline{X})^2\right]\\&=\left(\frac{1}{n}+\frac{(X_F-\overline{X})^2}{\sum x_i^2}\right)\sigma_U^2\end{aligned}$$

于是有：

$$Se(\hat{Y}_F)=\hat{\sigma}_U\sqrt{\frac{1}{n}+\frac{(X_F-\bar{X})^2}{\sum x_i^2}}\qquad(2—26)$$

其中，$\hat{\sigma}_U=\sqrt{\dfrac{\sum e_i^2}{n-2}}$，因此，根据区间估计的原理，应有：

$$P[-t_{\alpha/2}(n-2)\leqslant t\leqslant t_{\alpha/2}(n-2)]=1-\alpha$$

其中，$t=\dfrac{\hat{Y}_F-E(Y_F)}{Se(\hat{Y}_F)}$，因此有：

$$\hat{Y}_F-t_{\alpha/2}(n-2)Se(\hat{Y}_F)\leqslant E(Y_F)\leqslant\hat{Y}_F+t_{\alpha/2}(n-2)Se(\hat{Y}_F)$$

(2) 关于 Y_F 的置信区间

在实际中，对于预测来说，通常我们所关心的主要是残差项 $e_F=(Y_F-\hat{Y}_F)$ 的大小。所以，我们总是想要知道残差项究竟会落在一个什么范围内。正因如此，我们常常会对残差项进行区间估计。为此，我们必须找到残差项 e_F 的方差。

由于 Y_F 与 $\hat{Y}_F$ 是互相独立的，所以残差 e_F 的方差并不难得到：

$$\begin{aligned}D^2(Y_F-\hat{Y}_F)&=D^2(Y_F)+D^2(\hat{Y}_F)\\&=\sigma_U^2+\left(\frac{1}{n}+\frac{(X_F-\overline{X})^2}{\sum x_i^2}\right)\sigma_U^2\\&=\left(1+\frac{1}{n}+\frac{(X_F-\overline{X})^2}{\sum x_i^2}\right)\sigma_U^2\end{aligned}\qquad(2—27)$$

这种证明的关键是要理解Y_F与$\hat{Y}_F$的独立性。Y_F取决于未来的经济发展，而$\hat{Y}_F$则与过去的样本有关，于是可得到：

$$P[-t_{\alpha/2}(n-2)\leqslant t\leqslant t_{\alpha/2}(n-2)]=1-\alpha$$

其中，$t=\dfrac{Y_F-\hat{Y}_F}{Se(e_F)}$。

在这里需要注意，残差e_F的均值为零。所以上述的t统计量计算式并不违反变量与均值之差除标准误差的规律。

于是，便得到：

$$\hat{Y}_F-t_{\alpha/2}(n-2)Se(e_F)\leqslant Y_F\leqslant\hat{Y}_F+t_{\alpha/2}(n-2)Se(e_F)$$

根据e_F的方差公式，我们不难了解，预测区间在变量X的均值左右两旁的分布规律如图 2-15 所示。

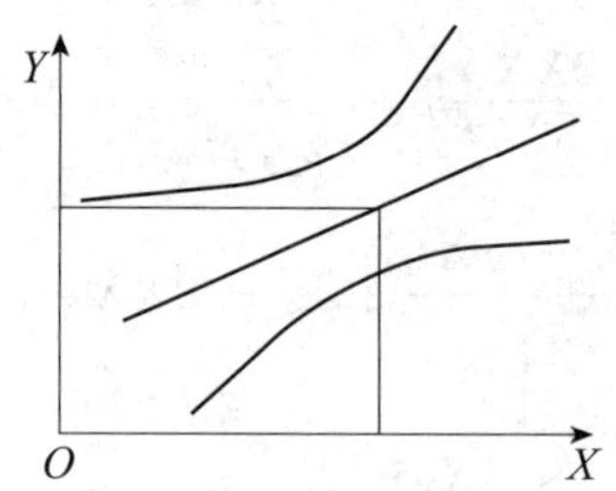

图 2-15 预测区间分布示意图

2.7.3 弹性及弹性估计

我们知道，弹性是科学决策的一个非常重要的参考信息。所以，在获得关于决策变量的回归方程后，进一步分析因变量对于解释变量的反应弹性，对于科学决策将发挥重要作用。

我们知道：

$$E_X=\frac{\mathrm{d}Y}{Y}\Big/\frac{\mathrm{d}X}{X}=\frac{\mathrm{d}Y}{\mathrm{d}X}\cdot\frac{X}{Y} \tag{2—28}$$

$$\because\quad \frac{\mathrm{d}\hat{Y}}{\mathrm{d}X}=\frac{\mathrm{d}(\hat{\alpha}+\hat{\beta}X)}{\mathrm{d}X}=\hat{\beta}$$

$$\therefore\quad E_X=\frac{\hat{\beta}X}{\hat{Y}}$$

我们不难看出，在这里弹性E_X是一个变弹性。因此，为了了解样本期间的平均弹性，可引入如下的平均弹性定义：

$$E_{\bar{X}}=\frac{\hat{\beta}\bar{X}}{\hat{\alpha}+\hat{\beta}\bar{X}} \tag{2—29}$$

由（2—29）式不难看出，样本期间平均弹性的大小主要取决于回归方程中的常数项$\hat{\alpha}$的符号和大小。亦即：

如果$\hat{\beta}$已知且$\hat{\beta}>0$，应有：

1）若$\hat{\alpha}<0$，则$E_{\bar{X}}>1$；

2）若$\hat{\alpha}=0$，则$E_{\bar{X}}=1$；

3）若$\hat{\alpha}>0$，则$E_{\bar{X}}<1$。

回归系数小于零的情况读者可以自己讨论。

§2.8　一元线性回归模型的应用

下面我们来运用计量经济学的研究方法，进行完整的案例分析。

【例 2.2】 新中国成立后我国国民经济某部门若干年中生产资料的购买金额 X 与当年创造的国民收入 Y 的统计数据如表 2-5 所示。

表 2-5　　新中国成立后我国国民经济某部门若干年中的投入和产出数据

年份	1949	1952	1957	1962	1965	1970	1975	1977
Y_i（亿元）	245	364	425	314	435	729	952	948
X_i（亿元）	6.7	14.1	32.6	60.3	80.2	129.2	224.7	258.5

资料来源：《中国统计年鉴 1992》。

现要求：(1) 对两变量进行回归分析，并对回归分析结果进行解释；

(2) 预测当 $X=300$ 时 Y 的期望区间。

【解】 (1) 先绘制两变量的散点图，如图 2-16 所示。

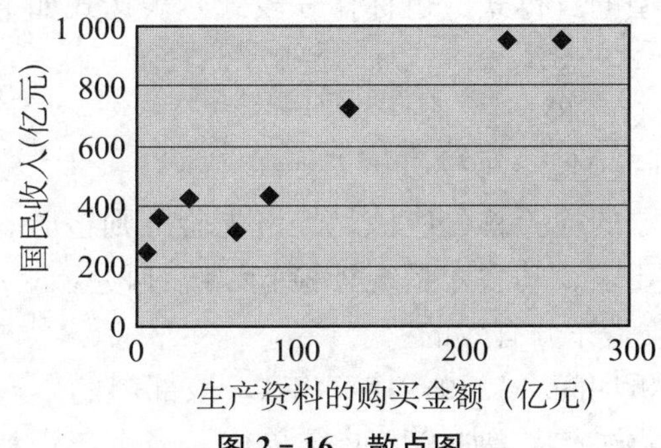

图 2-16　散点图

由图 2-16 不难看出，两变量之间存在明显的线性相关关系。于是，根据资料可得：

$$\bar{Y}=551.5 \quad \sum y_i^2=\sum (Y_i-\bar{Y})^2=564\ 198$$

$$\bar{X}=100.8 \quad \sum x_i^2=\sum (X_i-\bar{X})^2=64\ 115$$

$$\sum x_i y_i=\sum (X_i-\bar{X})(Y_i-\bar{Y})=182\ 935$$

于是：

$$\hat{\beta}=\frac{\sum x_i y_i}{\sum x_i^2}=\frac{182\ 935}{64\ 115}=2.853$$

$$\hat{\alpha}=\bar{Y}-\hat{\beta}\bar{X}=551.5-2.853\times 100.8=264$$

$$r=\frac{\sum x_i y_i}{\sqrt{\sum x_i^2 \sum y_i^2}}=\frac{182\ 935}{\sqrt{64\ 115\times 564\ 198}}=0.962$$

$$\sum e_i^2=(1-r^2)\sum y_i^2=42\ 281$$

$$\hat{\sigma}_U=\sqrt{\frac{\sum e_i^2}{n-2}}=\sqrt{\frac{42\ 281}{6}}=83.95$$

$$Se(\hat{\beta}) = \frac{\hat{\sigma}_U}{\sqrt{\sum x_i^2}} = \frac{83.95}{\sqrt{64\ 115}} = 0.332$$

$$Se(\hat{\alpha}) = \hat{\sigma}_U \sqrt{\frac{1}{n} + \frac{\bar{X}^2}{\sum x_i^2}} = 83.95 \times \sqrt{\frac{1}{8} + \frac{100.8^2}{64\ 115}} = 44.7$$

总体参数 95%的估计区间为：

$$264-2.45\times44.7\leqslant\alpha\leqslant264+2.45\times44.7$$

即：

$$154.5\leqslant\alpha\leqslant373.5$$

另外：

$$2.853-2.45\times0.332\leqslant\beta\leqslant2.853+2.45\times0.332$$

即：

$$2.04\leqslant\beta\leqslant3.67$$

样本期间的平均弹性为：

$$E_{\bar{X}}=\frac{2.853\times100.8}{551.5}=0.521$$

于是，得到该一元线性模型的三行式（也称作三段式）表达式如下：

$$\begin{array}{llll} \hat{Y}= & 264 \quad + & 2.853X_i & r^{**}=0.962 \\ & (44.7) & (0.332) & (r_{0.01}=0.834) \\ & [154.5,\ 373.5] & [2.04,\ 3.67] & E_{\bar{X}}=0.521 \end{array}$$

在这里，对模型中参数的检验首先应该是经济先验准则检验。按照经济先验准则，模型的参数符合经济理论的要求。其次才是统计检验。统计检验（一元模型中主要是参数的 t 检验）表明，模型的参数是充分有效的。

回归结果表明，在分析期间（1949—1977 年），该部门的生产资料的购买金额每增加 1 个单位，其所创造的国民收入将增加 2.853 个单位，当生产资料的购买金额为 0 时，其所创造的国民收入为 264 个单位，这部分国民收入可以看作是该部门除了生产资料购买额以外的其他投入要素作用的结果。

根据回归分析结果，是否应继续增加投入呢？这与变动资源投入的基本原理有关。根据经济学的研究，变动资源的投入要取得最佳效益，必须使边际价值产品等于边际投入成本，即 $MVP=MIC$。在这里，$MVP=2.853$，而 MIC 通常就是这一变动资源的价格。在本例中的资源价格也就是储蓄利息，即 $1+i$。因此，显然应该继续增加投入。

（2）当 $X_F=300$ 时，有：

$$\hat{Y}_F=264+2.853\times300=1\ 120$$

$$Se(\hat{Y}_F) = \hat{\sigma}_U \sqrt{\frac{1}{n} + \frac{(X_F-\bar{X})^2}{\sum x_i^2}}$$

$$= 83.95\sqrt{\frac{1}{8} + \frac{(300-100.8)^2}{64\ 115}}$$

$$= 83.95 \times 0.862\ 5 = 72.41$$

所以，预测区间就是：

$$1\ 120-2.45\times 72.41\leqslant E(Y_F)\leqslant 1\ 120+2.45\times 72.41$$

即：

$$942.6\leqslant E(Y_F)\leqslant 1\ 297.4$$

上述计算过程完全是通过手工完成的，计算量很大。因此，利用计算机软件更为方便。利用 Excel 进行回归分析很方便，对于本案例，Excel 的输出结果如表 2-6 所示。

表 2-6　　投入产出问题回归分析结果

SUMMARY OUTPUT

回归统计	
Multiple R	0.962
R Square	0.925
Adjusted R Square	0.913
标准误差	83.904
观测值	8

方差分析

	df	SS	MS	F	Significance
回归分析	1	521 958.4	521 958.4	74.14	0.000 135
残差	6	42 239.59	7 039.931		
总计	7	564 198			

	Coefficients	标准误差	t Stat	P-value	下限 95.0%	上限 95.0%
Intercept	263.93	44.67	5.91	0.001 05	154.63	373.23
X Variable 1	2.85	0.33	8.61	0.000 13	2.04	3.66

利用 Excel 进行点预测可以有两种方式：一是利用公式法，即在任意的一个空白单元格输入回归方程，并代入相应的 X 值即可。如对于本例，可在一个空白单元格中输入"=263.93+2.85*300"，即可得到相应的点预测值。另一种办法是函数法，即利用 Forecast（ ）函数进行预测。该函数需要三个参数，一是要预测的 X 值，二是用于回归的一组 Y 值，三是用于回归的一组 X 值。

【例 2.3】 表 2-7 给出的是我国 1998—2005 年工业增加值与主营业务成本的资料，试运用计量经济学方法分析主营业务成本与工业增加值的关系。

表 2-7　　工业增加值与主营业务成本　　单位：亿元

年份	工业增加值 X	主营业务成本 Y
1998	19 421.93	52 797.54
1999	21 564.74	57 339.52
2000	25 394.8	68 653.95
2001	28 329.37	77 259.89
2002	32 994.75	90 243.76
2003	41 990.23	118 638.5
2004	54 805.1	167 246.4
2005	72 186.99	209 862.5

资料来源：《中国统计年鉴 2006》。

【解】 对表 2-7 应用 Excel 分析后的输出结果如表 2-8 所示。

表 2-8　　工业增加值与主营业务成本 Excel 分析的输出结果

SUMMARY OUTPUT

回归统计	
Multiple R	0.998 182
R Square	0.996 367
Adjusted R Square	0.995 761
标准误差	3 679.662
观测值	8

方差分析

	df	SS	MS	F	Significance F
回归分析	1	2.23E+10	2.23E+10	1 645.5	1.5E−08
残差	6	81 239 470	13 539 912		
总计	7	2.24E+10			

	Coefficients	标准误差	t Stat	P-value	下限 95.0%	上限 95.0%
Intercept	−8 860.07	3 099.416	−2.858 63	0.028 854	−16 444.1	−1 276.07
X Variable 1	3.077 047	0.075 855	40.564 76	1.5E−08	2.891 436	3.262 658

依表 2-8 得到的三行表达式为：

$$\hat{Y}=-8\,860.07+3.077X \qquad r^{**}=0.998$$

$$(3\,099)\ (0.076) \qquad (r_{0.01}=0.834)$$

$$[-16\,444,\ -1\,276]\ [2.89,\ 3.26] \qquad E_X=?$$

首先对模型进行经济先验准则检验。

常参数表示固定成本，应该是正数，实际为负数，即当工业增加值 $X=0$ 时，主营业务成本将为负数，应如何解释呢？这可以从三个方面解释：

1）由最小平方法获得的任何参数均具有线性特性，即任何参数均由具体的样本决定，而本模型是由解释变量分布于［19 421.93，72 186.99］的 8 组观测数据回归得到的。因此，当工业增加值 $X=0$ 时，主营业务成本将为负数的说法实际上是不准确的，因为这里常参数的负值实际上是模型在样本数据以外延伸的结果，如图 2-17 所示，常参数正是图中的直线向左下方延伸至纵轴得到的。换一种说法，当解释变量 $X=0$ 时，因变量 Y 的值究竟是多少，应该由包含 $X=0$ 的观测值的样本回归得到的方程来确定才对。

2）依据本样本分析当解释变量 $X=0$ 时主营业务成本究竟应该等于多少，正确的做法是，应该通过对纵轴的平移得到，即把纵轴由原点处移到样本的解释变量起点即 19 421.93亿元处来考察，该点的纵坐标值可由回归方程经计算得到，计算后应为 50 902 亿元，这才应该是当工业增加值 $X=0$ 时的主营业务成本，这一数值反映了工业增加值生产过程中的不变成本或固定成本。

3）根据弹性理论，在一元模型中，当常参数为负值时，样本期间的平均弹性大于 1，这表明样本期间的经济效益不是很好，即当工业增加值每增加 1%时，主营业务成本的增加是大于1%的。

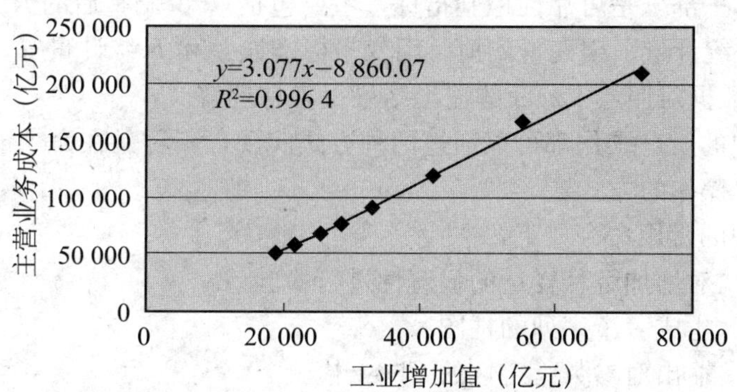

图 2-17　主营业务成本与工业增加值

模型的统计检验合格，说明每个参数都是充分有效的。

Excel软件的主要特点是简单、方便、实用，但毕竟不是专用的计量经济分析软件。在接下来要由同学们独立完成的本章实验及案例分析中，本书推荐的应用软件是EViews8.0。这款EViews8.0需要先安装，安装后即可使用，双击EViews8.0的快捷图标就可以运行使用了。使用EViews8.0回归的基本步骤是：

建立工作文件（使用菜单命令File/New）；

输入数据（使用data命令）；

进行回归分析（使用ls命令）。

比如，对例2.2直接输入命令“ls y c x”后得到如表2-9所示的结果。

表 2-9　　例 2.2 的分析结果

Dependent Variable：Y

Method：Least Squares

Date：07/20/16　Time：11：09

Sample：2001 2008

Included observations：8

Variable	Coefficient	Std. Error	t-Statistic	Prob.
C	263.928 3	44.669 64	5.908 450	0.001 0
X	2.853 248	0.331 364	8.610 606	0.000 1

R-squared	0.925 133	Mean dependent var	551.500 0
Adjusted R-squared	0.912 656	S.D. dependent var	283.900 9
S.E. of regression	83.904 30	Akaike info criterion	11.909 55
Sum squared resid	42 239.59	Schwarz criterion	11.929 41
Log likelihood	−45.638 19	Hannan-Quinn criter.	11.775 60
F-statistic	74.142 54	Durbin-Watson stat	2.040 703
Prob (F-statistic)	0.000 135		

这里输出的信息主要有三部分。第一部分为标题信息，包括因变量、分析方法、时

间、样本区间和样本容量等。第二部分是回归结果，包括变量、参数、标准误差、t 统计量和临界概率。第三部分是可靠性检验指标，主要包括 R^2、调整后的 R^2、回归标准误差、剩余平方和、DW 统计量、因变量均值、因变量标准误差和 F 统计量等。

表 2-9 中的数据对照着 Excel 的输出结果很容易理解。

EViews8.0 中的所有操作都可以通过两种方式实现，一种是在命令窗口输入命令的方式，另一种是菜单操作的方式。

EViews8.0 中的常用命令如下：

add　　对增加解释变量的显著性进行检验
bar　　生成一个序列的柱图
chow　　输出对参数稳定性的 Chow 检验
cor　　求相关矩阵
cov　　求协方差矩阵
d　　删除工作文件中的一个对象（变量）
data　　用键盘输入数据
fit　　计算拟合值（理论估计值）
forecast　　计算一个预测值
genr　　依公式生成一个新序列
ls　　进行最小平方估计
pie　　生成饼图
plot　　生成线条图
r　　重命名对象（变量）
scat　　生成散点图
show　　显示对象（变量）的值
smpl　　指定一个序列的样本区间
stats　　描述性统计
wald　　输出关于参数约束的 Wald 检验
white　　输出异方差的怀特检验

本章实验及案例分析

一、实验目的

凯恩斯消费理论认为，当前可支配收入是决定当前消费的决定性因素；如果可支配收入增加，家庭的支出会增加，但增加的幅度会小于收入。凯恩斯提出消费支出和可支配收入之间存在线性关系，即凯恩斯主义消费函数：

$$C=\bar{C}+MPC\times Y$$

其中，$\bar{C}$ 为自发消费支出，是维持生存必需的消费，无论人均可支配收入 Y 为多少，这部分消费必不可少；MPC 为边际消费倾向，MPC 介于 0 和 1 之间（$0<MPC<1$）。

研究中国居民消费水平及其变动的原因，并估算其自发消费支出和边际消费倾向，对于认识中国居民消费特征具有重要意义。

本实验以人均消费支出为被解释变量，人均可支配收入为解释变量设定一元线性回归模型，选取 2014 年中国 31 个省市自治区（不包含中国台湾、中国香港和中国澳门）的人均可支配收入和人均消费支出的截面数据为样本数据，对居民的收入水平对消费支出的影响进行检验。

二、数据及模型设定

为了分析中国居民消费支出与可支配收入之间的关系，模型选择人均消费支出为被解释变量（用 Y 表示），“人均可支配收入”为解释变量（用 X 表示）。从《中国统计年鉴 2015》中得到的相关数据如表 2－10 所示。

表 2－10　2014 年中国居民分地区人均消费支出与人均可支配收入　单位：元

地　区	人均消费支出	人均可支配收入
全　国	14 491.4	20 167.1
北　京	31 102.9	44 488.6
天　津	22 343.0	28 832.3
河　北	11 931.5	16 647.4
山　西	10 863.8	16 538.3
内蒙古	16 258.1	20 559.3
辽　宁	16 068.0	22 820.2
吉　林	13 026.0	17 520.4
黑龙江	12 768.8	17 404.4
上　海	33 064.8	45 965.8
江　苏	19 163.6	27 172.8
浙　江	22 552.0	32 657.6
安　徽	11 727.0	16 795.5
福　建	17 644.5	23 330.9
江　西	11 088.9	16 734.2
山　东	13 328.9	20 864.2
河　南	11 000.4	15 695.2
湖　北	12 928.3	18 283.2
湖　南	13 288.7	17 621.7
广　东	19 205.5	25 685.0
广　西	10 274.3	15 557.1
海　南	12 470.6	17 476.5

续前表

地　区	人均消费支出	人均可支配收入
重　庆	13 810.6	18 351.9
四　川	12 368.4	15 749.0
贵　州	9 303.4	12 371.1
云　南	9 869.5	13 772.2
西　藏	7 317.0	10 730.2
陕　西	12 203.6	15 836.7
甘　肃	9 874.6	12 184.7
青　海	12 604.8	14 374.0
宁　夏	12 484.5	15 906.8
新　疆	11 903.7	15 096.6

初步分析中国居民人均消费支出（Y）与人均可支配收入（X）之间的关系，首先以 X 为横轴，Y 为纵轴，做二者的散点图，判断双方是否为线性关系。使用 EViews8.0 软件的基本步骤如下：

1. 建立工作文件

双击 EViews8.0 中的 File/New 菜单，弹出的对话窗口如图 2－18 所示，要求选择数据结构类型。

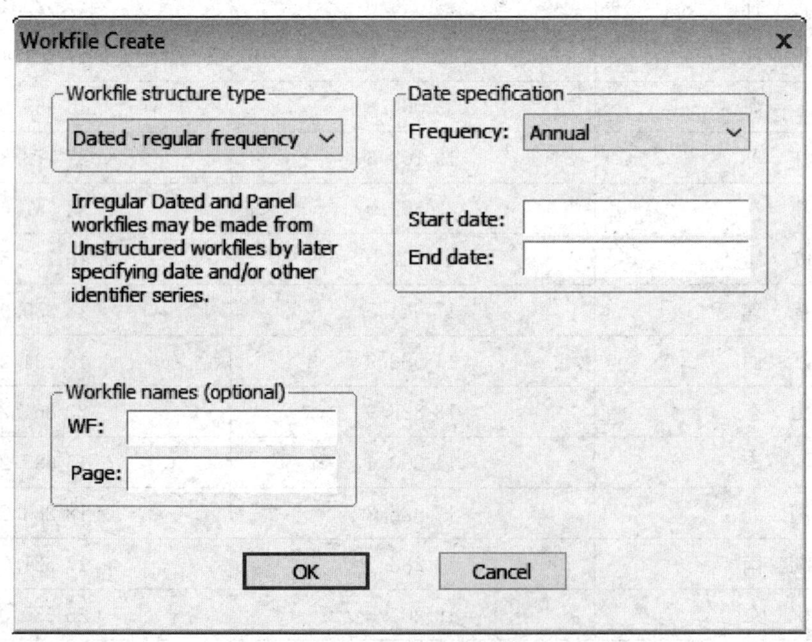

图 2－18　选择数据结构类型对话框

本例为截面数据，在 Workfile structure type 下拉菜单中选择 Unstructured/Undated，在

切换后的窗口中 Observation 位置填样本容量数 31，单击 OK 后弹出窗口如图 2－19 所示。

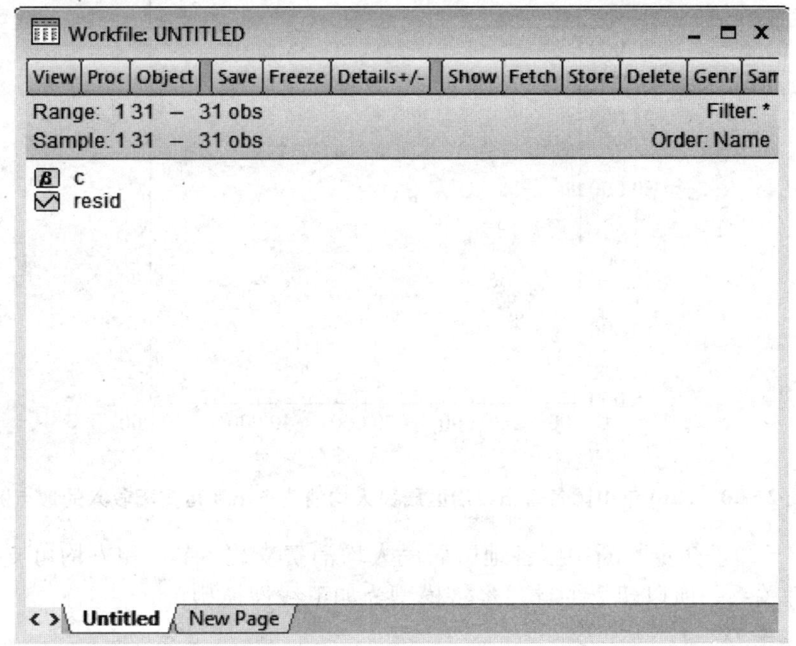

图 2－19 EViews 的变量列表窗

新创建的工作文件中包含两个对象，c 为系数向量，resid 为残差序列。

2. 输入数据

可采用命令方式和菜单操作两种方式输入数据。

(1) 命令方式

【命令格式】：data <序列名 1> <序列名 2> …… <序列名 *n*>

本例可以在命令窗口直接输入：data y x

然后可在出现的数据表中输入样本数据，也可以从已有的 Excel 数据表中复制、粘贴数据。

(2) 菜单操作

在主菜单上选择 Object/New object，在 New object 对话框中选择 Group，并在 Name for Object 上定义变量名称，单击 OK，在弹出的编辑框中，每一列的顶部输入各个变量的名称，随后即可输入数据。

3. 作散点图

(1) 命令方式

【命令格式】：scat <序列名 1> <序列名 2>

本例可以在命令窗口直接输入：scat x y

(2) 菜单操作

在菜单栏中选择 Quick 的下拉菜单中的 Graph，在弹出的窗口中输入"x y"，单击 OK，再在弹出的窗口中选择图形类型 Scatter，再点击 OK，就会弹出散点图，如图 2－20 所示。

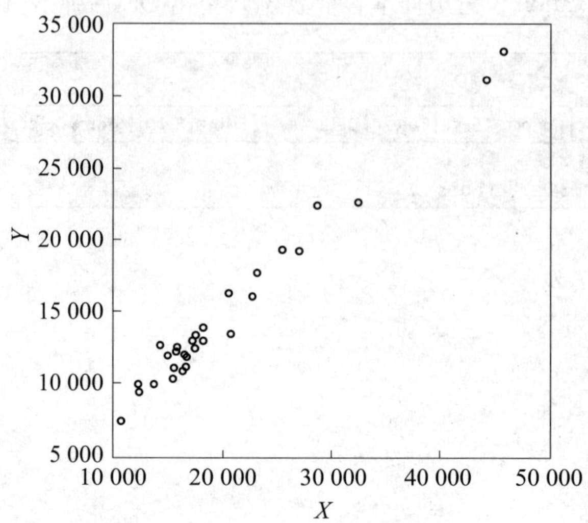

图 2-20　2014 年中国各省市自治区居民人均消费支出和可支配收入的散点图

根据图 2-20，初步判断中国各地区居民人均消费支出（Y）和人均可支配收入（X）之间存在线性关系，所以建立的计量经济模型为如下线性模型：

$$Y=\alpha+\beta X+U$$

三、估计参数

假定所建模型及随机扰动项满足古典假定，可以用 OLS 法估计其参数，利用 EViews8.0 作简单线性回归分析的步骤如下：

（1）命令方式

【命令格式】：ls　<被解释变量名>　c　<解释变量 1>

本例可以在命令窗口直接输入命令后回车：ls　y　c　x

（2）菜单操作

在 EViews 主页界面点击 Quick 菜单，点击 Estimate Equation，出现 Equation specification 对话框，选 OLS 估计，即点击 Least Squares，键入"y c x"，单击 OK 或按回车，即出现如图 2-21 所示的回归结果。

在本例中，参数估计的结果为：

$$\hat{Y}_i=623.8741+0.697405X_i$$
$$(427.5)\qquad(0.0197)$$

四、模型检验

（1）经济意义检验

所估计的参数 $\hat{\beta}=0.697405$，符合经济理论中关于边际消费倾向在 0 与 1 之间的预期，表明中国居民人均可支配收入每增加 1 元，可导致居民人均消费支出平均增加 0.697 405 元。这与经济学中边际消费倾向的意义相符。

（2）拟合优度和统计检验

$R^2=0.977387$，说明模型的拟合程度较高，我国居民人均消费支出变动的 97.74%可由样本回归直线作出解释。

估计的回归系数 β 的 t 统计量为 35.404 33。取显著性水平 $\alpha=0.05$，查 t 分布表得自

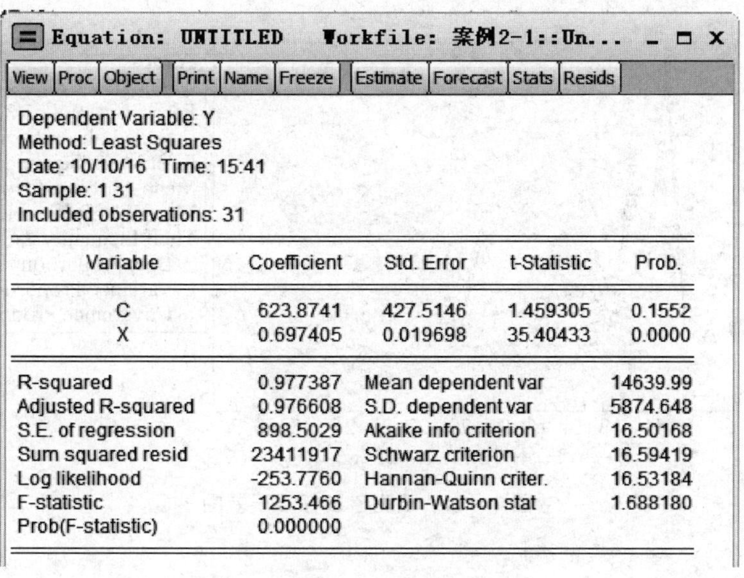

Equation: UNTITLED Workfile: 案例2-1::Un...

View | Proc | Object | Print | Name | Freeze | Estimate | Forecast | Stats | Resids

Dependent Variable: Y
Method: Least Squares
Date: 10/10/16 Time: 15:41
Sample: 1 31
Included observations: 31

Variable	Coefficient	Std. Error	t-Statistic	Prob.
C	623.8741	427.5146	1.459305	0.1552
X	0.697405	0.019698	35.40433	0.0000

R-squared	0.977387	Mean dependent var	14639.99
Adjusted R-squared	0.976608	S.D. dependent var	5874.648
S.E. of regression	898.5029	Akaike info criterion	16.50168
Sum squared resid	23411917	Schwarz criterion	16.59419
Log likelihood	-253.7760	Hannan-Quinn criter.	16.53184
F-statistic	1253.466	Durbin-Watson stat	1.688180
Prob(F-statistic)	0.000000		

图 2-21 OLS 回归输出结果

由度为 $n-2=31-2=29$ 的临界值 $t_{0.025}(29)=2.045$。

因为 $t(\hat{\beta})=35.404\,33>t_{0.025}(29)=2.045$，所以应拒绝 H_0：$\beta=0$，这表明中国人均可支配收入对人均消费支出有显著影响。

五、回归预测

利用所估计的模型可预测这时中国居民可能达到的人均消费支出水平。需注意，这里的预测是利用截面模型对被解释变量在不同空间状况下的空间预测。

首先要扩充样本。

(1) 菜单操作

在主菜单 Proc 下选择 Structure/Resize Current Page，弹出对话窗口 Workfile Structure，修改数据范围，将 31 改为 32，单击 OK。

(2) 命令方式

【命令格式】：expand 32

在命令窗口输入“data x”，回车（或双击图标 x），输入给定的 X 值 20 167.1，在估计窗口 Equation 中，点击 Forecast，默认生成预测序列 yf，单击 OK，弹出预测值及标准误差，如图 2-22 所示。

双击 Workfile 窗口中出现的新序列 yf，在“32”位置出现预测值 14 688.5，这是当人均可支配收入为 20 167.1 时，人均消费支出的点预测值。

Y_f 的置信区间为：

$$\hat{Y}_f \mp t_{\frac{\alpha}{2}}\hat{\sigma}\sqrt{\frac{1}{n}+\frac{(X_f-\bar{X})^2}{\sum x_i^2}}$$

取 $\alpha=0.05$，$t_{0.025}(29)=2.045$。已知 $n=31$，$\hat{Y}_f=14\,688.5$，$\hat{\sigma}=898.502\,9$。

双击 x，打开 X 序列，点击主菜单下的子菜单 View/Statistics & Tests/Stats Table，得到 X 序列的描述性统计结果，如图 2-23 所示。

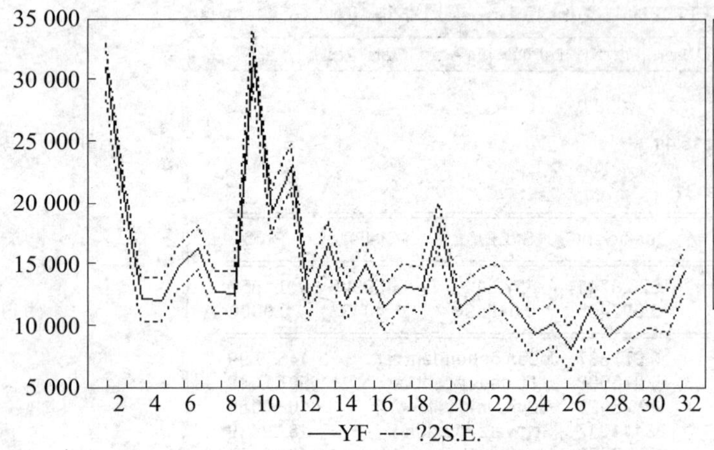

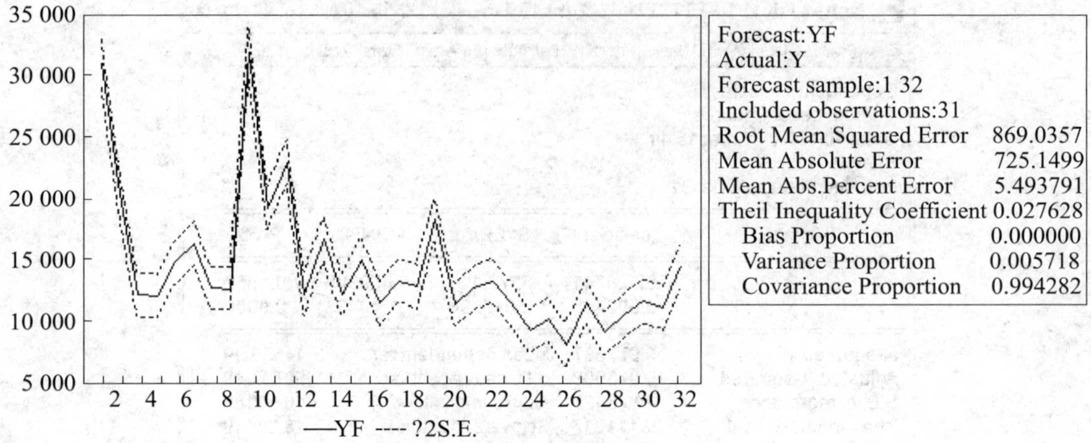

图 2-22　预测值及标准误差图

	X
Mean	20097.54
Median	17404.40
Maximum	45965.80
Minimum	10730.20
Std. Dev.	8327.803
Skewness	1.880586
Kurtosis	6.138039
Jarque-Bera	30.99187
Probability	0.000000
Sum	623023.8
Sum Sq. Dev.	2.08E+09
Observations	31

图 2-23　*X* 的描述性统计结果

由表 2-10，可得：

$$\sum x_i^2 = \sum (X_i - \overline{X})^2 = (n-1)\sigma_X^2 = (31-1) \times 8\ 327.803^2 = 2\ 080\ 569\ 084$$

$$(X_f - \overline{X})^2 = (20\ 167.1 - 20\ 097.54)^2 = 4\ 838.593\ 6$$

将相关数据代入可得：

$$14\ 688.5 \mp 2.045 \times 898.502\ 9 \times \sqrt{\frac{1}{31} + \frac{4\ 838.593\ 6}{2\ 080\ 569\ 084}} = 146\ 88.5 \mp 330.025\ 58$$

当中国人均可支配收入为 20 167.1 时，人均消费支出期望值 $E(Y_f)$ 的 95%的置信区间为（14 358.474 42，150 18.525 58）。

课后思考及练习题

1. 随机扰动项包括什么内容？随机扰动项 U 的零均值假定能否表示为 $\frac{1}{n}\sum_{i=1}^{n} U_i = 0$，并解释原因。相关分析和回归分析是什么关系？

2. 试说明参数显著性检验的意义和方法。在假设检验中为什么经常会犯两类错误？

3. 最小平方估计值的线性特性说明了什么？无偏性有什么含义？

4. 试证明对于常参数为 0 的线性回归方程 $Y_i=\beta X_i+U_i$ 有：

(1) $\hat{\beta}=\sum X_iY_i/\sum X_i^2$

(2) $D^2(\hat{\beta})=\sigma_U^2/\sum X_i^2$

5. 试运用连加规则证明：

$$\sum(X-\overline{X})^2=\sum(X-\overline{X})(X+\overline{X})$$

6. 已知某企业某一年 7 个月某产品产量 X 与利润 Y 的资料如表 2-11 所示。

表 2-11　　某企业 1—7 月产量 X 与利润 Y

	1	2	3	4	5	6	7
X（万件）	34	44	49	58	67	76	85
Y（万元）	25	28	34	36	60	42	46

现要求利用 Excel 完成以下操作：

（1）画出散点图；

（2）建立一元线性回归模型；

（3）对回归系数的经济意义进行解释。

7. 1991 年我国对 36 730 户城镇居民年人均收入和人均生活消费的抽样调查结果如表 2-12 所示：

表 2-12　　1991 年我国城镇居民年人均收入和人均生活消费的抽样调查结果　　单位：元

ID	人均收入（X）	人均生活消费（Y）
1	928.86	879.78
2	1 006.54	938.02
3	1 239.65	1 115.86
4	1 439.05	1 264.4
5	1 671.43	1 441.75
6	1 951.29	1 625.61
7	2 283.08	1 882.98
8	2 956.81	2 273.24
均值	1 684.588 75	1 427.705

资料来源：《中国统计年鉴 1992》。

现要求利用 Excel 完成以下操作：

（1）求消费函数和储蓄函数，并画图说明消费和储蓄与收入间的关系；

（2）试运用公式证明储蓄函数与消费函数的关系；

(3) 试预测当人均收入为 3 000 元时人均生活消费和人均储蓄的期望区间。

8. 熟悉掌握 Excel 的回归分析功能。

9. 试解释下面给出的概念：

(1) 最小平方估计值；

(2) 散点图；

(3) 线性无偏特性；

(4) 最佳线性无偏估计量；

(5) 高斯-马尔可夫定理；

(6) 区间估计；

(7) 假设检验；

(8) 显著性水平；

(9) 可决系数；

(10) 相关系数；

(11) 估计标准误差。

10. 请完成下面的选择题：

(1) 经济变量间的关系可分为（　　）。

A. 函数关系和相关关系　　B. 相关关系和回归关系

C. 线性关系和非线性关系　　D. 正相关和负相关

(2) 相关关系是指（　　）。

A. 变量间的依存关系　　B. 变量间的因果关系

C. 变量间的函数关系　　D. 变量间表现出来的随机数学关系

(3) 最小平方准则是使得（　　）最小。

A. $\sum |e_i|$　　B. $\sum e_i^2$

C. $\left(\sum e_i\right)^2$　　D. $\left|\sum e_i\right|$

(4) 可决系数 R^2 的取值范围（　　）。

A. $R^2>0$　　B. $-1\leqslant R^2\leqslant 1$

C. $0\leqslant R^2\leqslant 1$　　D. $R^2>1$

(5) 某一元线性计量经济学模型，最小平方法估计结果显示，残差平方和等于 320，已知其样本量为 18，则随机扰动项方差的无偏估计值为（　　）。

A. 17.78　　B. 20　　C. 18.82　　D. 18

(6) 某商品的销售收入（Y，元）和价格（P，元）的回归方程为 $\ln\hat{Y}_i=750-0.2\ln P_i$，这说明（　　）。

A. 价格每提高 1 元，销售收入平均增加 0.2 元

B. 价格每增加 1%，销售收入平均增加 0.2%

C. 价格每增加 1 元，销售收入平均降低 0.2 元

D. 价格每增加 1%，销售收入平均增加 0.2%

(7) 对总离差平方和 TSS、回归平方和 RSS，残差平方和 ESS 的相互关系，表述正确的是（　　）。

A. $TSS>RSS+ESS$　　　　B. $TSS=RSS+ESS$

C. $TSS<RSS+ESS$　　　　D. $TSS^2=RSS^2+ESS^2$

(8) 根据样本数据，计算出两变量 X 和 Y 之间的相关系数为 0.8，若对两变量回归分析，可计算出其回归函数的可决系数为（　　）。

A. 1.6　　B. 0.64　　C. 0.4　　D. 0.8

(9) 某回归方程为 $\hat{Y}_i=1.7+0.8X_i$，且斜率项估计值的标准差为 0.04，则其所对应的 t 统计量为（　　）。

A. 20　　B. 42.5　　C. 0.068　　D. 0.05

(10) 给定置信度，可确定给定 X 值所对应的 Y 值预测区间，下列哪种情况预测区间最小（　　）。

A. $X=\overline{X}$　　B. $X=\min(X_i)$　　C. $X=\max(X_i)$　　D. $X=Y$

(11) 在某一元回归模型的估计结果中，$R^2=0.8$，回归平方和 $RSS=160$，则残差平方和 ESS 为（　　）。

A. 200　　B. 40　　C. 128　　D. 72

11. 证明练习题：

(1) 试证明总离差平方和（TSS）等于回归平方和（RSS）与残差平方和（ESS）之和。

(2) 试证明 $\hat{y}_i=\hat{\beta}_1 x_i$。

(3) 变量 X 和 Y 的样本相关系数为 r，二者之间相互回归可得：$\hat{Y}=\hat{\beta}_0+\hat{\beta}_1 X$ 和 $\hat{X}=\hat{\alpha}_0+\hat{\alpha}_1 Y$，试证明：$\hat{\beta}_1\times\hat{\alpha}_1=r$。

12. 某一元线性回归模型的 EViews 回归结果如表 2-13 所示，试根据回归结果完成下面的任务要求。

表 2-13　　一个线性回归模型的 EViews 回归结果

Dependent Variable: Y
Method: Least Squares
Date: 10/11/16　Time: 14: 27
Sample: 1978 2010
Included observations: 33

Variable	Coefficient	Std. Error	t-Statistic	Prob.
C	−154.306 3	39.081 96	−3.948 274	0.000 4
X	0.176 124	0.004 072	43.256 39	0.000 0
R-squared	0.983 702	Mean dependent var		902.514 8
Adjusted R-squared	0.983 177	S. D. dependent var		1 351.009
S. E. of regression	175.232 5	Akaike info criterion		13.228 80
Sum squared resid	951 899.7	Schwarz criterion		13.319 49
Log likelihood	−216.275 1	Hannan-Quinn criter.		13.259 31
F-statistic	1 871.115	Durbin-Watson stat		0.100 021
Prob (F-statistic)	0.000 000			

(1) 写出样本回归函数；

(2) 检验模型的显著性，并解释所估计参数的经济意义；

(3) 当 $X=3\ 100$ 时，计算其点预测值，并预测置信度为 95%的置信区间。

第3章

多元线性回归模型

§3.1　二元线性回归模型

3.1.1　二元线性回归模型的图示

在计量经济学中，二元线性回归模型的图示通常可以采用气泡图来描述。这种方法就是以两个解释变量在平面上所确定的点为圆心，以被解释变量的值为直径在平面上画圆，以反映每一个数据点及其相互关系的一种方法。

【例 3.1】 表 3-1 给出的是我国 1984—1991 年的三种宏观统计数据，试用图示法反映三个变量之间的数量关系。

表 3-1　　1984—1991 年我国社会商品零售总额及其影响因素

年份	流通中货币（亿元）	零售物价总指数	社会商品零售总额（亿元）
1984	792	160.6	3 376
1985	988	174.1	4 305
1986	1 218	184.5	4 950
1987	1 454	198	5 820
1988	2 134	234.6	7 440
1989	2 344	276.4	8 101
1990	2 644	282.2	8 300
1991	3 178	290.4	9 410

资料来源：《中国统计年鉴 1992》。

用气泡图描述表 3-1 中的数据，如图 3-1 所示。

这种图示方法类似于一元模型中的散点图，可以清楚地看出因变量与解释变量之间是否存在密切的相关关系，是计量经济学中研究二变量模型时常用的图示方法。由图 3-1 不难看出，社会商品零售总额与流通中货币和零售物价总指数之间存在着明显的相关关系（依气泡的大小变化）。另外，如果把气泡看作点，由气泡图还可以看出两个解释变量之间的线性关系（把气泡看作两个解释变量的散布点）。

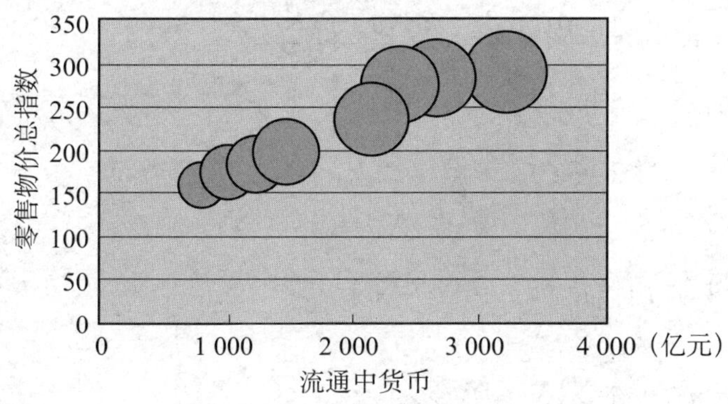

图 3-1　社会商品零售总额气泡图

气泡图用 Excel 绘制很方便。步骤与做散点图类似（参见 2.1.2 节），只是在第 4 步选气泡图就行了。注意，为了利用 Excel 绘制气泡图，输入数据时两个自变量在前，因变量在后；在两个自变量中，气泡图的横轴在前，纵轴在后。

3.1.2　二元线性回归模型的正规方程及回归参数

假定模型为：

$$Y=\beta_0+\beta_1 X_1+\beta_2 X_2+U$$

二元线性回归模型也叫做三变量模型。其中，U 满足所有关于随机扰动项的基本假定。同时假定解释变量之间不存在多重共线性（或不完全共线），即自变量虽互相影响，但相关系数不等于 1。

在二元乃至以后的多元模型条件下，参数 β_1、β_2 均称为偏回归系数（partial regression coefficients）或偏斜率系数（partial slope coefficients），也简称为回归系数。其含义是：β_1 度量了在 X_2 保持不变的情况下，X_1 每变动一单位，Y 的均值 $E(Y)$ 的改变量。同样的，β_2 度量了在 X_1 保持不变的情况下，X_2 每变动一单位，Y 的均值 $E(Y)$ 的改变量。这是多元回归的一个特殊性质。在一元模型条件下，由于仅有一个解释变量，无需担心模型中出现其他变量。而在多元回归中，我们必须知道 Y 的平均值的变动有多大比例“直接”来源于 X_1 的变动，多大比例“直接”来源于 X_2 的变动。这一点对于理解多元回归的内在逻辑很重要。也就是说，偏回归系数反映了当模型中的一个解释变量为常量时，另一个解释变量对因变量均值的影响。多元回归的这个独特性质使得我们不仅可以引入多个解释变量，而且能够“分离”出每个解释变量 X 对因变量 Y 的影响。

二元线性回归模型相应的样本方程为：

$$Y_i=\hat{\beta}_0+\hat{\beta}_1 X_1+\hat{\beta}_2 X_2+e_i$$

按照最小平方法，要使 $\sum e_i^2=\sum (Y_i-\hat{Y}_i)^2$ 最小（其中 $\hat{Y}_i=\hat{\beta}_0+\hat{\beta}_1 X_1+\hat{\beta}_2 X_2$），必

须使：

$$\begin{cases}\dfrac{\partial \sum e_i^2}{\partial \hat{\beta}_0}=\dfrac{\partial \sum (Y_i-\hat{\beta}_0-\hat{\beta}_1X_1-\hat{\beta}_2X_2)^2}{\partial \hat{\beta}_0}=0\\ \dfrac{\partial \sum e_i^2}{\partial \hat{\beta}_1}=\dfrac{\partial \sum (Y_i-\hat{\beta}_0-\hat{\beta}_1X_1-\hat{\beta}_2X_2)^2}{\partial \hat{\beta}_1}=0\\ \dfrac{\partial \sum e_i^2}{\partial \hat{\beta}_2}=\dfrac{\partial \sum (Y_i-\hat{\beta}_0-\hat{\beta}_1X_1-\hat{\beta}_2X_2)^2}{\partial \hat{\beta}_2}=0\end{cases}$$

经微分，得到：

$$\begin{cases}-2\sum(Y_i-\hat{\beta}_0-\hat{\beta}_1X_1-\hat{\beta}_2X_2)=0\\ -2\sum(Y_i-\hat{\beta}_0-\hat{\beta}_1X_1-\hat{\beta}_2X_2)X_1=0\\ -2\sum(Y_i-\hat{\beta}_0-\hat{\beta}_1X_1-\hat{\beta}_2X_2)X_2=0\end{cases}$$

也就是：

$$\begin{cases}\sum Y_i=n\hat{\beta}_0+\hat{\beta}_1\sum X_1+\hat{\beta}_2\sum X_2\\ \sum X_1Y_i=\hat{\beta}_0\sum X_1+\hat{\beta}_1\sum X_1^2+\hat{\beta}_2\sum X_1X_2\\ \sum X_2Y_i=\hat{\beta}_0\sum X_2+\hat{\beta}_1\sum X_1X_2+\hat{\beta}_2\sum X_2^2\end{cases}\qquad (3—1)$$

由（3—1）式第一个方程可得：

$$\bar{Y}=\hat{\beta}_0+\hat{\beta}_1\bar{X}_1+\hat{\beta}_2\bar{X}_2$$

$$\therefore\quad \hat{\beta}_0=\bar{Y}-\hat{\beta}_1\bar{X}_1-\hat{\beta}_2\bar{X}_2\qquad (3—2)$$

回归系数的估计可通过建立离差正规方程得到：

$$(\text{离差正规方程})\begin{cases}\sum x_1y_1=\hat{\beta}_1\sum x_1^2+\hat{\beta}_2\sum x_1x_2\\ \sum x_2y_1=\hat{\beta}_1\sum x_1x_2+\hat{\beta}_2\sum x_2^2\end{cases}\qquad (3—3)$$

【证】因为：

$$\hat{Y}=\hat{\beta}_0+\hat{\beta}_1X_1+\hat{\beta}_2X_2$$

$$\bar{Y}=\hat{\beta}_0+\hat{\beta}_1\bar{X}_1+\hat{\beta}_2\bar{X}_2$$

相减得：

$$\hat{y}=\hat{\beta}_1x_{1i}+\hat{\beta}_2x_{2i}$$

又因：

$$e_i=Y_i-\hat{Y}_i=y_i-\hat{y}_i=y_i-\hat{\beta}_1x_{1i}-\hat{\beta}_2x_{2i}$$

所以有：

$$\sum e_i^2=\sum(y_i-\hat{\beta}_1x_{1i}-\hat{\beta}_2x_{2i})^2$$

再取 $\dfrac{\partial \sum e_i^2}{\partial \hat{\beta}_1}=0$ 和 $\dfrac{\partial \sum e_i^2}{\partial \hat{\beta}_2}=0$，于是得：

$$\begin{cases}\sum e_ix_{1i}=0\\ \sum e_ix_{2i}=0\end{cases}\qquad (3—4)$$

这也就是离差正规方程（3—3）。

根据离差正规方程应有：

$$\begin{cases}\hat{\beta}_1=\dfrac{\begin{vmatrix}\sum x_1 y & \sum x_1 x_2\\ \sum x_2 y & \sum x_2^2\end{vmatrix}}{|A|}\\ \hat{\beta}_2=\dfrac{\begin{vmatrix}\sum x_1^2 & \sum x_1 y\\ \sum x_1 x_2 & \sum x_2 y\end{vmatrix}}{|A|}\end{cases} \tag{3—5}$$

其中，$|A|=\begin{vmatrix}\sum x_1^2 & \sum x_1 x_2\\ \sum x_1 x_2 & \sum x_2^2\end{vmatrix}=\sum x_1^2\sum x_2^2-\left(\sum x_1 x_2\right)^2$

3.1.3 多重可决系数

在二元线性回归模型中，可决系数表示由回归平面解释的 Y 的总变差的百分比。由二元线性回归模型所确定的回归平面如图 3-2 所示。通过对这一平面图的观察，也可以更有效地帮助我们理解之所以把回归系数叫做偏回归系数的原因。

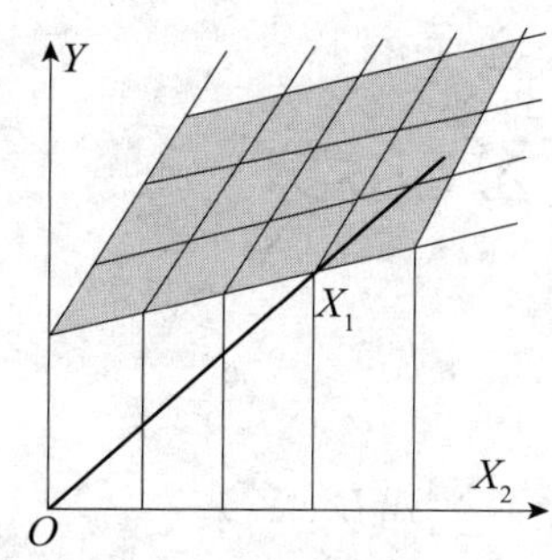

图 3-2 回归平面示意图

定义 $R^2_{Y\cdot X_1X_2}=\dfrac{\sum\hat{y}^2}{\sum y^2}=\dfrac{\sum y^2-\sum e_i^2}{\sum y^2}$

显然，有 $0\leqslant R^2\leqslant 1$，

$$\begin{aligned}\because\quad \sum e_i^2&=\sum e(y-\hat{\beta}_1x_1-\hat{\beta}_2x_2)\\&=\sum ey-\hat{\beta}_1\sum e_ix_1-\hat{\beta}_2\sum e_ix_2\\&=\sum(y-\hat{\beta}_1x_1-\hat{\beta}_2x_2)y\\&=\sum y^2-\hat{\beta}_1\sum x_1y-\hat{\beta}_2\sum x_2y\end{aligned}$$

$$\therefore\quad R^2=\frac{\hat{\beta}_1\sum x_1y+\hat{\beta}_2\sum x_2y}{\sum y^2} \tag{3—6}$$

3.1.4 $\hat{\beta}_0$，$\hat{\beta}_1$，$\hat{\beta}_2$ 的均值与方差

根据 2.4.4 节给出的高斯-马尔可夫定理，只要随机扰动项 U 服从所有关于随机扰动项的基本假定，最小平方估计值就一定是最佳线性无偏估计量。因此应有：

均值：

$$E(\hat{\beta}_0)=\beta_0 \quad E(\hat{\beta}_1)=\beta_1 \quad E(\hat{\beta}_2)=\beta_2$$

方差：

$$D^2(\hat{\beta}_1)=\sigma_U^2\left(\frac{\sum x_2^2}{|A|}\right)$$

$$D^2(\hat{\beta}_2)=\sigma_U^2\left(\frac{\sum x_1^2}{|A|}\right)$$

$$D^2(\hat{\beta}_0)=\sigma_U^2\left(\frac{1}{n}+\frac{\overline{X}_1^2\sum x_2^2+\overline{X}_2^2\sum x_1^2-2\overline{X}_1\overline{X}_2\sum x_1x_2}{|A|}\right)$$

【证】

$$\because \quad \hat{\beta}_1=\sum k_1Y \quad \hat{\beta}_2=\sum k_2Y \quad \hat{\beta}_0=\sum k_0Y$$

其中：

$$k_1=\frac{1}{|A|}\left(x_1\sum x_2^2-x_2\sum x_1x_2\right)$$

$$k_2=\frac{1}{|A|}\left(x_2\sum x_1^2-x_1\sum x_1x_2\right)$$

$$k_0=\frac{1}{n}-k_1\overline{X}_1-k_2\overline{X}_2$$

所以：

$$\begin{aligned}
D^2(\hat{\beta}_1)&=D^2\left(\sum k_1Y_i\right)=\sum k_1^2D^2(Y_i)\\
&=\sigma_U^2\sum\frac{\left(x_1\sum x_2^2-x_2\sum x_1x_2\right)^2}{|A|^2}\\
&=\sigma_U^2\sum\frac{x_1^2\left(\sum x_2^2\right)^2+x_2^2\left(\sum x_1x_2\right)^2-2x_1x_2\sum x_1x_2\sum x_2^2}{|A|^2}\\
&=\sigma_U^2\frac{\sum x_2^2\left[\sum x_1^2\sum x_2^2-\left(\sum x_1x_2\right)^2\right]}{|A|^2}\\
&=\sigma_U^2\frac{\sum x_2^2}{|A|}
\end{aligned}$$

其他参数方差的证明留给感兴趣的读者自己完成。

3.1.5 二元线性回归模型的应用

二元线性回归模型分析有两个经典案例，一个是对劳动力和资本投入与产出之间关系

的分析，另一个是对工农业两大部门或第一、二产业之间关系的分析。

【例 3.2】 表 3-2 中给出的是 1995—2006 年我国国内生产总值及其他有关资料，试建立有关的二元线性回归模型进行分析。

表 3-2　　1995—2006 年我国国内生产总值及其他有关资料

年份	国内生产总值（亿元）	第一产业产值（亿元）	第二产业产值（亿元）	就业人数（万人）	固定资产投资（亿元）
1995	60 793.73	12 135.81	28 679.46	68 065.00	20 019.30
1996	71 176.59	14 015.39	33 834.96	68 950.00	22 974.00
1997	78 973.03	14 441.89	37 543.00	69 820.00	24 941.10
1998	84 402.28	14 817.63	39 004.19	70 637.00	28 406.20
1999	89 677.05	14 770.03	41 033.58	71 394.00	29 854.70
2000	99 214.55	14 944.72	45 555.88	72 085.00	32 917.70
2001	109 655.17	15 781.27	49 512.29	73 025.00	37 213.50
2002	120 332.69	16 537.02	53 896.77	73 740.00	43 499.90
2003	135 822.76	17 381.72	62 436.31	74 432.00	55 566.60
2004	159 878.34	21 412.73	73 904.31	75 200.00	70 477.43
2005	183 867.88	23 070.44	87 364.58	75 825.00	88 773.61
2006	210 870.99	24 737.00	103 162.03	76 400.00	109 998.16

资料来源：《中国统计年鉴 2007》。

我们先来讨论函数形式 $Y=f(X_1, X_2)$ 的应用。以国内生产总值（Y）作为因变量，就业人数（L）和固定资产投资（K）为解释变量，得到的回归方程模型为：

$$\hat{Y}=-332\,454+5.454L+1.153\,6K \qquad F=7\,111$$
$$(21\,981)\ (0.321)\qquad (0.031)\qquad DW=2.12$$

不难看出模型是充分有效的，其中 DW 统计量是检验序列相关的指标，其值在 2 附近为合格，这在 4.2.3 节将予以讨论。

在这里不难看出，就业人数每增加 1 个单位，国内生产总值（GDP）将增加 5.454 个单位，而固定资产投资每增加 1 个单位，GDP 只能增加 1.153 6 个单位。这说明，在我国还是要多发展劳动密集型产业。

下面再来讨论函数形式 $X=f(Y_1, Y_2)$ 的应用。

以固定资产投资（K）为因变量，以第一、二产业产值 Y_1 和 Y_2 分别为解释变量，虽然两个解释变量的系数均为正值，但 Y_1 的系数是极不显著的，可靠性概率只有 26.4%，且存在较强的序列相关问题（DW 统计量为 0.624）。考虑到固定资产投资的滞后效应，当变量的滞后阶数由一阶增加到三阶的时候，Y_1 的系数不显著的问题才得以解决，但这时系数却由原来的正系数变为负系数。根据经济理论，这里的负系数显然是解释不通的。因此，根据一阶和二阶滞后变量模型中常参数均不显著的事实，在三阶滞后变量模型中，强制常参数为 0，这时符号错误得到纠正，但 Y_1 的系数仍不显著。进一步引入四阶滞后变量之后（常参数仍为 0，如加上常参数，Y_1 仍存在符号错误），可得到有效模型，具体模型如下：

$$\hat{K}=0.898Y_1+0.204\,5Y_2 \qquad R^2=0.962\,6$$
$$(0.253)\quad(0.071)\qquad DW=1.224\,6$$

分析结果表明，第一产业产值每增加 1 个单位，四年前的固定资产投资会增加 0.898 个单位，而第二产业产值每增加 1 个单位，四年前的固定资产投资会增加 0.204 5个单位。分析结果表明，无疑第二产业的投资效果比第一产业要好，这与实际情况是相符合的。

3.1.6 关于定义方程的讨论

尽管我们在 1.5 节已经指出，计量经济学所研究的变量关系属于因果关系，因而不包括定义方程在内，然而在教学实践中发现，很多同学对此没有足够重视。因此，这里我们有必要对定义方程的问题予以讨论。

【例 3.3】 表 3-3 中给出的数据所反映的实际就是两个二元定义方程，即 $Y=X_1+X_2$，试对其进行分析。

表 3-3　　陕西省工农业总产值　　单位：亿元

年份	工农业总产值	农林牧渔业总产值	工业总产值	轻工业总产值	重工业总产值
1990	612.54	169.96	442.58	188.03	254.55
1991	694.18	185.37	508.81	214.41	294.4
1992	804.88	205.34	599.54	239.85	359.69
1993	1 044.27	250.49	793.78	281.03	512.75
1994	1 312.14	302.38	1 009.76	370.68	639.08
1995	1 450.36	381.65	1 068.71	398.13	670.58
1996	1 617	448.46	1 168.54	426.52	742.02
1997	1 724.44	455.59	1 268.85	484.57	784.28
1998	1 779.97	479.34	1 300.63	501.71	798.92
1999	1 898.65	452.47	1 446.18	563.4	882.78
2000	2 095.22	464.89	1 630.33	577.56	1 052.77
2001	2 306.36	478.84	1 827.52	642.1	1 185.42
2002	2 552.53	509.08	2 043.45	695.52	1 347.93
2003	2 981.2	511.25	2 469.95	761.98	1 707.97

资料来源：《陕西统计年鉴 2004》。

其中，Y 可以是工农业总产值，也可以是工业总产值。如果 Y 是工农业总产值，则 X_1 和 X_2 分别是农业总产值（农林牧渔业总产值）和工业总产值；如果 Y 是工业总产值，则 X_1 和 X_2 分别是轻工业总产值和重工业总产值。为什么用来进行回归分析的方程不能是定义方程呢？这主要是因为：

（1）完整的定义方程的回归系数均为 1，常数为 0

首先，从趋势上进行判断，对于 $Y=X_1+X_2$ 来说，其中任何一个自变量增加 1 个单位，Y 都不可能增加多于 1 个单位，也不可能增加少于 1 个单位，这是不难理解的。其次，这一点也可通过一定量的证明得到说明。

【证】 对于 $Y=X_1+X_2$，必有：

$$y=x_1+x_2$$

于是，根据（3—5）式可得：

$$\begin{aligned}\hat{\beta}_1&=\frac{\sum x_1 y\sum x_2^2-\sum x_2 y\sum x_1x_2}{\sum x_1^2\sum x_2^2-\left(\sum x_1x_2\right)^2}\\&=\frac{\sum x_1(x_1+x_2)\sum x_2^2-\sum x_2(x_1+x_2)\sum x_1x_2}{\sum x_1^2\sum x_2^2-\left(\sum x_1x_2\right)^2}\\&=\frac{\sum x_1^2\sum x_2^2+\sum x_2^2\sum x_1x_2-\left(\sum x_1x_2\right)^2-\sum x_2^2\sum x_1x_2}{\sum x_1^2\sum x_2^2-\left(\sum x_1x_2\right)^2}\\&=1\end{aligned}$$

同理可证得：$\hat{\beta}_2=1$。

同时，根据常参数的计算公式，由于 $Y=X_1+X_2$，必有 $\bar{Y}=\bar{X}_1+\bar{X}_2$，则有：

$$\hat{\beta}_0=\bar{Y}-\hat{\beta}_1\bar{X}_1-\hat{\beta}_2\bar{X}_2=0$$

因为两个回归系数均为 1。也就是说，对定义方程回归的结果，仍然是原定义方程。

（2）在定义方程中，自变量对因变量解释的百分比即可决系数必为 1

这一点由定义方程即可说明。因为因变量的变化本身就是两个自变量的变化的和，因此这两个自变量的变化必然将解释因变量的全部变化，即自变量对因变量的变化解释的百分比一定是 100%。

这一点同样可进行严格的定量证明。

【证】 在二元模型条件下

$$\begin{aligned}R^2&=\frac{\hat{\beta}_1\sum x_1 y+\hat{\beta}_2\sum x_2 y}{\sum y^2}\\&=\frac{\sum(y-x_2)y+\sum x_2 y}{\sum y^2}\\&=\frac{\sum y^2-\sum x_2 y+\sum x_2 y}{\sum y^2}=1\end{aligned}$$

这就是说，在任何情况下，在定义方程中，自变量对因变量的解释的百分比都是 100%。

对表 3－3 中的资料运用 Excel 回归后得到的结果如表 3－4 和表 3－5 所示。

表 3-4　　以工农业总产值为因变量的回归结果

SUMMARY OUTPUT

回归统计	
Multiple R	1
R Square	1
Adjusted R Square	1
标准误差	2.379 29E−12
观测值	14

方差分析

	df	SS	MS	F	Significance F
回归分析	2	6 522 433.07	3 261 216.536	5.760 83E+29	2.5E−160
残差	11	6.227 1E−23	5.661 02E−24		
总计	13	6 522 433.07			

	Coefficients	标准误差	t Stat	P-value	下限 95.0%	上限 95.0%
Intercept	−7.205 3E−12	2.182 6E−12	−3.301 321 55	0.007 061 412	−1.2E−11	−2.4E−12
X Variable 1	1	1.12E−14	8.928 41E+13	4.370 5E−149	1	1
X Variable 2	1	2.411 2E−15	4.147 37E+14	2.011 6E−156	1	1

表 3-5　　以工业总产值为因变量的回归结果

SUMMARY OUTPUT

回归统计	
Multiple R	1
R Square	1
Adjusted R Square	1
标准误差	2.112 89E−12
观测值	14

方差分析

	df	SS	MS	F	Significance F
回归分析	2	4 566 726.48	2 283 363.241	5.114 71E+29	4.7E−160
残差	11	4.910 7E−23	4.464 31E−24		
总计	13	4 566 726.48			

	Coefficients	标准误差	t Stat	P-value	下限 95.0%	上限 95.0%
Intercept	−3.482 2E−12	2.004 8E−12	−1.736 878 21	0.110 290 22	−7.9E−12	9.3E−13
X Variable 1	1	1.443 8E−14	6.926 22E+13	7.138 2E−148	1	1
X Variable 2	1	6.382 3E−15	1.566 83E+14	8.991 3E−152	1	1

§ 3.2　一般线性回归模型

3.2.1　正规方程的推广

一般的具有 k 个解释变量的线性方程模型的总体方程是：

$$Y_i=\beta_0+\beta_1X_1+\beta_2X_2+\cdots+\beta_kX_k+U_i$$

其中，k 表示解释变量的个数，一般要求 $k<n-1$ 必须成立，n 是样本容量。其相应的样本方程式是：

$$Y_i=\hat{\beta}_0+\hat{\beta}_1X_1+\hat{\beta}_2X_2+\cdots+\hat{\beta}_kX_k+e_i \tag{3—7}$$

对于一般的 k 元线性方程模型的正规方程，我们无需借助最小平方法，只需要对一元、二元模型的正规方程进行观察并找出规律，再进行推广即可。

根据 $\sum e_i=0$ 和 $\sum\limits_{i=1}^{n}e_ix_{ji}=0(j=1,2,\cdots,k)$ 应有：

$$\begin{aligned}\sum e_i(X_{ji}-\overline{X}_j)&=\sum e_iX_{ji}-\overline{X}_j\sum e_i\\&=\sum e_iX_{ji}=0\end{aligned}$$

同时，由于：

$$e_i=y_i-\hat{\beta}_1x_{1i}-\hat{\beta}_2x_{2i}-\cdots-\hat{\beta}_kx_k$$

有：

$$y_i=\hat{\beta}_1x_{1i}+\hat{\beta}_2x_{2i}+\cdots+\hat{\beta}_kx_k+e_i \tag{3—8}$$

于是，我们可着手建立一般的 k 元线性模型的正规方程了。通过观察我们不难发现，k 元线性模型的正规方程可以通过以下方式建立：

1）观测值正规方程中的第一个方程是通过将样本方程式（3—7）两端加总后得到的（注意 $\sum e_i=0$）；

2）观测值正规方程中的第 $j+1$ 个方程（$j=1,2,\cdots,k$）是通过对样本方程式（3—7）两端先乘 X_j 再加总后得到的（注意 $\sum e_iX_{ji}=0$）；

3）离差正规方程中的第 j 个（$j=1,2,\cdots,k$）方程是通过对离差关系式（3—8）两端先乘 x_j 再加总后得到的（注意 $\sum\limits_{i=1}^{n}e_ix_{ji}=0$）。

于是，可得到观测值正规方程和离差正规方程分别为：

观测值正规方程：

$$\begin{cases}\sum Y_i=n\hat{\beta}_0+\hat{\beta}_1\sum X_1+\hat{\beta}_2\sum X_2+\cdots+\hat{\beta}_k\sum X_k\\\sum X_1Y_i=\hat{\beta}_0\sum X_1+\hat{\beta}_1\sum X_1^2+\hat{\beta}_2\sum X_1X_2+\cdots+\hat{\beta}_k\sum X_1X_k\\\sum X_2Y_i=\hat{\beta}_0\sum X_2+\hat{\beta}_1\sum X_1X_2+\hat{\beta}_2\sum X_2^2+\cdots+\hat{\beta}_k\sum X_2X_k\\\quad\cdots\cdots\\\sum X_kY_i=\hat{\beta}_0\sum X_k+\hat{\beta}_1\sum X_1X_k+\hat{\beta}_2\sum X_2X_k+\cdots+\hat{\beta}_k\sum X_k^2\end{cases}$$

离差正规方程：

$$\begin{cases}\sum x_1 y_i = \hat{\beta}_1 \sum x_1^2 + \hat{\beta}_2 \sum x_1 x_2 + \cdots + \hat{\beta}_k \sum x_1 x_k \\ \sum x_2 y_i = \hat{\beta}_1 \sum x_1 x_2 + \hat{\beta}_2 \sum x_2^2 + \cdots + \hat{\beta}_k \sum x_2 x_k \\ \quad\quad \cdots\cdots \\ \sum x_k y_i = \hat{\beta}_1 \sum x_1 x_k + \hat{\beta}_2 \sum x_2 x_k + \cdots + \hat{\beta}_k \sum x_k^2\end{cases}$$

3.2.2 可决系数的推广及复相关

多重可决系数同样也可以通过观察法进行推广得到。我们已经知道：

$$R_{Y.X}^2 = \hat{\beta}_1^2 \frac{\sum x_1^2}{\sum y^2} = \frac{\hat{\beta}_1 \sum x_1 y}{\sum y^2} \left(\hat{\beta}_1 = \frac{\sum x_1 y}{\sum x_1^2}, \hat{\beta}_1 \sum x_1^2 = \sum x_1 y \right)$$

$$R_{Y.X_1.X_2}^2 = \frac{\hat{\beta}_1 \sum x_1 y + \hat{\beta}_2 \sum x_2 y}{\sum y^2}$$

$$R_{Y.X_1X_2X_3}^2 = \frac{\hat{\beta}_1 \sum x_1 y + \hat{\beta}_2 \sum x_2 y + \hat{\beta}_3 \sum x_3 y}{\sum y^2}$$

不难发现，每增加一个新的解释变量，多重可决系数的分子部分都会增加一个加项，这个加项是由新增变量的离差与因变量的离差乘积之和再乘以相应变量的回归系数构成的。于是，具有 k 个解释变量的多重可决系数就是：

$$R_{Y.X_1X_2X_3\cdots X_k}^2 = \frac{\hat{\beta}_1 \sum x_1 y + \hat{\beta}_2 \sum x_2 y + \cdots + \hat{\beta}_k \sum x_k y}{\sum y^2} \tag{3—9}$$

由于在客观上，$\hat{\beta}_k$ 与 $\sum x_k y$ 总是会取相同的符号，即同正或同负，因此每增加一个解释变量，都必然使可决系数有所增大（分母不变）。同时，模型中每增加一个新的解释变量，自由度必然会减少 1。为了克服这一缺陷，必须对可决系数进行调整。调整后的可决系数为：

$$\bar{R}^2 = 1 - (1 - R^2) \frac{n-1}{n-k-1} \tag{3—10}$$

其中，R^2 为未调整的可决系数，n 为样本容量，k 为模型中解释变量的数目。(3—10) 式提出的思路是这样的：

$$R^2 = \frac{RSS}{TSS} = 1 - \frac{ESS}{TSS}$$

很显然，可决系数的增加，也就是 RSS 的增加。而 RSS 的增加实际也就是 ESS 的减少。由于解释变量的增加必然将使自由度减少，因此 ESS 的减少实质上是以牺牲自由度为代价的。于是，我们会提出这样的问题，即随着模型中解释变量的增加，ESS 的减少与自由度的减少是否同步？对这一问题的考察，可以通过对分式 ESS/TSS 的分子和分母同时除以各自的自由度得到验证。因为 TSS 的自由度是始终不变的，所以可决系数就转化为调整后的可决系数：

$$\bar{R}^2 = 1 - \frac{ESS/(n-k-1)}{TSS/(n-1)} = 1 - \frac{ESS(n-1)}{TSS(n-k-1)}$$

$$=1-(1-R^2)\frac{n-1}{n-k-1}$$

在（3—10）式中，比值 $(n-1)/(n-k-1)$ 叫做解释变量数的惩罚权数。显然，由于$k<n-1$，所以，如果 n 较大，k 较小，则惩罚权数就接近 1，调整幅度不会很大。比如对一元模型来说，在较大样本条件下便是如此。反过来，如果 k 较大，R^2 较小，则有可能会使调整后的可决系数变为负值（如当 R^2 小于 0.5，惩罚权数大于 2 时）。如果出现负值，规定以 0 对待。

与多重可决系数密切相关的概念是复相关。在一元线性回归模型中，可决系数的平方根叫做简单相关系数。简单相关系数反映的是两个变量之间的相关关系，在这里无所谓谁是因变量，谁是自变量。而在多元线性回归模型中，可决系数的平方根叫做复相关系数。复相关系数反映的是一个因变量与多个自变量之间的相关关系，在这种场合下，在$k+1$ 个变量中，因变量不同，复相关系数是不一样的。复相关系数与简单相关系数的另一个区别是，简单相关系数有正有负，而复相关系数只有正值。这一点由（3—9）式不难理解。复相关系数也可以近似地看作是样本观测值与由回归方程得到的理论估计值之间的简单相关系数。

3.2.3 回归参数方差公式的推广

对于一般的 k 元线性回归模型，回归参数方差公式的推广只适用于回归系数，即不包括常参数以外的其他参数。我们已经知道：

在一元线性回归模型中：

$$D^2(\hat{\beta}_1)=\sigma_U^2\left(\frac{1}{\sum x_i^2}\right)$$

在二元线性回归模型中：

$$D^2(\hat{\beta}_1)=\sigma_U^2\left(\frac{\sum x_2^2}{|A|}\right)\quad D^2(\hat{\beta}_2)=\sigma_U^2\left(\frac{\sum x_1^2}{|A|}\right)$$

容易发现，回归系数的方差就等于以离差形式表示的正规方程系数矩阵主对角线上相应元素的子行列式比系数矩阵行列式再乘以随机扰动项的常方差。因此，在一般的多元线性回归模型中，有：

$$D^2(\hat{\beta}_j)=\sigma_U^2\,\frac{A_j}{|A|}\tag{3—11}$$

其中，A_j 是离差正规方程中系数矩阵主对角线上第 j 个元素的子行列式（一个标量的子行列式为 1）。

§3.3 非线性回归模型

3.3.1 具有常弹性的曲线函数

具有常弹性的曲线函数最简单的形式是：

$$Y_i=AX_i^b$$

其中，b 即 Y 对于 X 变化的常弹性系数。

这是一个单因素的常弹性函数。这个函数虽然简单，但是在经济分析中有着多种多样的用途。

在上述函数中，如果 Y 表示工时，X 表示产量，在满足 $A>0$，$-1\leqslant b<0$ 的条件下，函数即称作**经验曲线**，即随着人们经验的积累或产量的增多，单位产品消耗的工时会逐步减少。

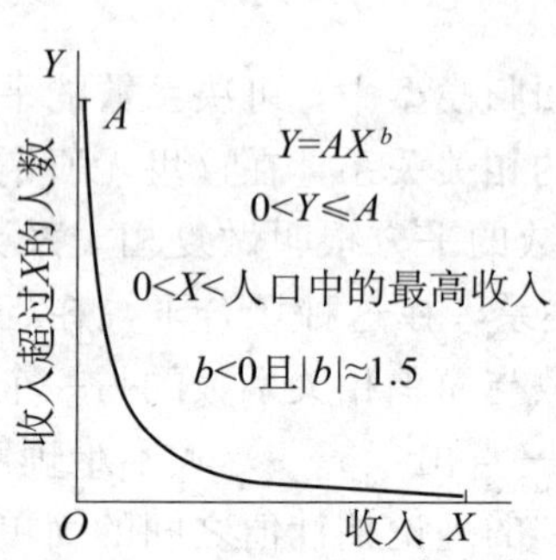

图 3-3　帕累托收入分布定律

在上述函数中，如果 Y 表示收入超过 X 的人数，X 表示收入，则在 $0<Y\leqslant A$，$0<X<$人口中的最高收入，$b<0$ 且 $|b|\approx1.5$ 时，函数可用于反映总人口中收入的分布规律。意大利经济学家帕累托（Vilfredo Pareto，1848—1923）认为，在已知人数为 A 的总人口中，收入超过 X 的人数即满足上述条件。这一规律被称作**帕累托收入分布定律**，其分布形式如图 3-3 所示。

常弹性函数一般常见的形式是柯布-道格拉斯(Cobb-Douglas) 生产函数，简称 C-D 函数，是由美国数学家柯布和经济学家道格拉斯首次提出并着手研究的。其数学形式是：

$$Y_i=\beta_0 X_1^{\beta_1} X_2^{\beta_2} \tag{3—12}$$

在经济学界，很多人热衷于研究这一函数。之所以如此，是因为该函数具有几个非常重要的优越特性：

1）当其中任何一个自变量为 0 时，因变量的值也就为 0，因而常用来研究生产要素比如劳动力和资本等与产出的关系。

2）β_1 和 β_2 分别表示产出变化对相应投入的弹性系数。

【证】 我们知道：

弹性＝边际值/平均值

$$\because\quad E_{X_1}=\frac{\mathrm{d}Y}{\mathrm{d}X_1}\frac{X_1}{Y}$$

$$\frac{\mathrm{d}Y}{\mathrm{d}X_1}=\beta_0 X_2^{\beta_2}\beta_1 X_1^{\beta_1-1}$$

$$=\beta_1(\beta_0 X_1^{\beta_1} X_2^{\beta_2})X_1^{-1}$$

$$=\beta_1 Y/X_1$$

$$\therefore\quad E_{X_1}=\beta_1$$

同理可证：

$$E_{X_2}=\beta_2$$

即 X_2 增加 1%，Y 增加 β_2%。

3）$\beta_1+\beta_2$ 反映产出变化的规模报酬。

当 $\beta_1+\beta_2>1$ 时，Y 为递增规模报酬；

当 $\beta_1+\beta_2=1$ 时，Y 为不变规模报酬；

当 $\beta_1+\beta_2<1$ 时，Y 为递减规模报酬。

【证】

令 $Y_0=\beta_0 X_1^{\beta_1} X_2^{\beta_2}$，则有：

$$Y=\beta_0[X_1(1+r/100)]^{\beta_1}[X_2(1+r/100)]^{\beta_2}$$
$$=\beta_0 X_1^{\beta_1}(1+r/100)^{\beta_1} X_2^{\beta_2}(1+r/100)^{\beta_2}$$
$$=\beta_0 X_1^{\beta_1} X_2^{\beta_2}(1+r/100)^{\beta_1+\beta_2}=Y_0(1+r/100)^{\beta_1+\beta_2}$$

由此不难看出，上述三种情况是成立的。

4）在 $\beta_1+\beta_2=1$ 的条件下，β_0的大小可以反映投入产出的综合技术水平。

因为如果 $\beta_1+\beta_2=1$ 成立，则 $\beta_2=1-\beta_1$。于是，在 Y 表示国民经济产出如 GDP，X_1 为资本投入 K，X_2为劳动力投入 L 的条件下，应有：

$$Y^{\beta_1}Y^{1-\beta_1}=\beta_0 K^{\beta_1}L^{1-\beta_1}$$

也就是：

$$\left(\frac{Y}{L}\right)^{1-\beta_1}=\beta_0\left(\frac{K}{Y}\right)^{\beta_1}$$

因此，不难得到：

$$\beta_0=\left(\frac{Y}{L}\right)^{1-\beta_1}\cdot\left(\frac{K}{Y}\right)^{-\beta_1}$$

在这里，Y/L 也就是劳动生产率。毫无疑问，由于 Y/L 的指数为正，劳动生产率越高，投入产出的技术水平和效率也就越高。而 K/Y 则反映了单位产出消耗的资本。很显然，由于 K/Y 的指数为负值，因此，单位产出消耗的资本越少，投入产出的效率或经济效益也就越好。而这里 β_0的大小恰恰反映了这两个因素的乘积。因此，β_0的大小就完美地反映了投入产出的综合技术水平。

柯布-道格拉斯生产函数的这一特性，在实践中经常被用来测定技术进步在经济发展中的作用或贡献率的大小。

为了估计其中的参数，可令：

$$Y=\beta_0 X_1^{\beta_1} X_2^{\beta_2} e^U$$

其中，e 为自然对数的底（$e=2.718$）。对两端同时取对数，得到：

$$\ln Y=\ln\beta_0+\beta_1\ln X_1+\beta_2\ln X_2+U$$

做变量代换，令 $\ln Y=Y'$，$\ln\beta_0=\beta_0'$，$\ln X_1=X_1'$，$\ln X_2=X_2'$，则：

$$Y'=\beta_0'+\beta_1 X_1'+\beta_2 X_2'+U$$

对此二元线性回归模型应用最小平方法即可。

比如，对例 3.2 中的数据进行分析，在对三个变量分别取对数后得到的线性模型为：

$$\hat{Y}'=-37.46+3.973L'+0.433K' \quad F=2\,053$$
$$(6.28)\quad(0.599)\quad(0.041)\quad DW=1.54$$

不难看出，就业人数的弹性系数比固定资产投资的弹性系数要大得多，因此应该多用劳动力而少用资本。这与前面线性模型的分析结论是一致的。但是，这里存在一个问题，即尽管每个参数都是充分有效的，但由于常参数为负值且绝对值较大，因此通过$\ln(\beta)=\beta'=-37.46$ 求得的 β 将很小，其值约为 5.4×10^{-17}。由于常参数与解释变量的相乘关系，因此其结果将大大抵消就业人数和固定资产投资的递增规模报酬，所以必须进一步探索更有效的估计方法。

3.3.2 抛物线形及其他 k 阶多项式

在现实的经济生活中，抛物线形的经济关系很多，比如变动资源的投入与产出的关系、商品市场寿命周期、“浴盆定律”等，都近似于二次曲线。假定有：

$$Y=\beta_0+\beta_1 X+\beta_2 X^2+U$$

$$Y=\beta_0+\beta_1 X+\beta_2 X^2+\cdots+\beta_k X^k+U$$

前者为二次抛物线形函数，后者为一般的 k 阶多项式。

在抛物线形模型中，当 $X=-\dfrac{\hat{\beta}_1}{2\hat{\beta}_2}$ 时，有 $\hat{Y}_{极值}=\hat{\beta}_0-\dfrac{\hat{\beta}_1^2}{4\hat{\beta}_2}$。

在一般的 k 阶多项式中，假定 $k=3$ 且 X 为生产要素，则有：

$$TPP=\hat{\beta}_1 X+\hat{\beta}_2 X^2+\hat{\beta}_3 X^3=\hat{Y}$$

$$MPP=\hat{\beta}_1+2\hat{\beta}_2 X+3\hat{\beta}_3 X^2$$

$$APP=\hat{\beta}_1+\hat{\beta}_2 X+\hat{\beta}_3 X^2$$

TPP 是总实物产出（total physical product），MPP 是边际实物产出（marginal physical product），APP 是平均实物产出（average physical product）。

根据数学分析原理，容易算出：

1）当 $X=-\dfrac{\hat{\beta}_2}{3\hat{\beta}_3}$ 时，有 $MPP_{最大}=\hat{\beta}_1-\dfrac{\hat{\beta}_2^2}{3\hat{\beta}_3}$；

2）当 $X=\dfrac{-\hat{\beta}_2+\sqrt{\hat{\beta}_2^2-3\hat{\beta}_1\hat{\beta}_3}}{3\hat{\beta}_3}$ 时，TPP 达到最大；

3）当 $X=-\dfrac{\hat{\beta}_2}{2\hat{\beta}_3}$ 时，有 $APP_{最大}=\hat{\beta}_1-\dfrac{\hat{\beta}_2^2}{4\hat{\beta}_3}$。

不难看出，下面的关系式成立：

$$MPP_{最大}>APP_{最大}，X_{APP_{最大}}>X_{MPP_{最大}}$$

由于 MPP/APP 即生产弹性 E_P，所以以 $E_P=1$ 和 $E_P=0$ 为界，可以将三次函数分为三个阶段，这也就是生产函数的三阶段。这种关系如图 3－4 所示。

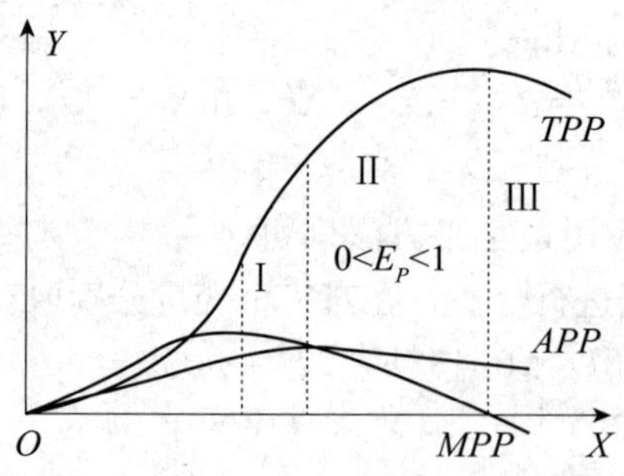

图 3－4　生产函数的三阶段示意图

在估计参数时，对于 k 阶多项式：

$$Y=\beta_0+\beta_1 X+\beta_2 X^2+\cdots+\beta_k X^k+U$$

可令 $X_1=X$，$X_2=X^2$，$X_3=X^3$，…，$X_k=X^k$，得到：

$$Y=\beta_0+\beta_1 X_1+\beta_2 X_2+\cdots+\beta_k X_k+U$$

然后应用最小平方法即可。

3.3.3 其他形式的曲线模型

(1) 双曲函数模型

双曲函数模型的一般形式为:

$$\frac{1}{Y}=a+\frac{b}{X}$$

对于符合该函数曲线形式的样本，可以通过如下方式将模型转化为线性模型进行回归:

令 $Y'=\frac{1}{Y}$，$X'=\frac{1}{X}$，则得到:

$$Y'=a+bX'$$

对此模型应用最小平方法，即可获得参数 a 和 b 的估计值。

(2) 半对数函数模型

半对数函数的一般形式为:

$$Y=a+b\ln X$$

或者:

$$\ln Y=a+bX$$

这个函数的原型即**增长函数** $Y=AB^t$，在这里 A ($A>0$) 称作增长基数或经验初值，B ($B>1$) 称作增长速度（即发展速度）。该函数常常被用于描述发展中的公司的早期情况。

由于其中只有一个变量取对数，故称作半对数模型。对于符合这种函数曲线形式的样本，可以通过如下方式将模型转化为线性模型进行回归:

令 $Y'=\ln Y$，$X'=\ln X$，则得到:

$$Y=a+bX' \text{或} Y'=a+bX$$

(3) 双对数函数模型

双对数函数的一般形式为:

$$\ln Y=a+b\ln X$$

由于其中两个变量均取对数，故称作双对数模型。对于符合这种函数曲线形式的样本，可以通过如下方式将模型转化为线性模型进行回归:

令 $Y'=\ln Y$，$X'=\ln X$，则得到:

$$Y'=a+bX'$$

这个模型的原型实际上也就是单因素的常弹性函数 $Y_i=AX_i^b$。

(4) S 形曲线函数模型

S 形曲线函数模型的一般形式为:

$$Y=\frac{1}{a+be^{-X}}$$

由于该模型的曲线形式如图 3-5 所示，看起来像一个“S”，故而得名。

对于符合这种函数曲线形式的样本，可以通过如下方式将模型转化为线性模型进行回归:

可先将模型变为:

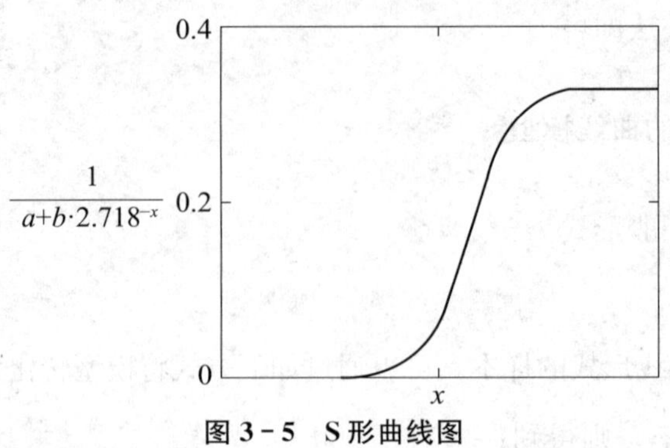

图 3－5 S形曲线图

$$\frac{1}{Y}=a+be^{-X}$$

再令 $Y'=\frac{1}{Y}$，$X'=e^{-X}$，则得到：

$$Y'=a+bX'$$

§3.4 偏相关及偏相关系数

3.4.1 偏相关及相关系数矩阵

偏相关分析，就是在控制或消除其他变量影响的条件下，分析多个变量中某两个变量的相关程度，这种相关程度一般用偏相关系数表示。这种分析之所以必要，是因为在多元模型条件下，变量之间的相互影响关系是错综复杂的。比如，在二元模型条件下，X_1 和 X_2 不仅共同影响着 Y 的变化，同时两者之间还在发生交互作用，即 X_1 会影响 X_2 的变化，X_2 也会影响 X_1 的变化。

偏相关系数的计算常常要用到相关系数矩阵。比如，三个变量的相关系数矩阵即：

$$\begin{array}{cc} & \begin{array}{ccc} Y & X_1 & X_2 \end{array} \\ R= & \begin{pmatrix} 1 & r_{01} & r_{02} \\ r_{01} & 1 & r_{12} \\ r_{02} & r_{12} & 1 \end{pmatrix} \begin{array}{c} Y \\ X_1 \\ X_2 \end{array} \end{array}$$

相关系数矩阵的特点是：

1）相关系数矩阵是一个主对角线元素均为 1 的对称矩阵；

2）相关系数矩阵行列式的值域为 $0\leqslant|R|\leqslant 1$，为 0 时所有的变量均为函数关系，为 1 时所有的变量互相独立。

3.4.2 偏相关系数的定义

所谓偏相关系数，就是在控制或消除其他变量影响的情况下，衡量多个变量中某两个变量之间相关程度的指标。对于二元线性回归模型：

$$Y=\beta_0+\beta_1 X_1+\beta_2 X_2+U$$

偏相关系数可定义如下：

1）当 X_2 保持不变或取定值时，Y 与 X_1 的偏相关系数为：

$$r_{01\cdot 2}=\frac{r_{01}-r_{02}\cdot r_{12}}{\sqrt{(1-r_{02}^2)(1-r_{12}^2)}}$$

2）当 X_1 保持不变或取定值时，Y 与 X_2 的偏相关系数为：

$$r_{02\cdot 1}=\frac{r_{02}-r_{01}\cdot r_{12}}{\sqrt{(1-r_{01}^2)(1-r_{12}^2)}}$$

3）当 Y 保持不变或取定值时，X_1 与 X_2 的偏相关系数为：

$$r_{12\cdot 0}=\frac{r_{12}-r_{01}\cdot r_{02}}{\sqrt{(1-r_{01}^2)(1-r_{02}^2)}}$$

更一般地，对于 k 元线性模型有：

$$r_{ij\cdot s}=-\frac{R_{ij}}{\sqrt{R_{ii}R_{jj}}}$$

其中，R_{ij} 表示相关系数矩阵中相应元素的代数余子式；i，j 为需要考察的两个变量的标号，s 是所有标号中不包括 i、j 的集合。

3.4.3 偏相关系数的证明

通过证明，可以进一步了解偏相关系数的概念。以 $r_{01\cdot 2}$ 为例。

假定真实的关系为：

$$Y_i=\beta_0+\beta_1X_1+\beta_2X_2+U$$

同时假定：

$$\begin{cases}Y=a_0+a_1X_2+V_1\\X_1=b_0+b_1X_2+V_2\end{cases}$$

根据上述方程组第一个式子，应有：

$$e_1=y-\hat{y}=y-\hat{a}_1x_2=y^*\text{（即 }Y\text{ 的变化中由 }X_1\text{ 解释的部分）}$$

根据上述方程组第二个式子，应有：

$$e_2=x_1-\hat{x}_1=x_1-\hat{b}_1x_2=x_1^*\text{（即 }X_1\text{ 自身变化的部分）}$$

于是，根据：

$$r_{01\cdot 2}=\frac{\sum x_1^*y^*}{\sqrt{\sum x_1^{*2}\sum y^{*2}}}$$

再根据：

$$r_{02}^2=1-\frac{\sum e_1^2}{\sum y^2}=1-\frac{\sum y^{*2}}{\sum y^2}$$

$$r_{12}^2=1-\frac{\sum e_2^2}{\sum x_1^2}=1-\frac{\sum x_1^{*2}}{\sum x_1^2}$$

应有：

$$\sum y^{*2}=(1-r_{02}^2)\sum y^2$$

$$\sum x_1^{*2}=(1-r_{12}^2)\sum x_1^2$$

将此结果与 x_1^* 和 y^* 的表达式一起代入 $r_{01\cdot 2}$ 的表达式，得到：

$$r_{01\cdot 2}=\frac{\sum(x_1-\hat{b}_1x_2)(y-\hat{a}_1x_2)}{\sqrt{\sum y^2\sum x_1^2(1-r_{02}^2)(1-r_{12}^2)}}$$

$$=\frac{\sum x_1y-\hat{a}_1\sum x_1x_2-\hat{b}_1\sum x_2y+\hat{a}_1\hat{b}_1\sum x_2^2}{\sqrt{\sum y^2\sum x_1^2(1-r_{02}^2)(1-r_{12}^2)}}$$

根据简单相关系数与回归系数的关系，应有：

$$\hat{a}_1=r_{02}\frac{\sqrt{\sum y^2}}{\sqrt{\sum x_2^2}}\quad \hat{b}_1=r_{12}\frac{\sqrt{\sum x_1^2}}{\sqrt{\sum x_2^2}}$$

于是，有：

$$r_{01\cdot 2}=\frac{\sum x_1y-r_{02}\frac{\sqrt{\sum y^2}}{\sqrt{\sum x_2^2}}\sum x_1x_2-r_{12}\frac{\sqrt{\sum x_1^2}}{\sqrt{\sum x_2^2}}\sum x_2y+r_{02}r_{12}\frac{\sqrt{\sum y^2}}{\sqrt{\sum x_2^2}}\frac{\sqrt{\sum x_1^2}}{\sqrt{\sum x_2^2}}\sum x_2^2}{\sqrt{\sum y^2\sum x_1^2(1-r_{02}^2)(1-r_{12}^2)}}$$

$$=\frac{\sqrt{\sum y^2\sum x_1^2}(r_{01}-r_{02}r_{12}-r_{12}r_{02}+r_{02}r_{12})}{\sqrt{\sum y^2\sum x_1^2(1-r_{02}^2)(1-r_{12}^2)}}$$

$$=\frac{r_{01}-r_{02}r_{12}}{\sqrt{(1-r_{02}^2)(1-r_{12}^2)}}$$

在二元模型中，如下式所示的偏相关系数更有助于我们加深对偏相关系数的理解：

$$r_{01\cdot 2}^2=\frac{R_{0\cdot 12}^2-r_{02}^2}{1-r_{02}^2}\quad r_{02\cdot 1}^2=\frac{R_{0\cdot 12}^2-r_{01}^2}{1-r_{01}^2}$$

其中，$R_{0\cdot 12}^2$ 为二元回归模型的可决系数。

这种方式定义的偏相关系数很容易证明。

可先将 Y 对 X_1 回归，得到回归平方和为 $r_{01}^2\sum y^2$，相应的残差平方和为 $(1-r_{01}^2)\sum y^2$。然后引入 X_2。这无疑将使得回归平方和增加，残差平方和减少，且增加部分和减少部分必然是相等的。于是，增加的回归平方和就是 $r_{02\cdot 1}^2(1-r_{01}^2)\sum y^2$。把每一步的回归平方和加起来，得到 $RSS=[r_{01}^2+r_{02\cdot 1}^2(1-r_{01}^2)]\sum y^2$。这也就是 Y 对 X_1 和 X_2 回归的回归平方和。而另一方面，这种回归平方和 $RSS=R_{0\cdot 12}^2\sum y^2$。于是应有：

$$R_{0.12}^2=r_{01}^2+r_{02\cdot 1}^2(1-r_{01}^2)$$

移项变形后即可得到偏相关系数的表达式。

§3.5　方差分析与回归分析

方差分析与回归分析是有密切的内在联系的分析方法。两种方法的分析对象可以是同一现象，但解决问题的思路和方法完全不同。方差分析通常主要有单因素方差分析和双因素方差分析两种。

3.5.1 单因素方差分析

【例 3.4】 有一种汽油，采用不同的配比（辛烷值）进行燃烧值试验。假定有三种不同的配比，分别进行了 5 次试验，试验结果如表 3-6 所示，问三种配比究竟有没有明显的条件差异？

表 3-6 单因素方差分析

配比Ⅰ	配比Ⅱ	配比Ⅲ
32	36	44
30	38	46
35	37	47
33	40	47
35	41	46

对这一问题可以用方差分析来解决。应用方差分析解决此类问题，通常需要两步。

第一步：把 Y 的总变差分为两部分：

$$Y_{ij}-\bar{Y}=(Y_{ij}-\bar{Y}_j)+(\bar{Y}_j-\bar{Y})$$

即：

$$\text{总变差}=\begin{pmatrix}\text{组内变差}\\\text{随机误差}\end{pmatrix}+\begin{pmatrix}\text{组间变差}\\\text{条件变差}\end{pmatrix}$$

两端平方后加总，得到：

$$\sum_j^k\sum_i^n (Y_{ij}-\bar{Y})^2=\sum_j^k\sum_i^n (Y_{ij}-\bar{Y}_j)^2+\sum_j^k\sum_i^n (\bar{Y}_j-\bar{Y})^2 +2\sum_j^k\sum_i^n (Y_{ij}-\bar{Y}_j)(\bar{Y}_j-\bar{Y})$$

其中，k 为组数，n 为重复数。

由于：

$$\sum_j\sum_i (Y_{ij}-\bar{Y}_j)(\bar{Y}_j-\bar{Y})=\sum_j(\bar{Y}_j-\bar{Y})\sum_i(Y_{ij}-\bar{Y}_j)$$

而：

$$\sum_j(\bar{Y}_j-\bar{Y})=0 \quad \sum_i(Y_{ij}-\bar{Y}_j)=0$$

且：

$$RSS=\sum_j^k\sum_i^n (\bar{Y}_j-\bar{Y})^2=n\sum_j^k (\bar{Y}_j-\bar{Y})^2$$

所以，有：

$$\sum_j^k\sum_i^n (Y_{ij}-\bar{Y})^2=\sum_j^k\sum_i^n (Y_{ij}-\bar{Y}_j)^2+n\sum_j^k (\bar{Y}_j-\bar{Y})^2$$

即：

$$TSS=ESS+RSS$$

于是有：

$$RSS=5\times(33-39.1)^2+5\times(38.4-39.1)^2+5\times(46-39.1)^2=426.5$$

$$TSS=(32-39.1)^2+(30-39.1)^2+\cdots+(46-39.1)^2=467.7$$

$$ESS=\sum_{j=1}^{k}\sum_{i=1}^{n}(Y_{ij}-\overline{Y}_j)^2=18+17.2+6=41.2$$

$$\therefore\ TSS=RSS+ESS$$

第二步，计算 F 统计量，进行假设检验。

$$F=\frac{RSS/(k-1)}{ESS/k(n-1)}$$

其中，$k-1$ 是 RSS 的自由度，$k(n-1)=N-k$ 是 ESS 的自由度。

在本例中 $F=\frac{426.5/2}{41.2/12}=62.12$。

检验的原假设和备择假设分别为：

H_0：无条件差异　H_1：有条件差异

查 F 分布表（参见附录 3 中的附表 4A），知 $F_{0.05}(2，12)=3.885$。

因为 $F>F_\alpha(v_1，v_2)$，故应接受 H_1。

单因素方差分析运用 Excel 很容易操作。应用 Excel 进行单因素方差分析的步骤是：

1）打开“工具”菜单；

2）单击“数据分析”命令；

3）选中“方差分析：单因素方差分析”。

对例 3.4 应用 Excel 分析后的输出结果如表 3-7 所示。

表 3-7　方差分析：单因素方差分析

SUMMARY

组	计数	求和	平均	方差
列 1	5	165	33	4.5
列 2	5	192	38.4	4.3
列 3	5	230	46	1.5

方差分析

差异源	SS	df	MS	F	P-value	F crit
组间	426.53	2.00	213.27	62.12	4.67E−07	3.885
组内	41.20	12.00	3.43			
总计	467.73	14.00				

输出结果主要有两部分。第一部分是基本信息，包括每一组的重复数、总和、均值和方差。第二部分包括组间和组内平方和、自由度、分子和分母及其比值以及 F 临界值等。

3.5.2 双因素方差分析

双因素方差分析包括有交互作用和无交互作用两种，有交互作用的相对复杂一些，这里仅介绍无交互作用的。

【例 3.5】 已知汽油的燃烧值与辛烷值和含硫量有关。假定试验中选择的两因素的水平如表 3-8 所示：

表 3-8　　两因素的水平

水平	1	2	3	4
辛烷值 A	70	75	80	85
含硫量 B	1.5	1	0.5	

将两种不同水平交叉分组，然后进行试验，得出的结果如表 3-9 所示：

表 3-9　　交叉分组试验结果

	$A1$	$A2$	$A3$	$A4$
$B1$	55	60	63	62
$B2$	61	66	70	71
$B3$	71	75	78	80

问这两种因素是否对燃烧值具有明显的影响？

【解】 像单因素方差分析所作的一样，仍然需要先对总变差进行分解：

$$Y_{ij}-\overline{Y}=(Y_{ij}-\overline{Y}_i)+(\overline{Y}_i-\overline{Y})+(\overline{Y}_j-\overline{Y})-(\overline{Y}_j-\overline{Y})$$
$$=(\overline{Y}_i-\overline{Y})+(\overline{Y}_j-\overline{Y})+(Y_{ij}-\overline{Y}_i-\overline{Y}_j+\overline{Y})$$

平方后加总可得到：

总平方和是：

$$TSS=\sum_{i=1}^{n}\sum_{j=1}^{k}(Y_{ij}-\overline{Y})^2\text{，自由度为：}nk-1$$

A 因素的平方和是：

$$ASS=n\sum_{j=1}^{k}(\overline{Y}_j-\overline{Y})^2\text{，自由度为：}k-1$$

B 因素的平方和是：

$$BSS=k\sum_{i=1}^{n}(\overline{Y}_i-\overline{Y})^2\text{，自由度为：}n-1$$

残差平方和是：

$$ESS=\sum_{i=1}^{n}\sum_{j=1}^{k}(Y_{ij}-\overline{Y}_j-\overline{Y}_i+\overline{Y})^2\text{，自由度为：}(k-1)(n-1)$$

在例 3.5 中，有：

$$ASS=3\times(62.33-67.67)^2+3\times(67-67.67)^2+3\times(70.33-67.67)^2$$
$$+3\times(71-67.67)^2$$
$$=141.33$$

$$BSS = 4\times(60-67.67)^2+4\times(67-67.67)^2+4\times(76-67.67)^2$$
$$=514.67$$

$$ESS=4.67 \quad TSS=660.67$$

对 ESS 的计算，最好先列出误差绝对值表，然后再取平方加总。例 3.5 的误差绝对值表是：

$$\begin{bmatrix} 0.35 & 0.65 & 0.35 & 1.35 \\ 0.65 & 0.35 & 0.35 & 0.65 \\ 0.35 & 0.35 & 0.65 & 0.65 \end{bmatrix}$$

最后，计算 F 统计量，进行假设检验。

$$F_A = \frac{\frac{ASS}{k-1}}{\frac{ESS}{(k-1)\ (n-1)}} = \frac{\frac{141.33}{3}}{\frac{4.67}{6}} = 60.53 \qquad F_B = \frac{\frac{BSS}{n-1}}{\frac{ESS}{(n-1)(k-1)}} = \frac{\frac{514.67}{2}}{\frac{4.67}{6}} = 330.62$$

检验的原假设和备择假设分别为：

H_0　无条件差异　H_1：有条件差异

查 F 分布表（参见附录 3 的附表 4A），知 $F_{0.05}(2，6)=5.143$，$F_{0.05}(3，6)=4.757$。

因为 $F>F_\alpha(v_1，v_2)$，故应接受 H_1。

双因素方差分析也可以利用 Excel 进行。对例 3.5 使用 Excel 输出的分析结果如表 3-10 所示。

表 3-10　　方差分析：无重复双因素分析

SUMMARY

	计数	求和	平均	方差
行 1	4	240	60	12.67
行 2	4	268	67	20.67
行 3	4	304	76	15.33
列 1	3	187	62.33	65.33
列 2	3	201	67	57
列 3	3	211	70.33	56.33
列 4	3	213	71	81

方差分析

差异源	SS	df	MS	F	P-value	F crit
行	514.67	2	257.33	330.62	7.26E−07	5.143
列	141.33	3	47.11	60.53	7.06E−05	4.757
误差	4.67	6	0.78			
总计	660.67	11				

输出模式与单因素方差分析基本相同，只是两个输出块中都包括了行分析结果。操作的步骤与单因素方差分析相同，只是在第三步需要选“方差分析：无重复双因素分析”，因为在这里，每一种条件组合都只试验了一次。

3.5.3 方差分析与回归分析的比较

现假定例 3.4 中的三种不同配比分别为 70、75 和 80，于是可以以燃烧值为因变量对不同的配比进行回归。适用于不同的目的，必须对资料进行重新整理，得到：

$$\begin{bmatrix} X & 70 & 70 & 70 & 70 & 70 & 75 & 75 & 75 & 75 & 75 & 80 & 80 & 80 & 80 & 80 \\ Y & 32 & 30 & 35 & 33 & 35 & 36 & 38 & 37 & 40 & 41 & 44 & 46 & 47 & 47 & 46 \end{bmatrix}$$

对数据应用最小平方法，得到：

$$\hat{Y}=-58.367+1.3X \qquad r^{**}=0.95$$
$$(8.861)\ (0.118) \qquad (r_{0.01}=0.641)$$

其中：

$$TSS=\sum y^2=467.7 \quad ESS=\sum e^2=45.2$$
$$RSS=\sum \hat{y}^2=422.5$$

显然，有：

$$TSS=RSS+ESS$$
$$467.7=422.5+45.2$$

通过对回归分析与方差分析结果的比较，我们不难得出如下结论：

结论（1）：在回归分析中，回归平方和就相当于方差分析中的条件变差，残差平方和就相当于方差分析中的试验误差。因此，对回归分析的结果无疑也可以进行 F 检验。

在多元线性回归方程的分析中，F 检验主要用于检验模型的总显著性水平，或可决系数的可靠性。原假设和备择假设分别是：

H_0：$\beta_1=\beta_2=\cdots=\beta_k=0$

H_1：β_i（$i=1, 2, 3, \cdots, k$）不全为零

使用的 F 统计量是：

$$F=\frac{RSS/k}{ESS/(n-k-1)} \text{或} F=\frac{R^2/k}{(1-R^2)/(n-k-1)}$$

总显著性水平的检验在多元模型条件下是十分必要的。因为在实际应用的过程中，常常会出现这样的情况：引入模型中的个别参数可能是不显著的（t 检验未能通过），但如果删除相应的变量则导致可决系数明显下降。这时，是否保留该变量主要依据总显著性水平来决定。正是由于在多元线性模型分析中总需要对模型的总显著性水平进行检验，因此在多元模型的标准表达式之后，一般要求必须给出 F 统计量的值。以二元模型为例：

$$\hat{Y}_i=\hat{\beta}_0+\hat{\beta}_1X_1+\hat{\beta}_2X_2 \qquad F=\underline{\quad}$$
$$(\ )\quad(\ )\quad(\ )\qquad(\qquad)$$

圆括号中给出相应参数的标准误差和 F 统计量的临界值。多元模型通常使用两行式（也叫做两段式）表达式。

结论（2）：在一元线性回归模型中，假设检验中的 F 检验等价于 t 检验。或者说，对相关系数的检验等价于对回归系数的检验。

【证 1】

$$RSS = \hat{\beta}^2 \sum x^2$$

$$ESS/(n-2) = \hat{\sigma}_u^2$$

$$F = \frac{RSS}{ESS/(n-2)} = \frac{\hat{\beta}^2 \sum x^2}{\hat{\sigma}_u^2} = \frac{\hat{\beta}^2}{\frac{\hat{\sigma}_u^2}{\sum x^2}} = \frac{\hat{\beta}^2}{D^2(\hat{\beta})}$$

$\because \quad t = \frac{\hat{\beta}}{Se(\hat{\beta})} \qquad \therefore \quad F = t^2$

【证 2】

$$F = \frac{r^2(n-2)}{1-r^2} = \left[\frac{r\sqrt{n-2}}{\sqrt{1-r^2}}\right]^2 = t^2$$

也正因如此，在一元模型中常常只进行 t 检验就可以了，而无需在进行 t 检验之后再进行 F 检验。而且，由于对于一元模型来说，回归系数和相关系数的 t 检验是等价的（上述证 1 是对回归系数的 t 检验，证 2 是对相关系数的 t 检验），所以在一元模型中，对于回归系数或相关系数的 t 检验通常只进行其中之一就可以了。在一元模型中，$F=t^2$ 可以在任何计算机输出结果中得到验证。如果两个统计量不等，则可以肯定，必定有一个是错误的。

3.5.4 关于独立变量回归的讨论

把例 3.5 中的数据按照回归的要求排列后得到表 3-11。

表 3-11　　燃烧值与辛烷值和含硫量

燃烧值 Y	辛烷值 X_1	含硫量 X_2
55	70	1.5
61	70	1
71	70	0.5
60	75	1.5
66	75	1
75	75	0.5
63	80	1.5
70	80	1
78	80	0.5
62	85	1.5
71	85	1
80	85	0.5

对表 3-11 中的资料进行观察，当 X_2 由大到小变化的时候，X_1 总是保持一个常数不变。这种现象说明，这两个变量实际上是相互独立的。应用表 3-11 的资料进行二元回归分析，得到的结果如表 3-12 所示。

表 3-12　　燃烧值与辛烷值和含硫量的回归分析结果

SUMMARY OUTPUT

回归统计	
Multiple R	0.985 055
R Square	0.970 333
Adjusted R Square	0.963 74
标准误差	1.475 73
观测值	12

方差分析

	df	SS	MS	F	Significance F
回归分析	2	641.066 7	320.533 3	147.183 7	1.33E−07
残差	9	19.6	2.177 778		
总计	11	660.666 7			

	Coefficients	标准误差	t Stat	P-value	下限 95.0%	上限 95.0%
Intercept	38.2	6.012 579	6.353 346	0.000 132	24.598 59	51.801 41
X Variable 1	0.586 667	0.076 206	7.698 396	3E−05	0.414 276	0.759 058
X Variable 2	−16	1.043 498	−15.333	9.32E−08	−18.360 6	−13.639 4

根据表 3-12 不难得到：

$$\hat{Y}=38.2+0.587X_1-16X_2 \qquad F^{**}=147$$
$$(6.01)\ (0.076)\quad (1.04) \qquad (F_{0.01}=8.02)$$

有意思的是，对因变量分别做一元线性回归，得到的回归系数与二元线性回归的回归系数完全相同：

$$\hat{Y}=22.2+0.587X_1 \qquad r=0.442$$
$$(29.3)\ (0.376\ 5) \quad (r_{0.05}=0.576)$$
$$\hat{Y}=83.7-16X_2 \qquad r=-0.88$$
$$(2.945)\ (2.726) \quad (r_{0.01}=0.708)$$

不难看出，二元线性回归的回归系数与由每个变量单独回归时的一元线性回归的回归系数完全相同。为什么会这样？主要是因为这里的两个解释变量是互相独立的变量。对表 3-11 中的资料进行相关分析，得到燃烧值与辛烷值和含硫量之间的相关分析结果如表 3-13 所示。由表 3-13 不难看出，燃烧值与辛烷值为正相关关系，与含硫量为负相关关系。重要的是，辛烷值和含硫量之间的相关系数为 0，表明这两个变量互为独立变量。

表 3-13　　燃烧值与相关因素的相关分析结果

	燃烧值	辛烷值	含硫量
燃烧值	1	0.441 993	−0.880 33
辛烷值	0.441 993	1	0
含硫量	−0.880 33	0	1

这是不难理解的。首先，从事实上看，辛烷值和含硫量两者之间没有任何必然联系，二者互不相关，因此互为独立变量是必然的。其次，从数据看，在表 3－11 中，12 个观测点可分为 4 段。在每一段中，含硫量由大到小变化，辛烷值均表现为常数。显然，二者是相互独立的。

在回归分析的过程中，如果使用的解释变量互为独立变量，则可以证明，所得到的参数估计值与每一个变量单独做解释变量时的一元线性回归模型的参数估计值相同。以二元线性回归模型为例，这一点不难证明。

因为如果两变量互为独立变量，在二元线性回归模型中则必有：

$$r_{x_1x_2}=0$$

同时，也必有：

$$\sum x_1x_2=0$$

因此，根据二元线性回归模型回归系数的表达式：

$$\begin{cases}\hat{\beta}_1=\dfrac{\begin{vmatrix}\sum x_1y & \sum x_1x_2\\ \sum x_2y & \sum x_2^2\end{vmatrix}}{|A|}\\[2ex] \hat{\beta}_2=\dfrac{\begin{vmatrix}\sum x_1^2 & \sum x_1y\\ \sum x_1x_2 & \sum x_2y\end{vmatrix}}{|A|}\end{cases}$$

其中：

$$|A|=\begin{vmatrix}\sum x_1^2 & \sum x_1x_2\\ \sum x_1x_2 & \sum x_2^2\end{vmatrix}=\sum x_1^2\sum x_2^2-\left(\sum x_1x_2\right)^2$$

不难知道，当 $\sum x_1x_2=0$ 时，有 $|A|=\sum x_1^2\sum x_2^2$，所以有：

$$\begin{cases}\hat{\beta}_1=\dfrac{\sum x_1y\sum x_2^2}{|A|}=\dfrac{\sum x_1y}{\sum x_1^2}\\[2ex] \hat{\beta}_2=\dfrac{\sum x_1^2\sum x_2y}{|A|}=\dfrac{\sum x_2y}{\sum x_2^2}\end{cases}$$

这就说明，如果解释变量互为独立变量，则不管模型中的解释变量有多少，每个解释变量的回归系数都将变得唯一，即在解释变量为独立变量的条件下，不管模型中有多少个解释变量，每个解释变量的回归系数都将与该变量单独做解释变量时的一元线性回归模型相同。对这一问题感兴趣的读者，可以试着用表 3－11 中的资料建立一元线性回归模型，并将回归结果与表 3－12 进行比较，看看有什么区别。

在 4.4 节我们将看到，如果解释变量之间存在线性相关关系，尤其是当解释变量之间存在多重共线性时，解释变量的回归系数将变得不确定，成为不定式。

对独立变量条件下的常参数进行分析也很能说明问题。

我们知道，在二元线性回归模型中常参数的计算公式是：

$$\hat{\beta}_0=\overline{Y}-\hat{\beta}_1\overline{X}_1-\hat{\beta}_2\overline{X}_2$$

由此不难看出，二元线性回归模型中的常参数就等于其中一个变量单独回归时的常参数与另一个解释变量对因变量影响的差。换一种说法，增加解释变量将使得常参数的值减小，或者说，减少解释变量，被省略的解释变量对于因变量的影响将在常参数中得到累积。当然，这一结论在解释变量非独立的情况下也是适用的。只不过在解释变量非独立的情况下，这种关系更加复杂。

§3.6 几种常用的 F 检验

3.6.1 由于增加新解释变量而使拟合改进的检验

在本章的 3.2.2 节中我们已经知道，模型每增加一个新的解释变量，就会使拟合优度有所提高，然而事实上，并非每一个解释变量与因变量都是密切相关的。因此，必须对增添新解释变量使拟合改进的情况进行检验。检验的方法是：

第一步：假定完整的模型为：

$$Y=f(X_1, X_2, \cdots, X_m, X_{m+1}, \cdots, X_k)$$

先对其中的 m 个变量回归，得到：

$$\hat{Y}=\hat{\beta}_0+\hat{\beta}_1X_1+\hat{\beta}_2X_2+\cdots+\hat{\beta}_mX_m$$

分别用 $\sum\hat{y}^2$ 和 $\sum e_1^2$ 表示总变差中被解释的部分和未被解释的部分。

第二步：在 m 个变量回归的基础上，引进其余的 $k-m$ 个变量进行回归，得到回归方程：

$$\hat{Y}=\hat{\beta}_0+\hat{\beta}_1X_1+\hat{\beta}_2X_2+\cdots+\hat{\beta}_kX_k$$

同时得到相应的 $\sum\hat{\hat{y}}^2$ 和 $\sum e_2^2$。

第三步：计算合适的 F 统计量，并进行假设检验。

$$F=\frac{\dfrac{\sum\hat{\hat{y}}^2-\sum\hat{y}^2}{k-m}}{\dfrac{\sum e_2^2}{n-k-1}}$$

检验的原假设和备择假设是：

H_0：$\beta_i=0$ $(i=m+1, m+2, \cdots, k)$

H_1：β_i 不全为 0

在 EViews 中，这种增添新解释变量是否使拟合改进的检验可以通过命令 add 进行。检验时在对前 m 个变量回归后，在已经输入了后 $k-m$ 个变量数据的条件下，键入命令 add，并在命令之后写上要加入的变量名，然后回车，系统即可给出上述的 F 统计量和相应的显著性水平，即不可靠性概率，据此即可作出是否应该接受原假设的判断。同时，系统还会给出全部 k 个变量回归的结果。这种检验也可以通过菜单命令进行，即选择 View/Coefficient Tests/Omitted Variables-Likelihood Ration，在打开的对话框中，添加要检验的变量名，当有多个变量时，可用空格相互隔开。

3.6.2 对由不同样本求得的系数差异性的检验（Chow 检验）

最小平方估计值的线性特性表明，由不同的样本必然会得到不同的参数估计值；而最小平方估计值的无偏性又表明，虽然不同的样本会得到不同的参数估计值，但是在大量抽样的条件下，它们都是总体参数的无偏估计量。很显然，无偏性是以不同的样本来自同一总体为前提条件的。那么，在参数估计中的不同的样本是不是来自同一总体呢？这就要求必须使用专门的方法予以检验。检验的方法如下：

第一步：合并两个样本，构成一个有 n_1+n_2 个观测值的新样本，对新样本回归得到 $\sum e_p^2$（p 代表合并），自由度为 n_1+n_2-k-1。

第二步：分别对每个样本回归，得到 $\sum e_1^2$ 和 $\sum e_2^2$，其自由度分别为 n_1-k-1 和 n_2-k-1，记回归系数分别为 $\hat{b}_i$ 和 $\hat{\beta}_i$。

第三步：计算 $\sum e_p^2-\left(\sum e_1^2+\sum e_2^2\right)$，其自由度为（$k+1$）。根据散点图判断，大样本的残差平方和必大于小样本的残差平方和，所以除非两个小样本的分布趋势完全一致（这时，合并样本的残差与两个小样本的残差之和相等），否则，绝对不会出现两个样本的残差之和大于合并样本的残差的情况。因为小样本只能使估计的回归直线与观测值更贴近，估计的残差会变得更小。事实上，两个小样本的回归结果与原合并样本的回归结果相比不外乎两种情况，一是处在同一直线或同一平面上，二是不在同一直线或同一平面上。在第一种情况下，合并样本的残差与两个小样本的残差之和相等；在第二种情况下，根据最小平方准则，两个小样本中每个观测点上的残差只能比合并样本的残差更小。这实际也正是这种检验得以进行的基本原理。

第四步：求 F 统计量并检验：

$$F=\frac{\dfrac{\sum e_p^2-\left(\sum e_1^2+\sum e_2^2\right)}{k+1}}{\dfrac{\sum e_1^2+\sum e_2^2}{n_1+n_2-2k-2}}$$

检验的原假设和备择假设分别为：

H_0：$b_i=\beta_i$　H_1：$b_i\neq\beta_i$

这一检验方法是由美籍华人邹至庄提出的，所以也叫做 Chow 检验。在实际应用中常常可用来检验同一序列在不同的历史时期是否发生了明显的质的变化。

在 EViews8.0 中，该检验可通过 chow 命令进行。在检验时，先输入合并样本进行回归，然后输入 chow，带上断点参数，回车即可。假如合并样本的容量为 18，如果第一个样本的容量为 10，则输入 chow 10 即可。这时，系统将给出 F 统计量和相应的显著性即不可靠性概率，据此即可作出是否接受原假设的决定。这种检验也可以通过命令菜单进行，即在应用合并样本回归后选 View/Stability Test/Chow Breakpoint Test。

3.6.3 当样本容量增大时回归系数稳定性的检验

我们知道，预测是计量经济研究的一个非常重要的目的。要进行预测，必须先对模型的预测功效进行评定。预测实际上就相当于用一个具有一定容量的样本所估计的回归模型去适应较大范围的样本。因此当样本容量增大时对回归系数是否稳定这一问题就必须进行检验。检验的方法是：

当增加的样本数大于 $k+1$ 时（k 是模型中的解释变量数），可应用 Chow 检验。当增加的样本数小于或等于 $k+1$ 时，可按以下步骤进行：

第一步：对容量为 n_1 的原样本进行回归，得到 $\sum e_1^2$，自由度为 n_1-k-1，记回归系数为 $\hat{\alpha}_i$。

第二步：对扩大的样本进行回归，得到 $\sum e_2^2$，自由度为 n_1+n_2-k-1，记回归系数为 $\hat{\beta}_i$。

第三步：计算 $\sum e_2^2-\sum e_1^2$，其自由度为 $(n_1+n_2-k-1)-(n_1-k-1)=n_2$。

第四步：求 F 统计量并进行检验：

$$F=\frac{\dfrac{\sum e_2^2-\sum e_1^2}{n_2}}{\dfrac{\sum e_1^2}{n-k-1}}$$

检验的原假设和备择假设分别为：

H_0：$\alpha_i=\beta_i$　H_1：$\alpha_i\neq\beta_i$

应用上述过程检验回归系数的稳定性，通常可以先应用模型进行预测，以获得若干个样本点，然后将这些预测点作为扩大的样本，再使用上述检验方法即可。

3.6.4　对模型中参数所加约束的检验

给一个模型施加一些约束可明显减少需要估计的参数数目。以柯布-道格拉斯生产函数为例。根据许多学者的研究，该函数中两个指数之和常常接近 1。因此可假定 $\beta_1+\beta_2=1$，则 $\beta_2=1-\beta_1$。这时有：

$$Y=\beta_0 K^{\beta_1}L^{1-\beta_1}=\beta_0\frac{K^{\beta_1}}{L^{\beta_1}}L$$

也就是：

$$\frac{Y}{L}=\beta_0\left(\frac{K}{L}\right)^{\beta_1}$$

两端取对数后得到：

$$\ln\frac{Y}{L}=\ln\beta_0+\beta_1\ln\frac{K}{L}$$

或

$$Y'=\beta_0'+\beta_1X'$$

这样，一个二元非线性模型就变成了一个一元线性模型。

如对例 3.2 中的数据施加约束 $\beta_1+\beta_2=1$ 之后，得到的估计结果为：

$$\hat{Y}'=0.801\,3+0.675X'\quad R^2=0.986$$
$$(0.019\,2)(0.025\,2)\ DW=0.591$$

相应的曲线模型为：

$$\hat{Y}=2.2284L^{0.325}K^{0.675}$$

再比如，假定有：

$$Y=\beta_0+\beta_1X_1+\beta_2X_2+\cdots+\beta_kX_k+U$$

假定 $\beta_1=1$，$\beta_2=\beta_3$，则有：

$$Y-X_1=\beta_0+\beta_2(X_2+X_3)+\cdots+\beta_kX_k+U$$

这时，模型由原来的 k 元线性模型变成了一个 $k-2$ 元的线性模型。

显然，施加约束以后明显减少了需要估计的参数数目。然而所加约束是否真实则必须进行检验。检验的方法是：

第一步：对原来未加约束的原始关系式估计参数，得到 $\sum e_0^2$，其自由度是 $n-k-1$。

第二步：对约束关系式估计参数，得到 $\sum e_R^2$，其自由度为 $n-(k-c+1)=n+c-k-1$，c 是施加的约束数目。

第三步：计算 $\sum e_R^2-\sum e_0^2$，其自由度为 c。施加约束相当于减少解释变量，所以回归平方和减小，残差平方和增大。

第四步：计算合适的 F 统计量并进行检验：

$$F=\frac{\left(\sum e_R^2-\sum e_0^2\right)/c}{\sum e_0^2/(n-k-1)}$$

检验的原假设和备择假设分别为：

H_0：所有约束条件为真（无差异）

H_1：所有约束条件不全为真（有差异）

上述检验过程也叫做瓦尔德（Wald）检验。在 EViews8.0 中，这种检验可通过 wald 命令进行（常参数规定为 c(1)）。比如，为了对柯布-道格拉斯生产函数中施加的约束 $\beta_1+\beta_2=1$ 进行检验，可以在估计了无约束方程之后在命令窗口中键入 wald 命令，然后在出现的编辑框中输入“c(2)+c(3)=1”即可，这时系统将给出上述 F 统计量及相应的显著性水平即不可靠性概率。据此可作出接受原假设还是备择假设的判断。也可以通过选择 View/Coefficient Tests/Wald-Coefficient Restrictions 命令进行。在编辑对话框中输入约束条件时，如果有多个系数约束条件，可用逗号隔开。

以对例 3.2 的估计为例，Wald 检验结果如表 3-14 所示。

表 3-14　　例 3.2 的 Wald 检验结果

Wald Test

Equation：Untitled

Test Statistic	Value	df	Probability
F-statistic	37.117 5	(1，9)	0.000 18
Chi-square	37.117	1	0.000 00

不难看出，施加了约束以后的模型跟原模型有着显著的不同，换一种说法，施加的约束是不真实的。

§3.7 虚拟变量模型

3.7.1 虚拟变量及其作用

虚拟变量（dummy variable）与实在变量相对应，主要用来描述事物的质量属性，所以也叫做质量属性变量或一位二进制变量。实在变量描述的都是事物的数量属性，有实在的数据可供统计观测，而虚拟变量纯粹是人为设定的，这正是虚拟的含义。由于英文单词“dummy”有哑巴的意思，所以国内早期也有人把虚拟变量叫做哑变量。

虚拟变量在实际应用中例子很多，比如在分析产出量的变化时，不仅需要考虑劳动力投入的数量，也需要考虑劳动力投入的质量，因此可设：

$$D=\begin{cases}1\text{（高学历）}\\0\text{（低学历）}\end{cases}$$

再比如，在对某一商品进行市场调查时，不仅需要考虑价格、收入等可以量化的因素，也需要考虑季节等不可量化的因素，因此可设：

$$D=\begin{cases}1\text{（旺季或正常季节）}\\0\text{（淡季或反常季节）}\end{cases}$$

虚拟变量的主要作用包括：

1）分离异常因素影响。比如分析改革开放前后的经济发展，可设：

$$D_t=\begin{cases}1\text{（改革开放后）}\\0\text{（改革开放前）}\end{cases}$$

2）反映不同的属性类型对因变量的影响。

3）提高模型精度。引入虚拟变量就相当于将一个被解释变量分若干种情况进行考虑，因而也就相当于对某一个变量按不同属性分层抽样，因而方差会大大减小（这是因为在 $x\sim N(\mu,\ \sigma^2)$ 的条件下，$\overline{X}\sim N(\mu,\ \sigma^2/n)$）。

3.7.2 虚拟变量的引入

（1）加法方式

设某地区的居民消费 Y 与收入 X 之间的关系为：

$$Y_i=\beta_0+\beta_1X_i+\beta_2D+U$$

其中：

$$D=\begin{cases}1\text{（正常年份）}\\0\text{（反常年份）}\end{cases}$$

运用 OLS 方法估计后得到：

$$\hat{Y}=\hat{\beta}_0+\hat{\beta}_1X_i+\hat{\beta}_2D$$

这实际上相当于两个函数：

$$\begin{cases}\hat{Y}=(\hat{\beta}_0+\hat{\beta}_2)+\hat{\beta}_1X\\\hat{Y}=\hat{\beta}_0+\hat{\beta}_1X\end{cases}$$

前者 $D=1$，后者 $D=0$。这种引入虚拟变量的方式如图 3-6 所示。

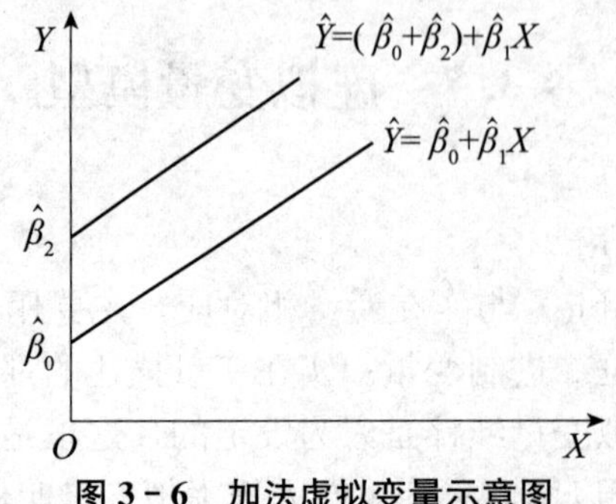

图 3-6　加法虚拟变量示意图

从图中不难看出，加法方式引入的虚拟变量通过调整截距区分异常情况。

比如，在 2.8 节的例 2.2 中，运用加法方式引入虚拟变量得到的模型是（其中，1949 年、1962 年、1965 年、1977 年的变量取 0，其余取 1）：

$$\hat{Y}=195.56+2.8586X+135.64D \qquad F=256.7$$
$$(21.14)\ (0.1303)\ \ (23.33)\ \ (F_{0.01}=13.3)$$

从 F 统计量来看，模型的优度提高了很多。可决系数原来只有 0.925，现在提高到了 0.990 4。原模型如下：

$$\hat{Y}=263.93+2.85X \qquad F=74.14$$
$$(44.67)\ (0.33)\ (F_{0.01}=13.75)$$

（2）乘法方式

在上述例子中，如采用乘法方式引入虚拟变量，则有：

$$Y_i=\beta_0+(\beta_1+\beta_2D_i)X_i+U_i=\beta_0+\beta_1X_i+\beta_2D_iX_i+U_i$$

其中：

$$D=\begin{cases}1\ (\text{正常年份})\\0\ (\text{反常年份})\end{cases}$$

X、Y 的含义与上述相同。

运用 OLS 方法估计后得到：

$$\hat{Y}_i=\hat{\beta}_0+\hat{\beta}_1X+\hat{\beta}_2DX$$

这同样也可以看作两个函数：

$$\begin{cases}\hat{Y}=\hat{\beta}_0+(\hat{\beta}_1+\hat{\beta}_2)X\\\hat{Y}=\hat{\beta}_0+\hat{\beta}_1X\end{cases}$$

前者 $D=1$，后者 $D=0$。这种引入虚拟变量的方式如图 3-7 所示。

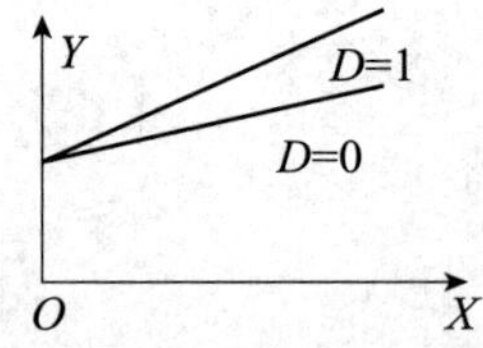

图 3-7　乘法虚拟变量示意图

从图 3-7 中不难看出，乘法方式引入的虚拟变量通过调整斜率来反映异常情况。对

2.8 节的例 2.2 采用乘法方式引入虚拟变量得到的结果是：

$$\hat{Y}=259.63+2.537X+0.722\,3DX \quad F=57.75$$
$$(36.49) \quad (0.313) \quad (0.360\,2)$$

显然，这种方式并没有提高模型的精度。

(3) 混合（加、乘）方式

对上述例子，如采用混合方式引入虚拟变量，则有：

$$\begin{aligned} Y_i &= \beta_0+\beta_1 D_i+(\beta_2+\beta_3 D_i)X_i+U \\ &= \beta_0+\beta_1 D_i+\beta_2 X_i+\beta_3 D_i X_i+U \end{aligned}$$

其中：

$$D=\begin{cases}1\ (\text{正常年份})\\0\ (\text{反常年份})\end{cases}$$

该模型回归后可分解为：

$$\begin{cases}\hat{Y}_i=(\hat{\beta}_0+\hat{\beta}_1)+(\hat{\beta}_2+\hat{\beta}_3)X_i\\ \hat{Y}_i=\hat{\beta}_0+\hat{\beta}_2 X_i\end{cases}$$

前者 $D=1$，后者 $D=0$。这种引入虚拟变量的方式如图 3-8 所示。

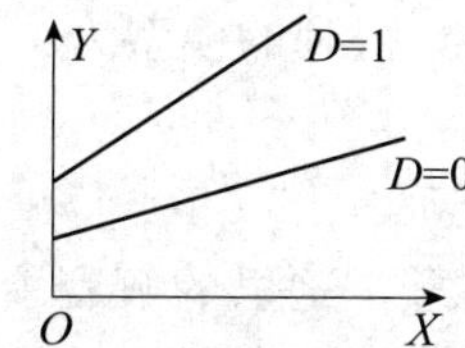

图 3-8　混合虚拟变量示意图

显然，这种方式引入的虚拟变量是截距和斜率一起调整的。

在经济问题中，在解释变量达到某一临界值时，解释变量与被解释变量的关系会发生变化。此时，可以引入虚拟变量进行分段线性回归。当有 $k-1$ 个临界值时，分为 k 段，引入 $k-1$ 个虚拟变量。例如，零售企业根据销售额为促销员提供奖金，当销售额突破临界值（X^*）时，企业愿意提供更高的奖金。要描述销售额（X）与奖金（Y）之间的关系，有必要引入虚拟变量进行分段回归，设虚拟变量为：

$$D=\begin{cases}1 & X\geqslant X^*\\0 & X<X^*\end{cases}$$

则奖金与销售量的计量模型为：

$$Y=\alpha+\beta_1 X+\beta_2(X-X^*)D+U$$

3.7.3　虚拟变量设置的原则和纯虚拟变量模型

当一个模型中需要引入多个虚拟变量时，对于同一个属性类型，虚拟变量的数目应按照下列原则确定：

如果有 m 种互斥的属性类型，则引入模型的虚拟变量数应为 $m-1$ 个。

比如，如果研究职工文化素质对产出水平的影响，假如学历层次可分为三个档次：大专及以上，中专和高中，初中及以下，则可设：

$$D_1=\begin{cases}1\ (\text{大专及以上})\\0\ (\text{其他})\end{cases}\qquad D_2=\begin{cases}1\ (\text{中专和高中})\\0\ (\text{其他})\end{cases}$$

再比如，在考察一个商品的市场需求时，一年有四个季节，因此可设：

$$D_1=\begin{cases}1\ (\text{春季})\\0\ (\text{其他})\end{cases}\quad D_2=\begin{cases}1\ (\text{夏季})\\0\ (\text{其他})\end{cases}\quad D_3=\begin{cases}1\ (\text{秋季})\\0\ (\text{其他})\end{cases}$$

在这里一定要特别注意防止跌入"虚拟变量陷阱"。因为一旦违反虚拟变量的设置原则，把虚拟变量设成了 m 个，就导致了模型的不唯一性。这就叫做跌入了"虚拟变量陷阱"。假定在这里的第一种场合中引入了三个虚拟变量，由于当 $D_1=D_2=0$ 时，不管 D_3 取何值，都只能是初中及以下；当 $D_2=D_3=0$ 时，不管 D_1 取何值，也都只能是大专及以上；因此设置了三个虚拟变量就会使每一个变量的取值不唯一。在第二种场合也是如此。

"虚拟变量陷阱"在纯虚拟变量模型情况下经常发生。上述引入虚拟变量的模型都包含了实在变量即数量属性变量，如果模型中只有虚拟变量或质量属性变量，就必须特别注意虚拟变量的设置原则。纯虚拟变量模型是分析不同属性类型的差异时经常使用的模型。以例 3.4 即单因素方差分析中的数据为例，对例 3.4 中的数据按回归的要求重新整理，得到表 3-15。

现在以燃烧值为因变量，以油的标号为解释变量作一元线性回归分析。

先分析高标号一与低标号的差异，得到的模型为：

$$\hat{Y}=33+5.4D_2 \quad r=0.821$$
$$(0.938)(1.33) \quad r_{0.01}=0.765$$

不难看出，模型是极显著的。注意，这里的解释变量是 D_2，即高标号一，样本容量 $n=10$，而不是 15，即表 3-15 中的前 10 组数据。

再分析高标号二与高标号一的差异，得到的模型为：

$$\hat{Y}=38.4+7.6D_3 \quad r=0.928$$
$$(0.762)(1.077) \quad r_{0.01}=0.765$$

表 3-15　汽油燃烧值与油标号的关系

燃烧值	低标号	高标号一	高标号二
32	1	0	0
30	1	0	0
35	1	0	0
33	1	0	0
35	1	0	0
36	0	1	0
38	0	1	0
37	0	1	0
40	0	1	0
41	0	1	0
44	0	0	1
46	0	0	1
47	0	0	1
47	0	0	1
46	0	0	1

模型同样是极显著的。该模型使用的是表 3－15 中的后 10 组数据（解释变量是 D_3，即高标号二）。

将上述两个回归模型与表 3－7 中单因素方差分析结果进行比较，不难发现在以虚拟变量作解释变量的一元线性模型中，常参数实际上反映的是低属性变量的平均值，而回归系数实际反映的是两种不同属性变量平均的差额。

下面再做多元线性回归分析。

以燃烧值作因变量，分别以两个高标号作解释变量，得到的模型为：

$$\hat{Y}=33+5.4D_2+13D_3 \quad F=62.12$$

$$(0.83)(1.172)(1.172) \ F_{0.01}=6.93$$

容易看出，模型是充分有效的。在这里，常参数依然是低属性变量的平均值，而回归系数则分别反映每一属性各自与低属性变量的差异。

有意思的是，如果这里把三种不同的属性类型都作为解释变量引入，虽然可以得到参数的估计值，但是每个参数的标准误差都会变得相等且非常大（可达到 45 918 444），因而每个参数的 t 统计量接近于 0，不可靠性概率接近于 1，这也就是参数的不确定性导致的结果。

§3.8　多元方程模型的变量选择

在多元方程模型的建模过程中，对一组给定的数据资料选择恰当的变量，即是直接使用数据，还是取对数后使用，是使用即时变量，还是使用滞后变量，非常重要。进行这样的选择，使用 EViews 软件比使用 Excel 更方便，尤其是对于具有滞后效应的变量。因为使用 Excel 进行回归，总是要求把自变量排列在一起才便于操作。而使用 EViews 只需要一个简单的 ls 命令即可。在 EViews 中，滞后变量用相应的变量名加圆括号带参数表示即可，如 X 的一阶滞后变量即 $X(-1)$。

【例 3.6】 下面对例 3.1 中给出的资料进行分析。经重新整理后的资料如表 3－16 所示，试估计社会商品零售总额的二元回归模型。

表 3－16　　社会商品零售总额与相关因素

年份	社会商品零售总额（亿元）（Y）	流通中货币（亿元）（X_1）	零售物价总指数（1952＝100）（X_2）
1984	3 376	792	160.6
1985	4 305	988	174.1
1986	4 950	1 218	184.5
1987	5 820	1 454	198
1988	7 440	2 134	234.6
1989	8 101	2 344	276.4
1990	8 300	2 644	282.2
1991	9 410	3 178	290.4

先做因变量对于每一个解释变量的散点图。Y 与 X_1 的散点图如图 3－9 所示。Y 与 X_2

的散点图如图 3－10 所示。

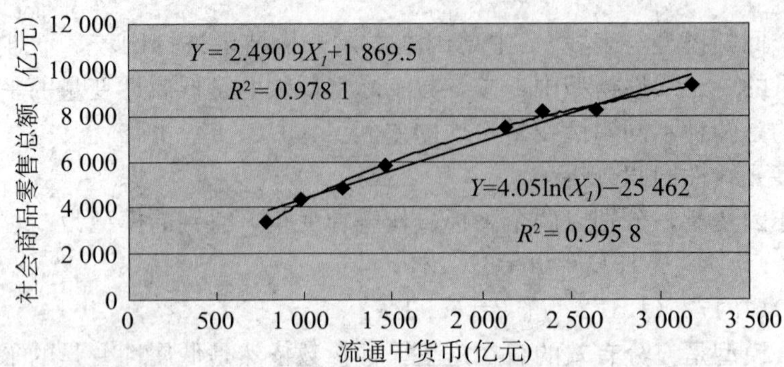

图 3－9　社会商品零售总额与流通中货币的散点图

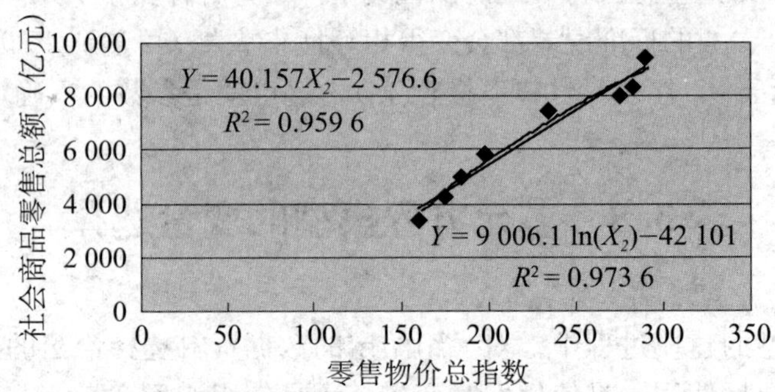

图 3－10　社会商品零售总额与零售物价总指数的散点图

对上述数据应用 Excel 进行分析，在直接使用每个变量回归时，得到的输出结果如表 3－17 所示。

表 3－17　　　　　　　　　　例 3.6 的分析结果

Dependent Variable：Y
Method：Least Squares
Date：10/02/16　Time：10：36
Sample：1984 1991
Included observations：8

Variable	Coefficient	Std. Error	t-Statistic	Prob.
C	544.477 1	1 399.072	0.389 170	0.713 2
X_1	1.794 231	0.733 709	2.445 424	0.058 3
X_2	11.593 56	11.942 30	0.970 798	0.376 2

R-squared	0.981 594	Mean dependent var	6 462.750
Adjusted R-squared	0.974 231	S. D. dependent var	2157.581
S. E. of regression	346.347 4	Akaike info criterion	14.812 76
Sum squared resid	599 782.7	Schwarz criterion	14.842 55
Log likelihood	−56.251 03	Hannan-Quinn criter.	14.611 83
F-statistic	133.324 6	Durbin-Watson stat	0.805 191
Prob(F-statistic)	0.000 046		

$$\hat{Y}=544.5+1.79X_1+11.59X_2 \quad F=133.3$$
$$(1\,399)\ (0.734)\ (11.94)\quad (F_{0.01}=13.3)$$

显然，常参数和 X_2 的系数都不显著。因此可对 X_2 取对数后进行回归，则可得到的结果是：

$$\hat{Y}=-18\,223+1.384X_1+4\,104.7\ln X_2 \quad F=194.5$$
$$(10\,562)\ (0.595)\quad (2\,157)\qquad (F_{0.01}=13.3)$$

不难看出，虽然模型的总显著性水平已经明显提高，但常参数和 X_2 的参数仍不十分显著。而且，按照需求理论，X_2 的符号也有问题。实际上，根据需求与价格之间的关系，这里的情况比较复杂，需要分两种情况考虑：一种是价格对需求的即时效应，表现为正相关关系，这实际也就是价格对经济的刺激作用；一种是价格对需求的滞后效应，表现为负相关关系。这实际也就是价格对需求的抑制作用。比如，如果把 X_2 作为滞后变量引入，可立即得到：

$$\hat{Y}=2\,990.7+2.8X-7.74Z_{t-1} \quad F=138.06$$
$$(842.78)(0.487)\ (7.96)\quad (F_{0.01}=18.0)$$

显然，符号的性质发生了改变（为了避免下标的累赘，这里用 X 代替原来的 X_1，用 Z 代替原来的 X_2）。这启发我们可以引入价格指数的二期滞后变量再试，这时得到：

$$\hat{Y}=3\,664.6+3.02X-13.95Z_{t-2} \quad F=229.14$$
$$(515.6)\quad (0.32)\quad (5.42)\quad (F_{0.01}=30.8)$$

不难看出，参数的有效性和模型的总显著性水平都大大提高了。

既然价格对需求的即时效应和滞后效应是同在的，那么可将价格指数的当期变量和滞后变量同时引入模型，这时得到：

$$\hat{Y}=1\,586.4+2.114\,3X+17.042\,5Z_t-13.405Z_{t-1} \quad F=204.68$$
$$(813.5)\quad (0.434\,3)\qquad (7.07)\qquad (5.854)\quad (F_{0.01}=29.5)$$

容易看出，不管是参数有效性的 t 检验还是显著性水平的 F 检验，都是十分令人满意的。

本章实验及案例分析（一）

一、实验目的

掌握计量经济学建模的步骤及方法，使用 EViews 软件进行多元线性回归分析。要求对回归结果进行经济意义检验、拟合优度检验、总体显著性检验、单变量的显著性检验。

二、模型设定

自 1978 年以来，我国进行了两次大的税制改革，一次是 1984—1985 年的国有企业利改税，另一次是 1994 年全国范围内的新税制改革。随着我国经济的增长，税收收入也在不断增长，在较长的时期内税收收入的增长速度超过了 GDP 的增长速度。

影响税收收入的因素有很多，但主要因素可能有：（1）从宏观经济看，经济总量是决定税收收入的主要因素，税收收入会随着经济的增长而增长。（2）随着经济的增长，产业结构会发生变化，由于三次产业税负不均衡，产业结构的变化会关系到税收收入。（3）税制结构是影响税收收入的重要因素。我国从以流转税为主体的税制结构向流转税和所得税双主体的税制结构转变，以所得税为主体的税制结构是未来税制改革的方向，个人所得税以及企业所得税都作出了相关调整，从相关数据可以看到所得税在税收收入中所占的比重在逐步增加，这种税制结构的变化对税收收入的影响尚需实证研究。研究各因素对税收收入的影响的数量规律，进一步预测中国税收收入增长的趋势，具有一定的现实意义。

选择“税收收入”作为被解释变量（Y）；选择“国内生产总值”作为度量经济总量的指标（X_1）；选择“所得税占比”（所得税为个人所得税和企业所得税之和）作为度量税制结构的指标（X_2）；选择“第三产业占比”作为度量产业结构的指标（X_3）。由于1994年分税制改革，所以样本的时间范围选择1994—2014年，从《中国统计年鉴》搜集相关数据，见表3-18。

表3-18　1994—2014年我国税收收入及相关变量统计数据

年份	税收收入（亿元）（Y）	国内生产总值（亿元）（X_1）	所得税占比（%）（X_2）	第三产业占比（%）（X_3）
1994	5 126.9	48 459.6	13.819 126	34.431 664
1995	6 038.04	61 129.8	14.548 43	34.205 806
1996	6 909.82	71 572.3	14.015 995	34.064 739
1997	8 234.04	79 429.5	11.697 539	35.420 154
1998	9 262.80	84 883.7	9.992 011 1	37.670 269
1999	10 682.58	90 187.7	11.467 894	39.119 038
2000	12 581.51	99 776.3	13.188 141	40.313 692
2001	15 301.38	110 270.4	23.698 034	41.871 322
2002	17 636.45	121 002.0	24.350 538	42.741 224
2003	20 017.31	136 564.6	21.668 961	42.348 979
2004	24 165.68	160 714.4	23.563 937	41.351 88
2005	28 778.54	185 895.8	25.848 533	41.698 273
2006	34 804.35	217 656.6	27.276 213	41.970 806
2007	45 621.97	268 019.4	26.226 027	42.843 496
2008	54 223.79	316 751.7	27.474 915	42.639 235
2009	59 521.59	345 629.2	26.017 769	44.523 04
2010	73 210.79	408 903.0	24.150 552	44.393 675
2011	89 738.39	484 123.5	25.433 652	44.743 66
2012	100 614.28	534 123.0	25.319 279	45.607 567
2013	110 530.70	588 018.8	26.199 716	47.306
2014	119 175.31	636 138.7	26.866 974	48.267 708

设定线性回归模型为：

$$\ln Y_t = \alpha + \beta_1 \ln X_{1t} + \beta_2 X_{2t} + \beta_3 X_{3t} + \mu_t$$

三、估计参数

利用 EViews 估计模型的参数，方法是：

1. 建立工作文件：启动 EViews，点击菜单 File/New/Workfile…，在新的对话框中选择数据类型，默认为年度时间序列。在 Start date 中输入开始时间 1994，在 End date 中输入最后时间 2014，点击 OK，出现 Workfile：UNTITLED 工作框。

2. 输入数据：在命令窗口中直接输入"data y x1 x2 x3"，在弹出的对话框中，分别输入或粘贴样本数据。

3. 估计参数：在命令窗口中直接输入"ls log(y) c log(x1) x2 x3"，或点击 Quick 下拉菜单中的 Make Equation，在出现的对话框的 Equation Specification 栏中键入"log(y) c log(x_1) x_2 x_3"，在 Estimation Settings 栏中选择 Least Squares（最小平方法），点击 OK，回归结果如表 3-19 所示。

表 3-19　　回归结果

Dependent Variable：LOG(Y)
Method：Least Squares
Date：10/04/16　Time：10：31
Sample：1994 2014
Included observations：21

Variable	Coefficient	Std. Error	t-Statistic	Prob.
C	−4.240 414	0.190 409	−22.270 08	0.000 0
LOG(X1)	1.091 048	0.028 634	38.103 17	0.000 0
X2	0.010 945	0.002 499	4.379 986	0.000 4
X3	0.023 485	0.005 717	4.108 003	0.000 7

R-squared	0.998 779	Mean dependent var	10.149 50
Adjusted R-squared	0.998 564	S. D. dependent var	1.029 966
S. E. of regression	0.039 033	Akaike info criterion	−3.479 178
Sum squared resid	0.025 901	Schwarz criterion	−3.280 222
Log likelihood	40.531 37	Hannan-Quinn criter.	−3.436 000
F-statistic	4 636.195	Durbin-Watson stat	1.132 837
Prob(F-statistic)	0.000 000		

根据表 3-19 中的数据，模型的估计结果为：

$$\log(\hat{Y}) = -4.240\,414 + 1.091\,048\log(X_1) + 0.010\,945X_2 + 0.023\,485X_3$$

$$(-22.270\,08)\quad(38.103\,17)\quad(4.379\,986)\quad(4.108\,003)$$

$$\bar{R}^2 = 0.998\,564 \quad F = 4\,636.195$$

四、模型检验

1. 经济意义检验

回归系数估计值 $\hat{\beta}_1 = 1.091\,048 > 1$，$\hat{\beta}_2 = 0.010\,945 > 0$，$\hat{\beta}_3 = 0.023\,485 > 0$，说明税收收入与国内生产总值、所得税占比、第三产业占比同方向变动，假定其他变量不变，当年国内生产总值每增长 1%，税收收入平均增长 1.091 048%；假定其他变量不变，当年所得税占比每增长 1%，税收收入平均增长 0.010 945%；假定其他变量不变，当年第三产业占比每增长1%，税收收入平均增长0.023 485%。这与理论分析一致。

2. 统计检验

(1) 拟合优度检验：调整后的可决系数为R^2=0.998 564，这说明模型对样本拟合得很好，国内生产总值、所得税占比、第三产业占比对税收收入增长的99.86%作出了解释。

(2) 回归模型的总体显著性检验：H_0：$\beta_1=\beta_2=\beta_3=0$，给定显著性水平$\alpha=0.05$，在$F$分布表中查出自由度为$k=3$和$n-k-1=17$的临界值$F_{0.05}(3,17)=3.20$。由表3-19得到$F=4\ 636.195$，由于$F=4\ 636.195>F_{0.05}(3,17)=3.20$，拒绝原假设，说明回归方程显著，即国内生产总值、所得税占比、第三产业占比等变量联合起来确实对税收收入有显著影响。

(3) 单变量的显著性检验：分别针对H_0：$\beta_j=0$（$j=1$，2，3），给定显著性水平$\alpha=0.05$，查t分布表得自由度为$n-k-1=17$的临界值$t_{0.025}(17)=2.110$。由表3-19中的数据可得，与$\hat{\beta}_1$、$\hat{\beta}_2$、$\hat{\beta}_3$对应的t统计量分别为38.103 17、4.379 986、4.108 003，其绝对值均大于$t_{0.025}(17)=2.110$，这说明应当分别拒绝原假设，也就是说，在其他解释变量不变的情况下，解释变量国内生产总值、所得税占比、第三产业占比分别对被解释变量税收收入有显著的影响。

本章实验及案例分析（二）

一、实验目的

掌握非线性模型向线性模型的变换方法，建立多元线性回归模型。使用EViews软件估计相关参数，要求掌握约束条件检验、邹至庄检验以及虚拟变量的设置方法。

二、模型设定

自改革开放以来，我国经济实现了较快增长，这得益于投资规模和经济活动人口的增加。根据生产函数理论，资本和劳动力是经济活动的重要生产要素，其与产出的关系可由生产函数决定，即$Y=AK^{\alpha}L^{\beta}$，其中，K为生产过程中发挥作用的资本、L为生产过程中投入的劳动力。该生产函数为非线性函数，方程两边取对数，可将其转化为线性函数，即$\ln Y=\ln A+\alpha\ln K+\beta\ln L$。故可设定计量经济学模型为：

$$\ln Y_t=\alpha+\beta_1\ln K_t+\beta_2\ln L_t+\mu_t$$

K代表固定资产总额，I为可比新增固定资产投资，δ为折旧率，按照永续盘存法估计固定资产总额$K_t=I_t+(1-\delta)K_{t-1}$。设定$\delta=0.4$，可计算各年的固定资产总额，在EViews命令窗口中输入“genr k=0.4 * i(-1)+i”即可，相关数据见表3-20。

表3-20　1980—2014年我国主要经济数据

年份	国内生产总值（亿元）(Y)	可比新增固定资产投资（亿元）(I)	固定资产总额（亿元）(K)	经济活动人口（万人）(L)
1980	—	910.9	—	—
1981	4 898.1	961	1 507.54	44 165

续前表

年份	国内生产总值（亿元）（Y）	可比新增固定资产投资（亿元）（I）	固定资产总额（亿元）（K）	经济活动人口（万人）（L）
1982	5 333.0	1 230.4	2 134.924	45 674
1983	5 975.6	1 430.1	2 711.054	46 707
1984	7 226.3	1 832.9	3 459.533	48 433
1985	9 039.9	2 543.2	4 618.92	50 112
1986	10 308.8	3 120.6	5 891.952	51 546
1987	12 102.2	3 791.7	7 326.871	53 060
1988	15 101.1	4 753.8	9 149.923	54 630
1989	17 090.3	4 410.4	9 900.354	55 707
1990	18 774.3	4 517	10 457.21	65 323
1991	21 895.5	5 594.5	11 868.83	66 091
1992	27 068.3	8 080.1	15 201.4	66 782
1993	35 524.3	13 072.3	22 193.14	67 468
1994	48 459.6	17 042.1	30 357.98	68 135
1995	61 129.8	20 019.3	38 234.09	68 855
1996	71 572.3	22 913.5	45 853.95	69 765
1997	79 429.5	24 941.1	52 453.47	70 800
1998	84 883.7	28 406.2	59 878.28	72 087
1999	90 187.7	29 854.7	65 781.67	72 791
2000	99 776.3	32 917.73	72 386.73	73 992
2001	110 270.4	37 213.49	80 645.53	73 884
2002	121 002.0	43 499.91	91 887.23	74 492
2003	136 564.6	55 566.61	110 698.9	74 911
2004	160 714.4	70 477.4	136 896.8	75 290
2005	185 895.8	88 773.62	170 911.7	76 120
2006	217 656.6	109 998.2	212 545.2	76 315
2007	268 019.4	137 323.9	264 851.1	76 531
2008	316 751.7	172 828.4	331 739	77 046
2009	345 629.2	224 598.8	423 642.2	77 510
2010	408 903.0	278 121.9	532 307.2	78 388
2011	484 123.5	311 485.1	630 869.4	78 579
2012	534 123.0	374 694.7	753 216.4	78 894
2013	588 018.8	446 294.1	898 223.9	79 300
2014	636 138.7	512 020.7	1 050 955	79 690

三、参数估计

在命令窗口输入命令“ls log(y) c log(k) log(l)”，即可得到回归结果，见表 3－21。

表 3－21　　回归结果

Dependent Variable：LOG(Y)
Method：Least Squares
Date：10/05/16　Time：11：47
Sample：1981 2014
Included observations：34

Variable	Coefficient	Std. Error	t－Statistic	Prob.
C	－6.754 759	2.020 294	－3.343 454	0.002 2
LOG(K)	0.715 867	0.019 569	36.581 16	0.000 0
LOG(L)	0.911 440	0.199 364	4.571 734	0.000 1

R-squared	0.997 309	Mean dependent var	11.063 30
Adjusted R-squared	0.997 136	S. D. dependent var	1.514 002
S. E. of regression	0.081 028	Akaike info criterion	－2.103 937
Sum squared resid	0.203 534	Schwarz criterion	－1.969 258
Log likelihood	38.766 92	Hannan-Quinn criter.	－2.058 007
F-statistic	5 745.029	Durbin-Watson stat	0.468 670
Prob(F-statistic)	0.000 000		

因此生产函数为：

$$\log(\hat{Y}_t)=-6.754\,759+0.715\,867\log(K_t)+0.911\,44\log(L_t)$$

$$(-3.343\,454)\quad(36.581\,16)\quad(4.571\,734)$$

$$\bar{R}^2=0.997\,136\quad F=5\,745.029$$

四、模型检验

1. 经济意义检验

模型的计算结果表明，劳动力的边际产出为 0.911 44，资本的边际产出为0.715 867。回归系数的符号和数值均符合理论预期。

2. 拟合优度检验与显著性检验

$\bar{R}^2=0.997\,136$，说明模型有很高的拟合优度，F 检验也是高度显著的，说明固定资产总额、经济活动人口对国内生产总值的总体影响是显著的；解释变量的 t 统计量都比较大，说明固定资产总额和经济活动人口作为解释变量都是显著的。

3. 约束条件检验（Wald test）

选择回归结果窗口的子菜单 View/Coefficient Diagnostics/Wald Test-Coefficient Restrictions，在弹出的对话框中输入“c(2)＋c(3)＝1”，弹出 Wald 检验结果，如表3－22 所示。

表 3-22　　Wald 检验结果

Wald Test
Equation：Untitled

Test Statistic	Value	df	Probability
t-statistic	3.457 673	31	0.001 6
F-statistic	11.955 51	(1，31)	0.001 6
Chi-square	11.955 51	1	0.000 5

Null Hypothesis：C(2)+C(3)=1
Null Hypothesis Summary

Normalized Restriction(=0)	Value	Std. Err.
−1+C(2)+C(3)	0.627 307	0.181 425

Restrictions are linear in coefficients.

表 3-22 表明，$F=11.955\,51$，在 5%的显著性水平下，自由度为（1，31）的 F 统计量的临界值为 $F_{0.05}(1,31)=4.15$，由于 $F=11.955\,51>F_{0.05}(1,31)=4.15$，所以拒绝 $\beta_1+\beta_2=1$ 的原假设，说明我国经济表现出规模报酬递增的特征。

4. 参数稳定性检验（Chow test）

我国国内生产总值和固定资产总额在 1996 年以后加快增长，如图 3-11 所示，因此需要对模型参数的稳定性进行检验。

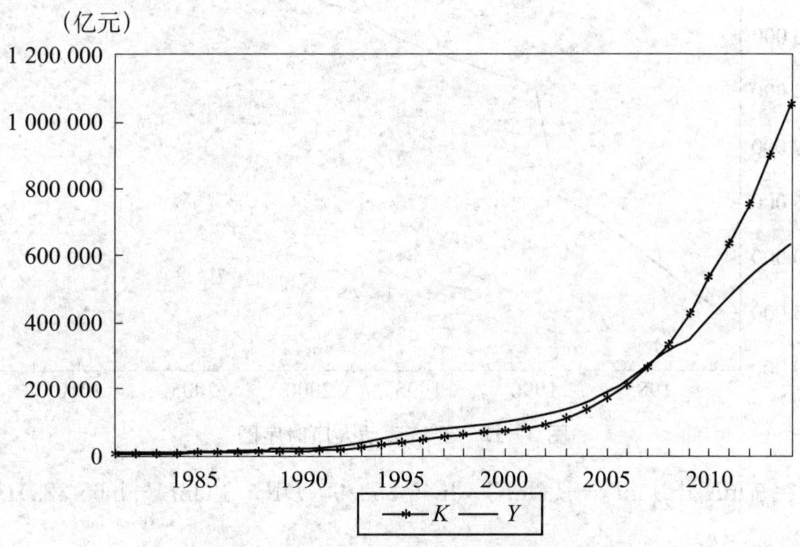

图 3-11　我国国内生产总值和固定资产总额

选择回归结果窗口的子菜单 Stability Diagnostics/Chow Breakpoint Test，在对话框中输入 1996，点击 OK，弹出检验结果，见表 3-23。

表 3-23　　参数稳定性的检验结果

Chow Breakpoint Test：1996			
Null Hypothesis：No breaks at specified breakpoints			
Varying regressors：All equation variables			
Equation Sample：1981 2014			
F-statistic	4.317 176	Prob. F(3，28)	0.012 7
Log likelihood ratio	12.926 28	Prob. Chi-Square(3)	0.004 8
Wald Statistic	12.951 53	Prob. Chi-Square(3)	0.004 7

由表 3-23 可知，$F=4.317\,176$，显著性水平为 5%、自由度为（3，28）的 F 统计量的临界值为 $F_{0.05}(3，28)=2.95$，由于 $F=4.317\,176>F_{0.05}(3，28)=2.95$，可知拒绝原假设，说明发生了结构变化，参数是非稳定的。

根据 Chow test 的结果来看，固定资产总额在 1996 年发生了结构变化，呈现出阶段性特征。由图 3-12 可知，在 1990 年，经济活动人口发生阶段性变化，为了反映 1996 年前后，1990 年前后固定资产总额和经济活动人口的数量关系，引入虚拟变量 $D1$ 和 $D2$。

以 1996 年、1990 年两个转折点为依据，1996 年的固定资产总额为 45 853.95 亿元，1990 年的经济活动人口为 65 323 万人，故设定如下以加法和乘法两种方式同时引入虚拟变量的模型：

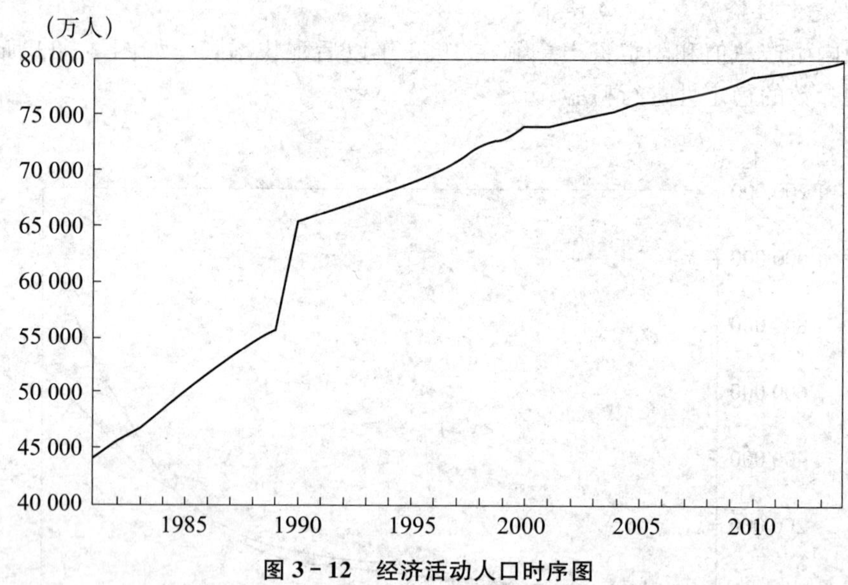

图 3-12　经济活动人口时序图

$$\ln Y_t=\beta_1\ln K_t+\beta_2\ln L_t+\beta_3(\ln K_t-\ln 45\,853.95)D1_t+\beta_4(\ln L_t-\ln 65\,323)D2_t+\mu_t$$

其中：

$$D1_t=\begin{cases}1 & t\geqslant 1996\\ 0 & t<1996\end{cases}\qquad D2_t=\begin{cases}1 & t\geqslant 1990\\ 0 & t<1990\end{cases}$$

这里引入虚拟变量的方式相当于混合方式，既有由加法方式引入的 $-\ln 45\,853.95\beta_3\cdot D1_t$ 和 $-\ln 65\,323\beta_4\cdot D2_t$；又有由乘法方式引入的 $\beta_3\cdot\ln K_t\cdot D1_t$ 和 $\beta_4\cdot\ln L_t\cdot D2_t$。首先在命令窗口中输入“data dum”，然后输入相应数据；再对上式进行回归，在命令窗口中

输入“ls log(y) log(k) log(l) (log(k)−log(45 853.95))*d1 (log(l)−log(65 323))*d2”，输出结果如表 3-24 所示。

表 3-24　引入虚拟变量后的回归结果

Dependent Variable：LOG(Y)
Method：Least Squares
Date：10/06/16　Time：10：17
Sample：1981 2014
Included observations：34

Variable	Coefficient	Std. Error	t-Statistic	Prob.
LOG(K)	0.728 403	0.025 321	28.767 28	0.000 0
LOG(L)	0.278 146	0.020 285	13.711 87	0.000 0
(LOG(K)−LOG(45 853.95)) * D1	−0.129 955	0.022 823	−5.694 017	0.000 0
(LOG(L)−LOG(65 323)) * D2	2.850 896	0.590 814	4.825 372	0.000 0
R-squared	0.998 545	Mean dependent var	11.063 30	
Adjusted R-squared	0.998 399	S.D. dependent var	1.514 002	
S.E. of regression	0.060 574	Akaike info criterion	−2.659 771	
Sum squared resid	0.110 076	Schwarz criterion	−2.480 199	
Log likelihood	49.216 10	Hannan-Quinn criter.	−2.598 532	
Durbin-Watson stat	0.695 508			

由表 3-24 输出结果可得：

$$\ln\hat{Y}_t=0.728\,403\ln K_t+0.278\,146\ln L_t-0.129\,955(\ln K_t-\ln 45\,853.95)D1_t+2.850\,896(\ln L_t-\ln 65\,323)D2_t$$

各解释变量的系数显著地不等于 0，回归模型分别为：

$$\ln\hat{Y}=\begin{cases}0.728\,403\ln K_t+0.278\,146\ln L_t & t<1990\\ -31.608\,17+0.728\,403\ln K_t+3.129\,042\ln L_t & 1990\leqslant t<1996\\ -30.213\,3+0.598\,448\ln K_t+3.129\,042\ln L_t & t\geqslant 1996\end{cases}$$

1990 年以前，经济活动人口每增加 1%，国内生产总值平均增加 0.278 146%，1990 年以后，国内生产总值平均增加 3.129 042%。1996 年以前，固定资产总额每增加 1%，国内生产总值平均增加 0.728 403%，1996 年以后，国内生产总值平均增加 0.598 448%。上述模型与中国的实际经济运行状况相符。

课后思考及练习题

1. 在多元线性回归模型中，为什么需要对可决系数进行调整？

2. 试证明在二元线性回归模型中，如果两个解释变量独立，则二元线性回归模型的回归系数与两个解释变量单独回归时的一元线性回归模型的回归系数相等。

3. 以二元线性回归模型为例，试证明公式：

$$\sum(Y_i-\bar{Y})(\hat{Y}_i-\bar{Y})=\sum(\hat{Y}_i-\bar{Y})^2$$

4. 什么是偏相关？如何理解偏相关系数？偏相关分析在多元线性回归模型中有何作

用？在二元线性回归模型中，如下式所示的偏相关系数可说明什么问题？

$$r_{01\cdot 2}^2=\frac{R_{0\cdot 12}^2-r_{02}^2}{1-r_{02}^2} \qquad r_{02\cdot 1}^2=\frac{R_{0\cdot 12}^2-r_{01}^2}{1-r_{01}^2}$$

5. 表 3－25 给出的是 1990—2000 年我国四组宏观经济指标的统计数据：

表 3－25　　1990—2000 年我国四组宏观经济指标的统计数据

时间	社会商品零售总额（亿元）	GDP（亿元）	流通中货币（亿元）	物价指数（1978=100）
1990	8 300.1	18 547.9	2 644.4	207.7
1991	9 415.6	21 617.8	3 177.8	213.7
1992	10 993.7	26 638.1	4 336.0	225.2
1993	12 462.1	34 634.4	5 864.7	254.9
1994	16 264.7	46 759.4	7 288.6	310.2
1995	20 620.0	58 478.1	7 885.3	356.1
1996	24 774.1	67 884.6	8 802.0	377.8
1997	27 298.9	74 462.6	10 177.6	380.8
1998	29 152.5	78 345.2	11 204.2	370.9
1999	31 134.7	82 067.5	13 455.5	359.8
2000	34 152.6	89 403.6	14 652.7	354.4

资料来源：《中国统计年鉴 2001》。

现要求用 EViews8.0 完成：

（1）以社会商品零售总额为因变量进行回归分析，并对模型进行经济意义检验和统计检验。

（2）选择合适的滞后变量进行回归，以便获得一个经济意义和统计意义均能通过的较好模型。

6. 表 3－26 给出的是某企业产出与固定资产和劳动力投入的情况，假设生产函数为柯布-道格拉斯生产函数。

表 3－26　　某企业产出与固定资产和劳动力投入

时间	产出（万元）	固定资产（万元）	劳动力投入（人）
2004	195.8	45.7	268
2005	226.7	55.1	286
2006	276.1	80.3	296
2007	356.5	120.9	320
2008	477.4	160.1	380
2009	583.1	201.3	420
2010	668.6	219.8	463
2011	734.6	239.3	490
2012	793.2	274.7	499
2013	810.5	298.4	492
2014	874.6	329.4	508

现要求：

（1）适用 EViews8.0 进行回归分析，并写出样本回归函数；

（2）对回归结构进行相关检验（经济意义检验、拟合优度检验、总体显著性检验、单变量显著性检验）；

（3）检验该企业生产函数是否规模报酬不变。

7. 熟悉软件 EViews8.0 的应用。

8. 试解释下面的概念：

（1）偏回归系数；

（2）回归平面；

（3）调整后的可决系数；

（4）复相关系数；

（5）偏相关系数；

（6）分组累加法；

（7）参数稳定性；

（8）虚拟变量陷阱。

9. 请完成下面的选择题：

（1）调整后的可决系数 $\bar{R}^2$ 与可决系数 R^2 的关系是（　　）。

A. $R^2=1-(1-\bar{R}^2)\dfrac{n-1}{n-k-1}$　　B. $\bar{R}^2=1-(1-R^2)\dfrac{n-1}{n-k-1}$

C. $R^2=(1-\bar{R}^2)\dfrac{n-1}{n-k-1}$　　D. $\bar{R}^2=(1-R^2)\dfrac{n-1}{n-k-1}$

（2）已知包含截距项的三元线性回归模型估计的残差平方和 $\sum e_i^2$ 为 800，估计用的样本量为 24，则随机扰动项的方差估计量 $\hat{\sigma}^2$ 为（　　）。

A. 33.33　　B. 40　　C. 38.09　　D. 36.36

（3）在一元线性回归模型中，对总体模型显著性检验的 F 统计量与解释变量显著性检验的 t 统计量之间的关系是（　　）。

A. $F=t$　　B. $F=t^2$　　C. $F=2t$　　D. $t=2F$

（4）某二元线性回归模型，用 OLS 法对样本量为 23 的数据进行回归分析，可得到其可决系数为 0.9，那么调整后的可决系数为（　　）。

A. 0.910　　B. 0.896　　C. 0.890　　D. 0.905

（5）生产函数为 $Y=AK^{\alpha}L^{\beta}e^{\mu}$，对其线性变换后，回归得到样本回归函数为 $\ln Y=3.7+0.62\ln K+0.41\ln L$，原模型中 A 的估计值为（　　）。

A. 3.7　　B. $e^{3.7}$　　C. ln3.7　　D. 3.7^e

（6）某三元线性回归模型，使用样本量为 44 的数据回归分析后，得到 $R^2=0.9$，总离差平方和 $TSS=200$，则随机扰动项方差的估计值为（　　）。

A. 0.5　　B. 4.5　　C. 2　　D. 180

（7）某商品的销售量除了受到价格的影响外，还受季节因素（春、夏、秋、冬）的影响，需要引入虚拟变量的个数为（　　）。

A. 3　　B. 2　　C. 4　　D. 1

10. 能源需求量由 GDP 和能源价格决定，建立能源需求量与 GDP 和能源价格的双对数计量经济学模型：$\ln Y_t = \beta_0 + \beta \ln X_{1t} + \beta \ln X_{2t}$，以某国的数据为样本，使用 EViews 软件得到的回归估计结果如表 3-27 所示。

表 3-27　　回归估计结果

Dependent Variable：LOG(Y)
Method：Least Squares
Date：10/11/16　Time：17：35
Sample：1960 1982
Included observations：23

Variable	Coefficient	Std. Error	t-Statistic	Prob.
C	−0.168 693	0.088 176	−1.913 127	0.070 2
LOG(X1)	1.041 981	0.017 684	58.921 84	0.000 0
LOG(X2)	−0.004 944	0.018 479	−0.267 534	0.791 8

R-squared	0.995 392	Mean dependent var	4.412 077
Adjusted R-squared	0.994 931	S. D. dependent var	0.224 107
S. E. of regression	0.015 956	Akaike info criterion	−5.316 886
Sum squared resid	0.005 092	Schwarz criterion	−5.168 778
Log likelihood	64.144 19	Hannan-Quinn criter.	−5.279 637
F-statistic	2 160.039	Durbin-Watson stat	0.748 881
Prob(F-statistic)	0.000 000		

现要求：

（1）写出样本回归函数；

（2）检验所估计的系数的经济意义是否合理，并解释其经济含义；

（3）检验回归系数是否显著；

（4）对所估计方程的总体显著性进行检验。

11. 试在居民家庭对某商品的消费需求函数 $Y = \alpha + \beta X + \mu$ 中（以加法形式）引入虚拟变量，用以反映季节因素（淡季、旺季）和收入层次差异（高、低）对消费需求的影响，并写出各类消费函数的具体形式。

12. 根据 100 对（X，Y）的观察值，经计算得出 $\sum x_i^2 = 12$，$\sum x_i y_i = 24$，$\overline{X} = 14$，$\overline{Y} = 13$。

（1）写出一元线性回归模型 $Y_i = \beta_0 + \beta_1 X_i + \mu_i$ 的样本回归函数。

（2）后来发现 Y 还受 Z 的影响，于是将一元模型改为二元模型，搜集 Z 的相应观察值，根据这两个变量进行回归分析后得到：总离差平方和 $TSS = 320$，回归平方和 $RSS = 120$。现要求：①计算残差平方和 ESS；②计算随机扰动项的方差估计值；③计算调整后的可决系数 $\overline{R}^2$。

第4章

计量经济学问题及二级检验

§4.1 设定误差

关于U的假定1（即零均值假定）要求，模型中必须不包含设定误差。因此，要保证假定1的成立，必须对模型中是否包含设定误差进行检验。设定误差（specification error）有多种情况，比如对模型的不适当简化，遗漏重要解释变量，引入不相关变量等。这里主要讨论后两种情况。

4.1.1 遗漏重要解释变量所产生的后果

假定真实模型是：

$$Y=\beta_0+\beta_1X_1+\beta_2X_2+U_i$$

如果遗漏了X_2，则有：

$$Y=\alpha_0+\alpha_1X_1+V_i$$

对此应用OLS方法，得到：

$$\hat{Y}=\hat{\alpha}_0+\hat{\alpha}_1X_1$$

其中：

$$\hat{\alpha}_1=\frac{\sum x_1y}{\sum x_1^2}=\alpha_1+\sum k_iV_i\left(\text{其中 } k_i=\frac{x_i}{\sum x_1^2}\right)$$

$$E(\hat{\alpha}_1)=\alpha_1+\sum k_iE(V_i)$$

如果二元模型是真实的，则应有：

$$V_i=\beta_2X_2+U_i$$

所以，

$$E(V_i)=\beta_2 X_2$$

因此，

$$E(\hat{\alpha}_1)=\alpha_1+\beta_2\sum k_i X_2$$

即遗漏解释变量**会使剩下的变量的系数估计值产生偏误**。

4.1.2 引入不相关变量所产生的后果

假定一元模型是真实的：

$$Y_i=\beta_0+\beta_1 X_1+U_i$$

引入不相关变量后模型变为：

$$Y=\alpha_0+\alpha_1 X_1+\alpha_2 X_2+V_i$$

应用 OLS 方法后，参数的方差为：

$$\begin{aligned}D^2(\hat{\alpha}_1)&=\sigma_U^2\frac{\sum x_2^2}{\sum x_1^2\sum x_2^2-\left(\sum x_1 x_2\right)^2}\\&=\sigma_U^2\frac{1}{\sum x_1^2(1-r_{12}^2)}\end{aligned}$$

而

$$D^2(\hat{\beta}_1)=\sigma_U^2\frac{1}{\sum x_1^2}$$

由于 $0\leqslant r_{12}\leqslant 1$，所以必有 $D^2(\hat{\alpha}_1)\geqslant D^2(\hat{\beta}_1)$。显然，只有在 $r_{12}=0$ 时，等式才成立。

所以，引入不相关变量必然使得原来的变量系数估计值的标准误差增大。

【例 4.1】 对 3.8 节讨论的案例，先做一元线性回归，再做二元线性回归，试观察分析结果有何变化。

【解】 先做一元线性回归，得到的结果如下：

$$\hat{Y}=1\,869.5+2.490\,9X_1 \quad F=268.3$$
$$(305.8)\ (0.152)\ (F_{0.01}=13.75)$$
$$\hat{Y}=-2\,576.6+40.157X_2 \quad F=142.4$$
$$(775.3)\ (3.36)\ (F_{0.01}=13.75)$$

而当两个变量同时回归时，得到的二元模型是：

$$\hat{Y}=544.5+1.79X_1+11.59X_2 \quad F=133.3$$
$$(1\,399)\ (0.734)\ (11.94)\ (F_{0.01}=13.3)$$

由上述分析结果不难发现，当模型中引入较多的解释变量时，相应参数的标准误差明显增大，因而参数的有效性必然将大大降低。

4.1.3 设定误差的检验与排除

检验方法：主要可通过对参数的 t 检验来进行。检验时可先从第一个变量开始逐个地进行。在第一个变量检验显著的条件下，如果第二个变量检验显著，正确的做法是应该引入该变量；否则，如果舍弃该变量，则为遗漏重要解释变量。如果第二个变量检验不显著，则应该舍弃该变量；否则，如果引入该变量，则为引入不相关变量。

排除方法：这需要从这两种设定误差产生的后果中寻找，即变量增多，参数**方差**增大；变量减少，参数**偏误**增大。这实际上可以看作同一问题的两个不同方面，因为方差是用于衡量随机变量（参数）距离其期望（总体真值）的偏离程度的，而**偏误**即参数距离总体真值的离差。因此，在假设总体真值为零（原假设）的条件下，方差增大，概率度会减小，因而接受原假设的可能性就增大，相应地偏误就减小；反之，如果方差减小，概率度就增大，因而接受备择假设的可能性就增大，相应地偏误也就增大。所以，对于设定误差的处理，主要应从**研究目的**入手，即视研究目的主要是进行结构分析还是进行预测而定。结构分析一般对参数的有效性要求更高（方差要求要小），而预测则通常对参数的无偏性要求更高（即解释变量要相对多一些）。

防止产生设定误差的一个非常有效的方法就是**逐步回归法**，即逐步筛选自变量的回归，筛选过程是有进有出的。在开始时，将因变量与每一个自变量进行一元回归，挑出与 Y 关系最密切或 F 检验最显著的一元线性回归方程。然后再引入第二个变量，原则是它比其他变量进入模型后有更大的 F 统计量。同时对原来的第一个变量进行检验，看新变量引入后旧变量是否显著，若不显著则予以剔除。如此继续下去，每次都引入一个在剩余变量中进入模型后有最大 F 统计量的变量，每次引入后又对原来已引入的变量逐一检验以决定是否剔除，直到再无新变量可以引入，同时再无旧变量可以剔除为止，最终建立起一个比较完美的回归方程。

逐步回归法研究的范畴属于最优子集回归方法，最优子集回归又属于对最优回归方程的选择，也可以说是对回归模型的选择。逐步回归法的思想应用 EViews 中的 add 命令很容易实现，具体做法参见 3.6 节中的介绍。

除了逐步回归法的思想外，有效地避免设定误差的方法还有所谓的前进法和后退法。

所谓的**前进法**，即可以先对所有的解释变量进行回归，然后以回归系数的 t 统计量最显著的变量为基础，再引入回归系数的 t 统计量次显著的变量，接着引入回归系数的 t 统计量更次显著的变量，直至引入的变量的回归系数的 t 统计量不再显著为止。也可以先计算所有变量的相关系数矩阵，以与因变量具有最大相关系数的变量为基础，然后引入与因变量具有次大相关系数的变量，再引入与因变量具有再次大相关系数的变量，直至引入的变量的回归系数的 T 统计量不再显著为止。因为对于一元线性模型来说，回归系数的显著性检验与相关系数的显著性检验是等价的。

所谓的**后退法**，即可以先将因变量对所有的自变量进行回归，然后依次删除回归系数的 t 统计量最不显著的变量和次不显著的变量，以及比次不显著的变量更不显著的变量等等，直至模型中所有变量的回归系数都显著时为止。

当然，由于变量之间错综复杂的数量关系，不管是前进法还是后退法，可能不一定是按照我们想象的理想顺序进行的。比如，在前进法的使用中，当引入一个回归系数次显著的变量后，回归的结果可能会使得原来具有更高显著性水平的变量变得不显著；在后退法的使用中，当删除一个回归系数不显著的变量后，回归的结果也可能会使原来具有更高显著性水平的变量变得不显著。所以，在上述三种方法中，实际上最终解决问题的还是有进有出的逐步回归法。

对模型的设定误差进行检验，还可以使用 RESET 检验方法。

RESET 检验（regression specification error test）是 Ramsey（1969）提出的一般性设

定偏误检验方法。如果知道遗漏了哪个变量，则可以将该变量直接引入模型，检验其显著性；如果不知道遗漏了哪个变量，就需要寻找替代变量，将替代变量引入模型检验其显著性。替代变量通常由设定模型的被解释变量拟合值 $\hat{Y}_i$ 的若干次幂的线性组合表示。若这个线性组合的联合影响是显著的，则认为原模型设定有误。RESET 检验的基本步骤如下：

第一步：对原模型进行 OLS 估计，得到被解释变量拟合值 $\hat{Y}_i$（$i=1, 2, \cdots, n$）：

$$\hat{Y}_i=\hat{\alpha}+\hat{\beta}_1X_{1i}+\cdots+\hat{\beta}_kX_{ki}$$

第二步：用 $\hat{Y}_i$ 若干次幂的线性组合（通常选择为 $\hat{Y}_i$ 的平方、立方和四次方的线性组合）测度残差中是否包含遗漏的相关变量；

$$Y_i=\alpha+\beta_1X_{1i}+\cdots+\beta_kX_{ki}+\delta_1\hat{Y}_i^2+\delta_2\hat{Y}_i^3+\delta_3\hat{Y}_i^4+\varepsilon_i$$

第三步：构造原假设。H_0：$\delta_j=0(j=1, 2, 3)$，构建 F 统计量为：

$$F=\frac{(RSS_R-RSS_U)/j}{RSS_U/[n-(k+j+1)]}=\frac{(R_U^2-R_R^2)/j}{(1-R_U^2)/[n-(k+j+1)]}$$

若 F 统计量大于 F 临界值，则不能接受原假设，表明存在某种形式的设定误差问题。

在 EViews 软件中，在回归结果窗口中选择 View/Stability Diagnostics/Ramsey RESET Test，然后在弹出的窗口中选择拟合项的数目，单击 OK，就得到 RESET 检验的结果。

与模型的设定误差密切相关的问题是**线性模型与双对数模型的选择**。因为两类模型的解释变量不同，所以不能通过可决系数的大小来判断模型的优劣。

首先要对被解释变量的数值进行 Box-Cox 变换：先计算出 Y 的样本几何均值 $\widetilde{Y}=(Y_1Y_2\cdots Y_n)^{1/n}=\exp\left(\frac{1}{n}\sum \ln Y_i\right)$；再用被解释变量除以样本几何均值，得到新序列 $Y_i^*=Y_i/\widetilde{Y}$；然后用 Y^* 替代 Y，分别估计双对数模型和线性模型，通过比较其残差平方和是否有显著差异来判断其优劣。Zarembka（1968）提出，在两个回归的残差平方和无差异的假设下，统计量 $\frac{1}{2}n\ln\left(\frac{ESS_2}{ESS_1}\right)$ 服从自由度为 1 的 χ^2 分布，其中 ESS_2 和 ESS_1 分别为较大的和较小的残差平方和，n 为样本容量。在拒绝原假设的情况下，表明双对数模型优于线性模型。

4.1.4 好模型的标准

当然，我们之所以要检验和排除设定误差，目的是要建立一个尽可能好的模型。究竟什么样的模型才算好，并没有一个统一的标准。一般认为，以下标准是必须考虑的：

简明性（parsimony）。一个模型永远也无法完全把握现实；在任何模型的建立过程中，一定程度的抽象或者简化是不可避免的。简单优于复杂，简明性原则要求模型应尽可能简单。

可识别性（identifiability）。对给定的一组数据，估计的参数必须具有唯一值，或者说，每个参数只能有一个估计值。

拟合优度（goodness of fit）。回归分析的基本思想是用模型中所包括的解释变量尽可能圆满地解释被解释变量的变化。比如，我们可用调整后的可决系数 $\bar{R}^2$ 来度量拟合优度，$\bar{R}^2$ 越高，则认为模型越好。这一点对于用于预测的模型尤其重要。

理论一致性（theoretical consistency）。无论拟合优度有多高，一旦模型中的一个或者多个系数的符号有误，该模型就不能说是一个好的模型。比如，在某种商品的需求函数中，如果价格系数为正（需求曲线的斜率应该为负），或者如果收入系数为负（除非这一商品为劣等商品），那么回归结果就值得怀疑，即使模型的 R^2 值很高，比如说在 0.9 以上。简言之，在构建模型时，我们必须有一些理论基础来支撑这一模型，“没有理论的测量”经常导致非常令人失望的结果。

预测能力（predictive power）。正如诺贝尔经济学奖得主米尔顿·弗里德曼（Milton Friedman）所指出的那样，“对假设（模型）的真实性唯一有效的检验就是将预测值与经验值相比较”。因而，在对模型进行选择时，根据这一标准，我们应该选择理论预测能够被实际经验所验证的模型。

虽然建立“好的”模型没有一个统一的方法，但是读者在建立计量经济模型时必须牢记上述标准。

对于用于预测的模型，除了上述标准外，还需要其他一些标准。最常用的两种是 Akaike 的信息标准（Akaike Information criterion，简称 **AIC 标准**）和 Schwarz 的信息标准（Schwarz information criterion，简称 **SIC 标准**）。这些标准的定义如下：

$$\text{AIC} = e^{\frac{2k}{n}} \frac{\sum e_i^2}{n} \qquad \text{SIC} = n^{\frac{k}{n}} \frac{\sum e_i^2}{n}$$

其中，e 是自然对数的底（$e \approx 2.718\,3$），n 是样本中观测值的总数，k 是模型中变量的总数，$\sum e^2$ 是样本残差平方和（ESS）。这两个公式给出的都是预测误差方差的估计值。

上述两个公式前面的因子，可看作自由度惩罚因子（freedom penalty factor）。模型中解释变量的个数越多，则惩罚越重。相对来说，SIC 标准对自由度的惩罚比 AIC 标准更重（因为当 $n \geqslant 8$ 时，$\ln n > 2$）。无论是用 AIC 标准还是 SIC 标准，从预测的角度来看，度量值越低，模型的预测越好（想想为什么）。EViews 的标准输出中给出了模型的 AIC 值和 SIC 值。不过一定要注意，EViews 给出的是 AIC 和 SIC 的对数值，即 EViews 给出的两个相应的指标是：

$$\text{AIC} = \ln \frac{\sum e_i^2}{n} + \frac{2k}{n} \quad \text{SIC} = \ln \frac{\sum e_i^2}{n} + \frac{k}{n} \ln n$$

这两个信息标准在多元模型的选择中也有重要作用。我们知道，在模型中增加解释变量，残差平方和会有所减少，但同时自由度也会下降，即上式中的第二个加项也就是自由度惩罚因子会增加，而第一个加项会下降。作为多元模型的选择标准，要求第一个加项的下降要足以抵消第二个加项的增加并留有余地，增加解释变量后，上述两个指标的值必须有所下降才行。

在 EViews 的标准输出中，与模型的选择密切相关的还有一个指标即**对数似然函数值**（log likelihood）。似然函数的定义是：令 $\boldsymbol{y} = (y_1, y_2, \cdots, y_n)$ 为一个 n 维样本，$\boldsymbol{y}$ 的取值由未知参数的 k 维向量 $\boldsymbol{\theta} = (\beta_1, \beta_2, \cdots, \beta_k)$ 决定。$\boldsymbol{y}$ 和 $\boldsymbol{\theta}$ 的联合密度为 $f(\boldsymbol{y}, \boldsymbol{\theta})$。这种密度函数可以有两种解释：一是在 $\boldsymbol{\theta}$ 一定或已知的条件下，它表示一组样本结果出现的概率；二是它是关于 $\boldsymbol{\theta}$ 的一个函数，其取值取决于具体的样本。在后一种解释下，$f(\boldsymbol{y}, \boldsymbol{\theta})$ 就是似然函数。记作：

$$\text{似然函数} = L(\boldsymbol{\theta}; \boldsymbol{y}) = f(\boldsymbol{y}, \boldsymbol{\theta})$$

根据似然函数来估计 $\boldsymbol{\theta}$，得到的估计量 $\hat{\boldsymbol{\theta}}$ 就是最大似然估计量（MLE）。在大多数应用中，求对数似然函数的最大值会更方便。对数似然函数的定义如下：

$$l=\ln L$$

对于一般的 k 元线性回归模型：

$$Y=\beta_0+\beta_1 X_1+\beta_2 X_2+\cdots+\beta_k X_k+U_i$$

规定 $U\sim N(0,\ \sigma_U^2)$，其多元正态密度函数为：

$$f(U)=\frac{1}{(2\pi\sigma_U^2)^{n/2}}e^{-(1/2\sigma_U^2)\Sigma U_i^2}$$

由于 U 是不可观察的，因此以残差代替其中的 U，以 $\hat{\sigma}_U^2$ 代替 σ_U^2 并取对数，得到：

$$l=\ln f(U)=-\frac{n}{2}\ln 2\pi-\frac{n}{2}\ln\hat{\sigma}_U^2-\frac{n}{2}$$

不过，需要注意的是，在似然函数中 $\hat{\sigma}_U^2=\sum e_i^2/n$，即除数是 n，不是 $n-k-1$。根据似然函数，显然其值越大越好。

§4.2　自相关

4.2.1　自相关的意义及其来源

所谓**自相关，也叫做序列相关**（serial correlation），即某一变量的取值受自身上次取值的影响，对于 U 来说，即有：

$$\mathrm{Cov}(U_i,\ U_j)\neq 0$$

也就是：

$$U_t=f(U_{t-1})\ (t=2,\ 3,\ \cdots,\ n)$$

假定：

$$U_t=\alpha U_{t-1}+V_i$$

其中：$E(V_t)=0$；$\mathrm{Cov}(V_i,\ V_j)=0$；$D^2(V_t)=\sigma_V^2$。对于回归样本：

$$e_t=\hat{\alpha}e_{t-1}\ \hat{\alpha}=\frac{\sum e_t e_{t-1}}{\sum e_{t-1}^2}$$ （注意：e_t 和 e_{t-1} 的均值均为 0）

$$\hat{\rho}_{u_t u_{t-1}}=\frac{\sum e_t e_{t-1}}{\sqrt{\sum e_t^2\sum e_{t-1}^2}}\approx\frac{\sum e_t e_{t-1}}{\sum e_{t-1}^2}$$ （注意：$\sum_{t=2}^{n}e_t^2\approx\sum_{t=2}^{n}e_{t-1}^2$）

所以，自相关系数 $\hat{\rho}$ 和自回归系数 $\hat{\alpha}$ 往往并不做严格区分。

自相关产生的原因主要是：

1）经济现象的连续性。过去、现在和将来总具有某一种连续性，因而必然使得经济变量表现出一种自身相关性。

2）略去了某些经济变量。如果在模型中省略了某些经济变量，这些变量的自身相关性必然会由随机扰动项得到反映。

3）模型的数学形式不当。比如，如果将本来表现为曲线的模型设为直线，或者将变量之间的相乘关系设为相加关系，等等，都会使得随机扰动项表现为自相关。

4）由数据的整理引起。比如，通过移动平均方法或者指数平滑方法对波动起伏较大的一组数据进行修匀，也会引起随机扰动项的自相关。

4.2.2 自相关的危害

（1）使模型中参数的方差增大或减小

对于一元线性模型 $Y_i=\beta_0+\beta_1 X_1+U_i$，无疑有：

$$\hat{\beta}_1=\beta_1+\sum k_i U_i$$

假定 U_i 存在自相关，则：

$$\begin{aligned}D^2(\hat{\beta}_1)&=E(\hat{\beta}_1-\beta_1)^2=E\left(\sum k_i U_i\right)^2=E\left(\frac{\sum x_i U_i}{\sum x_i^2}\right)^2\\&=\frac{1}{\left(\sum x_i^2\right)^2}E\left(\sum x_i U_i\right)^2\\&=\frac{1}{\left(\sum x_i^2\right)^2}E\left(\sum x_i^2 U_i^2+2\sum_{i=1}\sum_{j\neq i}x_i x_j U_i U_j\right)\\&=\frac{1}{\left(\sum x_i^2\right)^2}\left[\sigma_U^2\sum x_i^2+2\mathrm{Cov}(U_i,U_j)\sum_{i=1}\sum_{j\neq i}x_i x_j\right]\\&=D^2(\hat{\beta})+2\frac{\sum_{i=1}\sum_{j\neq i}x_i x_j}{\left(\sum x_i^2\right)^2}\mathrm{Cov}(U_i,U_j)\end{aligned}$$

其中，$\hat{\beta}$ 表示不存在自相关条件下的参数估计值。

显然，在 $\mathrm{Cov}(U_i, U_j)\neq 0$ 的情况下，如果 $\mathrm{Cov}(U_i, U_j)\sum_{i=1}\sum_{j\neq i}x_i x_j>0$，则方差 $D^2(\hat{\beta}_1)$ 将变大；如果 $\mathrm{Cov}(U_i,U_j)\sum_{i=1}\sum_{j\neq i}x_i x_j<0$，则方差 $D^2(\hat{\beta}_1)$ 将变小。

（2）使 t 检验或 F 检验失真

就 t 检验来说，如果方差变大，在参数估计值稳定的条件下，则概率度的统计量就会变小，因而就增加了接受原假设的可能性；反之，如果方差变小，在参数估计值稳定的条件下，概率度的统计量就会变大，因而就增加了接受备择假设的可能性。

（3）使经济预测失效

自相关使预测精度降低，进而使经济预测失效。

4.2.3 自相关的检验

自相关的检验有图示检验、DW 检验、Breusch-Godfrey 检验和 LM 检验等方法，此处只详细介绍几种常用方法。

图示检验能够比较直观地初步诊断样本是否存在自相关。这种方法首先对给定的回归模型进行 OLS 估计，得到残差项 e_t；通过描绘 e_t 与 e_{t-1} 的散点图或 e_t 的时间序列图，判断 e_t 的相关性。若 e_t 与 e_{t-1} 的散点大部分在一三象限，则存在正相关；若在二四象限，则为负相关。若 e_t 的时间序列随着时间变化呈现循环形状的变化，则可判断存在相关性。若 e_t 随着时间变化不断逐次变化符号，则可判断随机扰动项之间存在负相关。若 e_t 随着时间变化并不频繁地改变符号，则可判断随机扰动项之间存在正相关。

德宾-沃森检验简称 DW 检验，是由德宾（Durbin）和沃森（Watson）两人分别于 1950 年和 1951 年提出的。这种方法适用于小样本条件下的一阶自回归检验，是自相关检验中最常用的一种方法。

检验的原假设和备择假设分别是：

$$H_0:\rho=0\quad H_1:\rho\neq 0$$

ρ 在这里表示总体的一阶自相关系数。

检验是通过计算下面的 DW 统计量进行的：

$$DW=\frac{\sum_{t=2}^{n}(e_t-e_{t-1})^2}{\sum_{t=1}^{n}e_t^2}=\frac{\sum_{t=2}^{n}e_t^2+\sum_{t=2}^{n}e_{t-1}^2-2\sum_{t=2}^{n}e_te_{t-1}}{\sum_{t=1}^{n}e_t^2}$$

由于在较大的样本中有：

$$\sum_{t=1}^{n}e_t^2\approx\sum_{t=2}^{n}e_t^2\approx\sum_{t=2}^{n}e_{t-1}^2$$

所以，有：

$$DW=\frac{2\left(\sum e_{t-1}^2-\sum e_te_{t-1}\right)}{\sum e_{t-1}^2}=2(1-\hat{\rho})\qquad(4\text{—}1)$$

显然：

当 $\hat{\rho}=0$ 时，$DW=2$，无自相关；

当 $\hat{\rho}=1$ 时，$DW=0$，正自相关；

当 $\hat{\rho}=-1$ 时，$DW=4$，负自相关。

即 DW 值的分布区间为：$0\leqslant DW\leqslant 4$。

根据德宾和沃森两人的研究，在 0 到 4 之间 DW 值的分布界于两个极限分布之间（极限分布也是对称分布）：一个是下极限分布，其下临界值是 DL；另一个是上极限分布，其下临界值是 DU。下极限分布的上临界值是 $4-DU$，上极限分布的上临界值是 $4-DL$。其具体情况如图 4-1 所示。

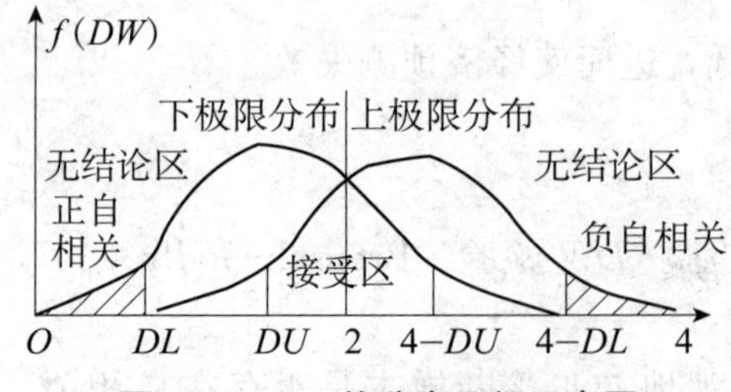

图 4-1　DW 值分布区间示意图

关于 DL 和 DU 的具体数值，德宾和沃森已经给出了 5%和 1%的显著性水平下的临界值表，本书附录 3 中的附表 5A 和 5B 给出了这些临界值。这些临界值的大小取决于两个参数：一个是样本容量 n，另一个是解释变量数 k。但根据经验规则，是否存在自相关，可大致得到判断。一般认为，如果 DW 值介于 0 和 1 之间，则表明存在较强的正自相关；如果 DW 值介于 3 和 4 之间，则表明存在较强的负自相关；如果 DW 值在 1 到 3 之间，则需要慎重解释；DW 值越是接近于 2，则越是有理由认为无自相关。

自相关除了可使用上述 DW 方法进行检验外，还可以利用 EViews 中的 auto 命令进行检验。通常在估计了回归方程之后，即可输入该命令。使用该命令需要输入一个滞后阶数，执行该命令后会给出一个以残差为因变量，以所有解释变量和残差的滞后变量为自变量的回归方程模型。查验该模型中与解释变量对应的回归参数的统计显著性（即 t 统计量），即可判断是否存在明显的自相关。

一般来说，运用时间序列资料进行计量经济分析往往容易产生序列相关问题。请看下面的例子。

【例 4.2】 对 1984—2000 年我国社会商品零售总额（Y）、流通中货币（X_1）和零售物价总指数（X_2）（数据参见表 4-1）进行回归，得到的结果如表 4-2 所示。e_{t-1} 和 e_t 如图 4-2 所示。

表 4-1　　　　1984—2000 年我国主要宏观经济数据

年份	社会商品零售总额（亿元）（Y）	流通中货币（亿元）（X_1）	零售物价总指数（X_2）
1984	3 376	792	160.6
1985	4 305	988	174.1
1986	4 950	1 218	184.5
1987	5 820	1 454	198
1988	7 440	2 134	234.6
1989	8 101	2 344	276.4
1990	8 300	2 644	282.2
1991	9 410	3 178	290.4
1992	10 994	4 336	306.0
1993	12 462	5 865	346.4
1994	16 265	7 289	421.6
1995	20 620	7 885	483.9
1996	24 774	8 802	513.4
1997	27 299	10 178	517.5
1998	29 153	11 204	504.1
1999	31 135	13 456	489.0
2000	34 153	14 653	481.6

资料来源：《中国统计年鉴 2001》。

表 4-2　　社会商品零售总额的分析结果

Dependent Variable is Y
Date：07/06/07　Time：15：34
Sample：1984 2000
Included observations：17

Variable	Coefficient	Std. Error	t-Statistic	Prob.
C	−575.395 4	1 395.576	−0.412 300	0.68 64
X1	1.882 469	0.198 276	9.494 175	0.000 0
X2	14.164 71	6.794 832	2.084 630	0.055 9

R-squared	0.984 752	Mean dependent var	15 209.24
Adjusted R-squared	0.982 574	S. D. dependent var	10 442.92
S. E. of regression	1 378.534	Akaike info criterion	14.616 34
Sum squared resid	26 604 984	Schwartz criterion	14.763 37
Log likelihood	−145.360 8	F-statistic	452.091 0
Durbin-Watson stat	0.738 957	Prob(F-statistic)	0.000 000

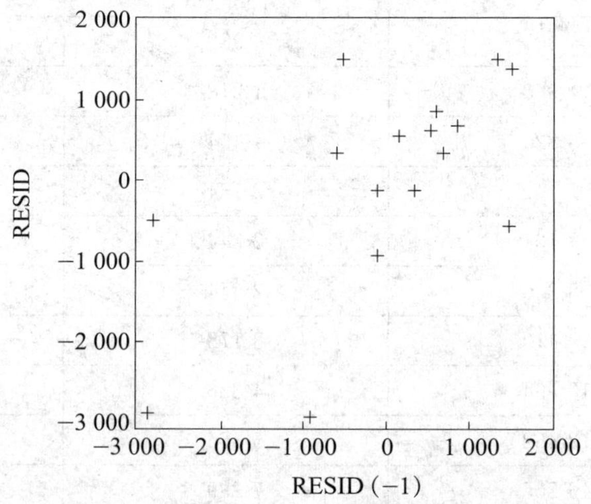

图 4-2　e_{t-1} 和 e_t 的散点图

由图 4-2 可知，残差项分布在一三象限，存在正相关关系。从表 4-2 也容易看出，虽然模型中的两个回归系数都是显著的，但是模型存在着严重的正自相关（$DW=0.739$；而当 $k=2$，$n=17$，$\alpha=0.01$ 时，临界值为 $DL=0.772$，$DU=1.255$；当 $\alpha=0.05$ 时，临界值为 $DL=1.015$，$DU=1.536$）。因此，必然将由于方差的增大而影响到模型中参数的有效性（另外，这里尚需要关注 X_2 系数的正负号如何调整，可参考 3.8 节）。

当输入命令"auto 1"之后（数字 1 是滞后阶数参数，必不可少），得到的输出结果如表 4-3 所示。检验的 F 统计量和回归的 F 统计量都可以说明存在较明显的正自相关。

表 4-3　　社会商品零售总额的 auto 自相关检验结果

F-statistic	10.580 10	Probability	0.006 295
Obs * R-squared	7.627 690	Probability	0.005 748

Test Equation:
LS//Dependent Variable is RESID
Date: 06/17/07　Time: 12: 37

Variable	Coefficient	Std. Error	t-Statistic	Prob.
C	−1 195.688	1 136.432	−1.052 142	0.311 9
X1	−0.159 488	0.160 454	−0.993 979	0.338 4
X2	6.182 180	5.569 948	1.109 917	0.287 1
RESID (−1)	0.714 567	0.21 9684	3.2527 06	0.006 3

R-squared	0.448 688	Mean dependent var	2.76E-12
Adjusted R-squared	0.321 462	S.D. dependent var	1 289.500
S.E. of regression	1 062.206	Akaike info criterion	14.138 53
Sum squared resid	14 667 656	Schwartz criterion	14.334 58
Log likelihood	−140.299 5	F-statistic	3.526 700
Durbin-Watson stat	1.383 183	Prob(F-statistic)	0.045 707

德宾-沃森检验的适用条件：

1）大多数教科书都只给出了样本容量大于 15 的临界值，对于样本容量小于 15 的样本只能近似地以 $n=15$ 对待。其实 DW 检验不适用于 $n=15$ 以下的样本只是早期的说法。本书给出的临界值在 $k=1$ 时，适用的 n 可达到 $n=6$ 以上。①

2）存在无结论区是这种方法的一个缺陷。如果 DW 值落入该区域，可借助散点图通过观察确定。

3）由于默认回归模型中包括截距项，因此 DW 统计量无法用来判定那些通过原点的回归模型的自相关问题。实际上，这只是最初认定的事实。②

4）只适用于一阶自相关检验，对于高阶自相关或非线性自相关均不适用。

5）对于自回归方程（以因变量的滞后值作为解释变量的方程）不适用。因为不论是否存在自相关，在自回归模型中 DW 值都会向中心值 2 的方向偏移。这是该方法的又一缺陷。

如果使用 EViews 软件进行回归，在标准输出中通常都会给出 DW 统计量供我们判断。

---

① 资料来源：本表是对德宾-沃森表的一个扩展，可见 N. E. Savin and K. J. White, "The Dubin-Watson Test for Serial Correlation with Extreme Small Samples or Many Regressors," *Econometrica*, vol. 45, November 1977, pp. 1989-96 and as corrected by R. W. Farebrother, *Econometrica*, vol. 48, September 1980, p. 1554。

② 后来，R. W. Farebrother 已经计算出模型中不存在截距项时的 DW 值，参见"The Dubin-Watson Test for Serial Correlation When There Is No Intercept in the Regression," *Econometrica*, vol. 48, 1980, pp. 1553-63。

4.2.4 自相关的消除

常用的消除自相关的方法称作**广义差分法**。

先假定随机扰动项 U 自相关的形式为：

$$U_t=\rho U_{t-1}+V_t，\text{其中 } V \text{ 无自相关}$$

再通过差分方法将原模型：

$$Y=\beta_0+\beta_1 X_1+\beta_2 X_2+\cdots+\beta_k X_k+U_i$$

改变为：

$$Y'=\beta_0'+\beta_1 X_1'+\beta_2 X_2'+\cdots+\beta_k X_k'+V_t$$

其中：$Y'=Y_t-\rho Y_{t-1}$

$\beta_0'=(1-\rho)\beta_0$

$X_1'=X_{1t}-\rho X_{1(t-1)}$

$X_2'=X_{2t}-\rho X_{2(t-1)}$

……

$X_k'=X_{kt}-\rho X_{k(t-1)}$

$V_t=U_t-\rho U_{t-1}$

现以二元模型为例。根据原模型：

$$Y_t=\beta_0+\beta_1 X_{1t}+\beta_2 X_{2t}+U_t \tag{4—2}$$

应有：

$$Y_{t-1}=\beta_0+\beta_1 X_{1(t-1)}+\beta_2 X_{2(t-1)}+U_{t-1} \tag{4—3}$$

（4—3）式两端同时乘以自相关系数 ρ，得到：

$$\rho Y_{t-1}=\rho\beta_0+\rho\beta_1 X_{1(t-1)}+\rho\beta_2 X_{2(t-1)}+\rho U_{t-1} \tag{4—4}$$

（4—2）式－（4—4）式可得：

$$Y_t-\rho Y_{t-1}=(\beta_0-\rho\beta_0)+\beta_1(X_{1t}-\rho X_{1(t-1)})+\beta_2(X_{2t}-\rho X_{2(t-1)})+(U_t-\rho U_{t-1})$$

亦即：

$$Y'=\beta_0'+\beta_1 X_1'+\beta_2 X_2'+V_t$$

运用 EViews 软件处理自相关的方法是：

第一步，先利用（4－1）式计算自相关系数 $\hat{\rho}$：

$$\hat{\rho}=1-\frac{1}{2}DW$$

第二步，利用 genr 命令生成新序列（以二元模型为例）：

genr $y_1=y-\hat{\rho}*y(-1)$

genr $x_{11}=x_1-\hat{\rho}*x_1(-1)$

genr $x_{21}=x_2-\hat{\rho}*x_2(-1)$

第三步，利用 ls 命令进行回归：

```
ls y1 c x11 x21
```

如在例 4.2 中，由于 DW 统计量在显著性水平为 1%，$n=17$，$k=2$ 的条件下显著（$DW=0.738\ 957$），即存在正自相关，于是可算得：$\hat{\rho}=0.630\ 522$。生成新的序列后进行回归得到的回归结果如表 4-4 所示。此时，DW 统计量为 1.226 093。显然，回归系数的可靠性提高了。尤其是对于 x_2，效果非常明显。

表 4-4　　广义差分后的社会商品零售总额回归结果

Dependent Variable is Y1
Date：06/06/07　Time：17：01
Sample：1984 2000
Included observations：16
Excluded observations：0 after adjusting endpoints

Variable	Coefficient	Std. Error	t-Statistic	Prob.
C	−1 012.096	933.507 9	−1.084 186	0.298 0
X11	1.657 193	0.224 532	7.380 666	0.000 0
X21	24.081 11	9.013 639	2.671 630	0.019 2

R-squared	0.949 238	Mean dependent var	7 105.584
Adjusted R-squared	0.941 428	S.D. dependent var	4 382.172
S.E. of regression	1 060.555	Akaike info criterion	14.100 46
Sum squared resid	14 622 089	Schwartz criterion	14.245 32
Log likelihood	−132.506 7	F-statistic	121.548 3
Durbin-Watson stat	1.226 093	Prob(F-statistic)	0.000 000

§4.3　异方差

4.3.1　异方差及其影响

异方差（heteroscedasticity）即违反常方差假定使方差成为变数。异方差的形式主要包括直线型和曲线型两种（见图 4-3）。

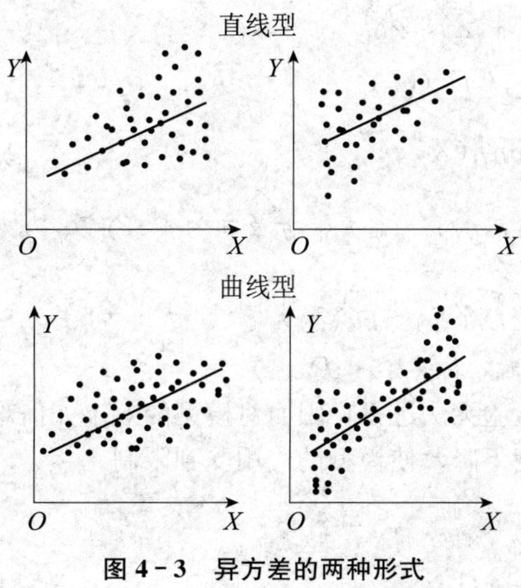

图 4-3　异方差的两种形式

在计量经济学分析过程中，很多原因都可能导致产生异方差，比如：

1）来自模型设定方面的原因。如果模型中省略了某些重要的解释变量，省略了的变量对于因变量的影响就会在随机扰动项 U_i 中得到反映，由于解释变量相互之间存在一定程度的相关性，方差因省略变量而变化的情况就会通过保留下来的变量得到反映。另外，模型的形式选择不当也可能产生异方差，比如如果把具有明显非线性关系的一对变量设计成线性模型，就必然会产生异方差。

2）来自变量自身方面的原因。比如在消费函数中，我们说一个人消费支出的多少取决于他的可支配收入的多少，然而对于高收入家庭而言，消费支出的伸缩范围往往比较大，而对于低收入家庭而言，消费支出的伸缩范围往往比较小，因此往往可能会形成递增的异方差。再比如说，就某些指标的测量误差而言，对于较大的企业来说，由于技术和人员方面的原因，测量误差往往会比较小，而对于较小的企业来说，测量误差往往会比较大，因而往往可能会形成某些变量之间的递减方差。

3）来自样本方面的原因。通常认为，截面数据比时序数据更容易产生异方差。比如，消费函数和储蓄函数在更多的情况下都会使用截面数据进行研究。因此，对于不同收入规模的家庭来说，不管是消费还是储蓄，较大收入规模的家庭往往比较小收入规模的家庭具有较大的伸缩变化范围。另外，在截面数据样本中，不同观测对象之间的具体情况往往差别比较大，这也是产生异方差的一个重要原因。比如，青海和上海同样都是省级行政区，但是很多经济指标的差别都很大。因此，在对不同省的问题进行研究时，就很可能会产生异方差。

在存在异方差的情况下，必然将产生如下后果：

1）使参数估计量的方差增大或减少，使回归值产生较大的误差。

对于一元模型：

$$Y=\beta_0+\beta_1 X_1+U_t$$

假定 U_t 存在异方差，且有：

$$D^2(U_t)=\sigma_U^2 f(X)$$

这时，有：

$$\begin{aligned} D^2(\hat{\beta}_1) &= D^2\left(\beta_1+\sum k_i U_t\right) \\ &= 0+\sum k_i^2 D^2(U_t) \\ &= \frac{1}{\sum x_i^2}\sigma_U^2 f(X) \\ &= D^2(\hat{\beta})f(X) \quad (\hat{\beta}\text{ 为常方差回归系数}) \end{aligned}$$

容易看出：

当 $f(X)>1$ 时，$D^2(\hat{\beta}_1)>D^2(\hat{\beta})$

当 $0<f(X)<1$ 时，$D^2(\hat{\beta}_1)<D^2(\hat{\beta})$

2）使参数的显著性检验无法进行，因而对模型的效果如何难以判断。

3）使模型的预测精度下降，使模型的应用受到限制。

4.3.2　异方差性检验

(1) 等级相关系数检验

应用的步骤是：

1) 应用最小平方法求出残差 e_i。

2) 对 e_i 和 X_i 分别按由小到大或由大到小的顺序排队，其中对残差 e_i 只考虑绝对值，不考虑符号；同时规定，如果两两等级相同应取二者的平均数。

3) 计算等级相关系数。

$$r_{eX} = 1 - \frac{6\sum d^2}{n(n^2-1)} \tag{4—5}$$

其中，d 表示残差 e_i 和 X_i 的等级差。

为证明方便起见，现以 2.8 节例 2.2 中的残差为例进行说明。在 2.8 节中有（X_i 行代表 X_i 的等级，Y_i 行代表 $|e_i|$ 的等级）：

$$\begin{bmatrix} |e_i| & 38.05 & 59.84 & 68.06 & 121.98 & 57.76 & 96.43 & 46.95 & 53.49 \\ X_i & 1 & 2 & 3 & 4 & 5 & 6 & 7 & 8 \\ Y_i & 1 & 5 & 6 & 8 & 4 & 7 & 2 & 3 \end{bmatrix}$$

【证】

简单相关系数公式为：

$$r = \frac{\sum XY - n\overline{X}\overline{Y}}{\sqrt{(\sum X^2 - n\overline{X}^2)(\sum Y^2 - n\overline{Y}^2)}} = \frac{\sum xy}{\sqrt{\sum x^2 \sum y^2}}$$

假定 X，Y 分别代表两组变量的等级数，由引例不难看出：

$$\overline{X} = \overline{Y} \quad \sum X = \sum Y \quad \sum X^2 = \sum Y^2$$

所以，有：

$$\sum d_i^2 = \sum (Y-X)^2 = \sum Y^2 + \sum X^2 - 2\sum XY = 2(\sum X^2 - \sum XY)$$

亦即：

$$\sum XY = \sum X^2 - \frac{1}{2}\sum d^2$$

所以，r_{eX} 的分子为：

$$\sum X^2 - \frac{1}{2}\sum d^2 - n\overline{X}^2 = \sum (X-\overline{X})^2 - \frac{1}{2}\sum d^2 = \sum x_i^2 - \frac{1}{2}\sum d^2$$

r_{eX} 的分母为：

$$\begin{aligned}\sum X^2 - n\overline{X}^2 &= (1^2+2^2+3^2+\cdots+n^2) - n\cdot\left[\frac{\sum X}{n}\right]^2 \\ &= \frac{n(n+1)(2n+1)}{6} - \frac{1}{n}\cdot(1+2+3+\cdots+n)^2 \\ &= \frac{n(n+1)(2n+1)}{6} - \frac{1}{n}\cdot\frac{n^2(n+1)^2}{4} \\ &= \frac{n(n^2-1)}{12}\end{aligned}$$

于是，得到：

$$r_{eX}=\frac{\sum x_i^2-\frac{1}{2}\sum d^2}{\sum x_i^2}=1-\frac{\sum d_i^2}{2\sum x_i^2}=1-\frac{6\sum d_i^2}{n(n^2-1)}$$

显然，当残差 e_i 的等级完全相同时，说明为常方差，当 $r_{eX}=0$ 时，无异方差存在，因为 $\sum d^2=2(\sum X^2-\sum XY)$。而当 e_i 的等级与 X 的等级完全相同时，说明 e_i 随着 X 的增大而增大，随着 X 的减小而减小，这时 $r_{eX}=1$，为完全异方差。

应用例 2.2 中的资料计算的 $r_{eX}=-0.023\ 81$（其中，$\sum d^2=86$）。

4）对 r_{eX} 进行检验。

相应的原假设和备择假设为：

H_0：$\rho_{UX}=0$　H_1：$\rho_{UX}\neq 0$

使用的 t 统计量为：

$$t=\frac{r_{eX}\sqrt{n-2}}{\sqrt{1-r_{eX}^2}}\sim t(n-2)$$

在多元模型中，异方差需要分别对每一个解释变量进行检验。

(2) 帕克检验

等级相关系数检验的缺点是，只能肯定是否存在异方差，而无法知道异方差的形式。而这一点对于消除异方差非常重要。因此，我们有必要研究帕克（R. E. Park）检验。

异方差的表现是 U 的方差与解释变量 X 之间密切相关，所以对异方差进行检验的另一个重要方法就是**图示法**（或叫做**散点图法**），即通过描绘残差的散点图进行观察判断。通过图示法，我们将发现 U 的方差可能与一个或多个解释变量系统相关。为此，我们可以作方差 $\sigma_i{}^2$（表示随机扰动项 U 的变方差）对一个或多个解释变量的回归。这一思想就是帕克检验。在实际应用中，由于 U 不可观察，因此帕克建议用残差 e_i 来代替 u_i，估计如下回归方程：

$$\ln e_i^2=b_0+b_1\ln X_i+v_i \tag{4—6}$$

或

$$e_i^2=b_0+b_1X_i+v_i \tag{4—7}$$

残差 $e_i{}^2$ 可以从原始回归方程中获得。这里选取的特殊函数形式（4—6）式或（4—7）式主要是为了运算方便。究竟选取哪一个方程，还要看异方差的具体形式。

帕克检验的步骤如下：

1）运用原始数据作普通最小平方回归，不考虑异方差问题。

2）从原回归方程中得到残差，并求其平方，再取对数形式。

3）利用原始模型中的一个解释变量作形如（4—6）式的回归；如果有多个解释变量，则需要分别对每个解释变量回归，或作残差之平方对 Y_i 的估计值的回归。在回归时，需考虑选择合适的函数形式。有时作 e_i^2 对 X_i 的回归可能是合适的，有时作 $\ln e_i^2$ 对 X_i 的回归可能是合适的。

4）检验的原假设是 $b_1=0$，即不存在异方差。如果 $\ln e_i^2$ 和 $\ln X_i$ 之间的相关性是统计显著的（t 检验），则拒绝原假设。如果 $\ln e_i^2$ 和 $\ln X_i$ 之间的相关性不是统计显著的，则接受原假设。

不过在这里需要注意，当我们接受原假设时，我们实际上接受的是数据不存在形如（4—6）式的异方差（这是一种特殊的函数形式），这并不等于数据不存在任何形式的异方差。可见，在这里接受原假设并不是判断不存在异方差的充分条件。

(3) 怀特的一般异方差检验

怀特（White）提出了检验异方差的一般方法，这种方法在实际中很容易应用。EViews 提供了这种异方差检验方法，只需要在命令窗口输入命令 white 即可得到结果。

假定有如下二元模型：

$$Y_i = B_0 + B_1 X_{1i} + B_2 X_{2i} + u_i$$

怀特检验的步骤如下：

1）首先用普通最小平方法对原模型进行估计，获得残差 e_i。

2）然后作如下辅助回归：

$$e_i^2 = A_0 + A_1 X_{1i} + A_2 X_{2i} + A_3 X_{1i}^2 + A_4 X_{2i}^2 + \nu_i$$

即作残差的平方 $e_i{}^2$ 对所有原始变量、变量平方的回归。也可以加入原始变量的乘积（交叉项）或更高次幂等。v_i 是辅助回归方程的残差项。

3）求辅助回归方程的 R^2 值。在原假设不存在异方差（即辅助回归方程中的所有斜率系数为零）的条件下，怀特证明了由辅助回归方程获得的 R^2 值与样本容量 n 的乘积服从 χ^2 分布，自由度等于辅助回归方程中解释变量的数目。如在上述的辅助回归方程中，自由度为 4。亦即有：

$$n \cdot R^2 \sim \chi^2(k)$$

4）如果样本容量 n 与 R^2 的乘积亦即 χ^2 统计量超过了一定显著性水平条件下的 χ^2 临界值（可由本书后面附录 3 中的附表 6 得到），或者 χ^2 统计量的概率值很低，则可以拒绝不存在异方差的原假设。反之，如果 χ^2 统计量的值很小或者相应的概率值很大，则不能拒绝原假设。

(4) 戈德费尔德-匡特检验

戈德费尔德-匡特检验是戈德费尔德（Goldfeld）和匡特（Quandt）于 1965 年提出的，适用于大样本条件下的递增型或递减型异方差的检验。其基本思想是：先将引起方差增大或减小的解释变量按照大小排序，将排序后的样本一分为二，对两个子样本分别进行回归估计，根据子样本的残差平方和构造 F 统计量进行异方差检验。具体步骤如下：

1）对引起异方差的解释变量按大小顺序排序。

2）去掉序列中间 $c=\frac{n}{4}$ 个观测值，得到两个子样本的样本量为 $\frac{n-c}{2}$。

3）对每个子样本分别进行 OLS 估计，得到两个部分的残差平方和 $\sum e_{1i}^2$ 和 $\sum e_{2i}^2$。

4）计算 F 统计量：

$$F = \frac{\sum e_{2i}^2 \Big/ \left(\frac{n-c}{2} - k - 1\right)}{\sum e_{1i}^2 \Big/ \left(\frac{n-c}{2} - k - 1\right)} \sim F\left(\frac{n-c}{2} - k - 1,\ \frac{n-c}{2} - k - 1\right)$$

5）进行判断，即如果 F 统计量大于临界值，证明存在异方差。

【例 4.3】 表 4－5 给出了 2014 年我国各省市自治区的进出口总额（Y）与人均生产总值（X_1）和最终消费支出（X_2）的统计数据。试进行异方差分析。

表 4-5　　2014 年我国各省市自治区的进出口总额与相关变量

地区	人均生产总值（元）	最终消费支出（亿元）	进出口总额（万美元）	地区	人均生产总值（元）	最终消费支出（亿元）	进出口总额（万美元）
北　京	99 995	13 329.2	14 311 066	湖　北	47 145	12 562.8	4 084 718
天　津	105 231	6 253.6	14 442 068	湖　南	40 271	12 463.1	2 830 014
河　北	39 984	12 539.0	9 426 876	广　东	63 469	33 920.6	124 194 253
山　西	35 070	6 365.6	1 851 160	广　西	33 090	8 187.7	4 488 752
内蒙古	71 046	7 158.2	1 529 478	海　南	38 924	1 722.7	1 692 781
辽　宁	65 201	12 192.7	12 538 878	重　庆	47 850	6 764.7	8 255 857
吉　林	50 160	5 408.0	2 703 680	四　川	35 128	14 529.9	6 123 689
黑龙江	39 226	8 877.3	2 942 394	贵　州	26 437	5 288.5	513 809
上　海	97 370	13 858.1	45 260 273	云　南	27 264	8 207.5	1 991 378
江　苏	81 874	31 067.3	60 912 947	西　藏	29 252	595.2	213 562
浙　江	73 002	19 365.4	37 826 956	陕　西	46 929	7 816.1	2 768 833
安　徽	34 425	10 136.8	4 320 262	甘　肃	26 433	4 035.6	526 673
福　建	63 472	9 299.3	16 450 372	青　海	39 671	1 154.4	62 005
江　西	34 674	7 082.6	3 911 316	宁　夏	41 834	1 468.6	401 292
山　东	60 879	24 193.1	32 841 013	新　疆	40 648	5 024.5	3 888 867
河　南	37 072	16 850.1	6 847 515				

资料来源：《中国统计年鉴 2015》。

对表 4-5 中的数据进行回归分析后，得到的输出结果如表 4-6 所示，不难看出其中每个参数都是充分有效的。

表 4-6　　2014 年我国各省市自治区的进出口总额回归结果

Dependent Variable：Y
Method：Least Squares
Date：10/08/16 Time：11：27
Sample：1 31
Included observations：31

Variable	Coefficient	Std. Error	t-Statistic	Prob.
C	−20 814 531	6 389 054	−3.257 843	0.002 9
X1	174.698 4	125.513 8	1.391 866	0.174 9
X2	2 442.947	349.045 6	6.998 933	0.000 0

R-squared	0.718 013	Mean dependent var	13 875 895
Adjusted R-squared	0.697 871	S. D. dependent var	25 124 551
S. E. of regression	13 810 021	Akaike info criterion	35.811 45
Sum squared resid	5.34E+15	Schwarz criterion	35.950 23
Log likelihood	−552.077 5	Hannan-Quinn criter.	35.856 69
F-statistic	35.647 71	Durbin-Watson stat	1.993 699
Prob(F-statistic)	0.000 000		

但是，当输入 white 命令后，可发现残差项与 X_2 存在明显的异方差。输出结果如表 4-7所示。可以看出，在 EViews 给出的检验结果中有辅助回归的 F 统计量。Y 与 X_2 的散

点图如图 4－4 所示。对 X_2进行帕克检验，以残差的平方作为因变量，得到的输出结果如表 4－8 所示。可以看出，两个参数都是充分有效的。

表 4－7　　2014 年各省市自治区进出口总额回归结果的 White 异方差检验

Heteroskedasticity Test: White			
F-statistic	13.453 10	Prob. F(5, 25)	0.000 0
Obs* R-squared	22.600 33	Prob. Chi-Square(5)	0.000 4
Scaled explained SS	64.479 38	Prob. Chi-Square(5)	0.000 0

Test Equation:
Dependent Variable: RESID^2
Method: Least Squares
Date: 10/08/16 Time: 11: 28
Sample: 1 31
Included observations: 31

Variable	Coefficient	Std. Error	t-Statistic	Prob.
C	−1.82E+14	4.12E+14	−0.441 214	0.662 9
X1^2	85 037.31	109 386.2	0.777 404	0.444 2
X1*X2	−1 871 992	491 231.9	−3.810 811	0.000 8
X1	6.82E+09	1.46E+10	0.467 977	0.643 9
X2^2	4 294 655	743 324.1	5.777 635	0.000 0
X2	1.35E+10	2.50E+10	0.540 312	0.593 8

R-squared	0.729 043	Mean dependent var	1.72E+14
Adjusted R-squared	0.674 851	S.D. dependent var	4.63E+14
S.E. of regression	2.64E+14	Akaike info criterion	69.424 33
Sum squared resid	1.74E+30	Schwarz criterion	69.701 87
Log likelihood	−1 070.077	Hannan-Quinn criter.	69.514 80
F-statistic	13.453 10	Durbin-Watson stat	2.421 783
Prob(F-statistic)	0.000 002		

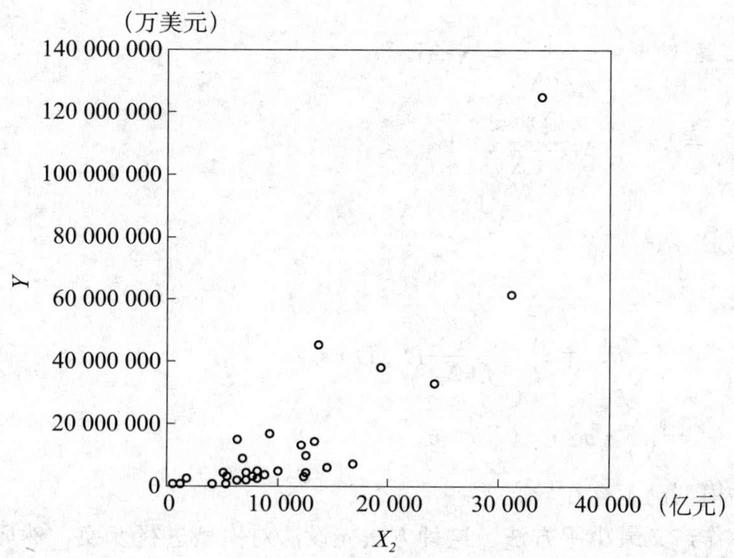

图 4－4　2014 年各省市自治区的进出口总额与最终消费支出

表 4-8　　对最终消费支出的帕克检验

Dependent Variable is E
Date：06/17/07　Time：14：33
Sample：1901 1931
Included observations：31

Variable	Coefficient	Std. Error	t-Statistic	Prob.
C	−7.84E+12	3.42E+12	−2.289 779	0.029 5
X2	4.54E+09	1.03E+09	4.425 858	0.000 1
R-squared	0.403 147	Mean dependent var	4.29E+12	
Adjusted R-squared	0.382 566	S. D. dependent var	1.45E+13	
S. E. of regression	1.14E+13	Akaike info criterion	60.195 98	
Sum squared resid	3.79E+27	Schwartz criterion	60.288 49	
Log likelihood	−975.024 8	F-statistic	19.588 22	
Durbin-Watson stat	1.820 745	Prob(F-statistic)	0.000 125	

4.3.3　异方差的消除

设有一元线性回归模型：

$$Y=\alpha+\beta X+U_i$$

其中，U_i存在异方差，且假定：

$$D^2(U_i)=\sigma_U^2 f(X)$$

如果 $f(X)$ 的形式已知，则可先将原模型变为：

$$\frac{Y}{\sqrt{f(X)}}=\frac{\alpha}{\sqrt{f(X)}}+\frac{\beta}{\sqrt{f(X)}}X+\frac{U_i}{\sqrt{f(X)}}$$

令：

$$\frac{Y}{\sqrt{f(X)}}=Y' \qquad \frac{1}{\sqrt{f(X)}}=X_1$$

$$\frac{X}{\sqrt{f(X)}}=X_2 \qquad \frac{U}{\sqrt{f(X)}}=V$$

则得到：

$$Y'=\alpha X_1+\beta X_2+V$$

【证】

$$D^2(V)=D^2\left(\frac{U}{\sqrt{f(X)}}\right)=\frac{1}{f(X)}D^2(U)$$

$$=\frac{1}{f(X)}\cdot\sigma_U^2\cdot f(X)=\sigma_U^2$$

即变换后的模型已不存在异方差。

这种方法称作**广义最小平方法**。这种方法先设法对模型进行变换，然后再对模型应用最小平方法。

§4.4 多重共线性

4.4.1 含义及其因果

(1) 多重共线性的含义

多重共线性（multicollinearity）即不完全共线的假定不满足，或者说解释变量之间存在比较严重的线性相关关系。也就是指下面的第一种情况：

$$\begin{cases} r_{X_iX_j}=1 & \text{完全共线} \\ 0<r_{X_iX_j}<1 & \text{不完全共线} \\ r_{X_iX_j}=0 & \text{正交或独立变量} \end{cases}$$

需要指出的是，这里的多重共线性仅对解释变量之间的线性关系而言。除此以外，解释变量之间还可能存在非线性相关关系。例如：

$$Y_i=\beta_0+\beta_1 X_i+\beta_2 X_i{}^2+\beta_3 X_i{}^3+U_i$$

显然变量 X_i，X_i^2 与 X_i^3 都是函数关系，但这种关系是非线性的。因此，严格地说，像这样的模型并不违反无多重共线性假设。

(2) 产生多重共线性的原因

1）经济变量之间的内在联系。这是根本原因。比如柯布-道格拉斯生产函数研究中的劳动力与资本。再比如，需求函数中的不同商品的价格和收入等。

2）许多经济变量在时间上都趋向于同向变化，即同增或同减，如收入、价格和人口等变量。

3）在模型中引入滞后变量。**滞后变量**即在同一个时间序列中取当前时期的前期值的变量，滞后变量与同一序列的当期变量必然是多重共线的。

(3) 多重共线性的后果

1）使模型的参数无法估计。

引用二元线性回归模型进行说明。在二元线性回归模型中：

$$Y=\beta_0+\beta_1 X_1+\beta_2 X_2+U$$

$$\hat{\beta}_1=\frac{\sum x_2^2\sum x_1 y-\sum x_2 y\sum x_1 x_2}{\sum x_1^2\sum x_2^2-\left(\sum x_1 x_2\right)^2}$$

$$\hat{\beta}_2=\frac{\sum x_2^2\sum x_2 y-\sum x_1 y\sum x_1 x_2}{\sum x_1^2\sum x_2^2-\left(\sum x_1 x_2\right)^2}$$

如果 $r_{X_1X_2}=1$，令 $X_2=kX_1$ 或 $x_2=kx_1$，则有：

$$\hat{\beta}_1=\frac{k^2\sum x_1^2\sum x_1 y-k^2\sum x_1 y\sum x_1^2}{k^2\left(\sum x_1^2\right)^2-k^2\left(\sum x_1^2\right)^2}=\frac{0}{0}$$

同理，有：

$$\hat{\beta}_2=\frac{k\sum x_1^2\sum x_1 y-k\sum x_1 y\sum x_1^2}{0}=\frac{0}{0}$$

所以完全共线性使参数无法估计。

或者设 $X_2=a+bX_1$，则有：

$$Y=\beta_0+\beta_1 X_1+\beta_2(a+bX_1)+U$$

即：

$$Y=(\beta_0+a\,\beta_2)+(\beta_1+b\,\beta_2)X_1+U$$

$$Y=c_0+c_1X_1+U$$

虽然可以运用 OLS 方法求出 c_0 和 c_1，但是无法根据方程组：

$$\begin{cases}c_0=\beta_0+a\,\beta_2\\ c_1=\beta_1+b\,\beta_2\end{cases}$$

求出 β_0、β_1 和 β_2。因为根据线性代数知识，要求出三个变量，必须有三个方程。

多重共线性为什么会使得模型中的参数变得不确定？这并不难理解。结合 3.5 节中对正交变量回归模型的讨论，我们不难得出结论，解释变量之间由正交变量（独立变量）到完全共线变化，回归系数就由唯一确定到不确定变化。据此可以肯定，在多元分析中，如果模型中出现了理论上无法解释的参数估计值，比如说理论上应该为正值，估计的结果却为负值，或者理论上应该为负值，估计的结果却为正值，其主要的原因多是由于解释变量之间的共线性引起的。我们以二元线性回归模型为例简要分析一下。

我们知道，在二元线性回归模型中，两个回归系数的估计值分别为：

$$\hat{\beta}_1=\frac{\sum x_1y\sum x_2^2-\sum x_2y\sum x_1x_2}{\sum x_1^2\sum x_2^2-\left(\sum x_1x_2\right)^2}$$

$$\hat{\beta}_2=\frac{\sum x_2y\sum x_1^2-\sum x_1y\sum x_1x_2}{\sum x_1^2\sum x_2^2-\left(\sum x_1x_2\right)^2}$$

经变换以后即可写成：

$$\hat{\beta}_1=\left(\frac{1}{1-r_{12}^2}\right)\left[\frac{\sum x_1y}{\sum x_1^2}-\frac{\sum x_2y\sum x_1x_2}{\sum x_1^2\sum x_2^2}\right] \tag{4—8}$$

$$\hat{\beta}_2=\left(\frac{1}{1-r_{12}^2}\right)\left[\frac{\sum x_2y}{\sum x_2^2}-\frac{\sum x_1y\sum x_1x_2}{\sum x_1^2\sum x_2^2}\right] \tag{4—9}$$

其中，r_{12} 表示两个解释变量之间的简单相关系数。不难看出，两个解释变量之间相关，将使得回归系数放大，即使得每一个解释变量对于被解释变量的作用变大。再看后面的括号中，被减数其实就是每一个变量单独作为解释变量回归时的回归系数，而减数其实就是两个一元线性回归模型的回归系数的乘积。对于 $\hat{\beta}_1$ 来说，减数即方程 $\hat{Y}=\hat{a}_0+\hat{a}_1X_2$ 和方程 $\hat{X}_2=\hat{b}_0+\hat{b}_1X_1$ 的回归系数的乘积；对于 $\hat{\beta}_2$ 来说，减数即方程 $\hat{Y}=\hat{c}_0+\hat{c}_1X_1$ 和方程 $\hat{X}_1=\hat{d}_0+\hat{d}_1X_2$ 的回归系数的乘积。也就是说，在二元线性回归模型中，每一个变量的回归系数都等于该变量单独作为解释变量回归时的回归系数，减去被解释变量与另一解释变量回归时的回归系数乘以另一解释变量与该变量回归时的回归系数，再乘以由两个解释变量之间的相关系数所决定的放大系数。也就是说，任何一个变量对于因变量的影响，都不仅仅取决于这两个变量之间的关系，还与因变量与其他变量以及该解释变量与另一解释变量之间的关系密切相关。因此，当解释变量之间的共线性变得比较严重时，每一变量对于因变量的关系将变得不确定，就不难理解了。

此外，由（4—8）式和（4—9）式也可以清楚地看出，解释变量 X_1 和 X_2 之间的关系由正交（独立）到函数关系（相关系数＝1）变化，其回归系数就由唯一到不确定变化。因为对于正交变量而言，相关系数和回归系数均为 0。

【例 4.4】 计量经济学的基本方法是根据样本观测总体。因此，通常总是希望拟合的样本回归方程与总体方程能够尽可能地接近。基于这种想法，下面我们来看一个例子。假设已知 X_1、X_2 与 Y 之间的关系服从下面的线性回归方程：

$$Y=10+2X_1+3X_2+U$$

现给定 X_1、X_2 的 10 个值如表 4－9 中的第三行和第四行，然后用模拟的方法产生 10 个正态随机数如表 4－9 中的第六行所示（这种模拟运用 Excel 很容易进行，只要使用 Norminv（Rand ()，0，1）函数即可，其中 Rand () 用于生成一个 0 到 1 之间的随机数，0 是均值，1 是标准误差），由上述回归方程计算的 Y 值如表 4－9 中的第二行所示，试估计 Y 的二元线性回归方程，看看会出现什么结果。

表 4－9　多重共线性的模拟数据表

序号	1	2	3	4	5	6	7	8	9	10
Y	15.99	19.14	18.54	18.06	20.30	17.45	18.84	21.46	21.68	20.91
X_1	1.1	1.4	1.7	1.7	1.8	1.8	1.9	2	2.3	2.4
X_2	1.1	1.5	1.8	1.7	1.9	1.8	1.8	2.1	2.4	2.5
Rand()	0.688	0.967	0.397	0.331	0.841	0.060	0.359	0.878	0.453	0.082
U	0.490	1.838	−0.261	−0.436	1.000	−1.552	−0.362	1.163	−0.118	−1.394

【解】 依表 4－9 中的数据进行二元线性回归分析，得到：

$$\hat{Y}=12.67-7.42X_1+10.76X_2 \qquad F=14.38$$
$$(1.49) \quad (4.81) \quad (4.525) \quad (F_{0.01}=9.5)$$

很显然，样本估计值与总体参数的差异太大。之所以出现这种情况，其原因在于两个解释变量之间的相关系数太高。经计算可知，$r_{12}=0.986$，表明两个解释变量之间是高度相关的。

这个例子表明，由于解释变量之间高度相关，因而普通最小平方估计的效果明显变坏。

2）使估计值的标准误差无穷大。

比如在二元线性回归模型中，由于：

$$D^2(\hat{\beta}_1)=\frac{\sigma_U^2\sum x_2^2}{\sum x_1^2\sum x_2^2-\left(\sum x_1x_2\right)^2}$$
$$=\frac{\sigma_U^2}{\sum x_1^2\left[1-\frac{\left(\sum x_1x_2\right)^2}{\sum x_1^2\sum x_2^2}\right]}$$
$$=\frac{\sigma_U^2}{\sum x_1^2(1-r_{X_1X_2}^2)}$$

$$D^2(\hat{\beta}_2)=\frac{\sigma_U^2\sum x_1^2}{\sum x_1^2\sum x_2^2-\left(\sum x_1x_2\right)^2}=\frac{\sigma_U^2}{\sum x_2^2(1-r_{X_1X_2}^2)}$$

定义：

$$VIF=\frac{1}{1-R_i^2}=\frac{1}{1-R_1^2}$$

VIF 被形象地称为方差膨胀因子（variance inflation factor），其中，R_i^2 是 k 元模型中第 i 个自变量对其余自变量回归时（也称作辅助回归）的拟合优度，R_1^2 是 X_1 和 X_2 回归时的拟合优度，也就是 r_{12}^2。很显然，如果 r_{12}^2 趋近于 1，则回归系数的方差趋近于无穷大。特别地，如果 r_{12}^2 为 1（即完全多重共线性），回归系数的方差和标准差没有任何意义。当然，如果 r_{12}^2 为 0（X_1 和 X_2 为正交变量），那么就不存在多重共线性，VIF 的值为 1，我们也就不必担心由于方差（标准误差）较大而带来的问题。一般经验认为，当 $VIF>10$ 时，通常都可以认为存在明显的多重共线性。

3）由于模型的精度下降，从而使预测不可靠。

4.4.2 多重共线性的检验

有学者认为多重共线性根本不需要用专门的方法检验，因为参数较大的方差就可以表明多重共线性的严重性，但也不尽然。只看方差的大小，没有一个数量界限，显然是不准确的。

(1) 相关矩阵的卡方（χ^2）检验

比如，对于二元线性回归模型有如下相关矩阵：

$$|R|=\begin{vmatrix} r_{00} & r_{01} & r_{02} \\ r_{10} & r_{11} & r_{12} \\ r_{20} & r_{21} & r_{22} \end{vmatrix}=\begin{vmatrix} 1 & r_{01} & r_{02} \\ r_{10} & 1 & r_{12} \\ r_{20} & r_{21} & 1 \end{vmatrix}$$

这里的下标 0 表示因变量。如果仅考虑解释变量，有：

$$|R|=\begin{vmatrix} 1 & r_{12} \\ r_{12} & 1 \end{vmatrix}=1-r_{12}^2$$

当 $r_{12}=1$ 时，$|R|=0$；当 $r_{12}=0$ 时，$|R|=1$。

检验的原假设和备择假设分别为：

H_0：变量为正交　H_1：变量为非正交

适用的统计量为：

$$\chi^2=-\left[n-1-\frac{1}{6}(2k+5)\right]\ln|R| \tag{4—10}$$

其中，n 为样本容量，k 为解释变量数目。

R 为解释变量的相关系数矩阵。如果解释变量较多，相关系数矩阵的行列式值的计算，可运用 Excel 中的 Mdeterm（）函数完成。适用的自由度为：

$$v=\frac{1}{2}k(k-1)$$

检验方法与其他检验方法相同，即将这里的卡方统计量与要求的显著性水平和给定自由度条件下的临界值（可由书末附录 3 的附表 6 查得）比较，若统计量大于临界值，就接受备择假设，否则就接受原假设。

以例 3.6 为例，由于流通中货币与零售物价总指数之间存在高度的线性相关关系，因而可以肯定，多重共线性是影响参数显著性的一个重要原因。应用卡方检验不难得到：

$$\chi^2=-\left(7-\frac{3}{2}\right)\ln\begin{vmatrix}1 & 0.979\,58\\ 0.979\,58 & 1\end{vmatrix}=17.65$$

查表，知：

$$\chi^2_{0.01}=6.635$$

显然，应接受备择假设。

(2) *t* 检验

卡方检验只能诊断模型是否存在多重共线性，不能断定究竟是哪些解释变量之间存在共线性。通过对偏相关系数的检验，可进一步了解究竟哪些变量之间存在多重共线性。比如，对于三元线性回归模型中的偏相关系数：

$$r_{12.3}=\frac{r_{12}-r_{13}r_{23}}{\sqrt{(1-r_{13}^2)(1-r_{23}^2)}}$$

可假定：

$$H_0: \rho_{12.3}=0 \quad H_1: \rho_{12.3}\neq 0$$

并计算：

$$t=\frac{r_{12.3}\sqrt{n-k}}{\sqrt{1-r_{12.3}^2}}$$

若该统计量小于查表值，则接受原假设。

对于每一个偏相关系数，均可如法炮制。

(3) 从属或者辅助回归

多重共线性除了解释变量之间的两两相关以外，还有一种情况是指一个或者多个解释变量是其他解释变量的线性（或接近线性）组合。对这种形式的共线性进行检验，可以通过每一个解释变量对其他解释变量进行回归并计算相应的 R^2 值而完成。其中，每一个回归都被称为从属回归或者辅助回归，该回归从属于 Y 对所有解释变量的回归。

例如，考虑 Y 对 X_i($i=1$，2，…，k) 这 k 个解释变量的回归。如果回归结果表明存在多重共线性，比如说，R^2 值很高，但解释变量的系数很少是统计显著的（这是多重共线性的典型表现），其原因就在于可能有一个或者多个解释变量是其他解释变量的线性（或接近线性）组合，找出这一组合的具体方法是：作 X_i 对其他剩余解释变量的回归，求出拟合优度 R_i^2。重复这一步骤，直到作出所有的辅助回归。

一般来说，这种辅助回归可能有多种情况。以一个四元线性回归模型为例。首先，可以作出 4 个三元线性回归模型的辅助回归；其次，还可以作出 4×3 个二元线性回归模型的辅助回归；等等。不过，必须明确，对于二元线性回归模型以下的辅助回归即解释变量之间的一元线性回归模型，不管是以哪个解释变量作为因变量，其检验结果与对偏相关系数的检验结果都应该是一致的。也就是说，对于一个三元线性回归模型来说，只需要做 3 个二元线性回归模型的辅助回归就可以了；对于一个四元线性回归模型来说，应该有 4＋4×3＝16 个辅助回归；对于一个五元线性回归模型来说，应该有 5＋5×4＋5×4×3＝85 个辅助回归；等等。

那么，如何判断哪些解释变量存在共线性呢？估计的 R_i^2 值一般介于 0 和 1 之间。如果某个解释变量不是其他变量的线性组合，则相应的辅助回归方程的 R_i^2 值不会显著不为零。反过来，如果某个解释变量是其他变量的线性组合，则该回归方程的 R_i^2 值必然会显著地不同于零。这可以根据辅助回归方程的 F 值确定。通过对每一个辅助回归的可决系数和 F 值的比较，我们便不难判断究竟哪些变量是另一些变量的线性组合。

4.4.3 多重共线性问题的克服或消除

（1）省略一些变量

省略一些参数 t 检验不显著或者辅助回归中 F 检验显著的解释变量，既可以克服多重共线性，也可以明显改善模型的优度。一般来说，对于某个被解释变量，如果需要考虑的解释变量较多，一个可行的办法是，可作多个具有较少解释变量的单方程模型，或者也可以根据变量之间的相互影响关系作一个联立方程模型。比如，如果需要考虑的解释变量有5～7个，就可以考虑作2个单方程模型；如果需要考虑的解释变量有8～10个，就可以考虑作3个单方程模型。这样多个方程互相比较，也更有利于对因变量的分析。通常，在同一个模型中，应该根据相关系数矩阵选择具有最小相关系数值的变量作为解释变量。

（2）利用已知信息

比如，在对柯布-道格拉斯生产函数的研究中，劳动力 L 和资本 K 之间总存在着密切的相关关系。因此，进行直接估计时必然会产生共线性问题。然而根据经验，两个指数的和总是在1附近徘徊，所以对 $Y=\beta_0 K^{\beta_1} L^{\beta_2}$，如果设 $\beta_1+\beta_2=1$，$\beta_2=1-\beta_1$，则有：

$$\ln\left(\frac{Y}{L}\right)=\ln\beta_0+\beta_1\ln\left(\frac{K}{L}\right)$$

取对数后再做变量代换可变为线性式。这样就不仅减少了需要估计的参数数目，也有效地避免和克服了多重共线性问题。

（3）改变模型的数学形式

设有三元需求函数：

$$Y=\beta_0+\beta_1 X_1+\beta_2 X_2+\beta_3 X_3+U$$

其中，X_1 为收入，X_2 为价格，X_3 为替代品价格。

由于价格之间经常存在共生效应，因而 X_2 和 X_3 必然高度相关，因此可将模型作如下更改：

$$Y=\beta_0+\beta_1 X_1+\beta_2\frac{X_2}{X_3}+U$$

即将原来单独使用每一个变量改为使用两个商品的比价。

（4）增加样本容量

在二元线性回归模型中，我们知道：

$$D^2(\hat{\beta}_1)=\frac{\sigma_U^2}{\sum x_1^2(1-r_{12}^2)}$$

$$D^2(\hat{\beta}_2)=\frac{\sigma_U^2}{\sum x_2^2(1-r_{12}^2)}$$

由此不难看出，增加样本容量可增加 $\sum x_1^2$ 和 $\sum x_2^2$ 的值，因而可相应减小参数方差的值。

（5）引入滞后变量进行回归

这一方法颇有些“以毒攻毒”的味道。在模型中引入滞后变量是产生多重共线性的原因之一，但为了克服共线性问题，还要在模型中引入滞后变量。当然，作为产生共线性的原因，这里指的主要是某变量的滞后变量与该变量的当期变量之间的共线问题。作为克服共线性的一种方法，这主要是指该变量的当期变量与其他变量之间的关系。以 3.8 节讨论过的案例为例。两个原解释变量的方差膨胀因子 $VIF(X_1, X_2)=24.74$，而在引入滞后变量后的两个有效模型中，$VIF(X, Z_{t-2})=9.415$，$VIF(X, Z, Z_{t-1})=10.38$（注意，括号中的第一个变量为因变量），$VIF(Z, X, Z_{t-1})=10.44$，$VIF(Z_{t-1}, X, Z)=7.35$。不难看出，在引入滞后变量之后，方差膨胀因子 VIF 明显地下降了。这一方法在计量经济学分析的实践中，也被事实证明是充分有效的一个方法。

当然，这种方法之所以管用，最重要的原因是某个解释变量对因变量的影响确确实实存在滞后效应。也正是由于这种滞后效应的存在，在引入滞后变量以后，可以更贴切和真实地反映变量之间的因果关系，因而可决系数会明显提高，参数的方差会下降，有效性会相应地提高。这也就等于缓解了多重共线性的影响。如果该解释变量不存在滞后效应，要达到这一效果也是不可能的。

(6) 尝试使用其他的参数估计方法

多重共线性是在多元分析中经常会遇到的问题。因此，围绕多重共线性，计量经济学研究者提出了多种可用的估计方法，如在第 6 章要讨论的主成分分析是可以有效克服多重共线性的有偏估计方法。但需要特别注意的是，这种方法估计的参数是有偏的，如果不是出于特别的目的，最好还是不用。

本章实验及案例分析（一）

一、实验目的

掌握检验自相关问题的基本方法，并能够采用恰当的方法进行修正。

二、模型设定

随着经济增长，人均消费支出得以提高，越来越多学者关注中国居民的消费问题。基于时间序列数据，对中国居民的边际消费倾向的测算往往会产生比较严重的序列相关问题，这就需要对其随机扰动项的自相关进行检验与修正。

消费模型可设定为：

$$Y_t=\alpha+\beta X_t+\mu_t$$

其中，Y_t 为城镇居民人均实际消费支出，X_t 为城镇居民人均实际纯收入。1995—2014 年中国城镇居民的收入与消费数据见表 4-10。

表 4-10　　1995—2014 年中国城镇居民的收入与消费数据

年份	城镇居民人均收入（元）	指数（1995=100）	城镇居民人均消费支出（元）	城镇居民人均实际纯收入（以 1995 年为 100）	城镇居民人均实际消费支出（以 1995 年为 100）
1995	4 283.0	100	3 537.57	4 283	3 537.57
1996	4 838.9	103.892 5	3 919.47	4 657.60	3 772.62
1997	5 160.3	107.440 6	4 186	4 802.93	3 896.11

续前表

年份	城镇居民人均收入（元）	指数（1995=100）	城镇居民人均消费支出（元）	城镇居民人均实际纯收入（以1995年为100）	城镇居民人均实际消费支出（以1995年为100）
1998	5 425.1	113.641 1	4 331.61	4 773.89	3 811.66
1999	5 854.0	124.216 3	4 615.91	4 712.76	3 716.03
2000	6 280.0	132.173 6	4 998	4 751.33	3 781.39
2001	6 859.6	143.403 4	5 309.01	4 783.43	3 702.15
2002	7 702.8	162.635 5	6 030	4 736.24	3 707.68
2003	8 472.2	177.264 9	6 511	4 779.40	3 673.03
2004	9 421.6	190.906	7 182	4 935.20	3 762.06
2005	10 493.0	209.231 8	7 943	5 015.01	3 796.27
2006	11 759.5	231.036 9	8 697	5 089.88	3 764.33
2007	13 785.8	259.214 6	9 997	5 318.30	3 856.65
2008	15 780.8	280.985 2	11 243	5 616.22	4 001.28
2009	17 174.7	308.439 5	12 265	5 568.24	3 976.47
2010	19 109.4	332.483 6	13 471	5 747.48	4 051.63
2011	21 809.8	360.427 6	15 161	6 051.08	4 206.39
2012	24 564.7	395.005 2	16 674	6 218.84	4 221.21
2013	26 955.1	422.672	18 487.5	6 377.31	4 373.96
2014	29 381.0	451.413 7	19 968.1	6 508.66	4 423.46

三、参数估计

使用以1995年可比价格计的城镇居民人均实际纯收入和人均实际消费支出的数据，使用EViews软件作回归分析，结果见表4-11。

表4-11　回归估计结果

Dependent Variable：Y
Method：Least Squares
Date：10/06/16　Time：19：16
Sample：1995 2014
Included observations：20

Variable	Coefficient	Std. Error	t-Statistic	Prob.
C	2 016.180	117.435 2	17.168 45	0.000 0
X	0.360 064	0.022 264	16.172 405	0.000 0

R-squared	0.935 610	Mean dependent var	3 901.598
Adjusted R-squared	0.932 033	S. D. dependent var	242.332 8
S. E. of regression	63.177 43	Akaike info criterion	11.224 41
Sum squared resid	71 844.97	Schwarz criterion	11.323 98
Log likelihood	−110.244 1	Hannan-Quinn criter.	11.243 85
F-statistic	261.546 5	Durbin-Watson stat	−0.827 725
Prob(F-statistic)	0.000 000		

四、模型检验

1. *DW*检验

由表4-11可知，该回归方程的可决系数较高，回归系数均显著。样本量$n=20$，$k=$

1，给定 $\alpha=0.05$，查 DW 统计表可知，$DL=1.201$，$DU=1.411$。由回归结果可知，$DW=0.827\ 725<DL$，说明随机扰动项之间存在正相关。

2. 图示检验

①绘制残差的时间序列图，依此判断自相关性。

点击 EViews 方程输出窗口的按钮 Resids 可得到残差图，自相关性从残差图中也可以看出，如图 4-5 所示。

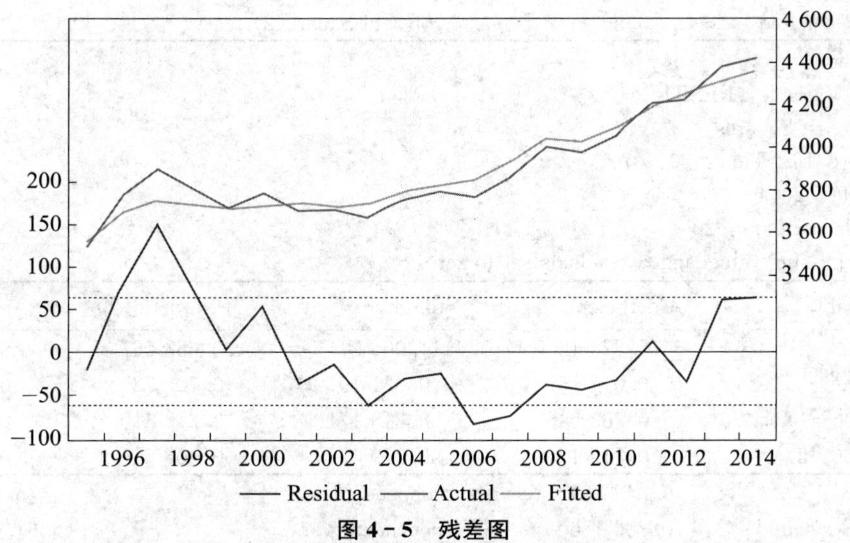

图 4-5 残差图

在图 4-5 中，残差连续为正和连续为负，表明残差项存在一阶正自相关，需要对其修正。

②根据 e_t 和 e_{t-1} 的散点图，也可以直观判断随机扰动项是否存在自相关性。在 EViews 命令窗口中输入“scat resid(−1) resid”，就可直接得到残差的散点图，见图 4-6。

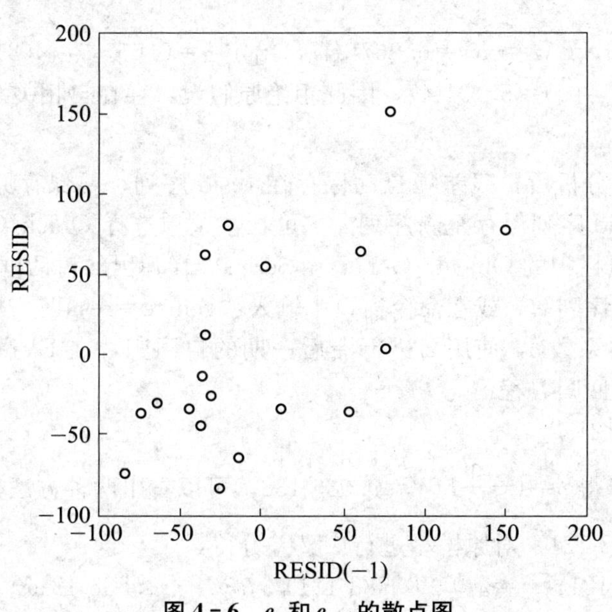

图 4-6 e_t 和 e_{t-1} 的散点图

3. BG 检验

在 EViews 的回归结果窗口中，选择“View/Residual Diagnostics/Serial Correlation LM Test”，在“lags to include”中填滞后阶数 2，可得 BG 检验的结果，见表 4－12。

表 4－12　　BG 检验结果

Breusch－Godfrey Serial Correlation LM Test：

F-statistic	4.276 855	Prob. F(2，16)	0.032 5
Obs* R-squared	6.967 347	Prob. Chi-Square(2)	0.030 7

Test Equation：
Dependent Variable：RESID
Method：Least Squares
Date：10/06/16　Time：20：07
Sample：1995 2014
Included observations：20
Presample missing value lagged residuals set to zero.

Variable	Coefficient	Std. Error	t-Statistic	Prob.
C	－75.825 12	111.006 9	－0.683 067	0.504 3
X	0.0149 59	0.021 197	0.705 725	0.490 5
RESID(－1)	0.563 846	0.248 171	2.272 010	0.037 2
RESID(－2)	0.113 175	0.279 023	0.405 614	0.690 4

R-squared	0.348 367	Mean dependent var	－5.55E－13
Adjusted R-squared	0.226 186	S. D. dependent var	61.492 39
S. E. of regression	54.092 82	Akaike info criterion	10.996 14
Sum squared resid	46 816.53	Schwarz criterion	11.195 28
Log likelihood	－105.961 4	Hannan-Quinn criter.	11.035 01
F-statistic	2.851 237	Durbin-Watson stat	1.974 378
Prob(F-statistic)	0.070 212		

由回归结果可知，$LM=nR^2=6.967\ 347$，给定 $\alpha=0.05$，$\chi^2_{0.05}(2)=5.991\ 47$，$LM=nR^2=6.967\ 347>\chi^2_{0.05}(2)=5.991\ 47$，因此拒绝原假设，存在自相关。

五、修正方法

在 EViews 回归分析后，残差项自动保存在 resid 序列，要保存原模型回归分析的残差项，首先应将 resid 序列保存至新序列 e_t。可在主菜单选择 Quick/Generate Series 或点击工作文件窗口工具栏中的 Object/ Generate Series，在弹出的对话框中输入“e＝resid”，点击 OK，得到残差序列 e_t，或在命令窗口中输入“genr e＝resid”。

为了得到自相关系数 $\hat{\rho}$，使用 e_t 进行滞后一期的自回归，在 EViews 命令窗口中输入“ls e e(－1)”，可得回归方程：

$$\hat{e}_t=0.588\ 121e_{t-1}$$

或者依照公式求得 $\hat{\rho}=1-\frac{1}{2}DW=0.586\ 138$，可以看出两种方法得到的自相关系数非常接近。取 $\hat{\rho}=0.588\ 121$，对原模型进行广义差分得：

$$Y_t-0.588\ 121Y_{t-1}=\alpha(1-0.588\ 121)+\beta_1(X_t-0.588\ 121X_{t-1})+\varepsilon_t$$

对广义差分方程进行回归，在 EViews 命令窗口中输入“ls y－0.588 121 * y(－1) c x－

0.588 121 * x(—1)”，回车后可得方程输出结果，如表 4-13 所示。

表 4-13　　广义差分法输出结果

Dependent Variable：Y—0.588 121* Y(—1)
Method：Least Squares
Date：10/07/16　Time：09：00
Sample (adjusted)：1996 2014
Included observations：19 after adjustments

Variable	Coefficient	Std. Error	t-Statistic	Prob.
C	748.861 6	94.092 51	7.958 780	0.000 0
X-0.588 121* X (—1)	0.397 738	0.041 553	9.571 909	0.000 0

R-squared	0.843 493	Mean dependent var	1 642.299
Adjusted R-squared	0.834 287	S. D. dependent var	127.207 9
S. E. of regression	51.783 63	Akaike info criterion	10.831 33
Sum squared resid	45 586.26	Schwarz criterion	10.930 74
Log likelihood	—100.897 6	Hannan-Quinn criter.	10.848 15
F-statistic	91.621 44	Durbin-Watson stat	1.775 902
Prob(F-statistic)	0.000 000		

由表 4-13 可得回归方程为：

$$\hat{Y}_t^* = 748.861\,6 + 0.397\,738 X_t^*$$

其中，$\hat{Y}_t^* = Y_t - 0.588\,121 Y_{t-1}$，$\hat{X}_t^* = X_t - 0.588\,121 X_{t-1}$。

样本容量 n 为 19，查 5%的显著性水平的 DW 统计表可知，$DL=1.18$，$DU=1.401$，模型中 $DU<DW=1.775\,902<4-DU$，说明广义差分模型中已无自相关。

$$\alpha = \frac{748.861\,6}{1-0.588\,121} = 1\,818.159$$

我们得到最终的中国城镇居民消费模型为：

$$Y_t = 1\,818.159 + 0.399\,773\,8 X_t$$

由此可知，中国城镇居民的边际消费倾向为 0.397 738，即中国城镇居民人均实际纯收入每增加 1 元，人均实际消费支出平均增加 0.399 773 8 元。

本章实验及案例分析（二）

一、实验目的

掌握检验异方差问题的基本方法，并能够采用恰当的方法进行修正。

二、模型设定

能源高投入是我国经济高速增长的一个重要原因，分析能源消费量在我国各地区经济增长中的作用，需要分析各地区能源消费量与 GDP 的关系，建立能源消费量与 GDP 的回归模型。假定各地区 GDP 与能源消费量之间满足线性约束，则理论模型设定为：

$$Y_i = \alpha + \beta X_i + \mu_i$$

其中，Y_i 表示各地区 GDP，X_i 表示各地区能源投入。我国 30 个省市自治区（不含西藏）

2014 年的 GDP 和能源消耗量如表 4-14 所示，该数据为截面数据，通常都会产生比较严重的异方差问题。

表 4-14　　2014 年我国各地区能源消费量及 GDP

地区	能源消费量（万吨标准煤）	GDP（亿元）	地区	能源消费量（万吨标准煤）	GDP（亿元）
北　京	6 831	21 330.83	河　南	22 890	34 938.24
天　津	8 145	15 726.93	湖　北	16 320	27 379.22
河　北	29 320	29 421.15	湖　南	15 317	27 037.32
山　西	19 863	12 761.49	广　东	29 593	67 809.85
内蒙古	18 309	17 770.19	广　西	9 515	15 672.89
辽　宁	21 803	28 626.58	海　南	1 820	3 500.72
吉　林	8 560	13 803.14	重　庆	8 593	14 262.60
黑龙江	11 955	15 039.38	四　川	19 879	28 536.66
上　海	11 085	23 567.70	贵　州	9 709	9 266.39
江　苏	29 863	65 088.32	云　南	10 455	12 814.59
浙　江	18 826	40 173.03	陕　西	11 222	17 689.94
安　徽	12 011	20 848.75	甘　肃	7 521	6 836.82
福　建	12 110	24 055.76	青　海	3 992	2 303.32
江　西	8 055	15 714.63	宁　夏	4 946	2 752.10
山　东	3 6511	59 426.59	新　疆	14 926	9 273.46

资料来源：《中国能源统计年鉴 2015》和《中国统计年鉴 2015》。

三、参数估计

使用 EViews 进行回归分析，结果如表 4-15 所示。

表 4-15　　回归的输出结果

Dependent Variable：Y
Method：Least Squares
Date：10/08/16　Time：10：40
Sample：1 30
Included observations：30

Variable	Coefficient	Std. Error	t-Statistic	Prob.
C	−1 941.556	3 250.669	−0.597 279	0.555 1
X	1.685 836	0.192 388	8.762 706	0.000 0

R-squared	0.732 786	Mean dependent var	22 780.95
Adjusted R-squared	0.723 243	S. D. dependent var	16 810.32
S. E. of regression	8 843.524	Akaike info criterion	21.077 10
Sum squared resid	2.19E+09	Schwarz criterion	21.170 51
Log likelihood	−314.156 5	Hannan-Quinn criter.	21.106 98
F-statistic	76.785 01	Durbin-Watson stat	0.840 358
Prob(F-statistic)	0.000 000		

理论模型为

$$\hat{Y}=-1\ 941.556+1.685\ 836X$$
$$(-0.597\ 279)\ (8.762\ 706)$$
$$R^2=0.732\ 786 \quad F=76.785\ 01$$

四、模型检验

由于不同地区经济规模和产业结构之间常常存在显著差异，这种差异使得模型很容易产生异方差，从而影响模型的估计和运用。为此，必须对该模型是否存在异方差进行检验。

1. 图形法

绘制 e_t^2 对 X_t 的散点图。在 EViews 命令窗口中输入"scat x resid^2"，可得图 4-7。

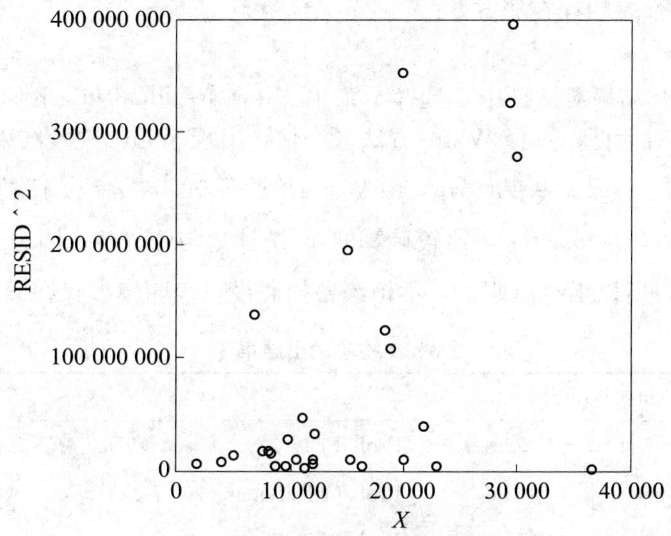

图 4-7　能源消耗量与残差平方散点图

由图 4-7 可以看出，残差平方 e_i^2 随 X_i 的变动呈增大的趋势，因此模型很可能存在异方差，但是否确实存在异方差还应通过更进一步的检验。

2. Glejser 检验和 Park 检验

首先生成 $|e_t|$ 序列，再分别采用不同的函数形式回归，根据拟合优度及显著性判断是否存在异方差。在 EViews 回归结果对话框中，选择子菜单 View/Residual Diagnostic/Heteroskedasticity Tests，弹出对话框，选择 Glejser 方法，并在 Regressors 中填写对应的自变量，经估计出现检验结果。

或在 EViews 命令窗口中输入"genr e=resid"，再分别输入：

```
ls e c x
ls e c x^2
ls e c x^0.5
ls e c 1/x
ls e c 1/x^0.5
ls log(e^2) c log(x)
ls e^2 c x
```

得到回归方程：

$$|e_t|=1\ 446.548+0.330\ 042X_t$$
$$(0.748\ 489)(2.885\ 476)$$

$$|e_t|=4\ 049.648+0.000\ 007\ 84X_t^2$$
$$(3.044\ 85)(2.511\ 593)$$

$$|e_t|=-3\ 052.407+80.427\ 05\sqrt{X_t}$$
$$(-0.902\ 106)\quad(2.878\ 43)$$

$$e_t^2=-372\ 059\ 87+7\ 514.579X_t$$
$$(-1.019\ 979)\quad(3.480\ 795)$$

上述回归方程都表明存在异方差。

3. White 检验

在 EViews 回归结果对话框中，选择子菜单 View/Residual Diagnostic/Heteroskedasticity Tests，弹出对话框，选择 White 方法，经估计出现 White 检验结果，见表 4－16。

从结果可以看出，$nR^2=9.146\ 514$，由 White 检验可知，在 $\alpha=0.05$ 的条件下，查 χ^2 分布表，得临界值 $\chi^2_{0.05}(2)=5.991\ 5$，比较计算的 χ^2 统计量与临界值，因为 $nR^2=9.146\ 514>\chi^2_{0.05}(2)=5.991\ 5$，所以拒绝原假设，不拒绝备择假设，表明模型存在异方差。

表 4－16　　White 检验输出结果

Heteroskedasticity Test：White

F-statistic	5.921 213	Prob. F(2，27)	0.007 4
Obs* R-squared	9.146 514	Prob. Chi－Square(2)	0.010 3
Scaled explained SS	9.846 196	Prob. Chi－Square(2)	0.007 3

Test Equation：
Dependent Variable：RESID^2
Method：Least Squares
Date：10/07/16　Time：11：55
Sample：1 30
Included observations：30

Variable	Coefficient	Std. Error	t-Statistic	Prob.
C	−56 336 055	68 319 741	−0.824 594	0.416 8
X^2	−0.076 594	0.229 774	−0.333 347	0.741 4
X	10 310.18	8 668.699	1.189 357	0.244 7

R-squared	0.304 884	Mean dependent var	72 994 060
Adjusted R-squared	0.253 394	S. D. dependent var	1.17E+08
S. E. of regression	1.01E+08	Akaike info criterion	39.790 82
Sum squared resid	2.75E+17	Schwarz criterion	39.930 94
Log likelihood	−593.862 4	Hannan-Quinn criter.	39.835 65
F-statistic	5.921 213	Durbin-Watson stat	1.365 034
Prob(F-statistic)	0.007 375		

4. 戈德费尔德-匡特检验

首先对观察值按解释变量的大小排序，在 EViews 命令窗口中输入“sort x”。

确定样本数，排除中间约 1/4 的观测值，$c=n/4$，为了使两个子样本数相等，取 $c=7$。分别对两个子样本回归。

确定第一个子样本，在命令窗口中输入“smpl 1 11”；再输入“ls y c x”；求得 $RSS_1=232\ 000\ 000$；

确定第二个子样本，在命令窗口中输入“smpl 20 30”；再输入“ls y c x”；求得 $RSS_2=1\ 520\ 000\ 000$；

可得：$F=\dfrac{RSS_2}{RSS_1}=6.55$。

取 $\alpha=0.05$，查表知 $F_{0.05}(9, 9)=3.18$，$F=6.55>3.18$，所以存在递增的异方差。

五、异方差的修正

在运用加权最小平方法（WLS）估计的过程中，我们分别选用权数：$\dfrac{1}{X_t}$，$\dfrac{1}{X_t^2}$，$\dfrac{1}{\sqrt{X_t}}$，$\dfrac{1}{|e_t|}$进行回归分析。在 EViews 命令窗口中输入“ls(w=?) y c x”，“?”处填入所选用的权数；或点击主菜单 Quick/Estimation Equation，在弹出的对话框 Equation Estimation 中输入“y c x”，点击 Option，在对话框的 Weights Type 中选择 Inverse std. dev，再在 Weight series 中分别输入“1/x”“1/x^2/”“1/sqrt(x)”“1/abs(e)”，比较估计结果。下面仅给出用权数$\dfrac{1}{X_t}$进行分析的结果，如表 4-17 所示。

估计结果如下：

$$\hat{Y}_i=17.265\ 59+1.529\ 562X_i$$

再次使用 White 检验，检验结果见表 4-18，可以判断模型已经消除异方差问题。

表 4-17　　加权回归输出结果

Dependent Variable：Y
Method：Least Squares
Date：10/08/16　Time：10：47
Sample：1 30
Included observations：30
Weighting series：1/X
Weight type：Inverse standard deviation（EViews default scaling）

Variable	Coefficient	Std. Error	t-Statistic	Prob.
C	17.265 59	1 140.237	0.015 142	0.988 0
X	1.529 562	0.161 456	9.473 564	0.000 0

Weighted Statistics			
R-squared	0.762 205	Mean dependent var	14 750.94
Adjusted R-squared	0.753 712	S. D. dependent var	5 692.279
S. E. of regression	5 793.011	Akaike info criterion	20.231 03
Sum squared resid	9.40E+08	Schwarz criterion	20.324 45
Log likelihood	−301.465 5	Hannan-Quinn criter.	20.260 92

续前表

F-statistic	89.748 41	Durbin-Watson stat	0.577 239
Prob(F-statistic)	0.000 000	Weighted mean dep.	7 936.921
		Unweighted Statistics	
R-squared	0.726 084	Mean dependent var	22 780.95
Adjusted R-squared	0.716 301	S. D. dependent var	16 810.32
S. E. of regression	8 953.750	Sum squared resid	2.24E+09
Durbin-Watson stat	0.867 558		

表 4-18　　White 检验结果

Heteroskedasticity Test：White

F-statistic	2.120 621	Prob. F(2，27)	0.139 5
Obs* R-squared	4.072 733	Prob. Chi-Square(2)	0.130 5
Scaled explained SS	3.833 402	Prob. Chi-Square(2)	0.147 1

Test Equation：
Dependent Variable：WGT _ RESID^2
Method：Least Squares
Date：10/08/16 Time：10：48
Sample：1 30
Included observations：30
Collinear test regressors dropped from specification

Variable	Coefficient	Std. Error	t-Statistic	Prob.
C	−8 534 962	21 088 134	−0.404 728	0.688 9
X * WGT^2	6 080.956	2 962.331	2.052 761	0.049 9
WGT^2	−10 061 749	5 297 673	−1.899 277	0.068 3

R-squared	0.135 758	Mean dependent var	31 321 714
Adjusted R-squared	0.071 740	S. D. dependent var	46 831 123
S. E. of regression	45 120 036	Akaike info criterion	38.182 19
Sum squared resid	5.50E+16	Schwarz criterion	38.322 31
Log likelihood	−569.732 9	Hannan-Quinn criter.	38.227 02
F-statistic	2.120 621	Durbin-Watson stat	1.359 617
Prob(F-statistic)	0.139 502		

课后思考及练习题

1. 如何避免模型的设定误差？根据不同的研究目的，应如何对参数的有效性和无偏性进行取舍？

2. 为什么会产生自相关？它会导致什么后果？

3. 异方差会导致什么严重后果？应如何判断异方差的形式？知道异方差的形式有何作用？

4. 为什么会产生多重共线性？它会导致什么后果？

5. DW 检验适用于什么场合？如何根据 DW 统计量判断自相关性？

6. 对本书第 3 章课后的习题 6 直接进行回归，并进行自相关检验，并运用广义差分法进行处理。

7. 运用 4.4.2 节中介绍的方法检验本书第 3 章课后习题 5 中样本数据的多重共线性，查明多重共线的变量并进行处理。

8. 出口规模的不断扩大是我国能源消费总量不断上升的重要原因之一。表 4-19 给出了 2000—2014 年我国出口总额（X）和能源消费总量（Y）的数据。请根据所给的数据，进行如下分析：

（1）分别按照线性回归模型和双对数模型进行估计，判断哪个模型更合适；

（2）根据 DW 值与 Breusch-Godfrey 检验判断模型是否存在自相关；

（3）运用广义差分法对模型进行估计。

表 4-19　　2000—2014 年我国出口总额和能源消费总量

年份	出口总额（亿元）（X）	能源消费总量（万吨标准煤）（Y）
2000	20 634	146 964
2001	22 024	155 547
2002	26 948	169 577
2003	36 288	197 083
2004	49 103	230 281
2005	62 648	261 369
2006	77 597	286 467
2007	93 564	311 442
2008	100 395	320 611
2009	82 030	336 126
2010	107 023	360 648
2011	123 241	387 043
2012	129 359	402 138
2013	137 131	416 913
2014	143 884	425 806

9. 用戈德费尔德-匡特检验确定某三元线性回归模型是否存在异方差。样本量为 40，把可能引起异方差的解释变量由小到大排序，去掉中间 10 个样本，将原样本分为两个子样本，分别回归得到残差平方和为 210 和 125，试判断是否存在异方差。

10. 熟悉 EViews 软件的序列生成和编程功能。

11. 试解释下面给出的概念：

（1）设定误差；

（2）自相关；

（3）异方差；

（4）多重共线性；

（5）广义差分法；

（6）广义最小平方法。

12. 请完成下面的选择题：

(1) DW 统计量的取值范围为（　　）。

A. $-1 \leqslant DW \leqslant 1$　　B. $0 \leqslant DW \leqslant 4$

C. $0 \leqslant DW \leqslant 1$　　D. $-4 \leqslant DW \leqslant 4$

(2) 下列各式表示自相关的是（　　）。

A. $\text{Cov}(X_t, \mu_t)=0$　　B. $\text{Cov}(\mu_t, \mu_s)=0(t \neq s)$

C. $\text{Cov}(X_t, \mu_t) \neq 0$　　D. $\text{Cov}(\mu_t, \mu_s) \neq 0(t \neq s)$

(3) 当 DW 值等于零时，说明随机扰动项之间（　　）。

A. 正自相关　　B. 无自相关　　C. 负自相关　　D. 不能判定

(4) 根据一个 $n=30$ 的样本，估计一元回归模型，得到 $DW=1.4$，已知在 5%的显著性水平下，$DL=1.35$，$DU=1.49$，则认为原模型（　　）。

A. 存在正的一阶自相关　　B. 存在负的一阶自相关

C. 不存在一阶自相关　　D. 无法判断是否存在一阶自相关

(5) White 检验可用来检验（　　）。

A. 自相关　　B. 随机变量问题　　C. 多重共线性　　D. 异方差问题

(6) 线性回归模型 $Y_i=\beta_0+\beta_1 X_i+\mu_i$，若 $\text{Var}(\mu_i)=\sigma^2 X_i^2$，则使用加权最小平方法估计的权数应为（　　）。

A. X_i^2　　B. $\dfrac{1}{X_i^2}$　　C. X_i　　D. $\dfrac{1}{X_i}$

(7) 当存在异方差问题时，估计模型参数时应当采取的方法是（　　）。

A. 加权最小平方法　B. 工具变量法　　C. 广义差分法　　D. 普通最小平方法

(8) 下列几种情况被认为存在明显的多重共线性的是（　　）。

A. $VIF=1$　　B. $VIF>10$　　C. $VIF<1$　　D. $VIF<10$

(9) 下列关于异方差检验叙述正确的是（　　）。

A. 通过图示法可以精确判断模型是否存在异方差性

B. 戈德费尔德-匡特检验需要对样本进行排序

C. 戈德费尔德-匡特检验不需要对样本进行排序

D. White 检验需要对样本进行排序

(10) 如果戈德费尔德-匡特检验拒绝原假设，则认为（　　）。

A. 不存在异方差性　　B. 不存在自相关性

C. 存在异方差性　　D. 存在自相关性

(11) 在多元线性回归模型中，若解释变量 X_1 和 X_2 的观测值成正比，即 $X_1=kX_2$，其中 k 为非零常数，则表明模型中存在（　　）。

A. 异方差性　　B. 多重共线性

C. 自相关性　　D. 模型设定误差

(12) 采用一阶差分模型克服一阶自相关问题适用于（　　）情况。

A. $\rho \approx 0$　　B. $\rho \approx 1$

C. $-1<\rho<0$　　D. $0<\rho<1$

上篇总复习

一、正误判断题

（共40题，作为一种练习，你最好能够把错误的命题改正过来。）

1. 计量经济学公认的创始人是丁伯根。[　　]
2. 计量经济学诞生于19世纪末期。[　　]
3. 计量经济学是在数理经济学发展的基础上形成的。[　　]
4. 计量经济学方法是一种经过修正的统计方法。[　　]
5. 经济理论可用于估计计量经济模型的参数。[　　]
6. 数理经济学通常可用于研究经济现象中的随机因素。[　　]
7. 计量经济学通常不包括政策模拟。[　　]
8. 应用计量经济学的研究对象是参数的估计理论。[　　]
9. 滞后变量即当前变量的前期变量。[　　]
10. 政策变量通常可用作工具变量。[　　]
11. 单方程的内生变量都是因变量。[　　]
12. 使用截面数据估计参数常常会产生序列相关问题。[　　]
13. 使用时序资料估计参数常常会产生异方差问题。[　　]
14. 解释变量和被解释变量之间常常会发生多重共线性。[　　]
15. 正态分布属于离散型变量分布。[　　]
16. t 分布的分布形式与自由度无关。[　　]
17. F 分布的形式是由两个变量的自由度确定的。[　　]
18. 常数的期望等于0。[　　]
19. 常数的方差为常数。[　　]
20. 计量经济学所研究的经济问题都是函数关系。[　　]
21. 随机扰动项通常不包括模型的设定误差。[　　]
22. 零均值假定说明，观测值在回归直线两旁的分布是等可能的。[　　]

23. 常方差假定说明，随机扰动项的大小与解释变量无关。[ ]

24. 回归直线一般都通过平均数点。[ ]

25. 理论估计值的平均数与样本均值总是相等的。[ ]

26. 样本方程式也就是样本回归直线。[ ]

27. 无偏性是回归方程的重要特性。[ ]

28. 最小平方估计式的有效性即最小方差特性。[ ]

29. 随机变量与其标准误差的比称作概率度。[ ]

30. 在 t 分布中样本容量越大，概率度的临界值也就越大。[ ]

31. 拟合优度的平方根就是相关系数。[ ]

32. 回归方程未解释的变差的百分比等于拟合优度的补数。[ ]

33. 如果回归方程是：$\hat{Y}=a+bX$，则有：$X=-\frac{a}{b}+\frac{1}{b}\hat{Y}$。[ ]

34. 假设检验通常是根据给定的原假设检验备择假设。[ ]

35. 假设检验中要求的显著性水平越高（α 越小），接受原假设的可能性就越大。[ ]

36. 根据回归方程预测未来与观测值样本无关。[ ]

37. 多元回归中解释变量越多，总平方和就越大。[ ]

38. 偏相关系数是当其他变量固定时两变量间的相关系数。[ ]

39. 方差分析中组内变差即随机误差。[ ]

40. 模型设计中遗漏重要解释变量会使系数的估计值产生偏误。[ ]

二、选择题

（共 30 题，除最后 3 个题属于多项选择题外，其余均为单项选择题。）

41. Econometrics 是由________首先提出的。

A. 弗里希　　B. 马歇尔　　C. 费歇尔　　D. 丁伯根

42.《计量经济学》杂志的定期出版是在________年。

A. 1933　　B. 1930　　C. 1935　　D. 1926

43. 最早用数字阐述经济现象的是________一书。

A. 经济学　　B. 政治算术　　C. 国富论　　D. 经济学原理

44. 可用于先验地确定模型中参数的符号和大小的是________。

A. 概率论　　B. 经济理论　　C. 数学　　D. 统计学

45. 假定在函数 $y=a+bx$ 中，x 和 y 分别代表个人收入和消费支出，则 a 和 b 的取值预期为________。

A. $a<0$，$b<0$　　B. $a>0$，$0<b<1$

C. $a>0$，$b<0$　　D. $a<0$，$b>0$

46. 在生产函数的三阶段理论中，合理的生产阶段是________。

A. 第二阶段　　B. 第一和第二阶段

C. 第一阶段　　D. 第三阶段

47. 合理生产阶段的特点是________。

A. $0<MPP<APP$　　B. TPP 最大

C. $MPP<0$　　D. $MPP>APP$

48. 目标变量在单方程模型中都是________。

A. 政策变量　　B. 非政策变量　　C. 内生变量　　D. 外生变量

49. 前定变量是指________。

A. 外生变量与滞后变量　　B. 滞后变量

C. 内生变量　　D. 外生变量

50. 由随机变量均值和标准误差所确定的概率分布是________。

A. F 分布　　B. t 分布　　C. 正态分布　　D. 卡方分布

51. 观测值的先后取值互相独立，这是由随机变量的________假定决定的。

A. 常方差　　B. 无序列相关　　C. 零均值　　D. 正态性

52. 观测值离回归直线越近，分布密度就越大，这是由________假定决定的。

A. 常方差　　B. 无序列相关　　C. 正态性　　D. 不完全共线性

53. 如果随机变量的期望与总体真值相等则称该随机变量具有________。

A. 无偏性　　B. 线性特性　　C. 一致性　　D. 有效性

54. 如果某一随机变量具有最小方差特性，则称它具有________。

A. 一致性　　B. 线性特性　　C. 无偏性　　D. 有效性

55. 在 DW 检验中，DW 统计量的分布形式是由________决定的。

A. F 分布　　B. t 分布　　C. 两个极限分布　　D. 正态分布

56. 如果回归方程是：$\hat{Y}=\overline{Y}$，则拟合优度应为________。

A. 0　　B. 小于 1　　C. 小于 0　　D. 1

57. 假设检验中如果概率度统计量大于临界值，则说明________。

A. H_0 假 H_1 真　　B. H_0 和 H_1 同真　　C. H_0 真 H_1 假　　D. H_0 和 H_1 同假

58. 在 $\hat{Y}_F$ 的区间预测中，区间的大小取决于________。

A. X_F　　B. $\overline{X}$　　C. $X_F-\overline{X}$　　D. $X_F+\overline{X}$

59. 在 F 检验中，F 统计量可以说明________。

A. 单位自由度的条件变差　　B. 单位自由度的随机误差

C. $A-B$　　D. A/B

60. 在单因素方差分析中，相当于回归平方和的是________。

A. 组内平方和　　B. 组间平方和　　C. $A+B$　　D. $A-B$

61. 模型中遗漏重要解释变量的后果是________。

A. 使参数不一致　　B. 使参数的方差变大

C. 使参数失效　　D. 使参数产生偏误

62. 在模型中引入不相关变量的后果是________。

A. 使参数失效　　B. 使参数产生偏误

C. 使参数不一致　　D. 使参数的有效性降低

63. 自相关的主要危害是使得参数的方差________。

A. 变小　　B. 增大　　C. A 或 B　　D. 不发生变化

64. 在 DW 检验中，正自相关区域是________。

A. $DU<DW<4-DU$　　B. $DL<DW<DU$

C. $DW<DL$　　D. $4-DU<DW<4-DL$

65. 当残差与 X 的等级相关系数为 1 时，常方差假定________。

A. 不满足　　B. 不受影响　　C. 基本满足　　D. 满足

66. 如果多元线性模型中解释变量均为正交变量，则相关系数矩阵的行列式值________。

A. 小于 1　　B. 等于 1　　C. 小于 0　　D. 等于 0

67. 离差正规方程的建立是残差平方和对于________微分的结果。

A. 每一变量　　B. 全部自变量　　C. 每一参数　　D. 每一系数

68. 假设检验中属于双尾检验的包括________。

A. χ^2 分布检验　　B. F 分布检验　　C. t 分布检验　　D. 正态分布检验

69. 在 t 分布的区间估计中影响区间大小的间接因素是________。

A. 标准误差　　B. 样本容量　　C. 显著性水平　　D. 概率度

70. 在正态分布的区间估计中影响区间大小的直接因素是________。

A. 标准误差　　B. 显著性水平　　C. 概率度　　D. 样本均值

三、填空题

（共 10 小题，含 30 个空。）

71. 弗里希认为，计量经济学是________、________和________的结合。

72. 计量经济学的主要特点：一是________；二是________；三是联系经济现象中客观存在的________。

73. 计量经济学的两个主要门类是：________计量经济学和________计量经济学。

74. 计量经济学研究的主要程序是：第一步________；第二步________；第三步________；第四步________。

75. 经济变量间的两类主要关系是，确定的________和非确定的________。

76. 模型中的随机扰动项必须遵循的四个基本假定包括：一是________；二是________；三是________；四是________。

77. 随机扰动项的主要内容包括：1. ________；2. ________；3. ________；4. ________。

78. 区间估计中区间的大小一般取决于________和________的大小。

79. 拟合优度是________与________的比率，二变量模型拟合优度的平方根称作________。

80. 假设检验中常犯的两类错误分别称作________和________，当一元线性模型确定后，弹性系数的大小主要就由________确定。

四、条件分析题

这种类型的练习也可以叫做逻辑判断题。它类似于美国、加拿大等国的研究生管理科学入学考试（Graduate Management Admission Test，GMAT）数学部分中的数据充分性（data sufficiency）问题。所给出的命题一般有两个条件，其充分性均有五种可能情况：

A. （1）充分，（2）不充分；

B. （2）充分，（1）不充分；

C. 两者一起才是充分的；

D. 每一个在单独情况下都是充分的；

E. 两者一起也不充分，必须补充数据。

请根据要求在每一命题之后的方括号中填入你的选项。

81. 欲知某商品的需求弹性，已知：

(1) 当价格下降 1%时，销量上升 2%

(2) 当价格上升 2%时，销量下降 6% [　　]

82. 欲知概率度，依标准正态分布，已知：

(1) $P(x \geqslant z)=0.05$　　(2) $\mu=0$，$\sigma=1$ [　　]

83. 欲知概率度，依 t 分布，已知：

(1) $V=10$　　(2) $\alpha=0.01$ [　　]

84. 欲知 $\sum_{i=1}^{n}\sum_{j=1}^{m}X_iY_j$，已知：

(1) $\sum_{i=1}^{n}X_i+\sum_{j=1}^{m}Y_j=1\ 000$　　(2) $\sum_{i=1}^{n}X_i=600\quad\sum_{j=1}^{m}Y_j=400$ [　　]

85. 欲知 $D^2(kX+Y)$，已知：

(1) $k=8$　　(2) $D^2(X)=4$ [　　]

86. 欲知 $\hat{Y}=\hat{\alpha}+\hat{\beta}X$ 中的 $\hat{\beta}$，已知：

(1) $\mathrm{Cov}(X, Y)=200\quad D^2(X)=500$

(2) $\sum XY=8\ 000\quad\sum X^2=6\ 000$ [　　]

87. 欲知 $\hat{Y}=\hat{\alpha}+\hat{\beta}X$ 中的 $\hat{\alpha}$，已知：

(1) $\hat{\beta}=0.8$　　(2) $\overline{X}=100$ [　　]

88. 欲估计 $Y=\alpha+\beta X+U$ 中 β 的 95%的置信区间，依正态分布，已知：

(1) $\hat{\beta}=20$　　(2) $Se(\hat{\beta})=5$ [　　]

89. 依 $\hat{Y}=100+2X$ 欲估计 $E_{\overline{X}}$，已知：

(1) $\overline{X}=100$　　(2) $\overline{Y}=300$ [　　]

90. 欲检验 $\hat{Y}=60+0.4X$ 中常参数的可靠性，已知：

(1) $n=12$　　(2) $Se(\hat{\alpha})=15$ [　　]

91. 依 $\hat{Y}=80+1.2X$，欲求 X 与 Y 的相关系数，已知：

(1) $\sum x^2=3\ 000$　　(2) $\sum y^2=5\ 000$ [　　]

92. 在多元模型中，回归系数方差中两个共同的因子是：

(1) $\frac{1}{|A|}\quad\hat{\sigma}_U^2$　　(2) $|A|\quad\sigma_U^2$ [　　]

93. 欲知 $\overline{R}^2$，已知：

(1) $\sum\hat{y}^2=8\ 000\quad\sum e^2=2\ 000$　　(2) $R^2=0.8\quad\frac{k}{n-1}=0.25$ [　　]

94. 在一元模型中，欲检验回归系数的可靠性，已知：

(1) $r=0.9\quad n=12$　　(2) $\hat{\beta}=2.4\quad Se(\hat{\beta})=0.8$ [　　]

95. 欲检验对模型施加约束后参数的可靠性，已知：

(1) $\sum e_R^2$(约束平方和) $=9\ 000$　　$\sum e_0^2$(无约束平方和) $=8\ 000$

(2) $n=15$ k(无约束参数数目)$=2$ [　　]

96. 欲对残差样本进行 DW 检验以查明自相关，已知：

(1) $\hat{\alpha}$（自相关系数）=0.4　　(2) $n=18$　$k=2$ [　　]

97. 欲检验残差样本的等级相关系数以查明异方差，已知：

(1) $\sum d^2 = 85$　$n = 18$　　(2) $r_{eX}=0.6$　$v=15$ [　　]

98. 欲应用 χ^2 检验查明三变量模型的多重共线性，已知：

(1) $r_{12}=0.7$　$n=20$　　(2) $|R|=0.6$　$k=2$ [　　]

99. 根据一元线性模型欲估计 $E(Y_F)$ 95%的预测区间，已知：

(1) $\hat{Y}_F=2\ 000$　$\hat{\sigma}_u=12$　　(2) $X_F=100$　$Se(\hat{Y}_F)=18$　$n=15$ [　　]

100. 欲对某单因素的不同水平进行方差分析，已知：

(1) k(水平数)=3　n(重复数)=5　　(2) RSS（条件变差）=640 [　　]

下篇：提高篇

第 5 章

单方程模型的其他形式

§5.1 虚拟因变量模型

虚拟变量作为一种变量类型，既可以作为自变量，也可以作为因变量。只是当虚拟变量作为因变量时，无法直接用 OLS 方法估计模型中的参数。

5.1.1 模型中设置虚拟因变量的必要性

在现实生活中，对于许多事情人们常常会持有两种截然不同的态度，因而必然会有两种截然不同的选择。比如：

1）在调查社会公众对发行公债的态度时，一般会得到如“赞成”或“反对”、“购买”或“不购买”之类的两种选择。究竟持何种态度和行为，无疑与调查对象的知识水平和收入状况等因素有关。

2）在对学龄儿童的入学率进行考察时，无疑只能有两种结果，即“在读”或“辍学”。究竟是何种情况，无疑与所在家庭的经济状况或收入水平及家庭结构有关（日本成年女性的就业情况也是如此）。

3）对于耐用消费品（比如汽车、住房等）的拥有情况进行调查，可能的情况无疑也只能是两种，即“拥有”或“没有”。究竟是何种情况，显然与个人收入状况有着密切的关系。

4）调查某一种药品是否有效，显然也只能是两种结果，即“有效”或“无效”。究竟是何种情况，取决于患者的病史、年龄等多种相关因素。

对于上述多种情况，可以引入二进制变量 Y_i，设模型的形式为：

$$Y_i=\beta_0+\beta_1 X_{1i}+\cdots+\beta_k X_{ki}+U_i \tag{5—1}$$

其中：

$$Y_i=\begin{cases}1 & 表示“赞成”“在读”“拥有”“有效”等\\ 0 & 表示“反对”“辍学”“没有”“无效”等\end{cases}$$

k 是相关因素数目。

显然，在 $E(U_i)=0$ 的条件下，应有：

$$E(Y_i|X_i)=\beta_0+\beta_1X_{1i}+\cdots+\beta_kX_{ki} \tag{5—2}$$

如果以 p_i表示 $Y_i=1$ 的概率，则 $1-p_i$便是 $Y_i=0$ 的概率，于是 Y_i的概率分布便是：

$$\begin{array}{cc} Y_i & P(Y_i) \\ \end{array}$$
$$\begin{bmatrix}1 & p_i\\ 0 & 1-p_i\end{bmatrix}$$

因此，应有：

$$E(Y_i)=1\cdot p_i+0\cdot(1-p_i)=p_i \tag{5—3}$$

结合（5—2）式和（5—3）式，显然应有：

$$E(Y_i|X_i)=\beta_0+\beta_1X_{1i}+\cdots+\beta_kX_{ki}=p_i \tag{5—4}$$

这就说明，因变量 Y_i的条件期望可以解释为第 i 个调查对象取 1 的概率，或者说，是第 i 个调查对象赞成、在读、拥有或有效的概率。由于概率 p_i的数值要求必须介于 0 和 1 之间，所以 Y_i的条件期望必须满足：

$$0\leqslant E(Y_i|X_i)\leqslant 1$$

也正是由于 Y_i的条件期望具有概率含义，所以模型（5—1）称作**线性概率模型**。由于其中的 Y_i 只取 0 或 1，所以模型也称作**二元选择模型**。

在线性概率模型中，回归系数通常被解释为当相应的自变量改变 1 个单位时，发生某件事（即因变量取 1）的条件概率的变动值。假定在模型（5—1）中，$k=1$，Y_i表示居民对小车的拥有情况，X_i为以万元为单位的家庭年收入，如果 $\beta_1=0.05$，就意味着当一个家庭比另一个家庭年收入多 1 万元时，这个家庭拥有小汽车的机会就比另一个家庭大 5%。

5.1.2 线性概率模型的估计方法

模型（5—1）在形式上与普通线性回归模型没有什么不同，因此无疑可以用 OLS 方法估计其中的参数。

【例 5.1】 一个地区每百户是否拥有 1 辆以上的家用汽车，无疑与该地区的人均生产总值有关。表 5-1 给出了我国 2004 年 31 个地区的有关资料。

表 5-1　　2004 年我国 31 个地区每百户家用汽车情况

地　区	每百户拥有家用汽车	是否1辆以上	地区人均生产总值（万元/人）	地　区	每百户拥有家用汽车	是否1辆以上	地区人均生产总值（万元/人）
北　京	12.64	1	3.705 8	河　南	0.76	0	0.947
天　津	2.33	1	3.155	湖　北	0.31	0	1.05
河　北	2.23	1	1.291 8	湖　南	0.56	0	0.911 7
山　西	1.23	1	0.915	广　东	6.56	1	1.970 7

续前表

地　区	每百户拥有家用汽车	是否1辆以上	地区人均生产总值（万元/人）	地　区	每百户拥有家用汽车	是否1辆以上	地区人均生产总值（万元/人）
内蒙古	3.47	1	1.130 5	海　南	2.25	1	0.945
辽　宁	0.42	0	1.629 7	重　庆	0.33	0	0.960 8
吉　林	1.16	1	1.093 2	四　川	2.14	1	0.811 3
黑龙江	0.95	0	1.389 7	贵　州	0.38	0	0.421 5
上　海	3.60	1	5.530 7	云　南	6.91	1	0.673 3
江　苏	1.83	1	2.070 5	西　藏	2.00	1	0.777 9
浙　江	3.52	1	2.394 2	陕　西	0.35	0	0.775 7
安　徽	0.53	0	0.776 8	甘　肃	0.23	0	0.597
福　建	1.42	1	1.721 8	青　海	0.67	0	0.860 6
江　西	0.36	0	0.818 9	宁　夏	0.36	0	0.788
山　东	2.51	1	1.692 5	新　疆	0.79	0	1.119 9
广　西	0.48	0	0.719 6				

资料来源：《中国统计年鉴 2005》。

应用表 5-1 的数据进行回归，得到的结果如下：

$$\hat{Y}=0.212+0.216X \quad F=7.486$$

$$(0.139)\ (0.079)\ (F_{0.05}=4.18)$$

显然，回归系数是显著的，模型的总显著性也是不错的。该模型表明，一个地区的人均生产总值每增加 1 万元，该地区每百户拥有一辆以上家用汽车的概率将增加 21.6%。在这里，常参数非零表明，一个地区每百户是否拥有 1 辆以上的家用汽车，除了受该地区人均生产总值的影响以外，还受到其他因素的影响。因为在一元线性模型中，常参数在某种程度上反映了其他相关因素对因变量影响的累积（参见 3.5 节关于正交变量模型的讨论）。

不过，由于 Y 是虚拟变量，这里存在几个不同于一般回归模型的新问题。

1. 随机扰动项 U 不服从正态分布

由于在模型（5—1）中 Y 是二值变量，U 因而也必然为二值变量，这时对 U 再做正态性假定已不可能。根据（5—1）式和（5—4）式，应有：

$$U_i=Y_i-p_i \tag{5—5}$$

亦即：

$$U_i=\begin{cases}1-p_i & （当\ Y_i=1\ 时）\\ -p_i & （当\ Y_i=0\ 时）\end{cases}$$

这就是说，对于一定的 X，U 只有两种可能与之对应。所以，U 的分布一定不是连续型的正态分布。

2. 随机扰动项 U 具有异方差

对于模型（5—1），即使 $E(U_i)=0$，$E(U_iU_j)=0$，U 也不可能保持常方差。我们已经知道，U 有如下分布：

$$\begin{matrix} U_i & P(U_i) \\ \end{matrix}$$
$$\begin{pmatrix} 1-p_i & p_i \\ -p_i & 1-p_i \end{pmatrix}$$

所以，在 $E(U_i)=0$ 的条件下，应有：

$$D^2(U_i)=E(U_i^2)=(1-p_i)^2 p_i+(-p_i)^2(1-p_i)=(1-p_i)p_i$$

显然，由于 p_i 对于不同的自变量 X_i 有不同的值，所有 U 必然具有异方差，即方差不再为常数而成为变数。在第 4 章我们已经知道，异方差将使得 OLS 估计量的方差增大或减小，因而将使得对参数的可靠性检验结果变得不可信。所以，在采用 OLS 方法对线性概率模型进行估计时，必须先处理异方差问题。当处理异方差问题时，用 Y 的估计值代替 p 即可。

3. 条件 $0\leqslant E(Y_i|X_i)\leqslant 1$ 不完全满足

由于 Y 只能取 0 或 1 两个值，所以观测值的分布在 $k=1$ 的情况下必然如图 5－1 所示。记回归直线与直线 $Y=0$ 和 $Y=1$ 的交点横坐标分别为 X_0 和 X_1，则很显然，当 $X<X_0$ 时，$E(Y|X)<0$；当 $X>X_1$ 时，$E(Y|X)>1$（注意，期望值必在回归直线上）。所以，在使用线性概率模型的情况下，通常需要规定：当 $E(Y|X)<0$ 时，Y 的估计值取 0；当 $E(Y|X)>1$ 时，Y 的估计值取 1。

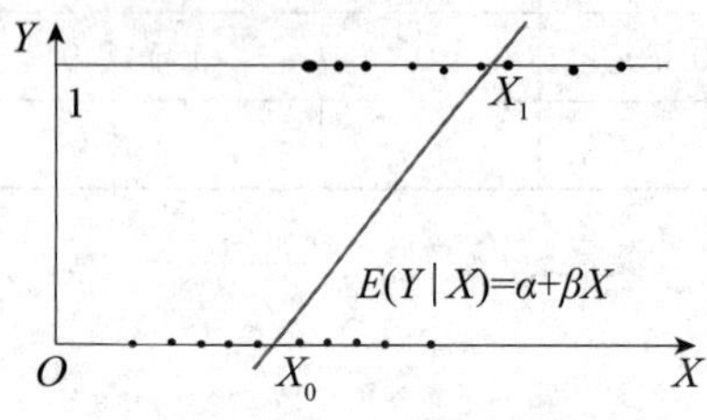

图 5－1　线性概率模型示意图

比如，在由表 5－1 中资料得到的模型中，当 $X\geqslant 3.648$ 时，$E(Y|X)\geqslant 1$。而当 $X=0$ 时，$E(Y|X)$ 却并不等于 0，而等于 0.212。但是，需注意，在该模型中，常参数不显著，可以认为其近乎于 0。

不过，对这一问题最好的处理办法是放弃线性模型，而改用对于任意自变量都能满足要求的非线性模型。

(4) 拟合优度不可能很大

由图 5－1 不难看出，由于因变量是二值变量，所有观测值均集中在横轴和另一平行于横轴的直线上，因而无论用什么函数来拟合这些数据，拟合优度都不可能很大，这是线性概率模型的又一显著特点。比如，在使用表 5－1 中数据得到的回归结果中，可决系数仅为 0.205。所以，在这里可决系数已不适宜作为衡量拟合优度的准则。

5.1.3　非线性概率模型

常用的非线性概率模型主要有两种，一是正态累积（Probit）模型，二是逻辑（Logit）模型。这两种模型的函数曲线图十分相似，但由于逻辑模型的数学形式相对比较简单，因而应用更广泛一些。这里先讨论逻辑模型。

逻辑模型的数学形式是：

$$\ln\left(\frac{Y_i}{1-Y_i}\right)=\beta_0+\beta_1 X_i+U_i \tag{5—6}$$

在这里，令 $Z_i=\ln\left(\frac{Y_i}{1-Y_i}\right)$，则 Y 服从如下的逻辑斯蒂（logistic）分布（函数）：

$$Y=F(Z)=\frac{1}{1+e^{-Z}} \qquad [Z\in(-\infty,\ \infty)]$$

这也正是模型（5—6）称作逻辑模型的原因。

这里的证明很简单：

【证】

令 $Z=\ln\left(\frac{Y}{1-Y}\right)$，则有：

$$e^Z=\frac{Y}{1-Y}$$
$$\Rightarrow(1-Y)e^Z=Y$$
$$\Rightarrow e^Z=Y+Ye^Z$$
$$\Rightarrow\frac{e^Z}{1+e^Z}=Y$$

亦即：

$$Y=\frac{1}{1+e^{-Z}}$$

由于 Y 的取值仍然是 0 或 1，所以无疑应有：

$$Y_i=E(Y_i\mid X_i)+V_i=p_i+V_i \tag{5—7}$$

其中，V_i 表示误差项。

将（5—6）式的左端在 $Y_0=p_i$ 处按泰勒级数①展开，取前两项得到：

$$\ln\left(\frac{Y_i}{1-Y_i}\right)\approx\ln\left(\frac{p_i}{1-p_i}\right)+\frac{V_i}{p_i(1-p_i)} \tag{5—8}$$

$\left(\text{注意：对于 } Z_i=\ln\left(\frac{Y_i}{1-Y_i}\right)\text{，有}\frac{\mathrm{d}Z}{\mathrm{d}Y}=\frac{1}{Y\ (1-Y)}\text{，且 } Y_i-p_i=V_i\right)$

对照（5—8）式和（5—6）式应有：

$$\begin{cases}\ln\left(\frac{p_i}{1-p_i}\right)=\beta_0+\beta_1X_i & ①\\ \frac{V_i}{p_i(1-p_i)}=U_i & ②\end{cases}$$

由①得到：

$$p_i=E(Y_i\mid X_i)=\frac{1}{1+e^{-(\beta_0+\beta_1X_i)}} \tag{5—9}$$

（5—9）式就是统计学中的逻辑函数（或逻辑斯蒂函数），其形状如图 5-2 所示，是一条 S 形曲线，这种曲线常常用来研究增长问题。从图中不难看出，由逻辑模型得出的条件概率总是分布在 0 和 1 之间，而且以极限方式趋近于 0 和 1。这种情况与实际比较接近，比如说，亿万富翁与百万富翁，尽管收入相差百倍，但有住房的可能性应该是差不多的；一年旷课 200 天的学生与旷课 150 天的学生不及格的可

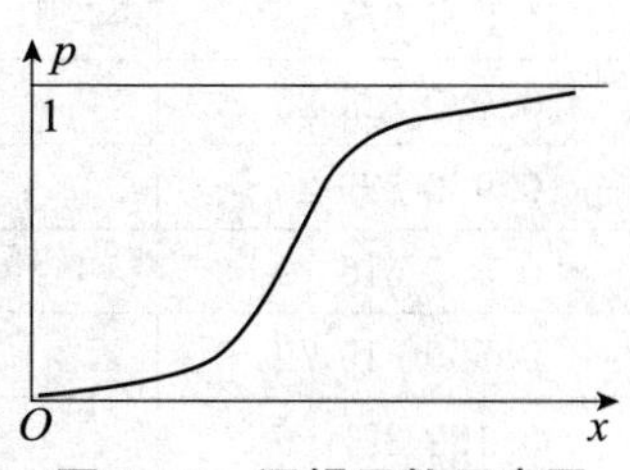

图 5-2　逻辑函数示意图

① 泰勒中值定理肯定，如果函数 $f(X)$ 在含有 X_0 的某个开区间（a，b）内具有（$n+1$）阶导数，则当 X 在（a，b）内时，$f(X)$ 可表示为（$X-X_0$）的一个 n 次多项式与一个余项 $R_n(X)$ 之和：

$$f(X)=f(X_0)+f'(X_0)(X-X_0)+\frac{f''(X_0)}{2!}(X-X_0)^2+\cdots+\frac{f^{(n)}(X_0)}{n!}(X-X_0)^n+R_n(X)$$

其中，$R_n(X)=\frac{f^{(n+1)}(\xi)}{(n+1)!}(X-X_0)^{n+1}$，在这里，$\xi$ 是 X 与 X_0 之间的某个数。

能性也应该差不多；每天抽 2 包烟与每天抽 3 包烟的人得肺癌的可能性也会差不多，如此等等。

逻辑模型的估计主要可分为两种情况，一种是**大样本**条件下的估计方法，另一种是**小样本**条件下的估计方法。

我们已经知道，$E(Y_i|X_i)$ 可以表示在 $X=X_i$时，$Y_i=1$ 的预期概率，因而 Y_i 自然可以看成是这一概率的样本观测值，而 $1-Y_i$ 就是 $Y_i=0$ 的样本观测值，所以 $Y_i/(1-Y_i)$ 也就是观测值的概率比。因此，对于较大的样本（$n\geqslant30$），可以采用**分组的方法**，每一组至少 5～6 个观测值，这样即可以算出一个 $Y=1$ 的概率来。

举例来说，假定某个自变量观测值或某一组的平均数 X_i对应于 10 个因变量观测值，其中 6 个为 1，4 个为 0，因此应有 $Y_i=0.6$，$1-Y_i=0.4$。$0.6/0.4=1.5$，$\ln 1.5=0.405\,5$。如此处理以后，可得到因变量与自变量或自变量平均数一一对应的观测值，由此即可用一元线性模型的 OLS 方法估计出（5—6）式中的参数。当然，这样处理的前提条件是，数据必须完全是随机排列的。如果数据的排列组合具有某种人为因素，则很容易出现极端情况，从而使得概率的样本观测值出现 0 或 1 的情况。比如，以表 5 - 1 中的数据为例，如果 5 个观测值一组，则前 5 个为 1，因而 $1-Y=0$，0 是不能当除数的；而后 5 个为 0。如果遇到这种情况，恰当的处理办法是扩大分组的样本容量，或者对个别 1 或 0 集中的组进行适当调整。另外注意分组的时候最好每组的观测点数目是奇数，因为偶数常常可能会遇到 1 和 0 数量相等的情况，这时分子和分母均为 0.5，导致 1 取对数为 0。

比如，对表 5 - 1 中的资料应用分组法得到的两组观测值如表 5 - 2 所示。回归后得到的模型为：

$$\ln\left(\frac{Y}{1-Y}\right)=-1.333\,45+1.015\,58X \qquad F=43.4$$

$$(0.222\,81)\,(0.154\,24) \quad (F_{0.01}=8.2)$$

表 5 - 2　　应用分组法得到的非线性概率模型样本

ln[p/(1−p)]	X 的均值	ln[p/(1−p)]	X 的均值
1.504 077 4	2.209 645	−0.559 615 8	1.137 709
0.980 829 25	1.943 373	−0.182 321 6	1.140 845
0.980 829 25	1.813 082	−0.559 615 8	1.022 636
0.559 615 79	1.770 091	−0.182 321 6	1.009 4
0.559 615 79	1.840 773	−0.182 321 6	0.926 255
0.182 321 56	1.824 091	−0.182 321 6	0.910 682
0.182 321 56	1.771 391	−0.182 321 6	0.869 5
−0.182 321 6	1.754 891	−0.182 321 6	0.864 855
0.182 321 56	1.807 709	−0.559 615 8	0.757 336
−0.182 321 6	1.370 336	−0.559 615 8	0.793 727
−0.182 321 6	1.268 018		

在观测值可以分组的情况下，分组方法也适用于线性概率模型的估计，不过这时因变量的取值应为概率观测值，而不是 0 或 1。

对于较小样本，分组方法失去基础，这时可采用极大似然法（max likelihood，ML）进行估计，计算工作量相对大些，故此处从略。

非线性概率模型的另一种形式是 Probit 模型。与 Logit 模型一样，Probit 模型也可用于处理二值变量回归问题。Probit 模型应用的一个典型例子是讨论农药的使用量或浓度对于杀灭害虫的有效率（50%以上为有效，记作 1，否则为无效，记作 0）。Probit 模型产生的原因与 Logit 模型相同，只不过其在解决线性回归所带来的两个难题上不同于 Logit 模型。与 Logit 模型不同的是，对于同样的线性回归方程：$Y=\alpha+\beta X$，为确保 Y 发生的概率介于 0 和 1 之间，且使事件发生的概率模型为非递减函数，Probit 模型采取正态概率分布函数将 $P(Y=1|X)$ 进行转换，即假定其概率分布服从正态分布。Probit 分布函数的形式为：

$$Y=P(Z\leqslant Z_0)=\frac{1}{\sqrt{2\pi}}\int_{-\infty}^{Z}\frac{X^2}{2}\mathrm{d}X$$

其中：$Z=\alpha+\beta X+U$。

不难看出，这是一个正态分布的概率累积函数，所以该模型也叫做概率累积模型，其分布曲线与图 5－2 完全相似。很显然，由于不容易找到 Y 的逆函数 $Z=P^{-1}(Y)=\alpha+\beta X+U$，因此就不能像逻辑模型一样通过分组的方法使用 OLS 方法来估计模型的参数。

对于非线性逻辑模型以及累积概率模型，EViews 可分别通过输入命令 Logit 和 Probit 进行估计。利用这两个命令估计非线性概率模型，像利用 ls 命令估计线性方程模型一样，必须指定要估计的具体方程形式。如对表 5－1 中的资料在 EViews 命令窗口输入“Logit y c x”，即可得到如表 5－3 所示的结果。相应的模型如下所示。不难看出，模型是充分有效的。

$$\ln\left(\frac{Y}{1-Y}\right)=-2.791\ 56+2.427\ 46X$$

$$(1.252\ 543)\quad(1.123\ 9)$$

表 5－3　　Logit 模型的 EViews 估计结果

Dependent Variable：Y
Method：ML-Binary Logit (Quadratic hill climbing)
Date：06/29/08　Time：18：37
Sample：1901 1931
Included observations：31
Convergence achieved after 5 iterations
Covariance matrix computed using second derivatives

Variable	Coefficient	Std. Error	t-Statistic	Prob.
C	−2.791 563	1.252 543	−2.228 716	0.025 8
X	2.427 464	1.123 912	2.159 833	0.030 8

Mean dependent var	0.516 129	S.D. dependent var	0.508 001
S.E. of regression	0.440 303	Akaike info criterion	1.175 144
Sum squared resid	5.622 127	Schwarz criterion	1.267 659
Log likelihood	−16.214 73	Hannan-Quinn criter.	1.205 301
Restr. log likelihood	−21.471 43	Avg. log likelihood	−0.523 056
LR statistic (1 df)	10.513 40	McFadden R-squared	0.244 823
Probability (LR stat)	0.001 185		
Obs with Dep=0	15	Total obs	31
Obs with Dep=1	16		

在 EViews 的命令窗口输入 “Probit y c x”，即可得到如表 5－4 所示的结果。两个不同模型的预测结果如表 5－5 所示。由表 5－5 不难看出，两个模型的预测结果十分相近。

表 5－4　　Probit 模型的 EViews 估计结果

Dependent Variable：Y
Method：ML-Binary Probit（Quadratic hill climbing）
Date：04/23/11　Time：16：14
Sample：1984 2014
Included observations：31
Convergence achieved after 5 iterations
Covariance matrix computed using second derivatives

Variable	Coefficient	Std. Error	z-Statistic	Prob.
C	−1.716 919	0.743 815	−2.308 261	0.021 0
X	1.490 857	0.662 252	2.251 194	0.024 4

McFadden R-squared	0.247 668	Mean dependent var	0.516 129
S. D. dependent var	0.508 001	S. E. of regression	0.439 928
Akaike info criterion	1.171 202	Sum squared resid	5.612 571
Schwarz criterion	1.263 718	Log likelihood	−16.153 64
Hannan-Quinn criter.	1.201360	Restr. log likelihood	−21.471 43
LR statistic	10.635 59	Avg. log likelihood	−0.521 085
Prob(LR statistic)	0.001 109		
Obs with Dep=0	15	Total obs	31
Obs with Dep=1	16		

表 5－5　　Logit 模型和 Probit 模型的预测结果比较

Y	X	Logit 模型预测	Probit 模型预测
1	3.705 8	0.997 983 014	0.999 929 924
1	3.155	0.992 363 005	0.998 590 137
1	1.291 8	0.585 218 847	0.582 764 486
1	0.915	0.361 136 824	0.362 125 077
1	1.130 5	0.488 173 45	0.487 433 598
0	1.629 7	0.762 144 85	0.761 994 057
1	1.093 2	0.465 589 627	0.465 290 65
0	1.389 7	0.641 500 688	0.638 677 394
1	5.530 7	0.999 975 918	1
1	2.070 5	0.903 305 184	0.914 641 181
1	2.394 2	0.953 481 529	0.968 022 405
0	0.776 8	0.287 837 739	0.288 142
1	1.721 8	0.800 279 818	0.802 348 446

续前表

Y	X	Logit 模型预测	Probit 模型预测
0	0.818 9	0.309 231 907	0.309 927 55
1	1.692 5	0.788 668 729	0.789 981 6
0	0.947	0.379 244 874	0.380 153 807
0	1.05	0.439 614 721	0.439 783 344
0	0.911 7	0.359 290 699	0.360 282 371
1	1.970 7	0.879 979 897	0.888 978 563
0	0.719 6	0.260 232 636	0.259 755 961
1	0.945	0.378 102 608	0.379 018 881
0	0.960 8	0.387 162 435	0.388 012 458
1	0.811 3	0.305 305 053	0.305 941 92
0	0.421 5	0.145 743 08	0.138 182 26
1	0.673 3	0.239 185 287	0.237 884 342
1	0.777 9	0.288 385 407	0.288 701 921
0	0.775 7	0.287 290 69	0.287 582 591
0	0.597	0.207 121 108	0.204 153 395
0	0.860 6	0.331 260 965	0.332 185 268
0	0.788	0.293 442 832	0.293 866 809
0	1.119 9	0.481 746 581	0.481 134 036

§5.2 滞后变量模型

5.2.1 滞后变量模型的建立

对于相关自变量的任何变化，因变量迟早总会作出反应，这种反应既有即时效应，也有滞后效应。**滞后变量**的引入，正是为了反映这种滞后效应。引起滞后效应的原因很多，归结起来主要是三个方面：

1）技术性原因。这主要与一些产品的生产周期较长有关。比如，农产品的生产周期一般在一年左右，因而在市场经济体制条件下，农产品的本期供应量常常取决于以前若干期农产品的市场价格，因为农民往往是根据当年或若干年以前的产品价格来安排制定下一年度的种植计划。再比如，有些耐用工业品的产量，也常常由于生产周期较长，因而当期的产量往往与若干年以前的投资密切相关，如一年当中形成的固定资产，等等。

2）制度性原因。这主要与一些规章制度造成的约束有关。比如，由于原材料供应合同的限制，即使原材料的价格发生了变化，企业也无法在合同期满以前另觅新的货源。再比如，由于银行存款期的限制，因而对于投资者来说，有时即使出现了好的投资机会，投资者也无法或者不肯从银行取出存款用于投资。

3）心理原因。这与人们的生活习惯有关。比如，即使消费者的可支配收入有了明显的增加，消费往往也不会立刻有明显的增长，因为人们要改变自己的生活消费习惯以适应新的情况，常常需要经过一段时间的调适。

在时间序列模型中引入滞后变量，通常主要有两种情况。一种情况是因变量除了受当期自变量影响外，还受到以前若干期自变量的影响。这时模型可设计为：

$$Y_t=\alpha+\beta_0 X_t+\beta_1 X_{t-1}+\beta_2 X_{t-2}+U_t$$

这一模型称作**分布滞后模型**，其中既有一期滞后变量，也有二期滞后变量，统称为 X 的滞后变量。这是一个三元线性模型。

另一种情况是，模型中包含属于自变量的因变量的滞后变量，这种模型称作自回归模型。比如：

$$Y_t=\alpha+\beta X_t+\gamma Y_{t-1}+U_t$$

上述两类滞后变量模型的滞后期都是有限的。在现实的经济分析中，我们常常会说，发展中国家与发达国家的经济基础不同。这说明有些经济变量可能与几十年以前甚至几百年以前的相关变量有关。也就是说，滞后效应有时候可能非常久远，并不仅仅是以前的一两个时期。如果把所有可能的滞后效应都考虑进来，则可得到如下更一般的滞后变量模型：

$$Y_t=\alpha+\beta_0 X_t+\beta_1 X_{t-1}+\cdots+U_t$$

或者：

$$Y_t=\alpha+\sum_{i=0}^{\infty}\beta_i X_{t-i}+U_t \tag{5—10}$$

这是一个**无限期的分布滞后模型**。在这里，β_i 称作第 i 期的反应系数，通常假定 β_i 满足：

$$\begin{cases}\lim\limits_{i\to\infty}\beta_i=0\\ \sum\limits_{i=0}^{\infty}\beta_i=\beta<\infty\end{cases} \tag{5—11}$$

其中，β 代表 X 的变动对于 Y 的长期影响，β_i 代表 X 的变动对于 Y 的短期影响。如果定义权重：

$$w_i=\frac{\beta_i}{\beta}\quad \sum_{i=0}^{\infty}w_i=1$$

则模型（5—10）亦可写成：

$$Y_t=\alpha+\beta\sum_{i=0}^{\infty}w_i X_{t-i}+U_t \tag{5—12}$$

其中，w_i 可解释为每一种短期影响在长期影响中所占的份额。

5.2.2 无限期的分布滞后模型的估计问题

对于无限期的分布滞后模型，我们无法采用通常的办法来估计，由于参数多到无穷，因而任何容量有限的样本都不可能提供足够的自由度。在这种情况下，通常有两种办法可供选择：一是截断法，即假定分布滞后模型是有限的，取某个时期之后的所有反应系数为0，比如说 β_4 及以后的所有 $\beta_i=0$，此时模型变为：

$$Y_t=\alpha+\beta_0 X_t+\beta_1 X_{t-1}+\beta_2 X_{t-2}+\beta_3 X_{t-3}+U_t$$

该模型原则上可以用 OLS 方法估计，不过存在三个方面的困难：

1）将无限期的分布滞后模型截断的做法不免带有主观随意性，因为我们并不清楚从哪一期截断更合适。

2）各期滞后变量与当期变量本属于同一序列，一般具有相同的变化趋势，因而模型必然会受到多重共线性的影响。

【例 5.2】 一年当中的 GDP 与全社会固定资产投资总额是一对密切相关的变量。而固定资产投资是一项具有明显滞后效应的经济活动。此处以我国 1981—2004 年的有关数据为例进行分析（如表 5-6 所示）。

表 5-6　　1981—2004 年 GDP 及相关资料

年份	GDP（亿元）（Y）	全社会固定资产投资总额（亿元）（X）	年份	GDP（亿元）（Y）	全社会固定资产投资总额（亿元）（X）
1981	4 862.4	961.01	1993	34 634.4	13 072.3
1982	5 294.7	1 230.4	1994	46 759.4	17 827.12
1983	5 934.5	1 430.06	1995	58 478.1	20 524.86
1984	7 171	1 832.87	1996	67 884.6	23 358.57
1985	8 964.4	2 543.19	1997	74 462.6	25 259.67
1986	10 202.2	3 120.58	1998	78 345.2	28 716.92
1987	11 962.5	3 791.7	1999	82 067.5	29 754.55
1988	14 928.3	4 653.8	2000	89 468.1	33 110.42
1989	16 909.2	4 410.39	2001	97 314.8	37 986.98
1990	18 547.9	4 517.5	2002	105 172.3	45 046.92
1991	21 617.8	5 594.49	2003	117 390.2	58 616.29
1992	26 638.1	8 080.1	2004	136 875.9	75 195.42

当滞后阶数 $i\geqslant 2$ 时，由于多重共线性，所有解释变量的参数均不显著。只有当 $i=1$ 时的滞后模型及有二阶和三阶滞后变量回归时的模型是显著有效的。

一阶滞后模型是：

$$\hat{Y}_t=8\,357.8-1.38X_t+4.17X_{t-1}\quad F=541.5$$
$$(1\,743)\quad(0.562)\quad(0.691)\qquad DW=0.686$$

这一模型说明，在这 24 年中，GDP 与当年全社会固定资产投资总额负相关，与上年的全社会固定资产投资总额正相关。这可以做如此解释，即如果当年全社会固定资产投资总额过大，可能会干扰 GDP 的正常生产，从而使 GDP 出现下降；而上年的全社会固定资产投资总额在当年由于已经投资到位并正常发挥作用，因而将对当年的 GDP 生产发挥促进作用。

有二阶和三阶滞后变量的模型是：

$$\hat{Y}_t=9\,131.8+4.65X_{t-2}-1.971X_{t-3}\quad F=543.8$$
$$(1\,821)\quad(0.869)\qquad(0.976)\qquad DW=0.629$$

这一模型说明，当年的GDP与2年前的全社会固定资产投资总额正相关，其解释与上述的一阶滞后正相关相同。当年的GDP与3年前的全社会固定资产投资总额负相关可解释为，如果3年前的投资过大，可能会影响到与GDP正相关的2年前和1年前的投资额，因而与当年的GDP负相关。

3）滞后变量的引入会导致损失一些观测值。在模型中引入 m 期滞后变量，通常会损失 m 对观测值。所以，对于滞后变量模型，要以一定的精度估计出模型中的参数，要求必须掌握足够多的原始数据。由于经济数据的搜集经常会受到很多条件的限制，因而估计这类模型经常会遇到数据不足的困难。

由于以上问题的存在，截断法在处理无限期的分布滞后模型时使用得并不多。比较可行的是另一种方法。这种方法假定反应系数具有某种特殊结构，从而可以避免截断法遇到的各种困难。依照对于系数结构所作假定的不同，这种方法又可以分为几种情况。目前使用较多的有柯克估计法和阿尔蒙估计法。

5.2.3 柯克估计法

为了克服无限期的分布滞后模型估计时所遇到的困难，柯克（Koyck）对无限期的分布滞后模型提出了如下的结构假定：

$$\begin{cases}\beta_i=\lambda^i\beta_0 \quad (i=0，1，2，\cdots)\\ 0<\lambda<1\end{cases} \tag{5—13}$$

这一假定与（5—11）式中的假定是一致的。其中，λ 称作递减率。这时无限期的分布滞后模型变为：

$$Y_t=\alpha+\beta_0\sum_{i=0}^{\infty}\lambda^iX_{t-i}+U_t \tag{5—14}$$

将该式向后推迟一期，再对各项乘以 λ：

$$\begin{aligned}\lambda Y_{t-1}&=\lambda\alpha+\lambda\beta_0\sum_{i=0}^{\infty}\lambda^iX_{t-i-1}+\lambda U_{t-1}\\ &=\lambda\alpha+\beta_0\sum_{i=0}^{\infty}\lambda^{i+1}X_{t-(i+1)}+\lambda U_{t-1}\\ &=\lambda\alpha+\beta_0\sum_{i=1}^{\infty}\lambda^iX_{t-i}+\lambda U_{t-1}\end{aligned}$$

由（5—14）式减去该式，可得到：

$$Y_t-\lambda Y_{t-1}=\alpha(1-\lambda)+\beta_0X_t+U_t-\lambda U_{t-1}$$

或者：

$$\begin{cases}Y_t=\alpha(1-\lambda)+\beta_0X_t+\lambda Y_{t-1}+V_t\\ V_t=U_t-\lambda U_{t-1}\end{cases} \tag{5—15}$$

应用柯克估计法对表5-3中的数据进行估计，得到的模型为：

$$\hat{Y}_t=2\,737+0.388\,7X_t+0.895Y_{t-1} \quad F=2\,657$$

$$(915.6)\,(0.105) \qquad (0.056) \qquad DW=0.407$$

不难看出，模型是充分有效的。依方程 $2\,737=\alpha(1-0.895)$ 可解出 $\alpha=26\,066.7$，因此原来的无限期的分布滞后模型可写成：

$$\hat{Y}_t = 26\ 066.7 + 0.388\ 7\sum_{i=0}^{\infty} 0.895^i X_{t-i}$$

该模型说明，全社会固定资产投资总额 X 对 GDP 的影响是，当年投资每增加 1 个单位，GDP 将增加 0.388 7 个单位，以后每滞后一年，其作用系数将在上年的基础上衰减 0.105 倍。

容易看出，柯克估计法很好地解决了无限期的分布滞后模型所遇到的困难。一是变换后的模型只包含三个参数，即 λ、α、β_0，因而自由度问题已不复存在。二是新模型为二元线性模型，只含有两个自变量，一个是原自变量 X，另一个是滞后因变量，这是两个不同的序列，我们没有理由认为二者之间会存在共线性问题。三是新模型中只含有一个一期滞后变量，只损失一个观测值，因此不会出现数据不足的问题。模型（5—15）就称作柯克模型。

但是，柯克模型同时也带来了一些新问题。

第一，即使原模型中的随机扰动项 U 满足经典回归的所有假定，但是柯克模型中的随机扰动项 V 也无法满足无序列相关性的假定。因为：

$$\begin{aligned} E(V_tV_{t-1}) &= E[(U_t-\lambda U_{t-1})(U_{t-1}-\lambda U_{t-2})] \\ &= E(U_tU_{t-1}-\lambda U_tU_{t-2}-\lambda U_{t-1}^2+\lambda^2 U_{t-1}U_{t-2}) \\ &= -\lambda E(U_{t-1}^2) = -\lambda\sigma_U^2 \end{aligned}$$

序列相关性的存在，将使得参数估计值的方差增大或减小，因而将使得参数丧失有效性。

如上述估计的柯克模型的 DW 统计量为：$DW=0.407$。而 DW 的临界值在显著性水平为 0.01 时是 0.938 和 1.291($n=23$，$k=2$)，即存在明显的正自相关。

第二，柯克模型的随机扰动项与解释变量 Y_{t-1} 是相关的。因为 V_t 与 Y_t 有关（V_t 中含有参数 λ，该参数反映 Y_{t-1} 对 Y_t 的影响），因而 V_t 与 Y_{t-1} 也一定相关。这就违背了常方差假定的推论，即随机扰动项与解释变量无关的结论。

第三，柯克模型假定随着滞后期的增加，反应系数按照几何级数递减，这一过分严格的要求大大地限制了柯克估计法的使用范围。因为反应系数并不一定是随着滞后期的增加按照几何级数递减的，甚至并不是递减的，有时可能是递增的，如图 5－3 所示。反应系数的结构缺乏柔顺性，不能适应各种可能的情况，这是柯克估计法的一个重大缺陷。

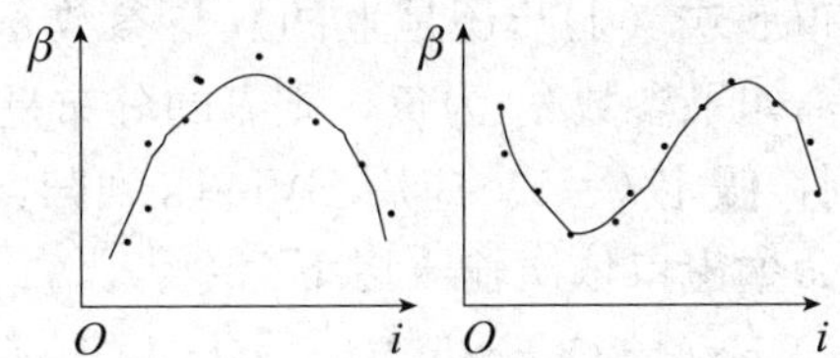

图 5－3　柯克估计法的两种例外

5.2.4　阿尔蒙估计法

针对柯克模型的缺点，阿尔蒙（S. Almon）提出了另一种处理无限期的分布滞后模型的方法。这种方法的实质是从一个有限期的分布滞后模型出发，先用一个关于 i 的多项式去逼近 β_i，经过适当变换后，得出一个可以用 OLS 方法估计的新模型。由于原模型中的每一个常数都是新模型参数的线性组合，因此当新模型参数估计出来后，便不难得出原模型参数的估计值。

假定有一个有限期的分布滞后模型是：

$$Y_t = \alpha + \sum_{i=0}^{k} \beta_i X_{t-i} + U_t \tag{5—16}$$

其中，β_i的分布为图 5-3 所示的某种情形。根据数学知识，如图 5-3 所示的曲线均可以用关于 β_i的多项式来逼近，多项式的阶数应是曲线的极点数加 1。比如，图 5-3 中前者应为二次多项式，后者应为三次多项式。现在我们假定 β_i的结构为二次多项式，这时可令：

$$\beta_i = \alpha_0 + \alpha_1 i + \alpha_2 i^2$$

将该式代入（5—16）式中，可得到：

$$Y_t = \alpha + \alpha_0 \sum_{i=0}^{k} X_{t-i} + \alpha_1 \sum_{i=0}^{k} iX_{t-i} + \alpha_2 \sum_{i=0}^{k} i^2 X_{t-i} + U_t$$

或者：

$$Y_t = \alpha + \alpha_0 W_{0t} + \alpha_1 W_{1t} + \alpha_2 W_{2t} + U_t \tag{5—17}$$

其中：

$$\begin{cases} W_{0t} = \sum_{i=0}^{k} X_{t-i} \\ W_{1t} = \sum_{i=0}^{k} iX_{t-i} \\ W_{2t} = \sum_{i=0}^{k} i^2 X_{t-i} \end{cases} \tag{5—18}$$

模型（5—17）就称作阿尔蒙模型。这是一个三元线性模型，无疑可以用 OLS 方法进行估计。其中的参数估计出来后，即可用如下的变换求出原模型的参数：

$$\begin{cases} \hat{\beta}_0 = \hat{\alpha}_0 \\ \hat{\beta}_1 = \hat{\alpha}_0 + \hat{\alpha}_1 + \hat{\alpha}_2 \\ \hat{\beta}_2 = \hat{\alpha}_0 + 2\hat{\alpha}_1 + 2^2 \hat{\alpha}_2 \\ \quad \cdots\cdots \\ \hat{\beta}_k = \hat{\alpha}_0 + k\hat{\alpha}_1 + k^2 \hat{\alpha}_2 \end{cases} \tag{5—19}$$

在这里，参数的具体分布形式（上凸还是上凹）与参数 $\hat{\alpha}_2$ 的符号有关。如果参数 $\hat{\alpha}_2$ 为正，则 β_i的分布是上凹的；如果参数 $\hat{\alpha}_2$ 为负，则 β_i的分布是上凸的。

以表 5-3 中的数据为例，假定 $k=5$。应用 EViews 回归，需要先生成如（5—18）式所示的新序列。其方法是在命令窗口依次输入以下命令：

```
genr w0=x+x(-1)+x(-2)+x(-3)+x(-4)+x(-5)
genr w1=x(-1)+2*x(-2)+3*x(-3)+4*x(-4)+5*x(-5)
genr w2=x(-1)+4*x(-2)+9*x(-3)+16*x(-4)+25*x(-5)
```

然后输入命令“ls y c w0 w1 w2”即可。得到的方程是：

$$\hat{Y} = 10\,361.5 + 0.100\,9W_0 + 1.191W_1 - 0.291\,2W_2 \quad F = 298$$
$$(2\,128.4)\ (0.256) \quad (0.425) \quad (0.092\,3) \quad DW = 0.42$$

可以看出，除了一次项的系数不显著以外，其余参数都是充分有效的。由于二次项的系数为负值，因此 β 系数的分布是上凸的。这是容易理解的，因为投资活动是具有显著滞后效应的一项经济活动，由于投资逐步到位并发挥作用，因此越往后效果越明显；到了一定时期再往后，随着投资效益的不断释放，效果就会递减。

阿尔蒙估计法虽然克服了柯克估计法所遇到的困难，但同时也带来了一些新的问题，主要体现在以下三个方面：

1）必须事先确定适当的滞后期数 k。一般地说，从方便处理的角度看，我们通常会希望 k 值小一些；而要充分地反映滞后效应，k 值又不能太小。k 值究竟取多大合适，并没有明确的准则。这是阿尔蒙估计法的一个缺点。

2）必须事先确定多项式的阶数。如前所述，多项式的阶数应是曲线的极点数加 1。但困难的是 β_i 的分布形式我们事先无从知晓。所以要恰当地确定多项式的阶数往往比较困难，有时只能采用主观的方法。这是阿尔蒙估计法的另一个缺点。

3）由于阿尔蒙模型的每一个自变量 W 都是原模型自变量 X 及其滞后变量的线性组合，所以各个 W 之间必存在较强的相关关系，即**阿尔蒙模型一般具有多重共线性**，因而必然会使得一个或一个以上的参数 α 不显著。但这一般不会影响研究问题。

§5.3　时间序列模型及预测

预测是计量经济学研究的一个非常重要的目的。预测除了可以使用因果关系模型以外，还可以使用时间序列模型。所谓**时间序列模型**，即由一个变量的随机时间序列所构成的模型，也称作随机过程模型。

5.3.1　时间序列模型的一般性质

（1）随机过程和自相关函数

一个时间序列实际上就是一个经济指标按照时间顺序的排列。一般我们所考察的时间序列 Y_1，Y_2，…，Y_n 实际上只是一个随机时间序列的样本。通常我们总是假定，一个随机时间序列是一个无穷的随机序列的一部分，这个无穷的随机序列就称作一个随机过程，记作 Y_t。其实，随机扰动项 U_t 就是一个随机过程。如果随机过程 U_t 所遵从的分布不随着时间改变，并且满足：

$$\begin{cases} E(U_t)=0 \\ D^2(U_t)=E(U_t^2)=\sigma_U^2 \\ \mathrm{Cov}(U_t,U_s)=E(U_tU_s)=0 \quad (t\neq s) \end{cases}$$

则这一随机过程就称作**纯随机过程**（国内流行的概念叫做**白噪声**，笔者认为这种命名是不准确的，因为在这里我们研究的毕竟是一种随机过程，是一个变量序列，而不是噪声或一种声。如果是讲课，可能会有听众以为我在讲物理学里的声学）①。

如果随机过程 U_t 只满足零均值和常方差假定，自身存在线性相关关系，假定为一阶

① 无独有偶，笔者在 2008 年 6 月看到了 2005 年 7 月中国人民大学出版社出版的《应用时间序列分析》（王燕编著）一书，作者也将具有上述三种特性的时间序列称为纯随机序列，并且在那里说明了之所以将这种时间序列称为白噪声（white noise）的原因，即最初人们发现白光也具有这种特性。

自相关：

$$U_t = \rho U_{t-1} + V_t \quad |\rho| < 1$$

其中，ρ 为自相关系数，V_t 为纯随机过程，此时的随机过程 U_t 称作一阶自回归过程。

自回归过程在时间序列预测中具有非常重要的地位，因为时间序列预测的实质，乃是根据某一变量的以往观测值来预测其未来值，这就要求所考察的随机过程的不同元素应彼此相关，而自回归过程恰好满足了这一要求。

一个随机过程中任意两个元素之间相关程度的量度，称作自相关函数。通常可以采用自相关系数 ρ_k 作为 Y_t 和 Y_{t+k} 之间相关程度的量度，其定义为：

$$\rho_k = \frac{\mathrm{Cov}(Y_t, Y_{t+k})}{\sqrt{D^2(Y_t)D^2(Y_{t+k})}} \quad (k=0,\ \pm 1,\ \pm 2,\ \cdots) \tag{5—20}$$

在这里，$\rho_k(k=0,\ \pm 1,\ \pm 2,\ \cdots)$ 就称作自相关函数，k 是自相关函数的阶数。当 $k=0$ 时，有：

$$\mathrm{Cov}(Y_t, Y_{t+k}) = D^2(Y_t) \quad D^2(Y_{t+k}) = D^2(Y_t)$$

$$\therefore \quad \rho_0 = 1$$

当 $k=-1,\ -2,\ \cdots$ 时，Y_{t+k} 为滞后变量；当 $k=1,\ 2,\ \cdots$ 时，Y_t 为滞后变量。

(2) 平稳随机过程

通常把具有下列性质的随机过程称作平稳随机过程：

$$\begin{cases} E(Y_t) = \mu \\ D^2(Y_t) = \sigma_Y^2 \\ \mathrm{Cov}(Y_t,\ Y_{t+k}) \text{ 只与 } k \text{ 有关而与 } t \text{ 无关} \end{cases}$$

其中，第三层的意思是说，协方差的大小与时间的起点无关，只与时间序列的滞后阶数或间隔有关。

对于平稳过程来说，由于常方差，应有：

$$D^2(Y_{t+k}) = D^2(Y_t)$$

$$\therefore \quad \rho_k = \frac{\mathrm{Cov}(Y_t,\ Y_{t+k})}{D^2(Y_t)} \quad (k=0,\ \pm 1,\ \pm 2,\ \cdots) \tag{5—21}$$

随机过程是否具有平稳性对于时间序列预测来说非常重要，因为这一性质保证了随机过程的结构或者说其统计特征不会随着时间发生变化，这是进行准确预测的必要条件。如果过程的结构或统计特征随着时间变化，要进行准确预测是不可能的。

很显然，纯随机过程是平稳随机过程。但并不是所有的随机过程都是平稳随机过程，一阶自回归过程只有在 $|\rho|<1$ 时才具有平稳性。因为如果这一条件不满足，则平稳过程的第二个条件将遭到破坏。其证明如下：

设一阶自回归形式为：

$$Y_t = \rho Y_{t-1} + U_t$$

其中，U_t 满足所有关于随机扰动项的基本假定。于是，有：

$$Y_{t-1} = \rho Y_{t-2} + U_{t-1}$$

$$Y_{t-2} = \rho Y_{t-3} + U_{t-2}$$

……

$$Y_{t-s} = \rho Y_{t-s-1} + U_{t-s}$$

其中，$s<t$。将各次滞后值依次回代，可得到：

$$
\begin{aligned}
Y_t &= \rho Y_{t-1} + U_t \\
&= \rho(\rho Y_{t-2} + U_{t-1}) + U_t \\
&= \rho^2(\rho Y_{t-3} + U_{t-2}) + \rho U_{t-1} + U_t \\
&= \cdots + \cdots + \cdots \\
&= U_t + \rho U_{t-1} + \rho^2 U_{t-2} + \cdots + \rho^s U_{t-s} + \cdots \\
&= \sum_{s=0}^{\infty} \rho^s U_{t-s} \quad \text{（此处为无限总体）}
\end{aligned}
$$

此时，有：

$$
E(U_t) = E\left(\sum_{s=0}^{\infty} \rho^s U_{t-s}\right) = \sum_{s=0}^{\infty} \rho^s E(U_{t-s}) = 0 \quad [E(U_t) = 0]
$$

$$
\begin{aligned}
D^2(U_t) &= D^2\left(\sum_{s=0}^{\infty} \rho^s U_{t-s}\right) = \sum_{s=0}^{\infty} \rho^{2s} D^2(U_{t-s}) = 0 \\
&= \sigma_U^2(1 + \rho^2 + \rho^4 + \cdots + \rho^{2n} + \cdots) \\
&= \frac{1}{1-\rho^2}\sigma_U^2 \quad \text{（等比级数，且}|\rho|<1\text{）}
\end{aligned}
$$

而：

$$
\begin{aligned}
\mathrm{Cov}(Y_t Y_{t-1}) &= E(Y_t Y_{t-1}) \\
&= E(U_t + \rho U_{t-1} + \rho^2 U_{t-2} + \cdots)(U_{t-1} + \rho U_{t-2} + \rho^2 U_{t-3} + \cdots) \\
&= \rho E(U_{t-1}^2) + \rho^3 E(U_{t-2}^2) + \rho^5 E(U_{t-3}^2) + \cdots \\
&= \rho \sigma_U^2 (1 + \rho^2 + \rho^4 + \cdots) = \rho D^2(U_t)
\end{aligned}
$$

（注意：两个下标不同的 U 相乘后取期望值为 0）

同理，可求得：

$$\mathrm{Cov}(Y_t Y_{t-2}) = \rho^2 D^2(U_t)$$

……

$$\mathrm{Cov}(Y_t Y_{t-s}) = \rho^s D^2(U_t)$$

显然，$\mathrm{Cov}(Y_t, Y_{t+k})$ 只与 k 有关。

(3) 滞后算符

为了方便表达，可引入滞后算符 L，定义如下：

$LY_t = Y_{t-1}$ （其中：Y_t，Y_{t-1} 属于同一随机过程）

相应地，应有：

$$L^2 Y_t = L(LY_t) = Y_{t-2}$$

一般情况下有：

$$L^n Y_t = Y_{t-n}$$

当 $n=0$ 时，有：

$$\because \quad L^0 = 1 \quad \therefore \quad L^0 Y_t = Y_t$$

在时间序列分析中，经常会用到一个算符多项式：

$$P_n(L) = 1 + \phi_1 L + \phi_2 L^2 + \cdots + \phi_n L^n$$

它作用于随机变量 Y_t，便得到：

$$P_n(L)Y_t = Y_t + \phi_1 Y_{t-1} + \phi_2 Y_{t-2} + \cdots + \phi_n Y_{t-n}$$

一般地，可以定义关于 L 的一个无穷幂级数如下：

$$P_\infty(L) = 1 + \phi_1 L + \phi_2 L^2 + \cdots + \phi_n L^n + \cdots$$

如果两个算符 $P_n(L)$ 和 $Q_m(L)$ 满足关系式：

$$P_n(L)Q_m(L) = 1$$

其中，m、n 可以有限也可以无限，则称 $P_n(L)$ 和 $Q_m(L)$ 为互逆算符，记作：

$$P_n(L) = Q_m^{-1}(L) \quad 或 \quad Q_m(L) = P_n^{-1}(L)$$

比如，在 $|\phi|<1$ 的条件下，如果定义：

$$P_1(L) = 1 - \phi L$$

$$Q_\infty(L) = 1 + \phi L + \phi^2 L^2 + \cdots$$

则有：

$$\begin{aligned} P_1(L)Q_\infty(L) &= (1-\phi L)(1+\phi L+\phi^2L^2+\cdots) \\ &= 1+\phi L+\phi^2L^2+\cdots-(\phi L+\phi^2L^2+\cdots) = 1 \end{aligned}$$

于是，应有：

$$Q_\infty(L) = 1 + \phi L + \phi^2 L^2 + \cdots = P_1^{-1}(L)$$

也就是：

$$P_1(L)P_1^{-1}(L) = 1 \tag{5—22}$$

5.3.2 自回归过程及其平稳条件

一阶自回归过程可定义为：

$$Y_t = \phi Y_{t-1} + U_t \tag{5—23}$$

其中，U_t 为纯随机过程。利用一阶自回归模型，可以用当前时期的变量值预测未来一个时期的变量值。然而，由于我们往往并不知道随机过程产生的机制，一阶自回归只是其中最简单的一种形式。一般地应有：

$$Y_t = \phi_1 Y_{t-1} + \phi_2 Y_{t-2} + \cdots + \phi_p Y_{t-p} + U_t \tag{5—24}$$

其中，U_t 为纯随机过程，p 为自回归过程的阶数，上述模型一般记作 AR(p)，AR 即 “autoregressive process”（自回归过程）的缩写。相应地，一阶自回归模型记作 AR(1)。

如果利用滞后算符表示，则（5—24）式可表示为：

$$Y_t = \phi_1 L Y_t + \phi_2 L^2 Y_t + \cdots + \phi_p L^p Y_t + U_t$$

即：

$$(1 - \phi_1 L - \phi_2 L^2 - \cdots - \phi_p L^p) Y_t = U_t$$

记 $(1 - \phi_1 L - \phi_2 L^2 - \cdots - \phi_p L^p) = Q_p(L)$，应有：

$$Q_p(L)Y_t = U_t \quad 或 \quad Y_t = Q_p^{-1}(L)U_t$$

在一阶自回归条件下，按照模型（5—23），应有：

$$Y_{t-1} = \phi Y_{t-2} + U_{t-1}$$

$$Y_{t-2} = \phi Y_{t-3} + U_{t-2}$$

……

依次代入，得到：

$$Y_t = U_t + \phi U_{t-1} + \phi^2 U_{t-2} + \phi^3 U_{t-3} \cdots \tag{5—25}$$

对于（5—25），由于 $E(U_t)=0$，所以应有 $E(Y_t)=0$。另外，由于U_t互不相关，所以应有：

$$D^2(Y_t) = \sigma_u^2(1+\phi^2+\phi^4+\cdots) = \frac{\sigma_u^2}{1-\phi^2} \tag{5—26}$$

显然，上式只有在$|\phi|<1$ 时才是有限的，这时平稳条件才是成立的。

我们再来观察协方差。根据（5—25）式，应有：

$$Y_{t+k} = U_{t+k} + \phi U_{t+k-1} + \phi^2 U_{t+k-2} + \cdots + \phi^k U_t \cdots$$

由于U_t的各期之间不相关，所以应有：

$$\begin{aligned} \mathrm{Cov}(Y_t,\ Y_{t+k}) &= E(Y_t Y_{t+k}) \\ &= \phi^k \sigma_U^2 + \phi^{k+2} \sigma_U^2 + \phi^{k+4} \sigma_U^2 + \cdots \\ &= \phi^k \sigma_U^2 (1+\phi^2+\phi^4+\cdots) \\ &= \phi^k \ \frac{\sigma_U^2}{1-\phi^2} = \phi^k D^2(Y_t) \end{aligned} \tag{5—27}$$

此式表明，$\mathrm{Cov}(Y_t,\ Y_{t+k})$ 只与 k 有关，而与 t 无关，于是平稳随机过程的第三个条件满足（注意：在上式中，从第一步到第二步为多项式乘法，其中交叉部分取期望后为 0，而在 $Y_{t+k} = U_{t+k} + \phi U_{t+k-1} + \phi^2 U_{t+k-2} + \cdots + \phi^k U_t \cdots$的 U_t项之后均含有一个 ${U_t}^2$ 项，其方差为常数）。

根据（5—27）式，对于一阶自回归过程即形如（5—23）式或形如（5—25）式所示的平稳随机过程，自相关函数：

$$\rho_k = \frac{\mathrm{Cov}(Y_t,\ Y_{t+k})}{D^2(Y_t)} = \phi^k$$

亦即 $\rho_1=\phi$，$\rho_2=\phi^2$，…。

这一结果表明，对一个平稳随机过程而言，其自相关函数的特点是，距离目前时期越近（即滞后阶数越小），其相关系数就越高；反之，距离目前时期越远（即滞后阶数越大），其相关系数就越低。

判断一个时间序列是否平稳的最简单且实用的办法，就是观察该随机序列对时间 t 的散点图。如果散点图上的数据点在横轴上下波动（$E(Y_t)=0$）或在平行于横轴的某一直线上下波动（$E(Y_t)\neq 0$ ），则表明时间序列是非平稳的。否则，如果散点图呈现某种直线型或曲线型系统变化趋势，则表明该时间序列是平稳时间序列。当然，也可以使用专门的方法进行检验。

5.3.3 单位根检验

非平稳性检验的具体方法有多种。这里，我们介绍一种比较新的检验方法，叫做单位根（有的也叫做单元根）检验（unit root test）。

（1）单位根的含义

设 Y_t代表随机时间序列，并假定估计回归方程为：

$$\Delta Y_t = A_0 + A_1 t + A_2 Y_{t-1} + U_t \tag{5—28}$$

其中，Δ 是一阶差分符号，$t=1$，2，3，…是趋势变量，Y_{t-1}为变量 Y 的一期滞后变量。

在这里，原假设为Y_{t-1}的系数A_2为零，这等价于时间序列是非平稳的。我们称这个假设为单位根假设。

之所以使用单位根这一术语，是因为在这里通常假定：

$$Y_t=A_0+A_1t+CY_{t-1}+U_t$$

先在方程的两边同时减去Y_{t-1}得到：

$$Y_t-Y_{t-1}=A_0+A_1t+CY_{t-1}-Y_{t-1}$$

即

$$\Delta Y_t=A_0+A_1t+(C-1)Y_{t-1}=A_0+A_1t+A_2Y_{t-1}$$

其中，$A_2=C-1$。这样，如果C等于1，通常就说一阶滞后变量具有单位根，这时回归方程（5—28）中的A_2将为零。这也就是单位根这一术语的由来。

按照已有的知识，为了检验A_2的估计值a_2是否为零，通常我们都会使用很熟悉的t检验。但不幸的是，在这里我们不能这么做，因为严格来说，t检验只有当时间序列平稳时才有效。所以，对于单位根检验，必须探讨新的方法。单位根检验与时间序列的平稳性之间的关系是：对于一个单一的时间序列来说，如果它的当期项可以表示成它的前一期项（即一阶滞后变量）的线性形式，且关于前一期项的系数$\rho=1$的原假设在统计意义上不成立或者说备择假设$\rho<1$能够在统计意义上成立的话，则称序列不存在单位根，该序列是一个统计意义上的平稳序列，或者称无单位根平稳序列。

具体来说，这里的线性形式包含了随机序列下述三种形式的趋势线[①]：

第一种情况是，序列Y_t在$Y=0$这一水平线上的平稳性。也就是说，如果序列Y_t的散点最终收敛于$Y=0$这条水平趋势线，则称序列Y_t是纯粹平稳序列，此时，有一阶自回归过程：$Y_t=\rho Y_{t-1}+U_t$，且备择假设H_1：$|\rho|<1$（即序列Y_t平稳）成立，或者说原假设H_0：$|\rho|\geqslant1$（即序列Y_t非平稳）被拒绝（注意，在有些文献中$|\rho|=1$，但实际上这里经常可能会有$|\rho|>1$的情况）。

第二种情况是，Y_t在$Y=\alpha$这一水平线上的平稳性。也就是说，如果序列Y_t的散点最终收敛于$Y=\alpha$这条水平趋势线，则称序列Y_t是带漂移的平稳序列，此时，有带漂移的一阶自回归过程：$Y_t=\alpha+\rho Y_{t-1}+U_t$，且备择假设$H_1$:$|\rho|<1$（即序列$Y_t-\alpha$平稳）成立；或者说原假设$H_0$:$|\rho|\geqslant1$（即序列$Y_t-\alpha$非平稳）被拒绝。

第三种情况是，Y_t在$Y_t=\alpha+\beta t$这一趋势线上的平稳性。也就是说，如果序列Y_t的散点最终收敛于$Y_t=\alpha+\beta t$这条趋势直线，则称序列Y_t是带趋势的平稳序列，此时，有带趋势的一阶自回归过程：$Y_t=\alpha+\beta t+\rho Y_{t-1}+U_t$，且备择假设$H_1$:$|\rho|<1$（即序列$Y_t-\alpha-\beta t$非平稳）成立[②]；或者说原假设$H_0$：$|\rho|\geqslant1$（即序列$Y_t-\alpha-\beta t$非平稳）被拒绝。

上述三种情况中只要有其中之一不存在单位根，或者可以在统计意义上拒绝H_0：$|\rho|\geqslant1$的原假设，则称序列Y_t是平稳的时间序列。相反，如果认定一个序列是不平稳的，则以上三个模型必须同时存在单位根才可以得出结论。这一结论非常重要。

（2）单位根的后果

实际上对于一般的时间序列而言，$|\rho|>1$是很容易满足的。因为在第一种情况下，我

---

① 崔到陵. 单位根检验和误差修正模型：原理及应用. 南京审计学院学报，2005，2（3）：15-18.

② 这三种情况在张晓峒和攸频的《DF检验式中漂移项和趋势项的t统计量研究》一文（《数量经济技术经济研究》，2006（2）：126-137）中也可以看到。

们有：

$$\hat{\rho} = \frac{\sum Y_t Y_{t-1}}{\sum Y_{t-1}^2}$$

对于一个具有递增趋势的时间序列来说，其估计结果必然是 $\rho > 1$。这种情况在统计检验中通常可以近似于 $\rho = 1$。在第一种情况下，如果 $\rho = 1$，则必有：

$$\sum Y_t Y_{t-1} = \sum Y_{t-1}^2$$

亦即：

$$\sum Y_{t-1}(Y_t - Y_{t-1}) = 0$$

也就是：

$$Y_t = Y_{t-1}$$

这表明整个序列实际上是一条与 X 轴平行的平行线。由于纵截距为 0，因此整个序列实际上也就是平面坐标上（以时间 t 为横轴）的横线。这一点与回归关系条件下的二变量不同。在回归关系条件下，$Y = X + U$，可以是与横轴成 45°角的一条上斜的直线。而在时间序列中 $Y_t = Y_{t-1} + U$，则恰恰表明，Y_t 虽然与 Y_{t-1} 成函数关系（二者成 45°角），但其变化与时间 t 是无关的。

而在第二种情况下，我们有：

$$\begin{cases} \hat{\rho} = \dfrac{\sum Y_t Y_{t-1} - n\bar{Y}^2}{\sum Y_{t-1}^2 - n\bar{Y}^2} \\ \hat{\alpha} = \bar{Y} - \hat{\rho}\bar{Y} = (1 - \hat{\rho})\bar{Y} \end{cases}$$

不难看出，在这里 ρ 的估计值实际也就是时间序列的自相关系数（注意，在 ρ 的估计值的计算中，假定 Y_t 的均值与 Y_{t-1} 的均值相等）。因此一般地，在时间序列的自相关程度不十分强烈的情况下，$|\rho| < 1$ 也是容易满足的。同时，也不难看出，如果有 $\hat{\rho} = 1$ 成立，同样得到 $Y_t = Y_{t-1}$，且有 $\hat{\alpha} = 0$，即与第一种情况完全等同。

而在第三种情况下，根据 4.4.1 节的分析，在二元模型中，每个回归系数的值应等于，因变量对该变量回归时的回归系数，减去因变量对另一变量回归时的回归系数乘以另一变量对该变量回归时的回归系数，再乘以两个解释变量相关系数平方之补数的倒数，应有：

$$\begin{cases} \hat{\rho} = \dfrac{1}{1 - r_{Yt}^2}\left(\hat{\rho}_{Yt} - \hat{\beta}_t \dfrac{r_{Yt}^2}{\hat{\beta}_t}\right) = \dfrac{1}{1 - r_{Yt}^2}(\hat{\rho}_{Yt} - r_{Yt}^2) \\ \hat{\beta} = \dfrac{1}{1 - r_{Yt}^2}(\hat{\beta}_t - \hat{\rho}_{Yt} \cdot \hat{\beta}_t) \\ \hat{\alpha} = (1 - \hat{\rho})\bar{Y} - \hat{\beta}\bar{t} \end{cases}$$

其中，r_{Yt}^2 是时间序列 Y_t 与时间 t 的相关系数的平方（假定 Y_{t-1} 与时间 t 的相关系数跟 Y_t 与时间 t 的相关系数相同），$\hat{\rho}_{Yt}$ 是时间序列 Y_t 与 Y_{t-1} 的自相关系数，也就是第二种情况中的 $\hat{\rho}$，$\hat{\beta}_t$ 是 Y_t 对时间 t 回归时的回归系数，$\dfrac{r_{Yt}^2}{\hat{\beta}_t}$ 是时间 t 对 Y_{t-1} 回归时的回归系数（假定 Y_{t-1} 对时间 t 的回归与 Y_t 对时间 t 的回归具有相同的系数，参见式（2—20））。

所以，$\hat{\rho} = 1$ 实际也就是：

$$\frac{1}{1 - r_{Yt}^2}(\hat{\rho}_{Yt} - r_{Yt}^2) = 1$$

即 $\hat{\rho}_{Y_t}=1$。

这时，$\hat{\beta}=\hat{\alpha}=0$，即同样有：$Y_t=Y_{t-1}$。

综合上述三种情况，单位根的实质即时间序列 Y_t 在以时间 t 为横轴的平面上为一条与横轴平行的直线，即 Y_t 与时间 t 无关。换一种说法，单位根检验的目的，实际上就是要查明一个时间序列事实上是否为一个常量，如果某时间序列存在单位根，则该时间序列事实上就是一个常量，即它与时间不相关，不能作为变量来使用；如果某时间序列不存在单位根，则该时间序列事实上就是一个变量，即它与时间是相关的，或者说是随着时间变化的，即可以作为变量来使用。

(3) 单位根检验

单位根检验一般采用迪克-富勒检验法（Dickey-Fuller Test，简称 DF 检验），也称作 τ 检验，它的临界值由这一方法的提出者根据蒙特卡罗模拟方法给出。DF 检验的原假设是：H_0：$\rho=1$；备择假设是：H_1：$\rho<1$。若估计得到的 τ 值（绝对值）大于临界值，将拒绝单位根假设，认为时间序列为平稳的时间序列；若估计得到的 τ 值（绝对值）小于临界值，则不能拒绝单位根假设，认为时间序列为非平稳的时间序列。

τ 统计量是迪克与富勒（1970）构造的一个类似于 t 分布的统计量，$\tau=(\rho-1)/S_\rho$，其中，S_ρ 是统计量 ρ 的标准差。他们证明，在存在单位根假设的条件下，τ 统计量不再具有正常的 t 分布，但是在样本容量很大的情况下，τ 统计量收敛于一个标准维纳过程的泛函，并且可以用蒙特卡罗模拟方法模拟出结果。

DF 检验存在一个前提，它假定随机扰动项 U_t 不存在自相关。由于在实际经济活动中，大多数经济过程是不满足此项假设的，为此需要用到扩展的迪克-富勒检验法（Argument Dickey-Fuller Test），即 ADF 检验。在 ADF 检验中，常常把 DF 检验的模型的右边扩展为包含序列 Y_t 的滞后项，例如使带趋势的 DF 检验模型变为：

$$\Delta Y_t = \alpha + \beta t + \gamma Y_{t-1} + \sum_{i=1}^{k} \delta_i \Delta Y_{t-i} + U_t \tag{5—29}$$

其中，$k=1, 2, 3, \cdots$，具体可以根据实验来确定，这样可以有效缓解 U_t 项的自相关问题，使单位根检验更具可靠性。不过，这里需要注意的是，由于在（5—29）式中，被解释变量使用的是差分变量，因此包含单位根的原假设应该是回归系数 $\gamma=0$。

ADF 检验采用的是单边检验中的左侧检验法，即如果统计量大于临界值（ADF 检验的临界值一般是负的），则接受原假设，即序列服从单位根过程，意味着所考察的序列是非平稳的；反之，如果统计量小于临界值，则拒绝原假设，即序列不存在单位根，说明序列是平稳的。

分别针对上述模型中的三种情况逐一计算相应的 τ 统计量，并根据 ADF 检验的临界值逐个作出判断。如前所述，如果上述三种情况中有一种情况不存在单位根，就表明原模型是平稳序列，反之，当三者都存在单位根时，表明所考察的序列一定是非平稳的，这时，必须利用差分技术对时间序列进行差分处理。

在 EViews8.0 中，单元根检验可以通过输入命令 uroot 进行。输入该命令时只要告诉它序列名称就可以了。输出结果会给出样本的 ADF 统计量和在 1%、5%及 10%显著性水平下的临界值。

【例 5.3】 在现实的经济生活中，很多时间序列都可能包含单位根，比如工业企业的年利润率，股市逐日的收益率，某些经济指标的环比指数，如物价的环比指数等（物价的定基指数一般不含单位根）。表 5－7 给出的是我国 1995—2005 年独立核算工业企业（含国有企业和规模以上非国有企业）的几种利润率和工业总产值及增加值的环比指数资料，试检验其是否含有单位根。

表 5－7　　我国工业企业的有关经济指标

年份	产值利润率	销售利润率	成本利润率	总产值环比指数	增加值环比指数
1995	0.029 755	0.030 885	0.038 145	（当年/上年）	
1996	0.023 745	0.025 698	0.031 652	1.141 833	1.167 032
1997	0.024 922	0.026 847	0.032 991	1.089 457	1.100 358
1998	0.021 526	0.022 73	0.027 617	0.990 995	0.979 166
1999	0.031 472	0.032 759	0.039 907	1.073 37	1.110 329
2000	0.051 282	0.052 209	0.063 995	1.178 341	1.177 608
2001	0.049 591	0.050 499	0.061 266	1.114 099	1.115 558
2002	0.052 218	0.052 833	0.064 098	1.160 583	1.164 684
2003	0.058 601	0.058 233	0.070 274	1.284 309	1.272 634
2004	0.059 137	0.059 974	0.071 328	1.417 871	1.305 187
2005	0.058 829	0.059 557	0.070 534	1.247 357	1.317 158

在 EViews8.0 中运用 uroot 命令进行检验，使用如（5－29）式所示的带趋势项的模型（输入 uroot 命令后需先在出现的对话框中按照如图 5－4 所示进行选择），前三个序列得到的三个临界值分别为：

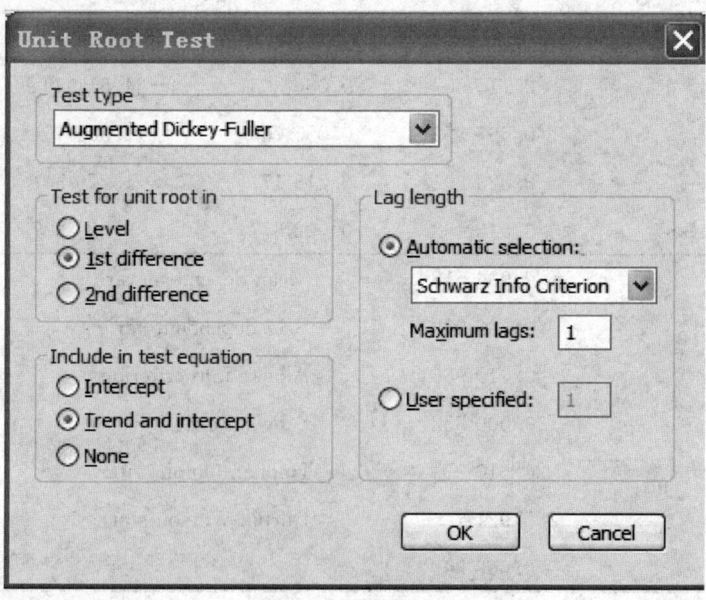

图 5－4　单位根检验选项对话框

1% Critical Value −5.522

5% Critical Value −4.108

10% Critical Value −3.515

3 个变量的 ADF 统计量分别为：

ADF Test Statistic −2.426

ADF Test Statistic −2.395

ADF Test Statistic −2.428

后两个序列得到的三个临界值分别为（因为样本容量不同，临界值也不同）：

1% Critical Value −6.292

5% Critical Value −4.450

10% Critical Value −3.702

相应的 ADF 统计量分别为：

ADF Test Statistic −2.7738

ADF Test Statistic −24.512

不难看出，只有第 5 组变量不包含单位根。对第 5 组变量按照（5—29）式进行回归，得到的回归结果如表 5-8 所示。由表 5-8 不难看出，由于变量不包含单位根，因此所有参数的 t 统计量都是显著的。

表 5-8　　增加值环比指数回归结果

Augmented Dickey-Fuller Test Equation
Dependent Variable：D（Y5，2）
Method：Least Squares
Date：10/02/16　Time：16：58
Sample (adjusted)：1999 2005
Included observations：7 after adjustments

Variable	Coefficient	Std. Error	t-Statistic	Prob.
D(Y5(−1))	−2.115 507	0.086 305	−24.511 90	0.000 1
D(Y5(−1)，2)	0.697 352	0.055 765	12.505 16	0.001 1
C	−0.023 201	0.018 177	−1.276 341	0.291 7
@TREND (1995)	0.013 463	0.002 677	5.029 307	0.015 1

R-squared	0.996 515	Mean dependent var	0.019 023
Adjusted R-squared	0.993 029	S. D. dependent var	0.131 584
S. E. of regression	0.010 986	Akaike info criterion	−5.888 849
Sum squared resid	0.000 362	Schwarz criterion	−5.919 758
Log likelihood	24.610 97	Hannan-Quinn criter.	−6.270 872
F-statistic	285.921 7	Durbin-Watson stat	2.544 164
Prob(F-statistic)	0.000 349		

模型的具体形式为：

$$\Delta Y'_t = -0.0232 + 0.0135t - 2.116\Delta Y_{t-1} + 0.697\Delta Y'_{t-1} \quad F = 285.9$$
$$(0.0182)\ (0.0027)\ (0.0863) \qquad (0.0558) \quad \bar{R}^2 = 0.993$$

在 EViews 中，符号 $D(Y5, 2)$ 表示变量 Y_5 的二阶差分，即在 $Y_t - Y_{t-1}$ 之后再差分，符号 $D(Y5(-1), 2)$ 表示变量 Y_{t-1} 的二阶差分，即在 $Y_{t-1} - Y_{t-2}$ 之后再差分。在上述的回归方程中，二阶差分用变量右上角的“′”表示。

5.3.4 协整理论

(1) 伪回归问题

格兰杰（Granger）和纽博尔德（Newbold）在一篇重要的论文[①]中指出，当两个时间序列都具有很强的时间趋势时，即使它们的生成过程毫不相关，使用常用的回归分析往往会得出这样的回归结果：表示它们相关程度的统计量 R^2 取值很高，但表示残差自相关程度的 DW 统计量取值却很低，即残差序列可能存在严重的正自相关，格兰杰和纽博尔德把这种现象称为“伪回归”。实际上，伪回归现象早已为经济学家们所关注，只是对于在什么样的条件下会产生伪回归，长期以来一直没有统一的认识。直到 20 世纪 70 年代，格兰杰和纽博尔德的研究发现，造成伪回归的根本原因在于时间序列的非平稳性，人们这才对这一问题有了比较一致的看法。由于伪回归过程中回归残差序列不再是纯随机序列，因此回归结果的可靠性也就值得怀疑。

格兰杰和纽博尔德利用蒙特卡罗模拟方法研究表明，利用传统的回归分析方法对彼此毫不相关的非平稳经济变量进行回归，t 统计量和 F 统计量往往会倾向于显著，从而会错误地得出变量相关的伪回归结果。这就警示我们，在利用回归分析方法讨论经济变量的关系之前，必须对经济变量的时间序列是否具有平稳性进行判断和检验。格兰杰和纽博尔德得出了一种粗略的判断方法，如果可决系数 R^2 大于自相关检验值 DW 统计量，就很可能存在伪回归现象。如果经济变量的时间序列是非平稳的，计量经济分析就必须寻求新的处理方法。20 世纪 80 年代发展起来的协整理论，就是处理非平稳的经济变量间关系的行之有效的方法。该理论自诞生以来，受到了众多经济学家的重视，并被广泛地应用于对实际问题的分析和研究之中。

(2) 格兰杰因果关系检验

计量经济学研究的一个重要内容是探索各类经济变量间的因果关系，而经济变量间错综复杂的关系也为研究带来了相当的难度，面对一个无法进行控制实验、充满不确定性的领域，我们只能从概率的角度即通过随机抽样的方法来了解因果关系，于是关于因果关系的定义和检验方法成为了统计学、计量经济学研究的重要内容。同样也产生了许多关于因果关系的经济学定义，其中之一就是得到广泛应用的格兰杰因果关系检验。[②]

格兰杰（1969）从时间序列的意义上来界定因果关系，提出了因果关系的计量经济学定义：“欲判断 X 是否引起 Y，则考察 Y 的当前值在多大程度上可以由 Y 的过去值解释，然后考察加入 X 的滞后值是否能改善解释程度。如果 X 的滞后值有助于改善对 Y 的解释

---

① Granger C. W. J. and Newbold P., “Spurious Regressions in Econometrics,” *Journal of Econometrics*, July 1974, vol. 2, No. 2, pp. 111-120.

② 耿修林，张琳. 计量经济学——原理、方法、应用及 EXCEL、MINITAB 工具. 北京：科学出版社，2004.

程度，则认为 X 是 Y 的格兰杰原因。”① 从统计学角度来看，即 X 的滞后项在统计意义上显著。由于格兰杰因果关系检验比较简单适用，因而被越来越多的人接受，从而在时间序列计量经济分析中得到广泛使用。格兰杰因果关系检验可描述如下：

对于变量 X 和 Y，假定目前还不清楚它们之间的依赖关系如何，现在拟定回归分析模型：

$$Y_t = \sum_{i=1}^{m}\alpha_i X_{t-i} + \sum_{j=1}^{m}\beta_j Y_{t-j} + U_{1t}$$

$$X_t = \sum_{i=1}^{m}\alpha'_i X_{t-i} + \sum_{j=1}^{m}\beta'_j Y_{t-j} + U_{2t}$$

其中，m 是滞后阶数，U_{1t} 和 U_{2t} 表示随机扰动项，并假定互不相关。

变量 X 和 Y 之间的关系主要包括以下几种情形：

1）X 到 Y 的单向因果关系。如果 $\sum_{i=1}^{n}\alpha_i$ 的估计结果 $\sum_{i=1}^{n}\hat{\alpha}_i$ 统计上显著不等于零，而 $\sum_{j=1}^{m}\beta'_j$ 的估计结果 $\sum_{j=1}^{m}\hat{\beta}'_j$ 统计上显著为零，则可以判明 X 为原因变量、Y 为结果变量，即有一个从 X 到 Y 的单向因果关系。

2）Y 到 X 的单向因果关系。如果 $\sum_{i=1}^{n}\alpha_i$ 的估计结果 $\sum_{i=1}^{n}\hat{\alpha}_i$ 统计上显著等于零，而 $\sum_{j=1}^{m}\beta'_j$ 的估计结果 $\sum_{j=1}^{m}\hat{\beta}'_j$ 统计上显著不等于零，则可判明 Y 为原因变量、X 为结果变量，即有一个从 Y 到 X 的单向因果关系。

3）Y 到 X、X 到 Y 的双向因果关系。如果 $\sum_{i=1}^{n}\alpha_i$ 的估计结果 $\sum_{i=1}^{n}\hat{\alpha}_i$ 统计上显著不等于零，而 $\sum_{j=1}^{m}\beta'_j$ 的估计结果 $\sum_{j=1}^{m}\hat{\beta}'_j$ 统计上也显著不等于零，则可以判明 X 和 Y 之间互为原因变量与结果变量，即有一个从 Y 到 X、X 到 Y 的双向因果关系。

4）Y 和 X 相互独立。如果 $\sum_{i=1}^{n}\alpha_i$ 的估计结果 $\sum_{i=1}^{n}\hat{\alpha}_i$ 统计上显著等于零，并且 $\sum_{j=1}^{m}\beta'_j$ 的估计结果 $\sum_{j=1}^{m}\hat{\beta}'_j$ 统计上也显著等于零，则可判明 Y 和 X 之间相互独立。

其实，由下面的检验过程我们将不难看出，这种检验实际上也就是本书 3.6 节讲过的对模型中参数所加约束的检验（原假设是所加约束为真，备择假设是所加约束不全为真），在 EViews 中即 Wald 检验。

格兰杰因果关系检验一般需要以下几个步骤：

第一步，对 Y 做不包含 X 的所有变量但包括 Y 的各阶滞后变量的回归分析，求回归残差平方和 ESS_R（这相当于 Wald 检验中的有约束残差平方和），即对下列形式的回归模型做分析：

---

① Granger, “Investing Casual Relations by Econometric Models and Cross-spectral Method,” *Econometrica*, 1969, vol. 37, pp. 424 - 438.

$$Y_t = \sum_{j=1}^{m} \beta_j Y_{t-j} + U_{1t}$$

第二步，对 Y 做包含 X 在内的所有变量（包括 Y 和 X 的各阶滞后变量）的回归分析，求出回归残差平方和 ESS_U（这相当于 Wald 检验中的无约束残差平方和），即做如下模型的回归分析：

$$Y_t = \sum_{i=1}^{m} \alpha_i X_{t-i} + \sum_{j=1}^{m} \beta_j Y_{t-j} + U_{2t} \tag{5—30}$$

第三步，建立 F 统计量。检验统计量为：

$$F = \frac{(n-k)(ESS_R - ESS_U)}{mESS_U} \sim F(m, n-k) \tag{5—31}$$

检验的原假设为：

H_0：$\alpha_1 = \alpha_2 = \cdots = \alpha_m = 0$

其中，k 为对 Y 做包含 X 在内的所有变量（包括 Y 和 X 的滞后变量以及其他变量）的回归分析时，模型中需要估计的参数数目。一般地，有 $k=2m$。

第四步，进行判断。在给定的显著性水平下，如果 F 统计量的值大于临界值，则可以判明 X 是 Y 变化的格兰杰原因。

如果要做 X 对 Y 的格兰杰因果关系检验，同样也可以按照以上步骤进行。

在具体应用格兰杰因果关系检验时需要注意：

第一，格兰杰因果关系检验对无限期的分布滞后模型可能不适应，碰到这种情况，首先要确定模型滞后阶数。

第二，模型滞后阶数的多少对因果关系方向的判断可能会造成重大影响，这就是说格兰杰因果关系检验对模型滞后阶数比较敏感。因此，运用格兰杰因果关系检验，模型滞后阶数的确定可能至关重要。

第三，假如模型还存在另外的变量，这个变量可能是引起被解释变量变化的原因，同时也与解释变量存在高度相关性，这时候，格兰杰因果关系检验将遇到难题。

【例 5.4】 以表 5-6 中的数据为例。我们知道，投入与产出之间一般情况下都是一种互为因果的关系，然而样本数据的情况究竟如何，运用格兰杰因果关系检验可以更好地了解。

应用 EViews 进行格兰杰因果关系检验（方法是在数据窗口为活动窗口的情况下，选择命令 View/ Granger Causality 并确定滞后阶数即可），得到的结果如表 5-9 所示。

表 5-9　　格兰杰因果关系检验输出结果

Pairwise Granger Causality Tests
Date：03/24/11　Time：15：25
Sample：1981 2004
Lags：3

Null Hypothesis：	Obs	F-Statistic	Prob.
X does not Granger Cause Y	21	6.361 29	0.006 1
Y does not Granger Cause X		0.843 68	0.492 5

由表 5-9 可以看出，对表 5-6 中的数据即 GDP（Y）与全社会固定资产投资总额

(X) 来说，X 是 Y 的格兰杰原因（其可靠性为 99.4%），而 Y 不是 X 的格兰杰原因。

如果以 Y 为因变量进行 Wald 检验，得到的结果如表 5-10 所示。

表 5-10　　格兰杰因果关系的 Wald 检验输出结果（Y 为因变量）

Wald Test Equation: Untitled			
Test Statistic	Value	df	Probability
F-statistic	6.645 808	(3, 15)	0.004 5
Chi-square	19.937 42	3	0.000 2
Null Hypothesis Summary:			
Normalized Restriction (=0)		Value	Std. Err.
C(4)		0.732 740	0.236 942
C(5)		−0.224 095	0.528 562
C(6)		−1.267 528	0.473 709
Restrictions are linear in coefficients.			

Wald 检验输出结果表明，施加约束后的模型与没有施加约束的模型具有极显著的差异（其可靠性为 99.5%）。从下面给出的参数估计值可以看出，只有 X_{t-2} 项的系数不显著。

如果以 X 为因变量做 Wald 检验，得到的结果如表 5-11 所示。

表 5-11　　格兰杰因果关系的 Wald 检验输出结果（X 为因变量）

Wald Test Equation: Untitled			
Test Statistic	Value	df	Probability
F-statistic	0.811 766	(3, 15)	0.507 0
Chi-square	2.435 297	3	0.487 1
Null Hypothesis Summary:			
Normalized Restriction (=0)		Value	Std. Err.
C(1)		−0.059 365	0.298 859
C (2)		−0.162 039	0.538 983
C (3)		0.235 770	0.278 611
Restrictions are linear in coefficients.			

以 X 为因变量的 Wald 检验输出结果表明，施加约束后的模型与没有施加约束的模型没有显著的差异（其可靠性为 95%，有差异的概率不超过 50%）。从下面给出的参数估计值可以看出，所有 Y_{t-i} 项的系数均不显著（在实际应用中，Wald 检验只需要改变因变量，

解释变量的排列不影响分析结果)。

在格兰杰因果关系检验中必须特别注意的是，虽然格兰杰因果关系检验因为其简单实用而得到了青睐，然而很多应用过程都存在一些问题，连格兰杰（1980）也承认，“一些作者因为缺少对原始文献的理解，很多应用过程都是不恰当的，就像一个聚会中的传言一样，总是以讹传讹，最后与初始的东西相比面目全非。”①

一是关于信息集的问题。这个问题也就是使用什么变量或使用多少变量的问题。因为如果在信息集中遗漏重要的解释变量，推导出来的因果关系可能是虚假的因果关系。但是随着人们应用得越来越多，这些修饰词逐渐被人们遗忘，直接称之为因果性，有些结论显然是欠妥当的。目前教科书和实际应用中多数是两个变量之间的检验，很容易出现遗漏重要相关变量的情形。比如，有计量结果显示，上证指数和深证成指之间存在因果性，也就是说，两者之间相互包含对方的预测信息，这种因果性可能是虚假的（我们从理论上也很难理解两者之间相互影响的传导渠道)。但是，如果我们承认股票市场的走势主要取决于另外一个变量即资金供求状况，那么资金供求状况就可能同时影响这两个指数。如果把资金供求状况这个变量纳入信息集，上证指数和深证成指之间的因果性或许就消失了。因此，在进行因果性推断时，合理地定义信息集是非常重要的。因为我们无法采用客观存在的所有信息，而在有限的信息集中保证不遗漏重要的相关变量是非常关键的。

二是关于非平稳变量的问题。这个问题其实已经困扰实证研究者很长时间了。原始的格兰杰因果性定义并没有规定变量必须是平稳的，很多计量经济学教材也没有这个限制。格兰杰（1980）指出：“非平稳变量带来的问题过于复杂，不便仔细讨论。”但是有一点学术界是有定论的，就是如果变量是非平稳的，那么应用（5—31）式中的 F 统计量来做推断会产生问题。Zonglu He（2001）运用维纳过程推导得出，当变量为非平稳时间序列时，该统计量的渐进分布不再是 F 分布。周建、李子奈（2004）运用蒙特卡罗模拟方法也得出，当变量为非平稳时间序列时，任何无关的两个变量间都很容易得出有因果性的结论。因此，在实证研究时，一般认为只有平稳变量才能应用（5—31）式中的 F 统计量进行推断，否则结论可能是不可靠的。

三是关于即期因果性（instantaneous causality）的概念。有人认为，一个变量的变化在当期就可以影响另一个变量的变化，因此应该建立即期因果性的概念，即把（5—30）式中 $\sum$ 的起点由 $i=1$ 改为 $i=0$，如能产生预测作用，就可以认为 Y 对 X 有即期因果性。如果接受这个定义，Y 对 X 有即期因果性，那么必然意味着 X 对 Y 也有即期因果性，除非有另外的信息来区分因果性的方向，否则这个定义将是不能令人满意的。格兰杰（1988）指出，只要我们承认原因在前，结果在后，那么很多表面上的即期因果性实际上是由于观测频率引起的。比如一个变量引起另一个变量的变化需要一周的时间，如果我们只能每月月底观测一次数据，那么就会观察到两个变量同时变化，表现为即期因果性。但是如果我们改成一周观测一次数据，就可以观察到两者的时滞了。经济时间序列的因果传递有的时滞可能非常短，甚至可能在瞬间完成，但只要承认有时滞，那么从道理上讲这种因果性定义的必要性就值得商榷。

总之，因果性是一个历史悠久而又争论不断的问题。直到今天，包括经济学在内的各

① 曹永福．格兰杰因果性检验评述．数量经济技术经济研究，2006（1）．

个学科对因果性并没有一个普遍接受的定义。格兰杰因果关系检验的思想是原因对结果应该有预测性。这种思想其实尚可进一步讨论。翻遍国内外普通的计量经济学教科书可以发现，涉及因果性概念的章节一般只有格兰杰因果关系检验这一部分，这就容易给人造成一种错觉，即只有格兰杰因果关系检验才可以发现变量间的因果性，其他分析都没有考虑因果性。其实不是这样的，因果性分析是计量经济学分析的基础，很多学者对之都有过不少研究。总而言之，格兰杰因果关系检验并非发现因果性的灵丹妙药，也不是唯一的药方。连格兰杰（1988）本人也承认，当从理论上相信变量之间有因果性的时候，这种检验可以增强对因果性的信心，这应该是对格兰杰因果关系检验的准确定位。也就是说，变量之间是否存在因果关系，何为因，何为果，我们只能依靠经济理论进行判断，样本数据的检验或分析只能对理论的判断起支撑作用。

（3）随机游走模型

根据上述刚刚介绍的单位根检验，我们已经知道，当存在单位根时，时间序列就变为：

$$Y_t = Y_{t-1} + U_t \tag{5—32}$$

这就是一个随机游走模型（random walk model）。其中，U_t 是均值为零、方差为常数的随机扰动项。假定我们考察的时间序列是从时间 0 开始的，即首项为 Y_0，于是，我们有：

$$Y_{t-1} = Y_{t-2} + U_{t-1}$$
$$Y_{t-2} = Y_{t-3} + U_{t-2}$$
$$\cdots\cdots$$
$$Y_2 = Y_1 + U_2$$
$$Y_1 = Y_0 + U_1$$

利用递推替代方法，由 Y_{t-1} 开始依次替代，最终将得到：

$$Y_t = Y_0 + \sum U_i$$

其中，加总是从 $t=1$ 到 $t=n$，n 是样本容量或观察总次数。现在，可以很容易地证得：

$$E(Y_t) = Y_0 \quad D^2(Y_t) = n\sigma_U^2$$

在这里，我们利用了这样一个事实，即 U_t 是随机的，且其中每个都有同样的方差 σ_U^2。

也就是说，在这里 Y_t 的方差不仅不是常数，而且是随着 n 的增加而不断增加的。因此，依据我们前面所给出的非平稳时间序列的定义，随机游走模型中的变量 Y_t 是非平稳时间序列（这里的非平稳是指在方差中）。但是，请注意随机游走模型的一个很有意思的特征，即如果你将它写成：

$$\Delta Y_t = Y_t - Y_{t-1} = U_t$$

如以前一样，其中 Δ 是观测数的一阶差分。在这里我们看到，Y_t 的一阶差分是平稳的，因为 $E(\Delta Y_t) = E(U_t) = 0$，并且有 $D^2(\Delta Yt) = D^2(Ut) = \sigma_U^2$。

（4）单整和协整

所谓单整（integration），即对于一个非平稳的时间序列，如果在差分 d 次后可成为一个平稳的时间序列，而在差分 $d-1$ 次后仍然是非平稳的，则称时间序列是 d 阶单整的，并记为 $I(d)$ 序列。显然，经一次差分后得到的平稳的时间序列就是 $I(1)$，平稳的时间序列一般可以表示为 $I(0)$。

单整是衡量一个时间序列平稳性的重要指标，单整的时间序列通常具有如下重要性质：

1）若 Y_t 为 $I(0)$ 序列，则 $a+bY_t$ 亦必为 $I(0)$ 序列，其中 a、b 为任意非零实数；

2）若 Y_t 为 $I(d)$ 序列，则 $a+bY_t$ 亦必为 $I(d)$ 序列，其中 a、b 为任意非零实数；

3）若 X_t、Y_t 均为 $I(0)$ 序列，则 $Z_t=aX_t+bY_t$ 亦必为 $I(0)$ 序列，其中 a、b 为任意非零实数；

4）若 X_t、Y_t 分别为 $I(d)$、$I(c)$ 序列，则 $Z_t=aX_t+bY_t$ 为 $I(k)$ 序列，其中 a、b 为任意非零实数，$k\leqslant \max(d, c)$。

所谓协整（cointegration），即尽管每个时间序列自身是非平稳的，但它们的一个线性组合却是平稳的。以二变量模型为例。假定时间序列 Y_t 和时间序列 X_t 是 d 阶单整的，但它们的线性组合 $U_t=Y_t-(\alpha+\beta X_t)$ 却是 0 阶单整的（对于样本回归方程，应该是：$e_t=Y_t-(\hat{\alpha}+\hat{\beta}X_t)$），则 Y_t 和 X_t 就被认为是协整的。

协整理论是 20 世纪 80 年代中后期以来计量经济学领域应用较为广泛的一种建模理论。它从分析时间序列的非平稳性着手，探求非平稳经济变量间蕴含的长期均衡关系。对传统的计量经济模型，尤其是动态模型，进行了较为清晰的描述，澄清了传统的统计推断中一些较为模糊的概念。传统的线性回归建模通常假定时间序列是平稳的，以保证普通最小平方法得到的估计量是一致的，即具有渐近的正态分布。而多数经济时间序列，如国民收入、价格、消费等宏观经济变量有时却是非平稳的（在经济发展的稳定时期尤其是这样），对其做线性回归时则可能产生所谓的“伪回归”现象。常用的解决办法是对非平稳序列进行差分，用差分后的序列建模。但差分往往使数据中包含的长期调整信息丢失，忽略了变量水平之中包括的信息。协整理论把时间序列分析中短期动态模型与长期均衡模型的优点结合起来，为非平稳时间序列的建模提供了很好的解决方法。

协整建模的研究目前主要集中在两个领域：一是协整理论与方法的研究，二是应用协整理论的实证研究。协整理论与方法的研究主要围绕着协整关系和协整向量的估计两个问题进行。通常，在进行协整分析之前，首先需要分析确定序列的单整阶数，只有同阶单整的变量才能协整（如果变量的单整阶数不同，一般就认为它们不存在协整关系）。目前应用较为广泛的是用于单位根检验的 DF 检验和 ADF 检验。有关协整向量的检验和估计，EG（Engle-Granger）两步法既简便又可以得到一致的参数估计，适用于两变量协整系统或只存在一个协整关系的协整系统。EG 两步法的使用步骤是：

第一步，如果 Y_t 和 X_t 是一阶单整的 $I(1)$ 序列，即 ΔY_t 和 ΔX_t 是平稳的，即可用 OLS 方法对回归方程（也称作协整回归方程）：

$$Y_t=\alpha+\beta X_t+U_t \tag{5—33}$$

进行估计，得到残差序列：$e_t=Y_t-(\hat{\alpha}+\hat{\beta}X_t)$。

第二步，检验序列 e_t 的平稳性，若 e_t 是平稳的，则 Y_t 和 X_t 是协整的，否则，则不是协整的。也就是说，对序列 Y_t 和 X_t 之间协整性的检验，实质也就是对由（5—33）式所决定的残差序列 e_t 平稳性的检验。

协整检验的原假设和备择假设分别为：

H_0：残差序列 e_i 为非平稳序列（或非平稳序列之间不存在协整关系）

H_1：残差序列 e_i 为平稳序列（或非平稳序列之间存在协整关系）

【例 5.5】 试以表 5-7 中的数据为例，对非平稳序列进行协整检验。

【解】 由于产值利润率（X）和销售利润率（Y）均包含单位根，故对其进行协整检验。得到的一元线性方程模型为：

$$Y=0.002\ 36+0.967\ 8X \qquad DW=2.251$$
$$(0.000\ 38)\ (0.008\ 5) \quad DW_{0.05}=[0.927,\ 1.324]$$

显然，模型是充分有效的，且不存在序列相关现象。应用这一模型，企业可以根据产值利润率（依生产统计确定）有效地预测销售利润率（受不确定的市场状态影响）。

用 EViews 对残差序列进行单位根检验，得到的结果如表 5-12 所示。

由表 5-12 不难看出，对残差的单位根检验在 5%的显著性水平下是显著的，即残差序列不含单位根，属于平稳序列。得到的残差序列的差分方程除了常数项不显著外，两个解释变量的系数都是充分有效的，且 DW 统计量也可以近似认为不存在序列相关问题。

表 5-12　　产值利润率与销售利润率的协整分析输出结果

Null Hypothesis: E has a unit root
Exogenous: Constant
Lag Length: 1 (Automatic based on SIC, MAXLAG=1)

		t-Statistic	Prob. *
Augmented Dickey-Fuller test statistic		−3.907 231	0.020 2
Test critical values:	1% level	−4.420 595	
	5% level	−3.259 808	
	10% level	−2.771 129	

* MacKinnon (1996) one-sided p-values.
Warning: Probabilities and critical values calculated for 20 observations and may not be accurate for a sample size of 9

Augmented Dickey-Fuller Test Equation
Dependent Variable: D(E)
Method: Least Squares
Date: 06/15/08 Time: 19: 18
Sample (adjusted): 1997 2005
Included observations: 9 after adjustments

Variable	Coefficient	Std. Error	t-Statistic	Prob.
E(−1)	−1.982 119	0.507 295	−3.907 231	0.007 9
D(E(−1))	0.685 880	0.325 066	2.109 970	0.079 4
C	−5.70E−05	0.000 121	−0.471 071	0.654 2

R-squared	0.753 531	Mean dependent var	−1.07E−05
Adjusted R-squared	0.671 375	S. D. dependent var	0.000 621
S. E. of regression	0.000 356	Akaike info criterion	−12.780 82
Sum squared resid	7.61E−07	Schwarz criterion	−12.715 08
Log likelihood	60.513 69	F-statistic	9.171 936
Durbin-Watson stat	2.485 565	Prob(F-statistic)	0.014 972

关于协整理论更详细的介绍，相关文献非常丰富，而且技术性很强，这里就不再详细介绍了，这里的讨论只是启发式的。其实，关于伪回归问题，笔者一向认为时间序列是否可能发生伪回归，完全可以借助经济理论，利用计量经济学的经济先验准则进行判断。

因为实际上，不仅两个非平稳的时间序列会导致伪回归，就算是两个平稳的时间序列，也会导致伪回归。比如，在对例 3.5 的分析中，如果撇开辛烷值和含硫量对燃烧值的作用，把辛烷值和含硫量作为两个独立的变量序列看待（这两个变量肯定都是平稳的变量序列），进行回归以后也一定能够得到很好的回归结果。但事实上，我们知道这两个变量是独立的正交变量，这也就是伪回归。所以，经济理论的经济先验准则是什么时候都不能缺少的。没有了经济理论的指导，计量经济分析必然会步入迷途。

5.3.5 自回归过程的识别和估计

设 Y_1，Y_2，…，Y_n 是由自回归过程 AR(p) 产生的一个样本，AR(p) 的数学模型如 (5—24) 式所示，即有：

$$Y_t=\phi_1 Y_{t-1}+\phi_2 Y_{t-2}+\cdots+\phi_p Y_{t-p}+U_t$$

其中，参数 ϕ_k 称作第 k 个偏自相关系数，因为它是在其他变量保持不变的条件下 Y_t 与 Y_{t-k} 之间相关程度的量度。偏自相关系数 $\phi_k(k=1,2,\cdots)$ 的表达式称作偏自相关函数。

如何根据样本来估计偏自相关函数？很显然，首先必须确定自回归过程的阶数 p。p 值确定以后，(5—24) 式便可以看成一个多元线性回归模型，并利用 OLS 方法估计其中的参数。确定自回归模型的阶数，就称作**自回归模型的识别**。

确定自回归模型阶数的基本方法是**逐步回归法**，即从 $k=1$ 开始，逐步增加 k 值（每次增加 1)，将每次得到的自回归模型用 OLS 方法估计其参数，并进行显著性检验。如果发现当 $k\leqslant p$ 时 ϕ_k 显著，当 $k>p$ 时 ϕ_k 不显著，则这时的 p 就是要求的阶数。比如，当 $k=2$ 时检验 ϕ_2，假定结果显著，再取 $k=3$，经检验 ϕ_3 不显著，这时可知自回归模型的阶数应该是 $p=2$。

以表 5-1 中的数据为例进行回归，当 $p=3$ 时得到的回归结果为：

$$\hat{Y}_t=465.99+2.538Y_{t-1}-2.405Y_{t-2}+0.912\,5Y_{t-3}\quad F=3\,168$$
$$(728)\ (0.212\,3)\quad (0.411\,7)\qquad (0.229)\qquad DW=1.69$$

不难看出，除了常参数外，每一个参数都是充分有效的。当 $p=4$ 时，三阶和四阶滞后变量的回归系数均变得不显著。

为了检验 ϕ_k 的显著性，必须知道最小平方估计量 $\hat{\phi}_k$ 的抽样分布或方差。可以证明，在样本容量很大的情况下，如果自回归模型的阶数为 p，则当 $k>p$ 时，$\hat{\phi}_k$ 近似服从期望为 0、方差为 $1/n$ 的正态分布（n 为样本容量）。因此，95%的置信区间为：

$$\left[\hat{\phi}_k-\frac{1.96}{\sqrt{n}},\ \hat{\phi}_k+\frac{1.96}{\sqrt{n}}\right]\approx\left[\hat{\phi}_k-\frac{2}{\sqrt{n}},\ \hat{\phi}_k+\frac{2}{\sqrt{n}}\right]$$

要判断在 0.05 的显著性水平下 ϕ_k 是否为 0，只要看看上述区间是否包含 0 即可。或者，亦可以采用另一种等价的做法，考察 $\hat{\phi}_k$ 是否落在下面的区间内：

$$\left[\phi_k-\frac{2}{\sqrt{n}},\ \phi_k+\frac{2}{\sqrt{n}}\right]=\left[-\frac{2}{\sqrt{n}},\ +\frac{2}{\sqrt{n}}\right]$$

注意，这里的原假设是 H_0：$\phi_k=0$。如果估计值落在该区间内，则接受原假设，即 ϕ_k

不显著；如果估计值落在该区间以外，则拒绝原假设，即 ϕ_k 显著。

5.3.6 以时间为自变量的模型

对于任何一个时间序列来说，一般而言，通常与时间变量 t 都存在较强的相关关系。因此，一般地说，对于不存在单位根的任意一个时间序列样本，通常都可以构造以时间 t 为解释变量的模型，以便反映或描述一个时间序列随着时间变化的客观规律。

(1) 一元线性时间变量模型

一元线性时间变量模型也称作线性趋势模型，其一般形式是：

$$Y_t = a + bt$$

在这里，$t=1$，2，3，…。其中，参数 a 可反映时间序列 Y_t 变化的基数，b 则反映了 Y_t 随着时间 t 变化的绝对增量。两个参数的计算方法是：

$$\begin{cases} b = \dfrac{6(\bar{Y}_f - \bar{Y})}{n-1} \\ a = \bar{Y} - b\dfrac{n+1}{2} \end{cases} \tag{5—34}$$

其中，$\bar{Y}_f$ 为时间序列 Y_t 的加权平均数，n 为样本容量。其证明并不复杂。

【证】 根据参数 b 的观测值表达式：

$$b = \frac{\sum tY - n\bar{t}\bar{Y}}{\sum t^2 - n\bar{t}^2}$$

根据 4.3.2 节对于等级相关系数的证明可知：

$$\sum t^2 - n\bar{t}^2 = \frac{n(n^2-1)}{12}$$

而

$$n\bar{t} = \sum t \quad \frac{\sum tY}{\sum t} = \bar{Y}_f \quad \bar{t} = \frac{n+1}{2}$$

所以，b 的分子分母同除以 $\sum t = \dfrac{n(n+1)}{2}$，则 b 得证。

(2) 指数曲线模型

指数曲线即：

$$Y = AB^t \text{ 或 } Y = Ae^{bt}$$

在这里，B 可看作 Y 的发展速度，不难看出 $Y_t/Y_{t-1}=B$。而 b 可近似看作 Y 的增长速度。指数曲线常用来描述生长情况，如图 5-5 所示。

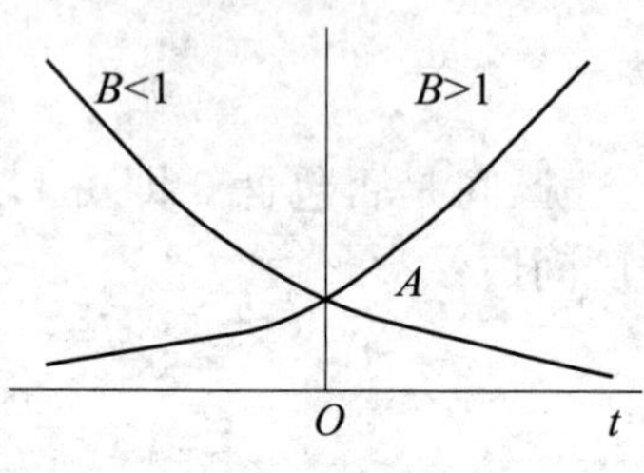

图 5-5 指数曲线图形

估计参数时两端同时取对数即可（随机扰动项乘以 e^U）。

将指数曲线模型和线性趋势模型进行比较，不难了解到，使用线性趋势模型的基本假定前提是，每一期的绝对量等额增长。因此，随着基数的不断增大，增长速度会放慢。指数趋势的基本假定前提是，每一期的增长速度不变。因此，随着基数的不断增大，增长的绝对量会越来越大。人口的增长一般比较适合指数规律。

由图 5-5 不难看出，对于指数曲线来说，随着时间的推移，其所代表的序列或者将趋于 0（$B<1$），或者将趋于无穷大（$B>1$）。这两种情况与现实的经济生活往往不太一致。随着时间的推移，很多经济指标往往可能会趋于某一个常数，而不是趋于 0 或无穷大。因此，就需要对指数函数进行修正，这就提出了指数曲线的变种函数。

（3）指数曲线的变种函数

指数曲线的变种函数即：

$$Y=K+AB^t \tag{5—35}$$

其中，K 为一正常数，其曲线图分两种形式，如图 5-6 所示。

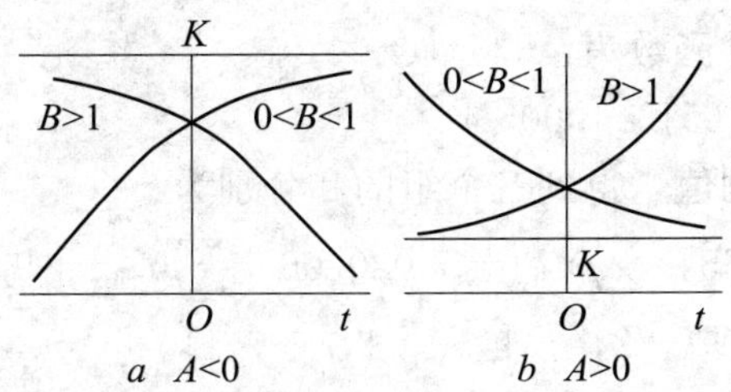

图 5-6 指数曲线的变种函数

指数曲线的变种函数除了用来反映某些经济变量的变化趋势外，也可用来考察商品的市场寿命周期，一般可以将考察的对象分为：引入期（或成长期）、成熟期、衰退期和消亡期。引入期的特点是：$A>0$，$B>1$；成熟期的特点是：$A<0$，$0<B<1$；衰退期的特点是：$A<0$，$B>1$；消亡期的特点是：$A>0$，$0<B<1$。

函数（5—35）在满足 $A<0$，$0<B<1$ 的条件下，也称作**学习曲线**，即知识的增长和积累在学习的初期增长比较快，越往后增长越慢，最后会趋于某一个常数 K。

对变种函数（5—35）进行参数估计，可采用**分组累加法**进行，即可将全部时间序列分为三组，如不能等分则舍弃最初的一个或两个观测点。分组后即可分别进行累加，得到：

$$\sum Y_{\mathrm{I}} = \sum_{t=0}^{n-1} Y_t = nK + A(1+B+B^2+\cdots+B^{n-1})$$

$$\sum Y_{\mathrm{II}} = \sum_{t=n}^{2n-1} Y_t = nK + AB^n(1+B+B^2+\cdots+B^{n-1})$$

$$\sum Y_{\mathrm{III}} = \sum_{t=2n}^{3n-1} Y_t = nK + AB^{2n}(1+B+B^2+\cdots+B^{n-1})$$

于是，可得到：

$$\frac{\sum Y_{\mathrm{III}} - \sum Y_{\mathrm{II}}}{\sum Y_{\mathrm{II}} - \sum Y_{\mathrm{I}}} = \frac{AB^n(1+B+B^2+\cdots+B^{n-1})(B^n-1)}{A(1+B+B^2+\cdots+B^{n-1})(B^n-1)} = B^n$$

所以，有：

$$B = \left(\frac{\sum Y_{\mathrm{III}} - \sum Y_{\mathrm{II}}}{\sum Y_{\mathrm{II}} - \sum Y_{\mathrm{I}}}\right)^{\frac{1}{n}}$$

$$A = \frac{B-1}{(B^n-1)^2}\left(\sum Y_{\mathrm{II}} - \sum Y_{\mathrm{I}}\right)$$

$$K=\frac{1}{n}\left(\sum Y_{\mathrm{I}}-A\frac{B^n-1}{B-1}\right)$$

推导过程中需要用到等比级数的前 n 项和公式。①

指数函数及其变种函数在时间序列预测中有着非常重要的作用。如应用表 3－3 中的数据构造陕西省工农业总产值的时间序列模型，可得到：

$$\hat{Y}'=6.444\ 6+0.113\ 78t \qquad 0.976^{**}$$

$$(0.062\ 3)\ (0.007\ 3)\ (r_{0.01}=0.661\ 4)$$

在该模型回归时时间变量取 1，2，3，…，14，当然也可以直接取 1990，1991，…，2003，但由于常数 A 反映当 $t=0$ 时的 Y 值，所以当 t 取值太大时，回归系数 a 的估计值必然太小。相应的指数模型为：$\hat{Y}=629.281e^{0.113\ 78t}$或者 $\hat{Y}=629.281\times1.120\ 51^t$。

得到的指数函数的变种函数为：

$$\hat{Y}=-31\ 874+32\ 651\times1.005\ 4^t$$

估计时舍弃前 2 个观测值，得到三个组的和分别为：

$$\sum Y_{\mathrm{I}}=4\ 611.65 \quad \sum Y_{\mathrm{II}}=7\ 020.06 \quad \sum Y_{\mathrm{III}}=9\ 935.31$$

但需注意，预测时 t 应取－2，－1，0，1，…，11。

本章实验及案例分析

一、实验目的

掌握时间序列数据的平稳性检验、协整检验、误差修正模型及格兰杰因果关系检验。

二、数据及模型

外商直接投资变化与出口总值之间有很强的关联性，为了深入分析二者的关系，此处搜集了 2013 年 9 月至 2016 年 8 月中国实际利用外商直接投资金额（X）与进出口总值（Y）的月度时间序列数据，见表 5－13。

表 5－13　中国实际利用外商直接投资金额与进出口总值的月度时间序列数据

月份	实际利用外商直接投资金额（百万美元，X）	进出口总值（亿美元，Y）
2013 年 9 月	88 609	3 560.699 38
2013 年 10 月	97 026	3 397.044 4
2013 年 11 月	105 506	3 706.086 87
2013 年 12 月	117 586	3 898.439 96
2014 年 1 月	10 763	3 823.949 44
2014 年 2 月	19 310	2 511.761 82

① 等比级数的前 n 项和公式是：$S_n=\frac{a_0(q^n-1)}{q-1}$，其中，$a_0$是首项，$q$ 是公比。

续前表

月份	实际利用外商直接投资金额（百万美元，X）	进出口总值（亿美元，Y）
2014 年 3 月	31 549	3 325.126 81
2014 年 4 月	40 269	3 586.285 25
2014 年 5 月	48 909	3 550.241 1
2014 年 6 月	63 326	3 420.123 78
2014 年 7 月	71 139	3 784.815 75
2014 年 8 月	78 344	3 670.952 51
2014 年 9 月	87 355	3 964.115 7
2014 年 10 月	95 881	3 683.279 43
2014 年 11 月	106 241	3 688.489 6
2014 年 12 月	119 562	4 054.132 12
2015 年 1 月	13 923	3 404.841 85
2015 年 2 月	22 484	2 777.620 96
2015 年 3 月	34 883	2 860.558 98
2015 年 4 月	44 494	3 185.271 52
2015 年 5 月	53 829	3 212.477 14
2015 年 6 月	68 411	3 374.121 04
2015 年 7 月	76 631	3 471.680 95
2015 年 8 月	85 343	3 334.967 75
2015 年 9 月	94 903	3 507.673 03
2015 年 10 月	103 676	3 231.481 87
2015 年 11 月	114 037	3 391.816 36
2015 年 12 月	126 267	3 879.778 4
2016 年 1 月	14 070	2 910.845 68
2016 年 2 月	22 517	2 196.970 06
2016 年 3 月	35 415	2 917.697 33
2016 年 4 月	45 303	2 999.580 11
2016 年 5 月	54 190	3 121.432 22
2016 年 6 月	69 417	3 124.590 54
2016 年 7 月	77 126	3 150.568 73
2016 年 8 月	85 881	3 291.353 39

（1）平稳性检验

数据平稳性的 ADF 检验，在 EViews 中双击 X 序列，在菜单 View 中出现下拉菜单，点击 Unit Root Test，出现对话框如图 5－7，选择带截距项（intercept），点击 OK，得到估计结果，见表 5－14。

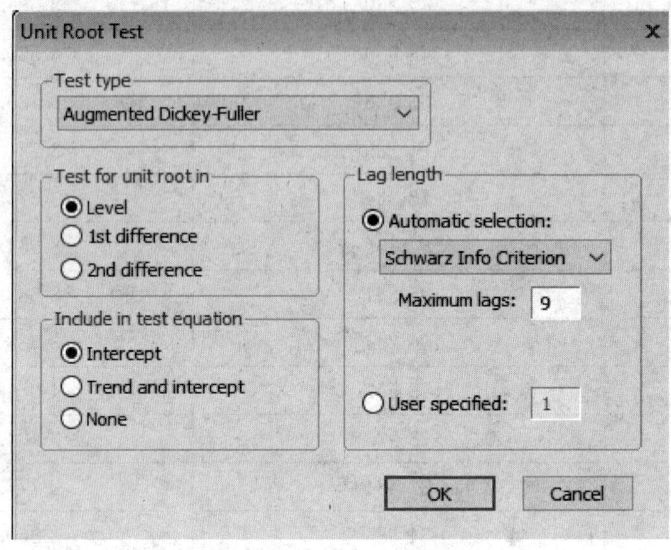

图 5－7　单位根检验对话框

表 5－14　X 序列的 ADF 检验结果

Null Hypothesis：X has a unit root			
Exogenous：Constant			
Lag Length：0（Automatic-based on SIC，maxlag=9）			
		t-Statistic	Prob. *
Augmented Dickey-Fuller test statistic		−3.239 998	0.025 9
Test critical values：	1% level	−3.632 900	
	5% level	−2.948 404	
	10% level	−2.612 874	
* MacKinnon（1996）one-sided p-values.			

从检验结果看，在 1%、5%、10%三个显著性水平下，单位根检验的临界值分别为 −3.632 9、−2.948 404、−2.612 874，t 统计量为 −3.239 998，大于 1%显著性水平下的临界值，从而不能拒绝原假设，表明实际利用外商直接投资金额（X）序列存在单位根，是非平稳序列。用同样的方法检验，可知进出口总值（Y）序列也是非平稳序列。

（2）协整检验

用 EG 两步法检验两序列是否存在协整关系。

①判断 X 和 Y 序列是否为同阶单整。

为了得到实际利用外商直接投资金额（X）序列的单整阶数，在单位根检验（Unit

Root Test）对话框中（见图 5－7），指定对一阶差分序列进行单位根检验，选择带截距项（intercept），点击 OK，得到输出结果，见表 5－15。

表 5－15　　X 差分序列的 ADF 检验结果（一阶差分序列）

Null Hypothesis：D(X) has a unit root			
Exogenous：Constant			
Lag Length：0（Automatic-based on SIC，maxlag=9）			
		t-Statistic	Prob.*
Augmented Dickey-Fuller test statistic		−6.285 942	0.000 0
Test critical values：	1% level	−3.639 407	
	5% level	−2.951 125	
	10% level	−2.614 300	
* MacKinnon（1996）one-sided p-values.			

从检验结果看，t 统计量为−6.285 942，小于相应临界值，从而拒绝 H_0，表明实际利用外商投资金额（X）的差分序列不存在单位根，是平稳序列，即 X 序列是一阶单整的，$X \sim I(1)$。

采用同样的方法，可检验得到 Y 序列也是一阶单整的，即 $Y \sim I(1)$。

②对两序列用 OLS 方法进行协整回归。

为了分析实际利用外商直接投资金额（X）序列和进出口总值（Y）序列之间是否存在协整关系，我们先进行两变量之间的回归，然后检验回归残差的平稳性。

用 OLS 方法估计回归模型，结果见表 5－16。

表 5－16　　X 对 Y 的 OLS 回归结果

Dependent Variable：Y

Method：Least Squares

Date：10/08/16　Time：18：10

Sample：2013M09 2016M08

Included observations：36

Variable	Coefficient	Std. Error	t-Statistic	Prob.
C	2 857.814	121.020 3	23.614 34	0.000 0
X	0.007 462	0.001 609	4.638 888	0.000 1

R-squared	0.387 600	Mean dependent var	3 360.302
Adjusted R-squared	0.369 588	S. D. dependent var	407.823 9
S. E. of regression	323.805 9	Akaike info criterion	14.452 12
Sum squared resid	3 564 909	Schwarz criterion	14.540 09
Log likelihood	−258.138 1	Hannan-Quinn criter.	14.482 82
F-statistic	21.519 29	Durbin-Watson stat	1.532 612
Prob(F-statistic)	0.000 050		

为了检验回归残差的平稳性，在工作文档命令窗口中，点击 Genr 功能键，命令 $e=$

Resid，双击 e 序列，对 e 序列进行单位根检验。检验估计结果见表 5-17。

表 5-17　　残差序列的单位根检验

Null Hypothesis：E has a unit root			
Exogenous：Constant			
Lag Length：0（Automatic-based on SIC，maxlag=9）			
		t-Statistic	Prob.*
Augmented Dickey-Fuller test statistic		−4.514 863	0.001 0
Test critical values：	1% level	−3.632 900	
	5% level	−2.948 404	
	10% level	−2.612 874	
* MacKinnon（1996）one-sided p-values.			

t 统计量为 $-4.514\ 863$，小于相应的临界值，从而拒绝 H_0，表明残差序列不存在单位根，是平稳序列，说明实际利用外商直接投资金额（X）序列和进出口总值（Y）序列之间存在协整关系，两者之间有长期均衡关系。

以残差序列 e_t 为误差修正项，可建立误差修正模型的结构如下：

$$\Delta Y_t = \beta\Delta X_t + \gamma e_t + \mu_t$$

在 EViews 命令窗口中输入“ls d(y) d(x) e”，估计结果见表 5-18。

表 5-18　　误差修正模型输出结果

Dependent Variable：D(Y)				
Method：Least Squares				
Date：10/08/16　Time：19：49				
Sample（adjusted）：2013M10 2016M08				
Included observations：35 after adjustments				
Variable	Coefficient	Std. Error	t-Statistic	Prob.
D(X)	0.008 566	0.001 756	4.879 494	0.000 0
E	0.818 250	0.182 608	4.480 906	0.000 1
R-squared	0.487 849	Mean dependent var		−7.695 600
Adjusted R-squared	0.472 329	S. D. dependent var		435.192 8
S. E. of regression	316.128 3	Akaike info criterion		14.405 62
Sum squared resid	3 297 924	Schwarz criterion		14.494 50
Log likelihood	−250.098 3	Hannan-Quinn criter.		14.436 30
Durbin-Watson stat	2.059 843			

由表 5-18 可得误差修正模型为：

$$\Delta\hat{Y}_t = 0.008\ 566\Delta X_t + 0.818\ 25 e_t$$

若实际利用外商直接投资金额增加 100 万美元，长期影响为进出口总值增加 0.008 566亿美元，短期冲击为进出口总值增加 0.818 25 亿美元。

(3) 格兰杰因果关系检验

在 EViews 命令窗口中输入"data x y"，可以以组的形式打开 X 序列和 Y 序列，在弹出组窗口中选择 View/Granger Causality，弹出对话框，选择滞后期，点击 OK，弹出格兰杰因果关系检验结果，见表 5-19。

表 5-19　格兰杰因果关系检验结果

Pairwise Granger Causality Tests

Date：10/08/16　Time：20：13

Sample：2013M09 2016M08

Lags：1

Null Hypothesis：	Obs	F-Statistic	Prob.
Y does not Granger Cause X	35	1.481 68	0.232 4
X does not Granger Cause Y		10.634 0	0.002 6

由表 5-19 知，从一阶滞后的情况看，在 5%的显著性水平下，不能拒绝"Y 不是 X 的格兰杰原因"的假设，拒绝"X 不是 Y 的格兰杰原因"的假设。从二阶滞后的情况看，也得到同样结论。由此可以判断实际利用外商直接投资金额（X）是进出口总值（Y）的格兰杰原因，即实际利用外商直接投资金额直接影响着进出口总值。

课后思考及练习题

1. 虚拟因变量模型有什么作用？线性概率模型有什么特点？

2. 非线性概率模型有哪些形式？Logit 模型如何估计？

3. 为什么要建立滞后变量模型？柯克估计法和阿尔蒙估计法各有何优缺点？

4. 什么是纯随机过程？平稳随机过程需要具备什么条件？

5. 利用本章 5.1.2 节表 5-1 中的数据资料，每 15 个观测点为一组，构造非线性概率模型（逻辑函数），并对其可靠性和经济意义进行分析。

6. 试对表 5-20 中 2007 年 12 月的人民币汇率（中间价）资料进行单位根检验，并对不包含单位根的时间序列建立时间序列模型，对包含单位根的时间序列进行协整检验（用 EG 两步法）。

表 5-20　人民币汇率（中间价）资料（2007 年 12 月）

日期	美元	欧元	日元	港币	英镑
2007-12-24	733.15	1 054.34	6.421 6	93.966	1 453.07
2007-12-21	735.72	1 054.36	6.504 8	94.305	1 460.18
2007-12-20	736.49	1 059.37	6.500 6	94.414	1 471.43
2007-12-19	736.98	1 061.99	6.500 9	94.465	1 484.68
2007-12-18	737.51	1 062.35	6.528 1	94.587	1 489.81

续前表

日期	美元	欧元	日元	港币	英镑
2007-12-17	737.9	1 065.16	6.513 7	94.618	1 488.64
2007-12-14	735.89	1 075.76	6.542 1	94.385	1 502.69
2007-12-13	735.68	1 083.25	6.572 4	94.332	1 503.95
2007-12-12	736.47	1 080	6.640 5	94.438	1 500.26
2007-12-11	737.97	1 085.66	6.595 8	94.646	1 510.18
2007-12-10	739.53	1 083.04	6.625 7	94.861	1 502.24
2007-12-7	740.91	1 084.69	6.647 9	95.043	1 501.34

7. 表 5-21 给出的是 1978—2014 年我国三次产业就业人数的分布情况，试对每一个指标进行时间序列分析，确定合适的滞后阶数 p，并运用所选的有效模型对 2015 年的情况进行预测。

表 5-21　　1978—2014 年我国三次产业就业人数的分布情况　　单位：万人

年份	第一产业	第二产业	第三产业
1978	28 318	6 945	4 890
1979	28 634	7 214	5 177
1980	29 122	7 707	5 532
1981	29 777	8 003	5 945
1982	30 859	8 346	6 090
1983	31 151	8 679	6 606
1984	30 868	9 590	7 739
1985	31 130	10 384	8 359
1986	31 254	11 216	8 811
1987	31 663	11 726	9 395
1988	32 249	12 152	9 933
1989	33 225	11 976	10 129
1990	38 914	13 856	11 979
1991	39 098	14 015	12 378
1992	38 699	14 355	13 098
1993	37 680	14 965	14 163
1994	36 628	15 312	15 515
1995	35 530	15 655	16 880
1996	34 820	16 203	17 927
1997	34 840	16 547	18 432
1998	35 177	16 600	18 860
1999	35 768	16 421	19 205

续前表

年份	第一产业	第二产业	第三产业
2000	36 043	16 219	19 823
2001	36 399	16 234	20 165
2002	36 640	15 682	20 958
2003	36 204	15 927	21 605
2004	34 830	16 709	22 725
2005	33 442	17 766	23 439
2006	31 941	18 894	24 143
2007	30 731	20 186	24 404
2008	29 923	20 553	25 087
2009	28 890	21 080	25 857
2010	27 931	21 842	26 332
2011	26 594	22 544	27 282
2012	25 773	23 241	27 690
2013	24 171	23 170	29 636
2014	22 790	23 099	31 364

资料来源：《中国统计年鉴 2015》。

8. 表 5－22 给出的是 2000—2015 年某企业的库存额和销售额资料，试用分布滞后模型 $Y_t=\alpha+\beta_0 X_t+\beta_1 X_{t-1}+\beta_2 X_{t-2}+\beta_3 X_{t-3}+U_t$ 建立库存函数，用阿尔蒙估计法估计模型，并对参数进行检验和解释。

表 5－22　　2000—2015 年某企业库存额和销售额资料　　单位：百万元

年份	库存额	销售额	年份	库存额	销售额
2000	52	27	2008	77	42
2001	52	30	2009	84	45
2002	53	32	2010	90	51
2003	54	30	2011	96	54
2004	58	33	2012	101	55
2005	60	35	2013	142	62
2006	63	37	2014	120	72
2007	68	41	2015	145	83

9. 请完成下面的选择题：

(1) 在消费函数 $C_t=400+0.5I_t+0.3I_{t-1}+0.1I_{t-2}+\mu_t$ 中，当期收入 I_t 对未来消费 C_{t+2} 的影响是：当期收入 I_t 增加 1 单位，C_{t+2} 将增加（　　）单位。

A. 0.5　　B. 0.3　　C. 0.1　　D. 0.9

(2) 对于无限期的分布滞后模型 $Y_t=\alpha+\sum_{i=0}^{\infty}\beta_i X_{t-i}+\mu_t$，当应用柯克估计法时，回归系数 β_i 的假定是（　　）。

A. $\beta_i=\sum_{k=0}^{m}\alpha_k i^k$　　B. $\beta_i=\beta_0\lambda^i$　　C. $\beta_i=\frac{1}{i+1}$　　D. $\beta_i=\frac{1}{k}$

(3) 对于有限期的分布滞后模型 $Y_t=\alpha+\sum_{i=0}^{m}\beta_i X_{t-i}+\mu_t$，应用阿尔蒙估计法估计时，回归系数 β_i 的假定是（　　）。

A. $\beta_i=\sum_{k=0}^{m}\alpha_k i^k$

B. $\beta_i=\beta_0\lambda^i$

C. 依据递减的方式将滞后期的系数 β_i 赋值如下：1/2，1/3，…，1/(*k*+1)

D. 可将所有系数都固定为 $\frac{1}{k}$

(4) 随机游走模型序列是（　　）。

A. 平稳序列　　B. 非平稳序列

C. 协方差为零　　D. 方差相等的随机序列

(5) 随机序列的 ADF 检验的原假设为（　　）。

A. 该序列的均值为 0　　B. 该序列没有单位根

C. 该序列为平稳序列　　D. 该序列存在单位根

第 6 章 计量经济学的矩阵运算

§6.1 多元模型及其参数

6.1.1 关于多元模型

设有 k 个解释变量的线性方程模型为：

$$y_i=\beta_0+\beta_1 x_{1i}+\beta_2 x_{2i}+\cdots+\beta_k x_{ki}+u_i$$

其中，每一个变量都表示观测值。在本章以后，我们特别规定，在关于多元模型的矩阵运算中，同一变量的小写字母一律用来表示观测值，必要时用小写字母上加圆点表示离差，用大写字母表示矩阵。

假定总体中的每一个观测点均服从由该模型所确定的线性趋势，则对于 n 个观测点必然有：

$$y_1=\beta_0+\beta_1 x_{11}+\beta_2 x_{21}+\cdots+\beta_k x_{k1}+u_1$$
$$y_2=\beta_0+\beta_1 x_{12}+\beta_2 x_{22}+\cdots+\beta_k x_{k2}+u_2$$
$$\cdots\cdots$$
$$y_n=\beta_0+\beta_1 x_{1n}+\beta_2 x_{2n}+\cdots+\beta_k x_{kn}+u_n$$

将这几个方程写成矩阵形式，得：

$$\begin{pmatrix} y_1 \\ y_2 \\ \vdots \\ y_n \end{pmatrix}=\begin{pmatrix} 1 & x_{11} & x_{21} & \cdots & x_{k1} \\ 1 & x_{12} & x_{22} & \cdots & x_{k2} \\ \vdots & \vdots & \vdots & & \vdots \\ 1 & x_{1n} & x_{2n} & \cdots & x_{kn} \end{pmatrix}\begin{pmatrix} \beta_0 \\ \beta_1 \\ \vdots \\ \beta_k \end{pmatrix}+\begin{pmatrix} u_1 \\ u_2 \\ \vdots \\ u_n \end{pmatrix}$$

或

$$\boldsymbol{Y}=\boldsymbol{X\beta}+\boldsymbol{U} \qquad (6—1)$$

这便是一般多元线性模型的矩阵表达式。

6.1.2 关于 U 的基本假定

假定Ⅰ 零均值假定：

$$E(u_i)=0(i=1,2,\cdots,n)$$

就相当于：

$$E\begin{pmatrix}u_1\\u_2\\\vdots\\u_n\end{pmatrix}=\begin{pmatrix}E(u_1)\\E(u_2)\\\vdots\\E(u_n)\end{pmatrix}=\begin{pmatrix}0\\0\\\vdots\\0\end{pmatrix}$$

即：

$$E(\boldsymbol{U})=0 \tag{6—2}$$

假定Ⅱ和假定Ⅲ 常方差和无序列相关性假定：

$$\begin{cases}E(u_i^2)=\sigma_u^2\ (i=1,\ 2,\ \cdots,\ n)\\E(u_iu_j)=0(i\neq j)\end{cases}$$

就相当于：

$$E(\boldsymbol{UU}')=E\left(\begin{pmatrix}u_1\\u_2\\\vdots\\u_n\end{pmatrix}(u_1,\ u_2,\ \cdots,\ u_n)\right)=E\begin{pmatrix}u_1^2 & u_1u_2 & \cdots & u_1u_n\\u_2u_1 & u_2^2 & \cdots & u_2u_n\\\vdots & \vdots & & \vdots\\u_nu_1 & u_nu_2 & \cdots & u_n^2\end{pmatrix}$$

$$=\begin{pmatrix}E(u_1^2) & E(u_1u_2) & \cdots & E(u_1u_n)\\E(u_2u_1) & E(u_2^2) & \cdots & E(u_2u_n)\\\vdots & \vdots & & \vdots\\E(u_nu_1) & E(u_nu_2) & \cdots & E(u_n^2)\end{pmatrix}=\begin{pmatrix}\sigma_u^2 & 0 & \cdots & 0\\0 & \sigma_u^2 & \cdots & 0\\\vdots & \vdots & & \vdots\\0 & 0 & \cdots & \sigma_u^2\end{pmatrix}=\sigma_u^2\boldsymbol{I}_n$$

其中：$\boldsymbol{I}_n$ 表示 $n\times n$ 阶单位矩阵；矩阵 $E(\boldsymbol{UU}')$ 称作 $\boldsymbol{U}$ 的方差—协方差矩阵。方差—协方差矩阵规定用 $D()$ 表示，也就是：

$$D(\boldsymbol{U})=E[\boldsymbol{UU}']=\sigma_u^2\boldsymbol{I}_n \tag{6—3}$$

假定Ⅳ 正态性假定：

$\boldsymbol{U}$ 的每一个元素均服从正态分布，亦即：

$$\boldsymbol{U}\sim N(0,\ \sigma_u^2\boldsymbol{I}_n)$$

假定Ⅴ 不完全共线性假定：

解释变量之间的不完全共线性假定就等价于：

$$Rk(\boldsymbol{X})=k+1$$

如果该假定成立，则矩阵 $\boldsymbol{X}$ 中至少有 $k+1$ 阶子行列式不为零，这时解释变量之间不存在线性相关关系。可以证明，这时矩阵 $\boldsymbol{X}'\boldsymbol{X}$ 也是满秩的，即有：

$$Rk(\boldsymbol{X}'\boldsymbol{X})=k+1$$

于是有行列式 $|\boldsymbol{X}'\boldsymbol{X}|\neq 0$，即必然存在 $(\boldsymbol{X}'\boldsymbol{X})^{-1}$。

6.1.3 参数的最小平方估计

根据总体方程式，对于一个给定的样本，显然有

$$\hat{\boldsymbol{Y}}=\boldsymbol{X}\hat{\boldsymbol{\beta}}+\boldsymbol{e} \tag{6—4}$$

其中，$\hat{\boldsymbol{Y}}$ 是 $\boldsymbol{Y}$ 的估计值，$\hat{\boldsymbol{\beta}}$ 是 $\boldsymbol{\beta}$ 的估计值，$\boldsymbol{e}$ 是 $\boldsymbol{U}$ 的估计值。

而且：

$$\hat{\boldsymbol{Y}}=\begin{pmatrix}\hat{y}_1\\ \hat{y}_2\\ \vdots\\ \hat{y}_n\end{pmatrix}\qquad \hat{\boldsymbol{\beta}}=\begin{pmatrix}\hat{\beta}_0\\ \hat{\beta}_1\\ \vdots\\ \hat{\beta}_k\end{pmatrix}\qquad \boldsymbol{e}=\begin{pmatrix}e_1\\ e_2\\ \vdots\\ e_n\end{pmatrix}$$

由于：

$$e_i=y_i-(\hat{\beta}_0+\hat{\beta}_1x_{1i}+\hat{\beta}_2x_{2i}+\cdots+\hat{\beta}_kx_{ki})$$

$$\sum e_i^2=\sum[y_i-(\hat{\beta}_0+\hat{\beta}_1x_{1i}+\hat{\beta}_2x_{2i}+\cdots+\hat{\beta}_kx_{ki})]^2$$

于是：

$$\frac{\partial\sum e_i^2}{\partial\hat{\beta}_j}=0\ (j=0,1,\cdots,k)$$

也就是：

$$-2\sum[y_i-(\hat{\beta}_0+\hat{\beta}_1x_{1i}+\hat{\beta}_2x_{2i}+\cdots+\hat{\beta}_kx_{ki})]=0$$

$$-2\sum x_{1i}[y_i-(\hat{\beta}_0+\hat{\beta}_1x_{1i}+\hat{\beta}_2x_{2i}+\cdots+\hat{\beta}_kx_{ki})]=0$$

$$\cdots\cdots$$

$$-2\sum x_{ki}[y_i-(\hat{\beta}_0+\hat{\beta}_1x_{1i}+\hat{\beta}_2x_{2i}+\cdots+\hat{\beta}_kx_{ki})]=0$$

写成矩阵形式，即：

$$\begin{pmatrix}\sum e_i\\ \sum x_{1i}e_i\\ \vdots\\ \sum x_{ki}e_i\end{pmatrix}=\begin{pmatrix}0\\ 0\\ \vdots\\ 0\end{pmatrix}\text{或者 }\boldsymbol{X}'\boldsymbol{e}=\begin{pmatrix}1 & 1 & \cdots & 1\\ x_{11} & x_{12} & \cdots & x_{1n}\\ \vdots & \vdots & & \vdots\\ x_{k1} & x_{k2} & \cdots & x_{kn}\end{pmatrix}\begin{pmatrix}e_1\\ e_2\\ \vdots\\ e_n\end{pmatrix}=0$$

这时令 $\boldsymbol{Y}=\boldsymbol{X}\hat{\boldsymbol{\beta}}+\boldsymbol{e}$ 左乘 $\boldsymbol{X}'$，得到：$\boldsymbol{X}'\boldsymbol{Y}'=\boldsymbol{X}'\boldsymbol{X}\hat{\boldsymbol{\beta}}+\boldsymbol{X}'\boldsymbol{e}$。由于 $\boldsymbol{X}'\boldsymbol{e}=0$，且 $\boldsymbol{X}'\boldsymbol{X}$ 可逆，于是有：

$$\hat{\boldsymbol{\beta}}=(\boldsymbol{X}'\boldsymbol{X})^{-1}\boldsymbol{X}'\boldsymbol{Y} \tag{6—5}$$

在（6－5）式中，$(\boldsymbol{X}'\boldsymbol{X})^{-1}$ 是一个 $k+1$ 阶方阵，所以 $(\boldsymbol{X}'\boldsymbol{X})^{-1}\boldsymbol{X}'$ 也是一个 $(k+1)\times n$ 的矩阵，与 $\boldsymbol{Y}$ 相乘后应为一个有 $k+1$ 个元素的列向量。实际上，根据一般多元线性模型的矩阵表达式（6－1）我们不难知道，方阵 $(\boldsymbol{X}'\boldsymbol{X})$ 实际上也就是观测值正规方程的系数矩阵，而 $(\boldsymbol{X}'\boldsymbol{Y})$ 实际上也就是观测值正规方程（参见本书 3.2.1 节）的常数列。

§6.2 最小平方估计式的性质

6.2.1 线性特性

$\hat{\boldsymbol{\beta}}$ 不仅是 $\boldsymbol{Y}$ 的线性函数，也是 $\boldsymbol{U}$ 的线性函数。

【证】

$$\begin{aligned}\hat{\boldsymbol{\beta}} &= (\boldsymbol{X}'\boldsymbol{X})^{-1}\boldsymbol{X}'\boldsymbol{Y} = (\boldsymbol{X}'\boldsymbol{X})^{-1}\boldsymbol{X}'(\boldsymbol{X}\boldsymbol{\beta}+\boldsymbol{U})\\ &= (\boldsymbol{X}'\boldsymbol{X})^{-1}\boldsymbol{X}'\boldsymbol{X}\boldsymbol{\beta}+(\boldsymbol{X}'\boldsymbol{X})^{-1}\boldsymbol{X}'\boldsymbol{U}\\ &= \boldsymbol{\beta}+(\boldsymbol{X}'\boldsymbol{X})^{-1}\boldsymbol{X}'\boldsymbol{U}\end{aligned} \tag{6—6}$$

6.2.2 无偏性

虽然根据不同的样本会有不同的估计量$\hat{\boldsymbol{\beta}}$，但它们都是总体真值的无偏估计量。

【证】

$$\begin{aligned}E(\hat{\boldsymbol{\beta}}) &= E[\boldsymbol{\beta}+(\boldsymbol{X}'\boldsymbol{X})^{-1}\boldsymbol{X}'\boldsymbol{U}] = E(\boldsymbol{\beta})+E[(\boldsymbol{X}'\boldsymbol{X})^{-1}\boldsymbol{X}'\boldsymbol{U}]\\ &= \boldsymbol{\beta}+(\boldsymbol{X}'\boldsymbol{X})^{-1}\boldsymbol{X}'E(\boldsymbol{U})\\ &= \boldsymbol{\beta} \quad (\text{因为 } E(\boldsymbol{U})=0)\end{aligned}$$

6.2.3 最小方差性

为证明最小方差性，需要先求出$\hat{\boldsymbol{\beta}}$的方差—协方差矩阵。令$\hat{\boldsymbol{\beta}}$的方差—协方差矩阵为：

$$D(\hat{\boldsymbol{\beta}}) = E[(\hat{\boldsymbol{\beta}}-\boldsymbol{\beta})(\hat{\boldsymbol{\beta}}-\boldsymbol{\beta})']$$

首先，采用直接展开的方式展开，应有：

$$E[(\hat{\boldsymbol{\beta}}-\boldsymbol{\beta})(\hat{\boldsymbol{\beta}}-\boldsymbol{\beta})'] = E\begin{pmatrix}\hat{\beta}_0-\beta_0\\ \hat{\beta}_1-\beta_1\\ \vdots\\ \hat{\beta}_k-\beta_k\end{pmatrix}(\hat{\beta}_0-\beta_0,\hat{\beta}_1-\beta_1,\cdots,\hat{\beta}_k-\beta_k)$$

$$= \begin{pmatrix} E(\hat{\beta}_0-\beta_0)^2 & E(\hat{\beta}_0-\beta_0)(\hat{\beta}_1-\beta_1) & \cdots & E(\hat{\beta}_0-\beta_0)(\hat{\beta}_k-\beta_k)\\ E(\hat{\beta}_0-\beta_0)(\hat{\beta}_1-\beta_1) & E(\hat{\beta}_1-\beta_1)^2 & \cdots & E(\hat{\beta}_1-\beta_1)(\hat{\beta}_k-\beta_k)\\ \vdots & \vdots & & \vdots\\ E(\hat{\beta}_k-\beta_k)(\hat{\beta}_0-\beta_0) & E(\hat{\beta}_k-\beta_k)(\hat{\beta}_1-\beta_1) & \cdots & E(\hat{\beta}_k-\beta_k)^2\end{pmatrix}$$

这是一个$k+1$阶对称矩阵，主对角线上给出了各参数估计值的方差，其余元素则给出了不同参数估计值间的协方差，故称作$\hat{\boldsymbol{\beta}}$的方差—协方差矩阵。

其次，根据线性特性，应有：$\hat{\boldsymbol{\beta}}-\boldsymbol{\beta}=(\boldsymbol{X}'\boldsymbol{X})^{-1}\boldsymbol{X}'\boldsymbol{U}$，于是有：

$$\begin{aligned}E[(\hat{\boldsymbol{\beta}}-\boldsymbol{\beta})(\hat{\boldsymbol{\beta}}-\boldsymbol{\beta})'] &= E\{(\boldsymbol{X}'\boldsymbol{X})^{-1}\boldsymbol{X}'\boldsymbol{U}[(\boldsymbol{X}'\boldsymbol{X})^{-1}\boldsymbol{X}'\boldsymbol{U}]'\}\\ &= E[(\boldsymbol{X}'\boldsymbol{X})^{-1}\boldsymbol{X}'\boldsymbol{U}\boldsymbol{U}'\boldsymbol{X}(\boldsymbol{X}'\boldsymbol{X})^{-1}]\\ &= (\boldsymbol{X}'\boldsymbol{X})^{-1}\boldsymbol{X}'E(\boldsymbol{U}\boldsymbol{U}')\boldsymbol{X}(\boldsymbol{X}'\boldsymbol{X})^{-1}\\ &= \sigma_u^2\boldsymbol{I}_n(\boldsymbol{X}'\boldsymbol{X})^{-1}\boldsymbol{X}'\boldsymbol{X}(\boldsymbol{X}'\boldsymbol{X})^{-1}\\ &= \sigma_u^2(\boldsymbol{X}'\boldsymbol{X})^{-1}\end{aligned} \tag{6—7}$$

理由：$a.\ (\boldsymbol{AB})'=\boldsymbol{B}'\boldsymbol{A}'$；

$b.\ (\boldsymbol{A}^{-1})'=(\boldsymbol{A}')^{-1}$；

$c.$ 对任一矩阵$\boldsymbol{X}$，$\boldsymbol{X}'\boldsymbol{X}$为对称矩阵；

$d.$ 对对称矩阵$\boldsymbol{A}$，有$\boldsymbol{A}=\boldsymbol{A}'$。

将两种证明结果进行比较，显然应有：

$$\begin{cases} D^2(\hat{\beta}_i) = E[(\hat{\boldsymbol{\beta}}-\boldsymbol{\beta})(\hat{\boldsymbol{\beta}}-\boldsymbol{\beta})']_{ii} = \sigma_u^2(\boldsymbol{X}'\boldsymbol{X})_{ii}^{-1}\\ \mathrm{Cov}(\hat{\beta}_i,\beta_j) = E[(\hat{\boldsymbol{\beta}}-\boldsymbol{\beta})(\hat{\boldsymbol{\beta}}-\boldsymbol{\beta})']_{ij} = \sigma_u^2(\boldsymbol{X}'\boldsymbol{X})_{ij}^{-1} \quad (i\neq j)\end{cases} \tag{6—8}$$

下面证明 $\hat{\boldsymbol{\beta}}$ 的最佳性。为此，令 $\boldsymbol{\beta}$ 的另一个具有线性特性的估计量为：$\boldsymbol{\beta}^*=[(\boldsymbol{X}'\boldsymbol{X})^{-1}\boldsymbol{X}'+\boldsymbol{P}]\boldsymbol{Y}=\hat{\boldsymbol{\beta}}+\boldsymbol{PY}$，其中 $\boldsymbol{P}$ 为与 $(\boldsymbol{X}'\boldsymbol{X})^{-1}\boldsymbol{X}'$ 同阶的不为零的非奇异矩阵，当 $\boldsymbol{P}=\boldsymbol{0}$ 时，$\boldsymbol{\beta}^*=\hat{\boldsymbol{\beta}}$。要比较 $\boldsymbol{\beta}^*$ 与 $\hat{\boldsymbol{\beta}}$ 的优劣，$\boldsymbol{\beta}^*$ 首先也应是无偏的，即应有：

$$E(\boldsymbol{\beta}^*)=\boldsymbol{\beta}$$

代入 $\boldsymbol{\beta}^*$ 的公式，得到：

$$E(\boldsymbol{\beta}^*)=E(\hat{\boldsymbol{\beta}})+\boldsymbol{P}E(\boldsymbol{Y})=\boldsymbol{\beta}+\boldsymbol{P}E(\boldsymbol{X\beta}+\boldsymbol{U})=\boldsymbol{\beta}+\boldsymbol{PX\beta}$$

显然，要使 $E(\boldsymbol{\beta}^*)=\boldsymbol{\beta}$，则 $\boldsymbol{P}$ 必须满足条件 $\boldsymbol{PX}=0$。所以，

$$\boldsymbol{PY}=\boldsymbol{P}(\boldsymbol{X\beta}+\boldsymbol{U})=\boldsymbol{PX\beta}+\boldsymbol{PU}=\boldsymbol{PU}$$

而：

$$\boldsymbol{\beta}^*-\boldsymbol{\beta}=(\boldsymbol{X}'\boldsymbol{X})^{-1}\boldsymbol{X}'\boldsymbol{Y}+\boldsymbol{PY}-\boldsymbol{\beta}=(\boldsymbol{X}'\boldsymbol{X})^{-1}\boldsymbol{X}'(\boldsymbol{X\beta}+\boldsymbol{U})+\boldsymbol{PY}-\boldsymbol{\beta}=(\boldsymbol{X}'\boldsymbol{X})^{-1}\boldsymbol{X}'\boldsymbol{U}+\boldsymbol{PU}$$

$$\begin{aligned}D(\boldsymbol{\beta}^*)&=E[(\boldsymbol{\beta}^*-\boldsymbol{\beta})(\boldsymbol{\beta}^*-\boldsymbol{\beta})']\\&=E\{[(\boldsymbol{X}'\boldsymbol{X})^{-1}\boldsymbol{X}'\boldsymbol{U}+\boldsymbol{PU}][\boldsymbol{U}'\boldsymbol{X}(\boldsymbol{X}'\boldsymbol{X})^{-1}+\boldsymbol{U}'\boldsymbol{P}']\}\\&=\sigma_u^2[(\boldsymbol{X}'\boldsymbol{X})^{-1}+(\boldsymbol{X}'\boldsymbol{X})^{-1}(\boldsymbol{PX})'+\boldsymbol{PX}(\boldsymbol{X}'\boldsymbol{X})^{-1}+\boldsymbol{PP}']\\&=\sigma_u^2(\boldsymbol{X}'\boldsymbol{X})^{-1}+\sigma_u^2\boldsymbol{PP}'=D(\hat{\boldsymbol{\beta}})+\sigma_u^2\boldsymbol{PP}'\quad(\boldsymbol{PX}=0)\end{aligned}$$

显然，由于 $\boldsymbol{PP}'$ 为 $k+1$ 阶半正定矩阵，其所有主对角线元素均不小于零，所以$D(\boldsymbol{\beta}^*)$ 的主对角线元素不可能比$D(\boldsymbol{\beta}^*)$相应的元素小。

§6.3 拟合优度及预测

6.3.1 拟合优度

因为：

$$\sum e_i^2=(e_1, e_2, \cdots, e_n)\begin{pmatrix}e_1\\e_2\\\vdots\\e_n\end{pmatrix}=\boldsymbol{e}'\boldsymbol{e}$$

而：

$$\begin{aligned}\boldsymbol{e}'\boldsymbol{e}&=(\boldsymbol{Y}-\boldsymbol{X}\hat{\boldsymbol{\beta}})'(\boldsymbol{Y}-\boldsymbol{X}\hat{\boldsymbol{\beta}})\quad[\because(\boldsymbol{A}+\boldsymbol{B})'=\boldsymbol{A}'+\boldsymbol{B}']\\&=\boldsymbol{Y}'\boldsymbol{Y}-\hat{\boldsymbol{\beta}}'\boldsymbol{X}'\boldsymbol{Y}-\boldsymbol{Y}'\boldsymbol{X}\hat{\boldsymbol{\beta}}+\hat{\boldsymbol{\beta}}'\boldsymbol{X}'\boldsymbol{X}\hat{\boldsymbol{\beta}}\end{aligned}$$

$\underset{1\times(k+1)}{\hat{\boldsymbol{\beta}}'}\ \underset{(k+1)\times n}{\boldsymbol{X}'}\ \underset{n\times 1}{\boldsymbol{Y}}$ 是一个标量，转置后有：

$$\hat{\boldsymbol{\beta}}'\boldsymbol{X}'\boldsymbol{Y}=(\hat{\boldsymbol{\beta}}'\boldsymbol{X}'\boldsymbol{Y})'=\boldsymbol{Y}'\boldsymbol{X}\hat{\boldsymbol{\beta}}$$

且由于：

$$(\boldsymbol{X}'\boldsymbol{X})\hat{\boldsymbol{\beta}}=\boldsymbol{X}'\boldsymbol{Y}\quad（代入\ \hat{\boldsymbol{\beta}}=(\boldsymbol{X}'\boldsymbol{X})^{-1}\boldsymbol{X}'\boldsymbol{Y}）$$

所以：

$$\sum e_i^2=\boldsymbol{Y}'\boldsymbol{Y}-2\hat{\boldsymbol{\beta}}'\boldsymbol{X}'\boldsymbol{Y}+\hat{\boldsymbol{\beta}}'\boldsymbol{X}'\boldsymbol{Y}=\boldsymbol{Y}'\boldsymbol{Y}-\hat{\boldsymbol{\beta}}'\boldsymbol{X}'\boldsymbol{Y}\tag{6—9}$$

在上式的右端加减 $n\bar{y}^2$，可得到：

$$\boldsymbol{e}'\boldsymbol{e}=(\boldsymbol{Y}'\boldsymbol{Y}-n\bar{y}^2)-(\hat{\boldsymbol{\beta}}'\boldsymbol{X}'\boldsymbol{Y}-n\bar{y}^2)$$

也就是：

$$\boldsymbol{Y}'\boldsymbol{Y}-n\bar{y}^2=\hat{\boldsymbol{\beta}}'\boldsymbol{X}'\boldsymbol{Y}-n\bar{y}^2+\boldsymbol{e}'\boldsymbol{e}\tag{6—10}$$

此式即总平方和的分解公式：$TSS=RSS+ESS$。于是，得到：

$$R^2=\frac{RSS}{TSS}=\frac{\hat{\boldsymbol{\beta}}'\boldsymbol{X}'\boldsymbol{Y}-n\bar{y}^2}{\boldsymbol{Y}'\boldsymbol{Y}-n\bar{y}^2} \tag{6—11}$$

6.3.2 区间预测

假定模型在预测期间仍然有效，令 $\hat{y}_f$ 表示未来的一个预测值，$\boldsymbol{x}_f$ 为包含 $k+1$ 个元素的行向量（注意，这个行向量不同于矩阵 $\boldsymbol{X}=(x_{ij})_{n\times(k+1)}$），现确定 $E(y_f)$ 的置信区间，为此，必须计算 $\hat{y}_f$ 的方差。

$$\hat{y}_f=\boldsymbol{x}_f\hat{\boldsymbol{\beta}} \quad E(\hat{y}_f)=\boldsymbol{x}_f\boldsymbol{\beta}$$

注意，在这里：

$$\boldsymbol{x}_f=(1,\ x_{1f},\ \cdots,\ x_{kf})$$

所以：

$$\begin{aligned}D^2(\hat{y}_f)&=E[\boldsymbol{x}_f(\hat{\boldsymbol{\beta}}-\boldsymbol{\beta})]^2 \quad (\text{注意}:\boldsymbol{x}_f(\hat{\boldsymbol{\beta}}-\boldsymbol{\beta})\text{是标量})\\&=E\{[\boldsymbol{x}_f(\hat{\boldsymbol{\beta}}-\boldsymbol{\beta})][\boldsymbol{x}_f(\hat{\boldsymbol{\beta}}-\boldsymbol{\beta})]'\}\\&=\boldsymbol{x}_fE[(\hat{\boldsymbol{\beta}}-\boldsymbol{\beta})(\hat{\boldsymbol{\beta}}-\boldsymbol{\beta})']\boldsymbol{x}_f'=\boldsymbol{x}_fD(\hat{\boldsymbol{\beta}})\boldsymbol{x}_f'\\&=\sigma_u^2\boldsymbol{x}_f\ (\boldsymbol{X}'\boldsymbol{X})^{-1}\boldsymbol{x}_f'\end{aligned}$$

所以，应有：

$$\frac{\hat{y}_f-E(y_f)}{\hat{\sigma}_u\sqrt{\boldsymbol{x}_f\ (\boldsymbol{X}'\boldsymbol{X})^{-1}\boldsymbol{x}_f'}}\sim t(n-k-1)$$

于是，置信概率为 $1-\alpha$ 的 $E(y_f)$ 的置信区间为：

$$\hat{y}\mp t_{\alpha/2}(n-k-1)\hat{\sigma}_u\sqrt{\boldsymbol{x}_f(\boldsymbol{X}'\boldsymbol{X})^{-1}\boldsymbol{x}_f'}$$

相应地，可得到 $(\hat{y}_f-y_f)$ 的方差为：

$$\begin{aligned}D^2(\hat{y}_f-y_f)&=D^2(\hat{y}_f)+D^2(y_f)\\&=\sigma_u^2[\boldsymbol{x}_f(\boldsymbol{X}'\boldsymbol{X})^{-1}\boldsymbol{x}_f'+1]\end{aligned} \tag{6—12}$$

据此可估计出 y_f 的预测区间。

6.3.3 随机扰动项方差的估计

由于在现实中 $\boldsymbol{U}$ 是不可观察的，因此 $D^2(\boldsymbol{U})$ 只能通过样本残差平方和 $\sum e^2$ 估计。

由于：

$$\begin{aligned}\boldsymbol{e}&=\boldsymbol{Y}-\hat{\boldsymbol{Y}}\\&=\boldsymbol{Y}-\boldsymbol{X}\hat{\boldsymbol{\beta}}\\&=\boldsymbol{Y}-\boldsymbol{X}(\boldsymbol{X}\boldsymbol{X}')^{-1}\boldsymbol{X}'\boldsymbol{Y}\\&=[\boldsymbol{I}_n-\boldsymbol{X}(\boldsymbol{X}\boldsymbol{X}')^{-1}\boldsymbol{X}']\boldsymbol{Y}\end{aligned}$$

记：

$$\boldsymbol{M}=\boldsymbol{I}_n-\boldsymbol{X}(\boldsymbol{X}'\boldsymbol{X})^{-1}\boldsymbol{X}'$$

则：

$$\boldsymbol{e}=\boldsymbol{M}\boldsymbol{Y}$$

或者

$$\boldsymbol{e}=\boldsymbol{M}(\boldsymbol{X}\boldsymbol{\beta}+\boldsymbol{U})=\boldsymbol{M}\boldsymbol{U} \quad (\boldsymbol{M}\boldsymbol{X}=\boldsymbol{0})$$

在此，$\boldsymbol{M}$ 称作**基本幂等矩阵**，幂等矩阵通常具有两个重要性质：

1） $\boldsymbol{M}'=\boldsymbol{M}$（即 $\boldsymbol{M}'=[\boldsymbol{I}-\boldsymbol{X}(\boldsymbol{X}'\boldsymbol{X})^{-1}\boldsymbol{X}']'=\boldsymbol{M}$）；

2） $\boldsymbol{M}\times\boldsymbol{M}=\boldsymbol{M}$ 或 $\boldsymbol{M}^2=\boldsymbol{M}$。

另外根据矩阵求迹的性质我们知道，残差平方和 $\sum e^2$（一个标量）除了可以用 $\boldsymbol{e}'\boldsymbol{e}$ 来表示外，同时还可以用矩阵（$\boldsymbol{ee}'$）的迹即主对角线元素的代数和来表示，于是采用矩阵求迹的方式可得到：

$$\sum e_i^2 = Tr(\boldsymbol{e}'\boldsymbol{e}) = Tr(\boldsymbol{ee}') \tag{6—13}$$

于是，取残差平方和的期望就是：

$$E(\sum e_i^2) = E[Tr(\boldsymbol{ee}')] = Tr[E(\boldsymbol{ee}')]$$

代入 $\boldsymbol{e}=\boldsymbol{MU}$，得到：

$$E(\boldsymbol{ee}') = E[\boldsymbol{MU}(\boldsymbol{MU})'] = E(\boldsymbol{MUU}'\boldsymbol{M}') = \boldsymbol{M}E(\boldsymbol{UU}')\boldsymbol{M}' = \sigma_u^2\boldsymbol{M}^2 = \sigma_u^2\boldsymbol{M}$$

所以，应有：

$$\begin{aligned} E(\sum e_i^2) &= Tr(\sigma_u^2\boldsymbol{M}) \\ &= \sigma_u^2 Tr[\boldsymbol{I}_n-\boldsymbol{X}(\boldsymbol{X}'\boldsymbol{X})^{-1}\boldsymbol{X}'] \\ &= \sigma_u^2\{Tr\boldsymbol{I}_n - Tr[\boldsymbol{X}(\boldsymbol{X}'\boldsymbol{X})^{-1}\boldsymbol{X}']_{k+1}\} \\ &= \sigma_u^2[n-(k+1)] \end{aligned}$$

注意，这里的第三步要用到矩阵迹的性质：$Tr(\boldsymbol{A}+\boldsymbol{B})=Tr\boldsymbol{A}+Tr\boldsymbol{B}$；第四步需要用到矩阵迹的另外一个性质：$Tr(\boldsymbol{AB})=Tr(\boldsymbol{BA})$。

所以：

$$E\left(\frac{\sum e_i^2}{n-k-1}\right) = \sigma_u^2 \tag{6—14}$$

记：

$$\hat{\sigma}_u^2 = \frac{\sum e_i^2}{n-k-1} \tag{6—15}$$

根据（6—14）式，很显然 $\hat{\sigma}_u^2$ 是 σ_u^2 的无偏估计量。

§6.4　广义最小平方法

异方差和**序列相关**是计量经济分析中经常会遇到的问题，而**广义最小平方法**（generalized least squares，GLS）则是统一处理异方差和序列相关问题的常用方法。

6.4.1　随机扰动项 $\boldsymbol{U}$ 的方差—协方差矩阵

$\boldsymbol{U}$ 的方差—协方差矩阵即：

$$E(\boldsymbol{UU}') = \begin{pmatrix} E(u_1^2) & E(u_1u_2) & \cdots & E(u_1u_n) \\ E(u_2u_1) & E(u_2^2) & \cdots & E(u_2u_n) \\ \vdots & \vdots & & \vdots \\ E(u_nu_1) & E(u_nu_2) & \cdots & E(u_n^2) \end{pmatrix}$$

按照假定Ⅱ和假定Ⅲ应有：

$$E(\boldsymbol{UU}')=\sigma_u^2\boldsymbol{I}_n$$

现令：

$$E(\boldsymbol{UU}')=\sigma_u^2\boldsymbol{\Omega}$$

其中，$\boldsymbol{\Omega}$ 为 $n\times n$ 阶实对称矩阵，σ_u^2为常数。

显然，如果 $\boldsymbol{\Omega}=\boldsymbol{I}$，则表明：

1）各随机扰动项的方差相同且等于 σ_u^2；

2）各随机扰动项无自相关性。

如果 $\boldsymbol{\Omega}\neq\boldsymbol{I}$，则同样有两种可能：

1）随机扰动项存在异方差，$\boldsymbol{\Omega}$ 的主对角线元素不全为 1，此时随机扰动项的方差不完全相同，常数 $\sigma_u^2=1$；

2）随机扰动项存在自相关，$\boldsymbol{\Omega}$ 的非主对角线元素不全为 0，此时随机扰动项的协方差 $E(u_iu_j)\neq0$。

当 $E(u_iu_j)\neq0$ 时，通常情况下我们有：

$$E(\boldsymbol{UU}')=\sigma_v^2\boldsymbol{\Omega}$$

其中，σ_v^2是不含自相关时的常方差，

$$\boldsymbol{\Omega}=\begin{bmatrix}1 & \rho & \rho^2 & \cdots & \rho^{s-1}\\ \rho & 1 & \rho & \cdots & \rho^{s-2}\\ \rho^2 & \rho & 1 & \cdots & \rho^{s-3}\\ \vdots & \vdots & \vdots & & \vdots\\ \rho^{s-1} & \rho^{s-2} & \rho^{s-3} & \cdots & 1\end{bmatrix}\frac{1}{1-\rho^2}$$

其中，ρ 是 u_i的一阶自相关系数。其证明过程类似于 5．3 节对平稳性条件的证明，只是所用的符号不同。现叙述如下：

设一阶自回归形式为：

$$u_t=\rho u_{t-1}+v_t$$

其中，v_t满足所有关于随机扰动项的基本假定，于是有：

$$u_{t-1}=\rho u_{t-2}+v_{t-1}$$
$$u_{t-2}=\rho u_{t-3}+v_{t-2}$$
$$\cdots\cdots$$
$$u_{t-s}=\rho u_{t-s-1}+v_{t-s}$$

（其中，$s<t$）

将各次滞后值依次回代，可得到：

$$\begin{aligned}u_t&=\rho u_{t-1}+v_t\\&=\rho(\rho u_{t-2}+v_{t-1})+v_t\\&=\rho^2(\rho u_{t-3}+v_{t-2})+\rho v_{t-1}+v_t\\&=\cdots\quad+\quad\cdots\quad+\quad\cdots\\&=v_t+\rho v_{t-1}+\rho^2v_{t-2}+\cdots+\rho^sv_{t-s}+\cdots\\&=\sum_{s=0}^{\infty}\rho^sv_{t-s}\quad\text{（此处为无限总体）}\end{aligned}$$

此时，有：

$$E(u_t)=E(\sum_{s=0}^{\infty}\rho^s v_{t-s})=\sum_{s=0}^{\infty}\rho^s E(v_{t-s})=0\quad [E(v_t)=0]$$

$$\begin{aligned}D^2(u_t)&=D^2(\sum_{s=0}^{\infty}\rho^s v_{t-s})=\sum_{s=0}^{\infty}\rho^{2s}D^2(v_{t-s})=0\\&=\sigma_v^2(1+\rho^2+\rho^4+\cdots+\rho^{2n}+\cdots)\\&=\frac{1}{1-\rho^2}\sigma_v^2\quad(\text{等比级数且}|\rho|<1)\end{aligned}$$

也就是说，这时有：

$$\sigma_u^2=\frac{1}{1-\rho^2}\sigma_v^2$$

即 σ_u^2 为 ρ 的函数。而：

$$\begin{aligned}\mathrm{Cov}(u_t,u_{t-1})&=E(u_t u_{t-1})\\&=E(v_t+\rho v_{t-1}+\rho^2 v_{t-2}+\cdots)(v_{t-1}+\rho v_{t-2}+\rho^2 v_{t-3}+\cdots)\\&=\rho E(v_{t-1}^2)+\rho^3 E(v_{t-2}^2)+\rho^5 E(v_{t-3}^2)+\cdots\\&=\rho\sigma_v^2(1+\rho^2+\rho^4+\cdots)=\sigma_v^2\frac{\rho}{1-\rho^2}\end{aligned}$$

（注意：两个下标不同的 v 相乘后取期望值为 0）

同理，可求得：

$$\mathrm{Cov}(u_t,u_{t-2})=\sigma_v^2\frac{\rho^2}{1-\rho^2}$$

……

$$\mathrm{Cov}(u_t,u_{t-s})=\sigma_v^2\frac{\rho^s}{1-\rho^2}$$

于是，可得到：

$$E(\boldsymbol{UU}')=\sigma_v^2\begin{pmatrix}1&\rho&\rho^2&\cdots&\rho^{s-1}\\\rho&1&\rho&\cdots&\rho^{s-2}\\\rho^2&\rho&1&\cdots&\rho^{s-3}\\\vdots&\vdots&\vdots&&\vdots\\\rho^{s-1}&\rho^{s-2}&\rho^{s-3}&\cdots&1\end{pmatrix}\frac{1}{1-\rho^2}=\sigma_v^2\boldsymbol{\Omega}$$

6.4.2 广义最小平方法

显然，当 $\boldsymbol{\Omega}\neq\boldsymbol{I}$ 时，就违背了线性回归关于随机扰动项的常方差假定和无序列相关假定。这时，可以将 $\boldsymbol{\Omega}\neq\boldsymbol{I}$ 时的参数估计问题统一加以处理，这就是所谓的**广义最小平方法**。其基本思路是，先对原模型进行适当的线性变换，使变换后的新模型满足线性回归的基本假定，即 $\boldsymbol{\Omega}=\boldsymbol{I}$，然后再应用 OLS 方法，对模型进行估计。其基本步骤是：

第一步：先寻找适当的变换矩阵 $\boldsymbol{P}$。

根据线性代数知识，由于 $\boldsymbol{\Omega}$ 是 n 阶实对称正定矩阵，故必然存在 $n\times n$ 阶非奇异矩阵（即行列式不等于零的矩阵，亦即满秩矩阵）$\boldsymbol{P}$，使下式成立：

$$\boldsymbol{P\Omega P}'=\boldsymbol{I}$$

同时，由此不难得到：

1） $\boldsymbol{\Omega}=\boldsymbol{P}^{-1}(\boldsymbol{P}')^{-1}=(\boldsymbol{P}'\boldsymbol{P})^{-1}$；

[对 $\boldsymbol{P\Omega P}'=\boldsymbol{I}$ 左乘 $\boldsymbol{P}^{-1}$，右乘 $(\boldsymbol{P}')^{-1}$，$(\boldsymbol{AB})^{-1}=\boldsymbol{B}^{-1}\boldsymbol{A}^{-1}$。]

2） $\boldsymbol{\Omega}^{-1}=\boldsymbol{P}'\boldsymbol{P}$。

[因为 $(\boldsymbol{A}^{-1})^{-1}=\boldsymbol{A}$。]

第二步：进行模型变换。

用 $\boldsymbol{P}$ 左乘原模型，得到：

$$\boldsymbol{PY}=\boldsymbol{PX\beta}+\boldsymbol{PU}$$

令 $\boldsymbol{PY}=\boldsymbol{Y}^*$，$\boldsymbol{PX}=\boldsymbol{X}^*$，$\boldsymbol{PU}=\boldsymbol{U}^*$，则有：

$$\boldsymbol{Y}^*=\boldsymbol{X}^*\boldsymbol{\beta}+\boldsymbol{U}^*$$

$\boldsymbol{U}^*$ 的方差—协方差矩阵为：

$$E[\boldsymbol{U}^*\boldsymbol{U}^{*\prime}]=E[\boldsymbol{PU}(\boldsymbol{PU})']=E(\boldsymbol{PUU}'\boldsymbol{P}')=\boldsymbol{P}\sigma_u^2\boldsymbol{\Omega P}'=\sigma_u^2\boldsymbol{P\Omega P}'=\sigma_u^2\boldsymbol{I}$$

显然，变换后的模型满足常方差和无自相关假定。由于是线性变换，其他假定无疑也满足。

于是对变换后的模型应用 OLS 方法，可得到参数估计量向量为：

$$\boldsymbol{\beta}^*=(\boldsymbol{X}^{*\prime}\boldsymbol{X}^*)^{-1}\boldsymbol{X}^{*\prime}\boldsymbol{Y}^*$$

代入变换式，得到：

$$\boldsymbol{\beta}^*=[(\boldsymbol{PX})'\boldsymbol{PX}]^{-1}(\boldsymbol{PX})'\boldsymbol{PY}=(\boldsymbol{X}'\boldsymbol{P}'\boldsymbol{PX})^{-1}\boldsymbol{X}'\boldsymbol{P}'\boldsymbol{PY}=(\boldsymbol{X}'\boldsymbol{\Omega}^{-1}\boldsymbol{X})^{-1}\boldsymbol{X}'\boldsymbol{\Omega}^{-1}\boldsymbol{Y}$$

$\boldsymbol{\beta}^*$ 就是 $\boldsymbol{\beta}$ 的广义最小平方（GLS）估计量。显然，当 $\boldsymbol{\Omega}=\boldsymbol{I}$ 时，$\boldsymbol{\beta}^*=(\boldsymbol{X}'\boldsymbol{X})^{-1}\boldsymbol{X}'\boldsymbol{Y}$，这时，GLS 估计量也就是 OLS 估计量。可见，GLS 方法实际上是 OLS 方法的推广。

6.4.3 异方差和序列相关问题的处理

(1) 关于异方差

当 $\boldsymbol{\Omega}$ 为对角矩阵时，模型存在异方差。

设：

$$\boldsymbol{\Omega}=\begin{pmatrix}\sigma_1^2 & 0 & \cdots & 0\\ 0 & \sigma_2^2 & \cdots & 0\\ \vdots & \vdots & & \vdots\\ 0 & 0 & \cdots & \sigma_n^2\end{pmatrix}$$

则有：

$$\boldsymbol{\Omega}^{-1}=\begin{pmatrix}\frac{1}{\sigma_1^2} & 0 & \cdots & 0\\ 0 & \frac{1}{\sigma_2^2} & \cdots & 0\\ \vdots & \vdots & & \vdots\\ 0 & 0 & \cdots & \frac{1}{\sigma_n^2}\end{pmatrix}$$

这时，可选择 $n\times n$ 阶矩阵 $\boldsymbol{P}$ 为：

$$P_1=\begin{pmatrix}\frac{1}{\sigma_1} & 0 & \cdots & 0\\ 0 & \frac{1}{\sigma_2} & \cdots & 0\\ \vdots & \vdots & & \vdots\\ 0 & 0 & \cdots & \frac{1}{\sigma_n}\end{pmatrix}$$

显然，$\boldsymbol{P}_1$满足：$\boldsymbol{P}_1'\boldsymbol{P}_1=\boldsymbol{\Omega}^{-1}$，$(\boldsymbol{P}_1'\boldsymbol{P}_1)^{-1}=\boldsymbol{\Omega}$。于是，可用$\boldsymbol{P}_1$左乘原模型得到：

$$\boldsymbol{P}_1\boldsymbol{Y}=\boldsymbol{P}_1\boldsymbol{X\beta}+\boldsymbol{P}_1\boldsymbol{U}$$

假定异方差的形式为$\sigma_i^2=f(x)$，$f(x)$为非负函数，容易验证：

$$\boldsymbol{P}_1\boldsymbol{\Omega}\boldsymbol{P}_1'=\boldsymbol{I}$$

即：

$$E[\boldsymbol{P}_1\boldsymbol{U}(\boldsymbol{P}_1\boldsymbol{U})']=\boldsymbol{P}_1E(\boldsymbol{UU}')\boldsymbol{P}_1'=\sigma_u^2\boldsymbol{P}_1\boldsymbol{\Omega}\boldsymbol{P}_1'=\sigma_u^2\boldsymbol{I}$$

于是，异方差被消除。运用GLS方法，可求得：

$$\boldsymbol{\beta}^*=(\boldsymbol{X}'\boldsymbol{\Omega}^{-1}\boldsymbol{X})^{-1}\boldsymbol{X}'\boldsymbol{\Omega}^{-1}\boldsymbol{Y}$$

当$\sigma_i^2=f(x)$时，所得结果与4.3节的结果完全相同。

(2) 关于序列相关

当$\boldsymbol{\Omega}$矩阵具有如下形式时，模型存在一阶自相关。

$$\boldsymbol{\Omega}=\begin{pmatrix}1 & \rho & \rho^2 & \cdots & \rho^{n-1}\\ \rho & 1 & \rho & \cdots & \rho^{n-2}\\ \rho^2 & \rho & 1 & \cdots & \rho^{n-3}\\ \vdots & \vdots & \vdots & & \vdots\\ \rho^{n-1} & \rho^{n-2} & \rho^{n-3} & \cdots & 1\end{pmatrix}$$

容易求得：

$$\boldsymbol{\Omega}^{-1}=\begin{pmatrix}1 & -\rho & 0 & \cdots & 0 & 0\\ -\rho & 1+\rho^2 & -\rho & \cdots & 0 & 0\\ 0 & -\rho & 1+\rho^2 & \cdots & 0 & 0\\ \vdots & \vdots & \vdots & & \vdots & \vdots\\ 0 & 0 & 0 & \cdots & 1+\rho^2 & -\rho\\ 0 & 0 & 0 & \cdots & -\rho & 1\end{pmatrix}$$

这时可选择$\boldsymbol{P}$为：

$$\boldsymbol{P}_2=\begin{pmatrix}\sqrt{1-\rho^2} & 0 & 0 & \cdots & 0 & 0\\ -\rho & 1 & 0 & \cdots & 0 & 0\\ 0 & -\rho & 1 & \cdots & 0 & 0\\ \vdots & \vdots & \vdots & & \vdots & \vdots\\ 0 & 0 & 0 & \cdots & 1 & 0\\ 0 & 0 & 0 & \cdots & -\rho & 1\end{pmatrix}$$

容易验证：

$$\boldsymbol{P}_2'\boldsymbol{P}_2=\boldsymbol{\Omega}^{-1},\quad \boldsymbol{P}_2'\boldsymbol{\Omega}\boldsymbol{P}_2=\boldsymbol{I}$$

于是，自相关被消除。此时可用 GLS 方法求出变换后模型的参数估计值 $\boldsymbol{\beta}^*$ 。同时，不难看出，用 $\boldsymbol{P}_2$ 左乘原模型后所得到的随机扰动项 $\boldsymbol{P}_2\boldsymbol{U}$，实际也就是对模型所作的广义差分变换。

§6.5 主成分回归方法

主成分回归方法是一种分析多重共线性的特殊技巧，是一种以统一的观点诊断和处理多重共线性的矩阵方法。它是对普通最小平方估计的一种改进，是参数估计的一种有偏估计方法，是根据多元统计分析中的主成分分析提出的。它是主要利用降维思想，把多变量转化为少数几个综合变量的多元回归分析方法。

6.5.1 主成分分析的原理

主成分分析是把各变量之间互相关联的复杂关系进行简化的一种分析方法。

在社会经济问题研究中，为了全面系统地分析和研究问题，常常需要考虑许多经济指标，这些指标能从不同的侧面反映我们所研究的对象的特征，但是在很多情况下，这些指标在某种程度上大多存在信息的重叠，具有一定的相关性。如对于城市竞争力和经济实力或经济竞争力等问题的研究都是这样。因此，人们自然总是希望能找到较少的几个彼此不相关的综合指标以便尽可能多地反映原来众多变量的信息。1933 年，霍特林（Hotelling）提出的主成分分析（principal component analysis）方法正是实现这一目的的有效途径之一。

主成分分析的目的就是试图在保证数据信息丢失最少的原则下，对这种多变量的综合数据进行最佳的简化，也就是说，对高维变量空间进行降维处理。很显然，任何系统在一个低维空间运行要比在一个高维空间运行容易得多。在力求数据信息丢失最少的原则下，对高维的变量空间降维，即研究指标体系中的少数几个线性组合，并且使这几个线性组合所构成的综合指标能尽可能多地保留原来指标变异方面的信息，这些综合指标就称为主成分。

假设在我们所讨论的实际问题中有 k 个指标，我们把这 k 个指标看作 k 个随机变量，记为 X_1，X_2，…，X_k。主成分分析就是把这 k 个指标的问题转变为讨论 k 个指标的线性组合的问题，而这些新的指标 F_1，F_2，…，F_k，按照保留主要信息量的原则可充分反映原指标的信息，并且相互独立。这种由多个指标（假如是 k 个）降为少数几个综合指标（假如为 p 个，$p\leqslant k$）的过程在数学上就叫做**降维**。

主成分分析通常的做法是，寻求原指标的线性组合 F_i，并使得

$$F_1=u_{11}X_1+u_{21}X_2+\cdots+u_{k1}X_k$$

$$F_2=u_{12}X_1+u_{22}X_2+\cdots+u_{k2}X_k$$

……

$$F_k=u_{1k}X_1+u_{2k}X_2+\cdots+u_{kk}X_k$$

主成分满足如下条件：

1）每个主成分的系数平方和为 1，即：

$$u_{1i}^2+u_{2i}^2+\cdots+u_{ki}^2=1 \quad (i=1，2，\cdots，k)$$

2）主成分之间相互独立，无重叠的信息，即：

$\text{Cov}(F_i, F_j)=0 \quad (i\neq j \text{ 且 } i, j=1, 2, \cdots, k)$

3）主成分的方差依次递减，因此重要性依次递减，即：

$\text{Var}(F_1)\geqslant\text{Var}(F_2)\geqslant\cdots\geqslant\text{Var}(F_k)$

究竟选择几个主成分即如何选择这里的 p？一般可以依每个主成分的方差确定。通常第 i 个主成分的方差在全部方差中所占比重 $\lambda_i/\sum_{i=1}^{k}\lambda_i$ 称为贡献率，贡献率的大小反映了原来 k 个变量中的第 i 个变量有多大的综合能力。前 p 个主成分的方差之和在全部方差中所占的比重 $\sum_{i=1}^{p}\lambda_i/\sum_{i=1}^{k}\lambda_i$ 称为累积贡献率。进行主成分分析的目的之一是希望用尽可能少的主成分 F_1，F_2，…，$F_p(p\leqslant k)$ 代替原来的 k 个指标。在实际工作中，主成分个数以能够反映原来变量 85%以上的信息量为依据，即当累积贡献率≥85%时，主成分个数就足够了，最常见的情况是主成分有 2～3 个。

为了加深理解，我们现在在二维空间中讨论主成分的几何意义。设有 n 个样本点，每个样本点由两个观测变量 x_1 和 x_2 确定，在由变量 x_1 和 x_2 所确定的二维平面中，n 个样本点散布的情况如椭圆状，如图 6-1 中的两种情况所示。由图 6-1 可以看出，样本点无论是沿着 x_1 轴方向看还是 x_2 轴方向看，都具有较大的离散性，其离散程度可以分别用观测变量 x_1 和 x_2 的方差定量表示。显然，如果只考虑 x_1 和 x_2 中的任何一个，那么包含在原始数据中的经济信息将会有较大的损失。

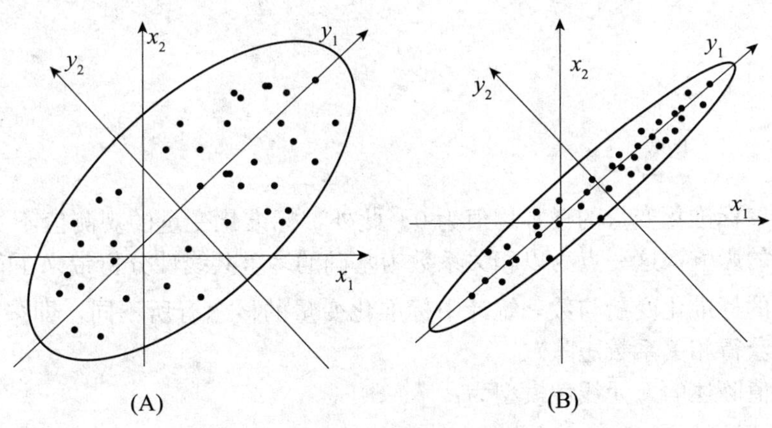

图 6-1　旋转变换示意图

然而，如果我们将 x_1 轴和 x_2 轴先平移（注意，轴的平移不改变变量的方差），再同时按逆时针方向旋转 θ 度，即可得到新坐标轴 y_1 和 y_2，y_1 和 y_2 是两个新变量。

旋转变换的公式为：

$$\begin{cases}y_1=x_1\cos\theta+x_2\sin\theta\\ y_2=-x_1\sin\theta+x_2\cos\theta\end{cases}$$

$$\begin{pmatrix}y_1\\ y_2\end{pmatrix}=\begin{pmatrix}\cos\theta & \sin\theta\\ -\sin\theta & \cos\theta\end{pmatrix}\begin{pmatrix}x_1\\ x_2\end{pmatrix}=\boldsymbol{Ux}$$

$\boldsymbol{U}$ 为旋转变换矩阵，它是正交矩阵，即有：

$$\boldsymbol{U}'=\boldsymbol{U}^{-1} \quad \boldsymbol{U}'\boldsymbol{U}=\boldsymbol{I}$$

找到正交矩阵 $\boldsymbol{U}$ 是主成分分析的关键。

旋转变换的目的是为了使得 n 个样本点在 y_1轴方向上的离散程度最大，即 y_1的方差最大。变量 y_1代表了原始数据的绝大部分信息，在研究某经济问题时，即使不考虑变量 y_2也无损大局。经过上述旋转变换，原始数据的大部分信息便集中到了 y_1轴上，这就对数据中包含的信息起到了浓缩的作用。

y_1和 y_2除了可以对包含在 x_1和 x_2中的信息起到浓缩的作用之外，还具有不相关的性质，这就使得在研究复杂的问题时避免了信息重叠所带来的虚假性。在新的二维平面上各点的方差大部分都归结在 y_1轴上，而 y_2轴上的方差很小。在这里 y_1和 y_2为原始变量 x_1和 x_2的综合变量。通过变换简化了系统结构，抓住了主要矛盾。由图 6－1 不难看出，在两种情况下，旋转后 y_2轴方向的变化幅度都大大减小了。

正是由于上述原因，在主成分分析中，寻找正交矩阵 U 的过程也叫做旋转变换过程。正交矩阵中的元素也叫做载荷因子。

6.5.2 主成分回归

为便于讨论，特定义与变量 x_i（$i=1$，2，…，k）的一组观测值（x_{i1}，x_{i2}，…，x_{in}）相对应的标准化变量为：

$$\widetilde{x}_{ij}=\frac{x_{ij}-\overline{x}_i}{\sqrt{n}S_{x_i}}=\frac{\dot{x}}{\sqrt{\sum\dot{x}^2}}$$

其中：

$$\begin{cases}\overline{x}_i=\dfrac{1}{n}\sum x_{ij}\\ S_{x_i}=\sqrt{\dfrac{1}{n}\sum\dot{x}_{ij}^2}\end{cases}$$

不难看出，标准化变量的样本均值为 0。此外，标准化变量的观测值不受坐标原点位置和标度大小的影响，这一点为以相关系数为基础的多重共线性分析带来了很大方便（注意，这里定义的标准化变量与数理统计中标准化变量的概念有所不同，即多除了一个$\sqrt{n}$，这主要是为了获得相关系数矩阵）。

设以观测值陈述的 k 元线性模型为：

$$y_i=\beta_0+\beta_1x_{1i}+\beta_2x_{2i}+\cdots+\beta_kx_{ki}+u_i \tag{6—16}$$

取均值后得到：

$$\overline{y}_i=\beta_0+\beta_1\overline{x}_1+\beta_2\overline{x}_2+\cdots+\beta_k\overline{x}_k+\overline{u}_i$$

二式相减，得到：

$$\dot{y}_i=\beta_1\dot{x}_{1i}+\beta_2\dot{x}_{2i}+\cdots+\beta_k\dot{x}_{ki}+\dot{u}_i$$

方程两端先同除以$\sqrt{n}S_y$，然后等式右端每一项分子分母同乘以 S_{x_i}，得到：

$$\frac{1}{\sqrt{n}S_y}\dot{y}_i=\beta_1\frac{S_{x_1}}{S_y\sqrt{n}S_{x_1}}\dot{x}_{1i}+\beta_2\frac{S_{x_2}}{S_y\sqrt{n}S_{x_2}}\dot{x}_{2i}+\cdots+\beta_k\frac{S_{x_k}}{S_y\sqrt{n}S_{x_k}}\dot{x}_{ki}+u_i'$$

或者：

$$\widetilde{y}_i=\widetilde{\beta}_1\widetilde{x}_{1i}+\widetilde{\beta}_2\widetilde{x}_{2i}+\cdots+\widetilde{\beta}_k\widetilde{x}_{ki}+u_i' \tag{6—17}$$

其中：

$$\tilde{\beta}_j=\frac{S_{x_i}}{S_y}\beta_j \quad (j=1, 2, \cdots, k) \tag{6—18}$$

显然，由于变换过程为恒等变换，所以（6—16）式和（6—17）式是等价的。

如果一组变量之间不存在线性相关关系，通常就说这组变量是正交的，或者说这是一组**正交变量**。主成分分析正是基于这样一个事实，即任何一个线性回归模型都可以用一组正交变量来重新陈述。这组新的变量是原自变量的线性组合，称作原自变量的**主成分**。需要明确的是，原自变量都是一些具有特定意义的变量，而作为原自变量线性组合的新自变量即主成分一般来说却不再有任何意义。但是，这些新自变量却为分析多重共线性提供了一种统一的分析方法。

为了估计模型（6—17）中的标准化参数 $\tilde{\beta}_j$，现假定在获得观测样本后以矩阵形式表示的标准化回归方程模型（其中变量均已标准化）为：

$$\boldsymbol{Y}=\boldsymbol{X}\tilde{\boldsymbol{\beta}}+\boldsymbol{U} \tag{6—19}$$

假定 $E(\boldsymbol{U})=0$，$E(\boldsymbol{U}\boldsymbol{U}')=\sigma_u^2\boldsymbol{I}_n$，变量 $\boldsymbol{X}$ 和 $\boldsymbol{Y}$ 均为矩阵且已经标准化：

$$\boldsymbol{Y}=\begin{pmatrix}\tilde{y}_1\\ \tilde{y}_2\\ \vdots\\ \tilde{y}_n\end{pmatrix} \quad \boldsymbol{X}=\begin{pmatrix}\tilde{x}_{11} & \tilde{x}_{12} & \cdots & \tilde{x}_{1k}\\ \tilde{x}_{21} & \tilde{x}_{22} & \cdots & \tilde{x}_{2k}\\ \vdots & \vdots & & \vdots\\ \tilde{x}_{n1} & \tilde{x}_{n2} & \cdots & \tilde{x}_{nk}\end{pmatrix}$$

$$\tilde{\beta}_j=\frac{S_{x_i}}{S_y}\beta_j \quad \boldsymbol{U}=\begin{pmatrix}u_1{}'\\ u_2{}'\\ \vdots\\ u_n{}'\end{pmatrix}$$

由于变量 $\boldsymbol{X}$ 和 $\boldsymbol{Y}$ 均已标准化，所以 $\boldsymbol{X}'\boldsymbol{X}$ 和 $\boldsymbol{X}'\boldsymbol{Y}$ 都是由相关系数构成的矩阵，即有：

$$\boldsymbol{X}'\boldsymbol{X}=\begin{pmatrix}\sum\tilde{x}_{1i}^2 & \sum\tilde{x}_{1i}\tilde{x}_{2i} & \cdots & \sum\tilde{x}_{1i}\tilde{x}_{ki}\\ \sum\tilde{x}_{2i}\tilde{x}_{1i} & \sum\tilde{x}_{2i}^2 & \cdots & \sum\tilde{x}_{2i}\tilde{x}_{ki}\\ \vdots & \vdots & \cdots & \vdots\\ \sum\tilde{x}_{ki}\tilde{x}_{1i} & \sum\tilde{x}_{ki}\tilde{x}_{2i} & \cdots & \sum\tilde{x}_{ki}^2\end{pmatrix}$$

$$=\begin{pmatrix}1 & r_{12} & \cdots & r_{1k}\\ r_{21} & 1 & \cdots & r_{2k}\\ \vdots & \vdots & & \vdots\\ r_{k1} & r_{k2} & \cdots & 1\end{pmatrix}$$

$$\boldsymbol{X}'\boldsymbol{Y}=\begin{pmatrix}r_{01}\\ r_{02}\\ \vdots\\ r_{0k}\end{pmatrix}$$

$$\hat{\tilde{\boldsymbol{\beta}}}=(\boldsymbol{X}'\boldsymbol{X})^{-1}\boldsymbol{X}'\boldsymbol{Y}$$

不难看出，当解释变量之间的相关程度很高时，r_{ij} 会趋近于 1，行列式 $|\boldsymbol{X}'\boldsymbol{X}|$ 的值则趋近于 0，因而矩阵 $\boldsymbol{X}'\boldsymbol{X}$ 的求逆就会很困难，因为我们知道，一个方阵有逆的充要条件是其行列式的值不为零。$|\boldsymbol{X}'\boldsymbol{X}|=0$ 就是病态矩阵。然而反过来看，如果我们能找到一种方法，使得 $\boldsymbol{X}'\boldsymbol{X}$ 成为单位阵，就可以使原来的变量转化成为正交变量。由于 $\boldsymbol{X}'\boldsymbol{X}$ 是一个 k 阶实对称矩阵，根据矩阵知识，必存在一个**正交矩阵 $\boldsymbol{C}$**，满足：

$$\begin{cases}\boldsymbol{C}'(\boldsymbol{X}'\boldsymbol{X})\boldsymbol{C}=\boldsymbol{\Lambda}\\ \boldsymbol{C}\boldsymbol{C}'=\boldsymbol{C}'\boldsymbol{C}=\boldsymbol{I}_k\end{cases} \tag{6—20}$$

其中：

$$\boldsymbol{\Lambda}=\begin{bmatrix}\lambda_1 & 0 & \cdots & 0\\ 0 & \lambda_2 & \cdots & 0\\ \vdots & \vdots & & \vdots\\ 0 & 0 & \cdots & \lambda_k\end{bmatrix}$$

主对角线元素 λ_1，λ_2，…，λ_k 是 $\boldsymbol{X}'\boldsymbol{X}$ 的全部特征根，且 $\lambda_1>\lambda_2>\cdots>\lambda_k$；正交矩阵 $\boldsymbol{C}$ 的各列分别为与特征根 λ_1，λ_2，…，λ_k 相对应的特征向量，即应有：

$$\begin{cases}\boldsymbol{C}=(C_1,\ C_2,\ \cdots,\ C_k)\\ \boldsymbol{X}'\boldsymbol{X}C_i=\lambda_i C_i\quad (i=1,\ 2,\ \cdots,\ k)\end{cases}$$

现定义：

$$\boldsymbol{Z}=(z_1,\ z_2,\ \cdots,\ z_k)=\boldsymbol{X}\boldsymbol{C}=(\tilde{x}_1,\ \tilde{x}_2,\ \cdots,\ \tilde{x}_k)\boldsymbol{C}$$

显然，应有：

$$\boldsymbol{Z}'\boldsymbol{Z}=\boldsymbol{\Lambda}=\begin{bmatrix}\lambda_1 & 0 & \cdots & 0\\ 0 & \lambda_2 & \cdots & 0\\ \vdots & \vdots & & \vdots\\ 0 & 0 & \cdots & \lambda_k\end{bmatrix}$$

不难看出，新的自变量 z_i 即为一组正交变量。同时，根据（6—20）式，模型（6—19）可改写为：

$$\boldsymbol{Y}=\boldsymbol{X}\tilde{\boldsymbol{\beta}}+\boldsymbol{U}=(\boldsymbol{X}\boldsymbol{C})(\boldsymbol{C}'\tilde{\boldsymbol{\beta}})+\boldsymbol{U}\quad（因为\ \boldsymbol{C}'\boldsymbol{C}=\boldsymbol{I}_k）$$

或者：

$$\boldsymbol{Y}=\boldsymbol{Z}\boldsymbol{\alpha}+\boldsymbol{U} \tag{6—21}$$

其中：

$$\boldsymbol{\alpha}=\boldsymbol{C}'\tilde{\boldsymbol{\beta}} \tag{6—22}$$

这就是用正交自变量陈述的模型，亦即用主成分陈述的模型。其中，由于正交矩阵 $\boldsymbol{C}$ 可逆，且 $\boldsymbol{C}'(\boldsymbol{X}'\boldsymbol{X})\boldsymbol{C}=\boldsymbol{Z}'\boldsymbol{Z}$，所以 $\boldsymbol{k}$ 阶方阵 $\boldsymbol{Z}'\boldsymbol{Z}$ 和 $\boldsymbol{X}'\boldsymbol{X}$ 为**相似矩阵**，其特征值相同。这里的变量 $\boldsymbol{Z}$ 也就是我们所说的主成分，正交矩阵 $\boldsymbol{C}$ 也就是前面提到的旋转矩阵，其中的元素也就是载荷因子。作为主成分的变量显然具有如下重要性质：

1）各主成分的均值为 0。

2）各主成分的方差等于计算该主成分时所依据的原始变量的相关矩阵的对应特征根。

3）各主成分之间互不相关，主成分两两之间的协方差为 0。

4）主成分与原始变量之间的协方差等于特征根与特征向量的乘积。

5）全部主成分的方差之和等于全部原始变量的方差之和。

如果对模型（6—21）应用最小平方法，可得到：

$$\hat{\boldsymbol{\alpha}}=(\boldsymbol{Z}'\boldsymbol{Z})^{-1}\boldsymbol{Z}'\boldsymbol{Y}=\boldsymbol{\Lambda}^{-1}\boldsymbol{Z}'\boldsymbol{Y}$$

同时，根据（6—22）式和（6—20）式，显然应有：

$$\hat{\tilde{\boldsymbol{\beta}}}=\boldsymbol{C}\hat{\boldsymbol{\alpha}}=\boldsymbol{C}\boldsymbol{\Lambda}^{-1}\boldsymbol{Z}'\boldsymbol{Y} \tag{6—23}$$

为了对模型进行检验，还必须知道 $\hat{\boldsymbol{\alpha}}$ 的方差—协方差矩阵。

由于 $\hat{\boldsymbol{\alpha}}$ 是最小平方估计值，因而应具有线性特性，即应有：

$$\hat{\boldsymbol{\alpha}}-\boldsymbol{\alpha}=(\boldsymbol{Z}'\boldsymbol{Z})^{-1}\boldsymbol{Z}'\boldsymbol{U}$$

$$\begin{aligned}D(\hat{\boldsymbol{\alpha}})&=E[(\hat{\boldsymbol{\alpha}}-\boldsymbol{\alpha})(\hat{\boldsymbol{\alpha}}-\boldsymbol{\alpha})']\\&=E[(\boldsymbol{Z}'\boldsymbol{Z})^{-1}\boldsymbol{Z}'\boldsymbol{U}\boldsymbol{U}'\boldsymbol{Z}(\boldsymbol{Z}'\boldsymbol{Z})^{-1}]\quad[\text{因为}(\boldsymbol{A}^{-1})'=(\boldsymbol{A}')^{-1}]\\&=(\boldsymbol{Z}'\boldsymbol{Z})^{-1}\boldsymbol{Z}'\boldsymbol{E}(\boldsymbol{U}\boldsymbol{U}')\boldsymbol{Z}(\boldsymbol{Z}'\boldsymbol{Z})^{-1}\\&=\sigma_u^2(\boldsymbol{Z}'\boldsymbol{Z})^{-1}=\sigma_u^2\boldsymbol{\Lambda}^{-1}\end{aligned}$$

同时，根据（6—22）式和（6—23）式，应有：

$$\hat{\boldsymbol{\alpha}}-\boldsymbol{\alpha}=\boldsymbol{C}'(\hat{\tilde{\boldsymbol{\beta}}}-\tilde{\boldsymbol{\beta}})$$

$$D(\hat{\boldsymbol{\alpha}})=E[(\hat{\boldsymbol{\alpha}}-\boldsymbol{\alpha})(\hat{\boldsymbol{\alpha}}-\boldsymbol{\alpha})']=E[\boldsymbol{C}'(\hat{\tilde{\boldsymbol{\beta}}}-\tilde{\boldsymbol{\beta}})(\hat{\tilde{\boldsymbol{\beta}}}-\tilde{\boldsymbol{\beta}})'\boldsymbol{C}]=\boldsymbol{C}'D(\hat{\tilde{\boldsymbol{\beta}}})\boldsymbol{C}$$

所以，应有：

$$D(\hat{\tilde{\boldsymbol{\beta}}})=\boldsymbol{C}D(\hat{\boldsymbol{\alpha}})\boldsymbol{C}'=\sigma_u^2\boldsymbol{C}\boldsymbol{\Lambda}^{-1}\boldsymbol{C}' \tag{6—24}$$

其中：

$$\boldsymbol{\Lambda}^{-1}=\begin{bmatrix}\frac{1}{\lambda_1}&0&\cdots&0\\0&\frac{1}{\lambda_2}&\cdots&0\\\vdots&\vdots&&\vdots\\0&0&\cdots&\frac{1}{\lambda_k}\end{bmatrix}$$

6.5.3 多重共线性的诊断和处理

首先需要指出的是，如果直接对正交模型（6—21）应用最小平方法，所得出的结果将与对模型（6—1）应用最小平方法所得出的结果完全相同，因为这两个模型是等价的。这种做法实际上不能解决任何问题。

主成分分析的第一个目的在于对多重共线性进行判断。判断的依据或标准就是看特征根 λ_j 的大小，理由有三：

1）对于标准化模型而言，方阵 $\boldsymbol{X}'\boldsymbol{X}$ 实际上等价于相关系数矩阵，因此多重共线性的实质即方阵 $\boldsymbol{X}'\boldsymbol{X}$ 的行列式趋于 0（即相关系数矩阵中的每一元素均趋于 1）。根据行列式的性质，行列式的值等于其特征根的连乘积。因而当 $|\boldsymbol{X}'\boldsymbol{X}|\approx 0$ 时，矩阵 $\boldsymbol{X}'\boldsymbol{X}$ 至少有一个特征根为 0。反之则可以证明，当矩阵 $\boldsymbol{X}'\boldsymbol{X}$ 至少有一个特征根为 0 时，$\boldsymbol{X}$ 的列向量之间必存在多重共线性。

2）特征根 λ_j 实际上就是正交变量 z_j 的平方和，除以样本容量 n 就是 z_j 的方差。因此，如果 λ_j 接近于 0，根据统计知识，相应的主成分 z_j 实际上就接近于常数（常数的方差为 0）。显然，常数不宜作为变量考虑。

亦即，当 $\lambda_i \approx 0$ 时，应有：

$$z'_j z_j = \sum_{i=1}^{n} z_{ij}^2 = \lambda_j \approx 0 \quad (j=1, 2, \cdots, k)$$

3）根据关系式 $\boldsymbol{Z}=\boldsymbol{XC}$，$\lambda_i \approx 0$ 等价于：

$$z_j = c_{1j}\tilde{x}_1 + c_{2j}\tilde{x}_2 + \cdots + c_{kj}\tilde{x}_k \approx 0$$

这就是说，根据线性相关的概念，由于 c_{1j}，c_{2j}，…，c_{kj} 不全为 0，所以在这里由 k 个标准化自变量的线性组合构成的向量 z_j 实际上是线性相关的，因而是应该予以处理的。

主成分分析的第二个目的，就是要设法减轻多重共线性的影响。其方法就是将与较小特征根相对应的一个或几个主成分摒弃，然后将因变量对余下的主成分进行回归，估计出相应的系数 $\boldsymbol{\alpha}$，然后再通过逆变换求出模型中 $\boldsymbol{\beta}$ 的估计值。在这里，把次要的、无关轻重的主成分舍弃，正是我们把这种方法叫做主成分分析的原因所在。不过，在这里需要注意的是，在逆变换中必须将 $\boldsymbol{C}$ 中的相应列、$\boldsymbol{\alpha}$ 的相应估计值及其方差均以 0 看待。在第 4 章中我们已经知道，遗漏重要的解释变量会产生估计偏误，所以主成分分析方法是一种有偏估计法。

由以上内容不难看出，所谓**主成分分析**，就是把多个影响因素或指标转化为少数几个影响因素或综合指标的一种统计分析方法。这就像在生活实践中，我们常常用人的身高和胖瘦综合地反映一个人的体长、臂长、腿长以及胸围、腰围和臀围等，用一个综合价格指数综合地反映零售价、批发价、出厂价和各种商品的价格一样。主成分分析是通过把每一个因素用所有因素的线性组合来表示实现这种转化的。转化后生成的新的综合指标要求首先必须能在一定程度上反映原始观测指标的变动，其次为了避免新生成的指标之间信息重叠，还要求新生成的综合指标彼此之间必须不相关。在统计学中，反映观测数据变化程度的是方差；反映观测数据之间相关程度的是协方差。这两方面的要求通过对原始数据的标准化和正交化可圆满实现。这样，根据原始数据相关系数矩阵的特征根或新生成的综合指标的方差，把反映原始观测数据变动程度最大的综合指标，称为原始观测数据的第一主成分，其余的按照由大到小的顺序，依次称为第二主成分、第三主成分等。这就是主成分分析的基本思想。通常保留多少主成分，需要根据主成分的累积贡献率确定。一般要求主成分的累积贡献率应不低于 85%。

6.5.4 主成分分析实例

【例 6.1】 表 6-1 给出的是我国 1990—2000 年四种宏观变量的统计数据，试用主成分分析估计社会商品零售总额的三元回归模型。

表 6-1　1990—2000 年我国四种宏观变量的统计数据

时间	社会商品零售总额（亿元）	GDP（亿元）	流通中货币（亿元）	物价指数（1978=100）
1990	8 300.1	18 547.9	2 644.4	207.7
1991	9 415.6	21 617.8	3 177.8	213.7
1992	10 993.7	26 638.1	4 336	225.2
1993	12 462.1	34 634.4	5 864.7	254.9

续前表

时间	社会商品零售总额（亿元）	GDP（亿元）	流通中货币（亿元）	物价指数（1978＝100）
1994	16 264.7	46 759.4	7 288.6	310.2
1995	20 620	58 478.1	7 885.3	356.1
1996	24 774.1	67 884.6	8 802	377.8
1997	27 298.9	74 462.6	10 177.6	380.8
1998	29 152.5	78 345.2	11 204.2	370.9
1999	31 134.7	82 067.5	13 455.5	359.8
2000	34 152.6	89 403.6	14 652.7	354.4

资料来源：《中国统计年鉴 2001》。

对该案例进行分析后得到的两行标准表达式是：

$$\hat{Y}=10\ 039+0.621X_1-0.818\ 6X_2-54.09X_3 \quad F=2\ 349.6$$
$$(1\ 397)\ (0.053)\quad (0.230\ 3)\quad (8.062\ 3)\ (F_{0.01}=10.9)$$

不难看出，模型是充分有效的，而且每个参数的 t 统计量都绝对有效。但问题是，X_2 的系数在理论上是不可解释的，这种情况正是多重共线性导致的结果。在这里我们应用主成分分析讨论由于变量之间的共线性导致的后果。

对实际问题进行主成分分析，主要可按照如下六个步骤进行：

第一步，利用 EViews 计算解释变量相关系数矩阵的特征值和相应的特征向量。

先将所有解释变量作为一个数组打开（利用 show 命令），在数组窗口菜单上点击 View/Principal Components，得到一个主成分分析对话框，在其中的输出变量框中输入主成分序列名（Component series）；如果需要保存特征值或特征向量，也可以在 Vector of eigenvalues 栏和 Matrix of eigenvectors 栏分别输入特征值向量名和特征向量矩阵名，点击 OK 后得到如表 6－2 所示的主成分分析输出结果。输出内容除了上面的备注信息外分成三部分，第一部分是特征值以及各个主成分的贡献率和累积贡献率；第二部分的各列分别是每个特征值所对应的（单位）特征向量；第三部分是相关系数矩阵。

在本案例中，解释变量的相关系数矩阵为：

$$\boldsymbol{X}'\boldsymbol{X}=\begin{pmatrix}1 & 0.976 & 0.937\\ 0.976 & 1 & 0.852\\ 0.937 & 0.852 & 1\end{pmatrix}$$

表 6－2　特征值和特征向量的 EViews 计算结果

Principal Components Analysis
Date：10/15/16　Time：09：28
Sample：1990 2000
Included observations：11
Computed using：Ordinary correlations
Extracting 3 of 3 possible components

续前表

Eigenvalues：(Sum=3，Average=1)

Number	Value	Difference	Proportion	Cumulative Value	Cumulative Proportion
1	2.844 347	2.692 890	0.948 1	2.844 347	0.948 1
2	0.151 457	0.147 261	0.050 5	2.995 804	0.998 6
3	0.004 196	—	0.001 4	3.000 000	1.000 0

Eigenvectors (loadings)：

Variable	PC 1	PC 2	PC 3
X1	0.591 483	−0.121 382	−0.797 128
X2	0.574 473	−0.630 271	0.522 244
X3	0.565 798	0.766 827	0.303 064

Ordinary correlations：

	X1	X2	X3
X1	1.000 000		
X2	0.976 325	1.000 000	
X3	0.936 779	0.851 979	1.000 000

这是一个实对称矩阵，相应的特征值分别为：2.844 3、0.151 5 和 0.004 2，相应的特征向量组成的正交矩阵是：

$$\boldsymbol{C}=\begin{pmatrix} 0.591\,5 & -0.121\,4 & -0.797\,1 \\ 0.574\,5 & -0.630\,3 & 0.522\,2 \\ 0.565\,8 & 0.766\,8 & 0.303\,1 \end{pmatrix}$$

第二步，计算确定观测值矩阵的标准化矩阵。这一步可用 EViews 中的 Genr 命令完成。

可先在四个序列的数据窗口上点击 View/Descriptive Stats/Common Sample，得到各个变量的描述性统计结果如图 6-2 所示。然后依次输入命令：

```
genr y1=(y-20 415.36)/(9 398.944*11^0.5)
genr x11=(x1-54 439.93)/(25 970.94*11^0.5)
genr x21=(x2-8 135.345)/(3 998.889*11^0.5)
genr x31=(x3-310.136 4)/(70.612 16*11^0.5)
```

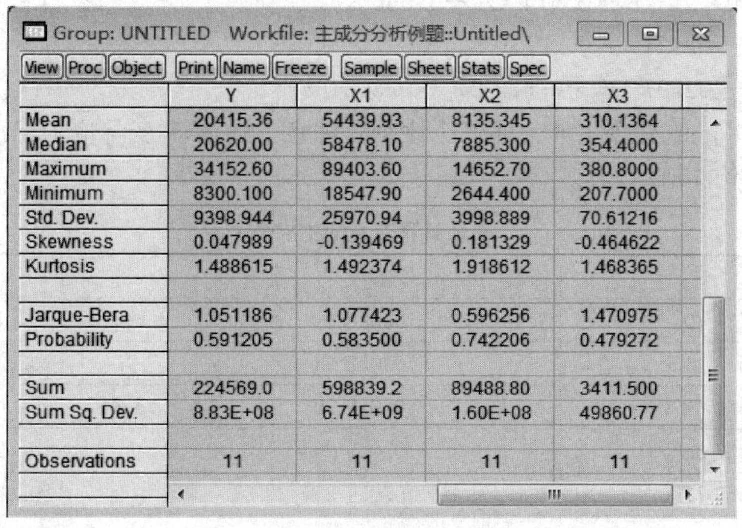

Group: UNTITLED Workfile: 主成分分析例题::Untitled\

View | Proc | Object | Print | Name | Freeze | Sample | Sheet | Stats | Spec

	Y	X1	X2	X3
Mean	20415.36	54439.93	8135.345	310.1364
Median	20620.00	58478.10	7885.300	354.4000
Maximum	34152.60	89403.60	14652.70	380.8000
Minimum	8300.100	18547.90	2644.400	207.7000
Std. Dev.	9398.944	25970.94	3998.889	70.61216
Skewness	0.047989	-0.139469	0.181329	-0.464622
Kurtosis	1.488615	1.492374	1.918612	1.468365
Jarque-Bera	1.051186	1.077423	0.596256	1.470975
Probability	0.591205	0.583500	0.742206	0.479272
Sum	224569.0	598839.2	89488.80	3411.500
Sum Sq. Dev.	8.83E+08	6.74E+09	1.60E+08	49860.77
Observations	11	11	11	11

图 6-2 各变量的描述性统计

转换后的四组标准变量如表 6-3 所示。

表 6-3 转换后的四组标准变量

y_1	x_{11}	x_{21}	x_{31}
−0.388 65	−0.416 69	−0.414 01	−0.437 42
−0.352 86	−0.381 05	−0.373 79	−0.411 8
−0.302 24	−0.322 77	−0.286 47	−0.362 69
−0.255 13	−0.229 93	−0.171 2	−0.235 87
−0.133 15	−0.089 17	−0.063 84	0.000 256
0.006 565	0.046 881	−0.018 85	0.196 248
0.139 825	0.156 087	0.050 265	0.288 906
0.220 819	0.232 455	0.153 983	0.301 716
0.280 281	0.277 53	0.231 387	0.259 444
0.343 869	0.320 744	0.401 133	0.212 047
0.440 681	0.405 913	0.491 4	0.188 989

第三步，应用特征向量矩阵对观测值的标准化矩阵进行变换，得到主成分 $\boldsymbol{Z}=\boldsymbol{XC}$ 的值，确定主成分。用公式表示也就是：

$$(z_1 \quad z_2 \quad z_3)=(x_1 \quad x_2 \quad x_3)\boldsymbol{C}=(x_1 \quad x_2 \quad x_3)\begin{pmatrix} 0.5915 & -0.1214 & -0.7971 \\ 0.5745 & -0.6303 & 0.5222 \\ 0.5658 & 0.7668 & 0.3031 \end{pmatrix}$$

也就是：

$$\begin{cases} z_1 = 0.5915x_1 + 0.5745x_2 + 0.5658x_3 \\ z_2 = -0.1214x_1 - 0.6303x_2 + 0.7668x_3 \\ z_3 = -0.7971x_1 + 0.5222x_2 + 0.3031x_3 \end{cases} \tag{6—25}$$

可直接使用 genr 命令生成上述三个序列。注意上述的 $\boldsymbol{X}$ 变量应为标准化后的变量。计算结果如表 6 - 4 所示。

表 6 - 4　　三个解释变量的主成分

z_1	z_2	z_3
−0.731 79	−0.023 9	−0.016 62
−0.673 11	−0.033 93	−0.016 27
−0.560 69	−0.058 39	−0.002 24
−0.367 81	−0.045 06	0.022 392
−0.089 27	0.051 259	0.037 814
0.127 936	0.156 681	0.012 259
0.284 661	0.170 915	−0.010 61
0.396 663	0.106 097	−0.013 44
0.443 873	0.019 424	−0.021 76
0.540 131	−0.129 15	0.018 079
0.629 317	−0.214 06	−0.009 66

不难看出，由于多重共线性的影响，z_2、z_3变得既接近于 0 又不很稳定（这与特征值标准的判断结果是一致的）。

第四步，对变换后的矩阵应用 OLS 方法，估计主成分参数。可在 EViews 中直接使用命令“ls y1 z1 z2 z3”完成，得到的结果是：

$$\hat{\boldsymbol{\alpha}} = \boldsymbol{\Lambda}^{-1}\boldsymbol{Z}'\boldsymbol{Y} = \begin{pmatrix} 0.585 \\ -0.300 \\ -1.673 \end{pmatrix}$$

确定主成分的标准是，要求主成分的累积贡献率大于 85%（看表 6－2 中的“Cumulative Proportion”列）。在这里，由于 z_2、z_3 均属于线性相关组合，z_2 又存在符号问题（本应为正数），且根据特征值标准，最大特征值已经占到 94.8%，所以 z_2、z_3 均可舍弃。这里通常可以有两种处理办法：一种办法是，只用确定的主成分对因变量进行回归，回归后将由（6—25）式表示的主成分代入由主成分回归的结果即可（回归的结果与全部主成分回归的结果相比参数是相同的，因为所有的主成分都是正交变量）。另一种办法是，将非主成分的回归系数取为 0，将旋转矩阵中的非主成分对应的特征向量也取为 0，估计标准化模型的回归参数，即取：

$$\hat{\boldsymbol{\alpha}} = \begin{pmatrix} 0.585 \\ 0 \\ 0 \end{pmatrix}$$

相应地有：

$$\hat{\tilde{\boldsymbol{\beta}}}=\boldsymbol{C}\hat{\boldsymbol{\alpha}}=\begin{pmatrix}0.5915 & 0 & 0\\ 0.5745 & 0 & 0\\ 0.5658 & 0 & 0\end{pmatrix}\begin{pmatrix}0.585\\ 0\\ 0\end{pmatrix}=\begin{pmatrix}0.34603\\ 0.33608\\ 0.33099\end{pmatrix}$$

上述过程利用 Excel 完成非常方便。两种方法的结果应该是一样的。

第五步，估计标准化参数的标准误差。

为了计算参数的标准误差，需要先估计 σ_u^2，于是有：

$$RSS=\hat{\alpha}_1\sum z_{1t}\tilde{y}_t=0.80464$$

$$TSS=\sum\tilde{y}_t^2=1$$

$$ESS=1-0.80464=0.19536$$

$$\hat{\sigma}_u^2=ESS/(n-3)=0.19536/8=0.02442$$

这一步利用 Excel 完成时，可先计算 $\sum z_1\tilde{y}$，然后利用函数计算即可。

$$\therefore\quad D^2(\hat{\tilde{\boldsymbol{\beta}}})=\hat{\sigma}_u^2\boldsymbol{C}\boldsymbol{\Lambda}^{-1}\boldsymbol{C}'$$

$$=0.02442\times\begin{pmatrix}0.5915 & 0 & 0\\ 0.5745 & 0 & 0\\ 0.5658 & 0 & 0\end{pmatrix}\begin{pmatrix}0.3561 & & \\ & 6.6007 & \\ & & 238.1\end{pmatrix}$$

$$\begin{pmatrix}0.5915 & 0.5745 & 0.5658\\ 0 & 0 & 0\\ 0 & 0 & 0\end{pmatrix}$$

$$=\begin{pmatrix}0.003004 & & \cdots\\ & 0.002833 & \\ \cdots & & 0.002748\end{pmatrix}$$

这一步利用 Excel 求解时，可利用矩阵乘法函数分两步完成。

第六步，把估计的标准化参数及其标准误差还原为 OLS 估计值。

$$\because\quad \hat{\beta}_i=\frac{S_y}{S_{x_i}}\hat{\tilde{\beta}}_i\quad Se(\hat{\beta}_i)=\frac{S_y}{S_{x_i}}Se(\hat{\tilde{\beta}}_i)$$

$\therefore$根据 $S_y=9\,398.94$，$S_{x_1}=25\,970.94$，$S_{x_2}=3\,998.89$，$S_{x_3}=70.61$，应有：

$$\hat{\beta}_1=0.11385\quad\hat{\beta}_2=0.7183\quad\hat{\beta}_3=40.05$$

$$Se(\hat{\beta}_1)=0.0198\quad Se(\hat{\beta}_2)=0.1251\quad Se(\hat{\beta}_3)=6.98$$

容易看出，每个参数的有效性都不错，且第 2 个参数的错误也得到纠正。

这一步在利用 Excel 完成时，可先生成一个 3×3 的对角矩阵，其对角元素为 S_y/S_{x_i} 的值；再生成一个 3×2 的矩阵，其中第 1 列是标准化参数，第 2 列是标准化参数标准误差，再使用矩阵乘法函数即可。

所以，原始模型为：

$$\hat{y}=-4\,057.25+0.11385x_1+0.7183x_2+40.05x_3\quad R^2=0.9796$$
$$(0.0198)\quad(0.1251)\quad(6.98)$$

注意，常参数仍然使用原始模型条件下的表达式计算。

对主成分分析应进行客观的评价，虽然主成分分析在简化结构、消除变量之间的相关性方面起到了明显的作用，同时也给回归方程的解释带来了一定的复杂性。在由主成分陈述的模型中，方程中的解释变量是原解释变量的线性组合，因而也就不能再用原解释变量的边际效用来简单地解释了。而且，主成分分析中提取的主成分带进了许多无用的干扰因素（因为它是各个影响因素的线性组合），从而使得解释变量对因变量变化的解释能力大大降低。因此，通常我们仅用主成分分析作为分析多重共线性问题的一种方法。为了得到最终的估计结果，必须把主成分还原成原始变量。同时，根据估计结果不难看出，主成分分析不仅提高了参数的有效性，并在某些情况下对解决参数的符号问题也有一定作用（并非在任何情况下都是如此，对于参数的符号问题，最根本的办法是通过经济理论解决）。

本章实验及案例分析

一、实验目的

在很多研究的经济问题中，常常会涉及一个变量受多种因素即多个变量影响的情况，如农村城市化率、城市竞争力、城乡一体化问题、产业集群发展等，这些都涉及很多变量，有的甚至多达十几个变量或者更多。因此就常常需要用到主成分分析和主成分回归。

本实验的目的，就是要通过实验了解主成分分析和主成分回归的基本原理和方法。

二、模型和数据

城市化是一个与地区经济实力密切相关的变量，而经济实力又是一个由多个变量反映的指标，具体的参考指标如表 6－5 所列。

表 6－5　　城市化与经济实力的有关变量

一级指标	影响因素指标（二级指标）	
经济实力	GDP（亿元）	X_1
	全社会固定资产投资（亿元）	X_2
	社会消费品零售总额（亿元）	X_3
	地方财政预算内收入（亿元）	X_4
	第二、三产业产值占 GDP 比重（%）	X_5
	规模以上工业产值（亿元）	X_6
城市化	全部非农人口占总人口比重（%）	Y_1
	市辖区非农人口占总人口比重（%）	Y_2
	建成区面积（平方公里）	Y_3

现要求对陕西省城市化的相关因素进行分析，陕西省各地 2013 年各变量的有关指标如表6－6所列。

表 6-6　　2013 年陕西省各地城市化的有关指标

	Y_1	Y_2	Y_3	X_1	X_2	X_3	X_4	X_5	X_6
西安	45.55	50.79	424	4 884.1	5 134.6	2 548.0	502.0	95.5	4 497.6
铜川	53.41	53.42	44	322.0	260.0	84.7	24.1	93.2	549.7
宝鸡	14.50	52.61	98	1 545.9	1 669.8	473.4	72.0	89.8	2 258.5
咸阳	7.85	34.56	88	1 860.4	2 054.5	462.7	79.0	83.0	2 633.0
渭南	7.22	42.13	71	1 349.0	1 467.6	387.7	65.1	85.0	1 728.5
延安	12.42	34.05	36	1 354.1	1 321.0	192.3	155.4	92.1	1 612.3
榆林	6.01	21.53	70	2 846.8	1 827.9	348.3	260.7	95.1	3 120.8
汉中	6.15	23.22	34	881.7	679.3	248.1	35.8	79.8	856.1
安康	6.82	16.21	39	604.6	482.6	171.7	25.3	85.0	634.8
商洛	7.86	43.54	25	510.9	496.2	121.8	25.7	82.7	479.9

资料来源：《陕西统计年鉴 2014》。

以这些数据直接回归，由于解释变量之间高度相关，回归结果完全失效，尽管 F 统计量较高，但 t 统计量均不能通过检验（当以 Y_1 和 Y_2 作被解释变量时，t 统计量均小于 2，当以 Y_3 作被解释变量时，只有一个变量的 t 统计量大于 2）。

以 Y_1 为被解释变量，用计算机进行分析后得到的两行标准表达式是：

$$\hat{Y}_1=55.65-0.117\,4X_1-0.066X_2+0.123X_3+0.441X_4-0.292\,9X_5+0.088X_6 \quad F=2.83$$
$$(386.82)\ (0.147)\ (0.079)\ (0.103\,8)\ (0.720\,3)\ (4.388)\ (0.116\,6)$$

不难看出，模型的有效性很差，这种情况正是多重共线性导致的结果。在这里我们应用主成分回归方法讨论由于变量之间的多重共线性导致的后果。对实际问题进行主成分回归，主要可按照如下六个步骤进行：

第一步，计算解释变量相关系数矩阵的特征值和相应的特征向量。

方法参照本书 6.5.4 节“主成分分析实例”部分，得到的输出结果如表 6-7 所示。

表 6-7 中的输出结果分 4 部分，最上面是相关信息，接下来是特征值，第 3 部分是特征向量，第 4 部分是解释变量的相关系数矩阵。

相应的特征值分别为：5.044 2、0.686 1、0.192 9、0.068 4、0.008 3、0.000 2，相应的由特征向量组成的正交矩阵是：

$$\boldsymbol{C}=\begin{pmatrix} 0.439\,7 & -0.099\,8 & -0.224\,2 & -0.299\,6 & 0.472\,6 & -0.658\,3 \\ 0.433\,3 & -0.242\,7 & 0.028\,9 & 0.342\,3 & -0.714\,9 & -0.352\,5 \\ 0.410\,6 & -0.289\,2 & 0.662\,8 & 0.301\,5 & 0.399\,0 & 0.241\,6 \\ 0.434\,2 & 0.083\,4 & 0.157\,8 & -0.752\,9 & -0.294\,3 & 0.355\,1 \\ 0.288\,7 & 0.913\,6 & 0.121\,4 & 0.245\,2 & 0.026\,5 & -0.079\,7 \\ 0.422\,4 & -0.076\,1 & -0.685\,5 & 0.274\,1 & 0.138\,1 & 0.501\,6 \end{pmatrix}$$

第二步，求标准化的变量，结果如表 6-8 所示。

表 6-7　　　　主成分分析输出结果

Principal Components Analysis
Date: 10/20/16　Time: 09: 54
Sample: 1 10
Included observations: 10
Computed using: Ordinary correlations
Extracting 6 of 6 possible components

Eigenvalues: (Sum=6, Average=1)

Number	Value	Difference	Proportion	Cumulative Value	Cumulative Proportion
1	5.044 159	4.358 015	0.840 7	5.044 159	0.840 7
2	0.686 144	0.493 252	0.114 4	5.730 303	0.955 1
3	0.192 892	0.124 510	0.032 1	5.923 195	0.987 2
4	0.068 382	0.060 125	0.011 4	5.991 577	0.998 6
5	0.008 257	0.008 091	0.001 4	5.999 834	1.000 0
6	0.000 166	—	0.000 0	6.000 000	1.000 0

Eigenvectors (loadings):

Variable	PC 1	PC 2	PC 3	PC 4	PC 5	PC 6
X1	0.439 743	−0.099 846	−0.224 214	−0.299 609	0.472 567	−0.658 255
X2	0.433 333 5	−0.242 654	0.028 815	0.342 256	−0.714 904	−0.352 538
X3	0.410 581	−0.289 207	−0.662 811	0.301 532	0.398 980	0.241 574
X4	0.434 188	0.083 438	0.157 753	−0.752 945	−0.294 341	0.355 064
X5	0.288 651	0.913 648	0.121 437	0.245 201	0.026 452	−0.079 731
X6	0.422 412	−0.076 119	−0.685 527	0.274 088	0.138 099	0.501 629

Ordinary correlations:

	X1	X2	X3	X4	X5	X6
X1	1.000 000					
X2	0.966 809	1.000 000				
X3	0.897 223	0.953 976	1.000 000			
X4	0.964 786	0.920 131	0.886 349	1.000 000		
X5	0.567 510	0.485 080	0.437 170	0.675 486	1.000 000	
X6	0.966 698	0.937 746	0.808 417	0.885 493	0.555 875	1.000 000

表 6-8　　　　案例分析中的标准化变量计算结果

Y_1	X_1	X_2	X_3	X_4	X_5	X_6
0.518 4	0.755 1	0.805 6	0.883 9	0.785 4	0.409 8	0.640 9
0.660 0	−0.299 0	−0.286 7	−0.181 3	−0.208 9	0.282 1	−0.310 2
−0.041 1	−0.016 2	0.029 2	−0.013 2	−0.109 2	0.093 3	0.101 5
−0.160 9	0.056 5	0.115 4	−0.017 8	−0.094 7	−0.284 3	0.191 7

续前表

Y_1	X_1	X_2	X_3	X_4	X_5	X_6
−0.172 2	−0.061 7	−0.016 1	−0.050 2	−0.123 6	−0.173 2	−0.026 2
−0.078 5	−0.060 5	−0.048 9	−0.134 7	0.064 3	0.221 0	−0.054 2
−0.194 0	0.284 4	0.064 7	−0.067 3	0.283 3	0.387 6	0.309 3
−0.191 5	−0.169 7	−0.192 7	−0.110 6	−0.184 6	−0.462 0	−0.236 3
−0.179 4	−0.233 7	−0.236 8	−0.143 6	−0.206 4	−0.173 2	−0.289 7
−0.160 7	−0.255 3	−0.233 7	−0.165 2	−0.205 6	−0.300 9	−0.327 0

第三步，应用特征向量矩阵对观测值的标准化矩阵进行变换，确定主成分。这一步利用 Excel 中的矩阵乘法运算非常方便。只需要将第一步得到的特征向量矩阵和上一步得到的解释变量矩阵都复制粘贴到 Excel 表中并分别命名即可得到 $\boldsymbol{Z}=\boldsymbol{XC}$（其中 $\boldsymbol{Z}$ 表示主成分，由 z_1，z_2，…，z_6 组成）的值，如表 6－9 所列。

表 6－9　案例分析中的 6 个主成分变量

z_1	z_2	z_3	z_4	z_5	z_6
1.774 1	−0.135 4	0.174	0.000 8	0.001 8	0.000 2
−0.470 4	0.415 7	0.152 6	0.078 3	0.017 5	0.001 8
0.022 5	0.066 7	−0.079 8	0.143 8	0.014 8	0.001 9
0.025 4	−0.310 7	−0.202	0.071 4	−0.016 1	0.003 1
−0.169 4	−0.142	−0.042 5	0.041 2	−0.009 5	−0.009 1
−0.034 3	0.268 3	−0.003	−0.048 3	−0.067 9	0.002 6
0.491	0.329 6	−0.226 7	−0.116 9	0.030 9	−0.001 4
−0.516 8	−0.323 8	0.036	−0.087 6	0.022 9	0.005 6
−0.526 3	−0.031 1	0.095 3	−0.020 8	0.017 7	−0.002 2
−0.595 6	−0.137 2	0.096 2	−0.061 9	−0.012 1	−0.002 5

不难看出，由于多重共线性的影响，z_4、z_5、z_6 变得既接近于 0 又不稳定（这与根据特征值标准判断的结果是一致的）。

第四步，对变换后的矩阵应用 OLS 方法，确定主成分，估计主成分参数，得到：

$$\hat{\boldsymbol{\alpha}}=\boldsymbol{\Lambda}^{-1}\boldsymbol{Z}'\boldsymbol{Y}_1=\begin{pmatrix}0.164\,5\\0.408\,8\\1.237\,9\\1.235\,7\\1.183\,1\\12.439\,7\end{pmatrix}$$

当利用 Excel 完成这一步时，可先求出 $\boldsymbol{\Lambda}^{-1}$（特征值对角矩阵的逆）和 $\boldsymbol{Z}'$（第三步计算结果的转置）的乘积，然后再乘以标准化向量 $\boldsymbol{Y}_1$。

确定主成分的标准是主成分的累积贡献率大于 85%（看表 6－7 第 2 部分中的第 6 列）。在这里，由于 z_1、z_2 的累积贡献率已经占 95.51%，所以 z_3、z_4、z_5、z_6 均可舍弃，则有：

$$\hat{\boldsymbol{\alpha}}=\begin{pmatrix}0.1645\\0.4088\\0\\0\\0\\0\end{pmatrix}$$

相应地，有：

$$\hat{\hat{\boldsymbol{\beta}}}=\boldsymbol{C}\hat{\boldsymbol{\alpha}}=\begin{pmatrix}0.4397&-0.0998&0&0&0&0\\0.4333&-0.2427&0&0&0&0\\0.4106&-0.2892&0&0&0&0\\0.4342&0.0834&0&0&0&0\\0.2887&0.9136&0&0&0&0\\0.4224&-0.0761&0&0&0&0\end{pmatrix}\begin{pmatrix}0.1645\\0.4088\\0\\0\\0\\0\end{pmatrix}=\begin{pmatrix}0.0315\\-0.0279\\-0.0507\\0.1055\\0.4210\\0.0384\end{pmatrix}$$

上式利用 Matlab 完成非常方便。

第五步，估计标准化参数的标准误差。

为了计算参数的标准误差，需要先估计 σ_u^2，于是有：

$$ESS=\hat{\boldsymbol{\alpha}}'\boldsymbol{Z}'\tilde{\boldsymbol{Y}}=0.2512$$

$$TSS=\sum\tilde{y}_i^2=1\quad RSS=1-0.2512=0.7488$$

$$\sigma_u^2=RSS/(n-6)=0.7488/4=0.1872$$

这一步利用 Matlab 完成即可。

$$D(\hat{\hat{\boldsymbol{\beta}}})=\hat{\sigma}_u^2\boldsymbol{C}\boldsymbol{\Lambda}^{-1}\boldsymbol{C}'$$

$$=0.1872\times\begin{pmatrix}0.4397&-0.0998&0&0&0&0\\0.4333&-0.2427&0&0&0&0\\0.4106&-0.2892&0&0&0&0\\0.4342&0.0834&0&0&0&0\\0.2887&0.9136&0&0&0&0\\0.4224&-0.0761&0&0&0&0\end{pmatrix}$$

$$\begin{pmatrix}0.2&&&&&\\&1.5&&&&\\&&5.2&&&\\&&&14.6&&\\&&&&121.1&\\&&&&&6024.1\end{pmatrix}$$

$$\begin{pmatrix}0.4397&0.4333&0.4106&0.4342&0.2887&0.4224\\-0.0998&-0.2427&-0.2892&0.0834&0.9136&-0.0761\\0&0&0&0&0&0\\0&0&0&0&0&0\\0&0&0&0&0&0\\0&0&0&0&0&0\end{pmatrix}$$

$$
=\begin{pmatrix} 0.0099 & & & & & \\ & 0.0230 & & & & \\ & & 0.0291 & & & \\ & & & 0.0089 & & \\ & & & & 0.2308 & \\ & & & & & 0.0082 \end{pmatrix}
$$

当利用 Excel 求解这一步时，可利用矩阵乘法函数分两步完成。

第六步，把估计的标准化参数及其标准误差还原为 OLS 估计值。

$\because \quad \hat{\beta}_i=\dfrac{S_Y}{S_{X_i}}\hat{\tilde{\beta}}_i \quad Se(\hat{\beta}_i)=\dfrac{S_Y}{S_{X_i}}Se(\hat{\tilde{\beta}}_i)$

$\therefore$根据 $S_Y=17.518 \quad S_{X_1}=1\,368.604 \quad S_{X_2}=1\,411.288 \quad S_{X_3}=730.307\,8$

$S_{X_4}=151.992\,8 \quad S_{X_5}=5.695\,378 \quad S_{X_6}=1\,312.622$

应有：

$\hat{\beta}_1=0.000\,357 \quad \hat{\beta}_2=-0.000\,31 \quad \hat{\beta}_3=-0.001\,08$

$\hat{\beta}_4=0.010\,771 \quad \hat{\beta}_5=1.147\,084 \quad \hat{\beta}_6=0.000\,454$

$Se(\hat{\beta}_1)=0.099\,5 \quad Se(\hat{\beta}_2)=0.151\,8 \quad Se(\hat{\beta}_3)=0.170\,5$

$Se(\hat{\beta}_4)=0.094\,3 \quad Se(\hat{\beta}_5)=0.480\,5 \quad Se(\hat{\beta}_6)=0.090\,6$

所以，原模型为：

$$
\hat{Y}=-86.02+0.000\,357X_1-0.000\,31X_2-0.001\,1X_3+0.010\,8X_4+1.147\,1X_5+0.000\,45X_6
$$
$$
(0.099\,5) \quad (0.151\,8) \quad (0.170\,5) \quad (0.094\,3) \quad (0.480\,5) \quad (0.090\,6)
$$

课后思考及练习题

1. 在多元模型条件下解释变量之间不完全共线性的假定在矩阵运算中如何表述？如何理解条件 $Rk(\boldsymbol{X}'\boldsymbol{X})=k+1$？

2. 运用 EViews 先对第 3 章练习题 6 中的资料进行二元线性模型回归，并检验模型的有效性。然后，把线性模型回归结果与第 3 章所作的柯布-道格拉斯生产函数回归结果进行比较，提交一份比较详尽的分析报告（1 000 字左右）。

3. 运用对第 3 章练习题 6 中资料的二元线性回归结果预测当固定资产为 400 万元和投入 800 人时的产出及其置信水平为 95%的预测区间。

4. 在对经济问题的研究中，一个变量受多个变量影响的例子很多。下面的资料是一个关于城乡居民收入差距的例子。对城乡居民收入差距进行分析对于实现城乡一体化，准确把握影响城乡一体化的因素具有十分重要的意义。本案例使用的是陕西省 1978—2014 年的数据，使用的变量如表 6-10 所示。

表 6-10　陕西省城乡居民收入差距及其相关变量

变量符号	定义	计算方法
Y	城乡居民收入比	城镇居民人均可支配收入与农村居民人均纯收入之比
X_1	人均 GDP	陕西省人均地区生产总值
X_2	二元结构系数	非农产业比较劳动生产率与农业比较劳动生产率的比值
X_3	城市化率	非农人口占总人口的比重
X_4	农业产值占 GDP 的比重	农业产值占地区生产总值的比重
X_5	产业结构	第二、三产业产值之和占第一产业产值的比重
X_6	农村固定资产投资占比	农村居民固定资产投资占全社会固定资产投资的比重
X_7	财政支农比重	财政对农业的支出占全部财政支出的比重

有关变量的数据如表 6-11 所示。

表 6-11　陕西省城乡居民收入差距及其相关变量数据

年份	Y	X_1（元）	X_2	X_3（%）	X_4（%）	X_5（%）	X_6（%）	X_7（%）
1978	2.31	291	5.602 5	0.146 8	0.381 3	2.282 2	0.146 9	0.158 7
1979	2.48	336	4.840 5	0.151 8	0.318 3	1.906 5	0.165 4	0.179 5
1980	2.68	334	5.390 6	0.155 8	0.368 8	2.333 2	0.150 4	0.161 6
1981	2.41	356	5.014 4	0.160 2	0.383 8	1.868 1	0.221 6	0.163 2
1982	2.07	385	5.280 7	0.162 2	0.360 5	2.022 4	0.185 2	0.150 3
1983	2.07	420	5.360 9	0.165 1	0.400 0	2.084 8	0.173 2	0.134 0
1984	2.1	504	4.497 7	0.171 6	0.391 0	1.925 6	0.290 9	0.112 8
1985	2.2	604	4.328 3	0.179 9	0.338 3	2.387 9	0.290 9	0.098 6
1986	2.72	688	4.242 8	0.177 8	0.323 3	2.591 9	0.232 8	0.098 0
1987	2.75	794	4.342 2	0.180 6	0.318 6	2.610 8	0.259 6	0.094 7
1988	2.57	1 004	4.893 7	0.183 1	0.291 3	2.803 1	0.271 5	0.105 9
1989	2.85	1 124	5.112 7	0.185 8	0.298 4	2.926 1	0.278 6	0.111 4
1990	2.58	1 241	5.052 5	0.186	0.307 5	2.830 0	0.272 7	0.118 1
1991	2.81	1 402	5.403 1	0.188 3	0.285 1	3.007 3	0.299 8	0.112 5
1992	3.05	1 571	6.283 0	0.192 9	0.273 8	3.555 1	0.219 4	0.126 0
1993	3.22	1 981	5.855 6	0.195 8	0.264 5	3.575 0	0.177 3	0.119 6
1994	3.33	2 424	6.152 4	0.200 2	0.249 7	3.883 5	0.216 5	0.117 0
1995	3.44	2 965	5.740 7	0.205 5	0.248 7	3.772 2	0.210 2	0.108 7
1996	3.27	3 446	5.613 6	0.209 9	0.265 6	3.852 1	0.221 6	0.054 5
1997	3.11	3 834	5.525 8	0.214 7	0.235 7	4.338 7	0.208 5	0.009 8
1998	3	4 070	5.581 6	0.218 1	0.233 7	4.463 8	0.178 0	0.045 8

续前表

年份	Y	X_1（元）	X_2（%）	X_3（%）	X_4（%）	X_5（%）	X_6（%）	X_7（%）
1999	3.2	4 415	6.339 2	0.221 8	0.205 8	5.256 2	0.191 9	0.035 4
2000	3.49	4 968	6.229 0	0.228 4	0.181 7	5.986 3	0.155 2	0.024 8
2001	3.61	5 506	6.806 8	0.232 8	0.167 8	6.626 7	0.143 0	0.090 5
2002	3.97	6 145	6.577 0	0.238 9	0.156 7	6.984 8	0.131 0	0.091 2
2003	4.06	7 028	7.103 0	0.244 9	0.129 2	7.549 9	0.108 0	0.033 9
2004	4.01	8 587	6.229 0	0.248 9	0.130 3	7.187 0	0.086 4	0.036 3
2005	4.03	10 595	6.952 9	0.253 5	0.120 2	8.027 1	0.075 1	0.034 0
2006	4.1	12 840	7.484 2	0.270 4	0.110 3	8.784 5	0.078 6	0.042 5
2007	4.07	15 546	6.947 0	0.275 6	0.109 3	8.714 8	0.072 1	0.095 0
2008	4.1	19 700	6.508 5	0.28	0.106 1	8.704 6	0.071 1	0.102 4
2009	4.11	21 947	6.895 2	0.301 8	0.100 8	9.346 2	0.057 4	0.119 9
2010	3.82	27 133	6.468 5	0.341 3	0.109 4	9.241 8	0.049 4	0.120 4
2011	3.63	33 464	6.141 0	0.355 8	0.108 7	9.248 4	0.034 2	0.113 9
2012	3.6	38 564	10.054 1	0.370 9	0.105 6	9.548 9	0.028 1	0.113 3
2013	3.51	43 117	9.300 9	0.380 1	0.105 8	10.092 3	0.023 6	0.114 5
2014	3.07	46 929	9.845 5	0.385 6	0.105 8	10.303 9	0.020 5	0.085 0

资料来源：根据《陕西统计年鉴》及 Wind 中相关数据计算而来。

试运用 EViews 对上述资料做多元线性回归分析和主成分分析，并将所得结果进行对比。

5. 熟练掌握多元线性模型的矩阵运算规则。

第7章

联立方程模型

§7.1 联立方程模型的基本概念

7.1.1 经济变量的联立依存性

把OLS方法用于单方程模型，实际上包含了一个基本假定，即解释变量是外生变量，它不受其他任何因素的影响。换言之，即解释变量 X 和被解释变量 Y 只存在单向因果关系。但客观现实并非如此，在现实中，大量的因果关系都是双向的，即互为因果。

在联立方程模型中，变量经常被分为内生变量和外生变量两大类。内生变量由模型系统内部决定，是服从一定概率分布的随机变量，其数值受到模型其他变量的影响；外生变量由模型系统外部的因素决定，是在模型求解之前就已经确定的非随机变量。模型求解之前已经确定的变量为前定变量，包括外生变量、滞后内生变量和滞后外生变量。

对于双向因果关系问题，必须使用多于一个方程的模型来处理，这就是联立方程模型。如果 $Y=f(X)$，$X=g(Y)$，这就表明，X 和 Y 之间的关系只能用多个方程来描述。所谓**联立方程模型**（simultaneous equation models），即描述变量之间联立依存关系的方程体系及其相关假设。可以肯定，任一方程实际上都属于某一联立方程组。比如：

(1) 需求问题

经济理论指出，某商品的需求量 Q_d 与该商品的价格 P 有密切关系，但反过来，价格 P 又受到需求量 Q_d 和其他因素比如其他相关商品的价格 P_O 的影响，即有：

$$\begin{cases} Q_d=b_0+b_1P+U \\ P=a_0+a_1Q_d+a_2P_O+V \end{cases}$$

(2) 货币供给问题

货币供给量是影响通货膨胀的重要因素。政府控制货币供给量（M）的主要决定因素是居民的实际收入水平（Y）。而反过来，居民的实际收入水平又受到货币供给量和其他因素比如企业的投资状况（I）的影响，即有：

$$\begin{cases}M=b_0+b_1Y+U\\Y=a_0+a_1M+a_2I+V\end{cases}$$

（3）企业投资问题

企业在一定时期的投资水平（K），与一定时期生产机会的大小即 GDP 的多少（Y）密切相关，而反过来，GDP 的多少又受到投资水平和其他因素，比如劳动力投入（L）的影响，即应有：

$$\begin{cases}K=b_0+b_1Y+U\\Y=a_0+a_1K+a_2L+V\end{cases}$$

7.1.2 联立方程模型的后果

联立方程模型的一个严重后果就是，由于 Y 和 X 相互影响，使得 OLS 估计中的基本假定 $E(UX)=0$ 遭到破坏，因而使得 OLS 估计成为有偏和不一致估计量。

假定有如下模型：

$$\begin{cases}Y=b_0+b_1X+U\\X=a_0+a_1Y+a_2Z+V\end{cases}\tag{7—1}$$

其中：$E(U)=0$；$E(U^2)=\sigma_u^2$；$E(U_iU_j)=0$；$E(V)=0$；$E(V^2)=\sigma_v^2$；$E(V_iV_j)=0$ 且 $E(UV)=0$。该模型在数学上是完整的（对于联立方程来说，如果方程的个数等于内生变量的个数，就说该模型在数学上是完整的），X、Y 是内生变量，Z 是外生变量。把 Y 代入 X，则得到：

$$X=a_0+a_1(b_0+b_1X+U)+a_2Z+V$$

也就是：

$$X=\frac{a_0+b_0a_1}{1-b_1a_1}+\frac{a_2}{1-b_1a_1}Z+\frac{a_1U+V}{1-b_1a_1}$$

不难看出，U 与 X 相关，这说明第一个方程中的 X 不是外生变量。由此也就不难证明，$\mathrm{Cov}(UX)\neq0$。

【证】 根据协方差的定义，应有：

$$\mathrm{Cov}(U,X)=E\{[U-E(U)][X-E(X)]\}$$

由于 $E(U)=0$，所以：

$$\mathrm{Cov}(U,X)=E\{U[X-E(X)]\}$$

已知：

$$X=\frac{a_0+b_0a_1}{1-b_1a_1}+\frac{a_2}{1-b_1a_1}Z+\frac{a_1U+V}{1-b_1a_1}$$

所以：

$$E(X)=\frac{a_0+b_0a_1}{1-b_1a_1}+\frac{a_2}{1-b_1a_1}Z$$

亦即：

$$\mathrm{Cov}(U,X)=E\left[\frac{U}{1-b_1a_1}\ (a_1U+V)\right]=\frac{1}{1-b_1a_1}E(a_1U^2+UV)=\frac{a_1}{1-b_1a_1}\sigma_u^2\neq0$$

由此不难看出，在联立方程模型中，单方程模型中的常方差假定与 $\mathrm{Cov}(UX)=0$ 的一致性是不存在的。在联立方程模型中，常方差假定可能满足，但 Cov(UX) 却不一定为 0，因为在这里 X 是内生变量而不是外生变量。这正是由于联立方程模型引起的后果。

在这里我们要特别明确一下，$E(UX)\neq 0$ 主要是指 U 与作为解释变量的内生变量之间的关系，而对于作为解释变量的外生变量来说，比如模型（7—1）中的 Z 不存在这一问题。也就是说，对于作为解释变量的前定变量（Z）而言，$E(UZ)=0$ 仍然成立。明确这一点非常重要。这是使用工具变量（IV）法对联立方程模型进行参数估计的基础。

正是由于 $E(UX)\neq 0$，所以在对方程（7—1）应用 OLS 方法时，其系数的估计量将是有偏和不一致的。

【证】 先证明有偏性。

$$\hat{b}_1 = b_1 + \frac{\sum xU}{\sum x_i^2} \tag{7—2}$$

$$E(\hat{b}_1) = b_1 + E\left[\frac{\sum xU}{\sum x_i^2}\right] = b_1 + \frac{1}{\sum x_i^2}\sum E(xU)$$

即：

$$\text{偏倚} = E(\hat{b}_1) - b_1 = \frac{1}{\sum x_i^2}\sum E(xU)$$

注意，在这里如无特别说明，大写的变量仍表示观测值，小写的变量为离差。

再证明非一致性。

所谓一致性是指，当估计式满足如下两个条件时：

ⅰ. $\hat{b}$ 是渐进无偏的，即：

$P\text{lim}E(\hat{b})=b$

（Plim 是概率极限，样本容量趋于无穷大时，概率趋于 0。）

ⅱ. 随着 n 趋于无穷大（或概率趋于 0），$\hat{b}$ 的方差逼近于 0，即：

$P\text{lim}D^2(\hat{b})=0$

就称估计式 $\hat{b}$ 为总体参数 b 的一致估计量。

对于（7—2）式中的 $\hat{b}_1$，有：

$$P\text{lim}E(\hat{b}_1) = P\text{lim}E(b_1) + P\text{lim}E\frac{\sum x_i U_i}{\sum x_i^2} = b_1 + \frac{P\text{lim}\sum E(x_i U_i)/n}{P\text{lim}\sum x_i^2/n}$$

$$\because \quad P\text{lim}\sum E(xU)/n = \text{Cov}(U,X) = \frac{a_1}{1-b_1 a_1}\sigma_U^2$$

$$P\text{lim}\sum x_i^2/n = \sigma_X^2$$

$$\therefore \quad P\text{lim}E(\hat{b}_1) = b_1 + \frac{a_1}{1-b_1 a_1}\cdot\frac{\sigma_U^2}{\sigma_X^2}$$

显然，$\hat{b}_1$ 不是一致估计量。

由于 OLS 方法的基本假定 $E(UX)=0$ 遭到破坏，导致了有偏性和非一致性，因此，对于联立方程模型，我们必须寻找另外的参数估计方法。

7.1.3 联立方程模型的基本形式

(1) 结构模型

结构模型用以反映经济变量之间各种关系的完整结构。7.1.1 节中的三个模型都是结构模型。结构模型的一般形式为：

$$\begin{cases} b_{11}Y_1+\cdots+b_{1m}Y_m+a_{11}X_1+\cdots+a_{1k}X_k=U_1 \\ b_{21}Y_1+\cdots+b_{2m}Y_m+a_{21}X_1+\cdots+a_{2k}X_k=U_2 \\ \cdots\cdots \\ b_{m1}Y_1+\cdots+b_{mm}Y_m+a_{m1}X_1+\cdots+a_{mk}X_k=U_m \end{cases} \tag{7—3}$$

该模型由 m 个内生变量 Y_j 和 k 个前定变量 X_j 组成，方程个数与内生变量个数相等，a_{ij} 和 b_{ij} 均称作结构参数，其简缩式为：

$$\sum_{j=1}^{m} b_{ij}Y_j + \sum_{j=1}^{k} a_{ij}X_j = U_i \quad (i=1，2，\cdots，m)$$

结构模型也可以用矩阵形式表示如下（注意，在矩阵形式的表达式中，用小写的变量表示观测值）：

$$\boldsymbol{BY}+\boldsymbol{AX}=\boldsymbol{U} \quad 或 \quad (\boldsymbol{B} \quad \boldsymbol{A})\begin{pmatrix}\boldsymbol{Y}\\ \boldsymbol{X}\end{pmatrix}=\boldsymbol{U}$$

其中：$\boldsymbol{B}=\begin{pmatrix} b_{11} & b_{12} & \cdots & b_{1m} \\ b_{21} & b_{22} & \cdots & b_{2m} \\ \vdots & \vdots & & \vdots \\ b_{m1} & b_{m2} & \cdots & b_{mm} \end{pmatrix} \quad \boldsymbol{Y}=\begin{pmatrix} y_1 \\ y_2 \\ \vdots \\ y_m \end{pmatrix}$

$$\boldsymbol{A}=\begin{pmatrix} a_{11} & a_{12} & \cdots & a_{1k} \\ a_{21} & a_{22} & \cdots & a_{2k} \\ \vdots & \vdots & & \vdots \\ a_{m1} & a_{m2} & \cdots & a_{mk} \end{pmatrix} \quad \boldsymbol{X}=\begin{pmatrix} x_1 \\ x_2 \\ \vdots \\ x_k \end{pmatrix} \quad \boldsymbol{U}=\begin{pmatrix} u_1 \\ u_2 \\ \vdots \\ u_m \end{pmatrix}$$

在一个结构模型中，通常包括两类方程，一类是包含随机扰动项的随机方程，另一类是不包含随机扰动项也不包含任何参数的**定义方程**。定义方程也叫做平衡方程。

以克莱因宏观模型为例：

$$\begin{cases} C_t=a_0+a_1Y_t+U_{1t} \\ I_t=b_0+b_1Y_t+b_2Y_{t-1}+U_{2t} \\ Y_t=C_t+I_t+G_t \end{cases} \tag{7—4}$$

其中：Y_t 为 t 时期的国民收入；C_t 为 t 时期的国民消费；I_t 为 t 时期的企业投资；G_t 为 t 时期的政府开支。

结构模型的意义在于，每一个结构模型中的相应参数都表明解释变量对被解释变量的直接影响。

(2) 约化模型

如果将结构模型中的全部内生变量都表示成前定变量（含外生变量和滞后变量）和随机扰动项的函数，则称其为联立方程模型的约化形式，简称为约化模型。如克莱因宏观模型的约化形式为：

$$\begin{cases} C_t=\pi_{10}+\pi_{11}Y_{t-1}+\pi_{12}G_t+V_{1t} \\ I_t=\pi_{20}+\pi_{21}Y_{t-1}+\pi_{22}G_t+V_{2t} \\ Y_t=\pi_{30}+\pi_{31}Y_{t-1}+\pi_{32}G_t+V_{3t} \end{cases} \tag{7—5}$$

其中（暂时忽略常参数）：

$$\pi_{11}=\frac{a_1b_2}{1-a_1-b_1} \quad \pi_{12}=\frac{a_1}{1-a_1-b_1}$$

$$\pi_{21}=\frac{b_2(1-a_1)}{1-a_1-b_1} \quad \pi_{22}=\frac{b_1}{1-a_1-b_1}$$

$$\pi_{31}=\frac{b_2}{1-a_1-b_1} \quad \pi_{32}=\frac{1}{1-a_1-b_1}$$

约化参数的获得可通过连续代换取得。在 7.1.2 节中对于模型（7—1），我们曾使用代换法得到了用 Z 和 V_1 表示的 X 的函数（用 Z 和 V_2 表示的 Y 的函数读者可自己完成），这实际也就是一个约化模型。对于克莱因宏观模型（7—4），其中：

$$\begin{aligned} C_t &=a_0+a_1Y_t+u_{1t} \\ &=a_0+a_1(C_t+I_t+G_t)+U_{1t} \\ &=a_0+a_1C_t+a_1I_t+a_1G_t+U_{1t} \end{aligned}$$

$$I_t=b_0+b_1(C_t+I_t+G_t)+b_2Y_{t-1}+U_{2t}$$

解得：

$$I_t=\frac{1}{1-b_1}(b_0+b_1C_t+b_1G_t+b_2Y_{t-1}+U_{2t})$$

所以：

$$C_t=a_0+a_1C_t+\frac{a_1}{1-b_1}(b_0+b_1C_t+b_1G_t+b_2Y_{t-1}+U_{2t})+a_1G_t+U_{1t}$$

即：

$$\begin{aligned} (1-b_1)C_t &=(1-b_1)a_0+a_1(1-b_1)C_t+a_1b_0+a_1b_1C_t+a_1b_1G_t+a_1b_2Y_{t-1} \\ &\quad +a_1U_{2t}+a_1(1-b_1)G_t+(1-b_1)U_{1t} \\ &=(a_0-a_0b_1+a_1b_0)+a_1C_t+a_1b_2Y_{t-1}+a_1G_t+(1-b_1)U_{1t}+a_1U_{2t} \end{aligned}$$

所以：

$$C_t=\frac{a_0-a_0b_1+a_1b_0}{1-a_1-b_1}+\frac{a_1b_2}{1-a_1-b_1}Y_{t-1}+\frac{a_1}{1-a_1-b_1}G_t+\frac{(1-b_1)\ U_{1t}+a_1U_{2t}}{1-a_1-b_1}$$

也就是：

$$C_t=\pi_{10}+\pi_{11}Y_{t-1}+\pi_{12}G_t+V_1$$

其余两个约化模型可用同样办法证得。

约化模型的意义就在于，模型中的约化参数可以用来度量前定变量的变化对内生变量的总影响，包括直接影响和间接影响两个部分。例如，π_{21} 度量了 Y_{t-1} 增加一个单位对投资的影响，这一影响分为两个部分：一是投资结构方程中系数 b_2 对 I_t 的影响，是直接影响；二是由下列事实引起的间接影响，即 Y_{t-1} 的增加影响 I_t，I_t 影响 Y_t，Y_t 又影响 I_t，最后，Y_t 影响 C_t，C_t 又影响 Y_t，Y_t 再影响 I_t。所以，Y_{t-1} 对于 I_t 的总影响（由 π_{21} 反映）可分解为两个部分：

$$\pi_{21}=\frac{b_2(1-a_1)}{1-a_1-b_1}=\frac{b_2(1-a_1-b_1+b_1)}{1-a_1-b_1}=b_2+\frac{b_1b_2}{1-a_1-b_1}$$

[总影响]=[直接影响]+[间接影响]

对于一个决策者来说，重要的是要在相互依存的经济现象中把握前定变量对内生变量的总影响。为此，必须对约化参数的值进行估计。约化参数的估计通常可采用两种办法：

1）直接估计法。

直接把结构模型中的每一个内生变量表示为前定变量和随机扰动项的函数，然后再用普通最小平方法直接估计约化模型中的参数。比如，可直接根据模型（7—4）写出（7—5）式，并对（7—5）式应用 OLS 方法。因为这种方法不考虑结构参数的信息，不受结构模型具体形式的限制，只要知道模型系统中的前定变量即可，所以也称为无约束最小平方法。

2）间接估计法。

先利用适当的计量经济方法求出结构模型的参数，然后利用约化参数与结构参数的关系式计算约化模型的参数。比如，对于克莱因宏观模型来说，可先估计出模型（7—4）中的参数，然后再根据模型（7—5）中的参数与结构参数的关系式求出约化参数。采用间接估计法必须建立约化参数与结构参数的关系式，而采用直接估计法则不必有这一过程。

间接估计法跟直接估计法相比有较多的优点：一是能充分利用结构模型的信息，使约化参数更加有效；二是可以把结构模型的变化全面地反映在约化参数中；三是直接估计法是假定约化模型中的随机扰动项满足最小平方法的基本假定的，但这往往会造成一定的误差。因此，约化参数的估计多数情况下都采用间接估计法。

(3) 递归模型

所谓递归模型，就是结构方程按下列形式排列的一类联立方程模型：首先，在模型的左端每个方程只有一个内生变量；其次，在模型的右端，其第一个方程的右端只有前定变量 $X_i(i=1, 2, 3, \cdots, k)$，第二个方程的右端则有 X_i 和第一个方程中的内生变量 Y_1，第三个方程的右端则又有第二个方程的各项（参数不同）再加上内生变量 Y_2，依次类推，且其随机扰动项两两互相独立，即 $E(U_iU_j)=0(i\neq j)$。用数学式表示即（以三个方程的模型为例）：

$$\begin{aligned} Y_1 &= a_{11}X_1+a_{12}X_2+U_1 \\ Y_2 &= a_{21}X_1+a_{22}X_2+b_{21}Y_1+U_2 \\ Y_3 &= a_{31}X_1+a_{32}X_2+b_{31}Y_1+b_{32}Y_2+U_3 \end{aligned}$$

其中：

$$E(U_1U_2)=E(U_1U_3)=E(U_2U_3)=0$$

如果把内生变量系数用矩阵形式表示，即：

$$B=\begin{pmatrix} 1 & 0 & 0 \\ -b_{21} & 1 & 0 \\ -b_{31} & -b_{32} & 1 \end{pmatrix}$$

显然，由于递归模型内生变量的系数矩阵是一个主对角线上元素为 1 的下三角形矩阵，所以递归模型也称作三角形模型，这也是判断递归模型的主要标志。虽然递归模型也是一种联立方程模型，但递归模型所反映的并非双向因果关系，即所有的外生变量影响 Y_1，Y_1 又和所有的外生变量影响 Y_2，Y_2 又和 Y_1 及所有的外生变量影响 Y_3，依次类推，最后是所有 $m-1$ 个内生变量和全部的外生变量影响 Y_m。所以，对于一个递归模型通常可以依次使用普通最小平方法来估计参数。

一个递归模型必是三角形模型，但三角形模型未必就是递归模型，一个递归模型必须同时满足两个必要条件：(1) 内生变量系数矩阵呈下三角形；(2) 属于不同方程的随机扰动项必须两两相互独立。按照这两条，下面的形式也属于递归方程模型：

$$Y_1=a_{11}X_{11}+a_{12}X_{12}+U_1$$

$$Y_2=a_{21}X_{21}+a_{22}X_{22}+b_{21}Y_1+U_2$$

$$Y_3=a_{31}X_{31}+a_{32}X_{32}+b_{31}Y_1+b_{32}Y_2+U_3$$

只是，在这里前定变量的系数矩阵的具体形式变为：

$$\begin{pmatrix} a_{11} & a_{12} & 0 & 0 & 0 & 0 \\ 0 & 0 & a_{21} & a_{22} & 0 & 0 \\ 0 & 0 & 0 & 0 & a_{31} & a_{32} \end{pmatrix}$$

内生变量的系数矩阵不变。

§7.2 联立方程模型的识别

7.2.1 识别的有关概念

(1) 模型的识别

模型的识别，简单地说就是分析所建立的联立方程模型能否进行参数估计的一个判断过程。一个联立方程模型不能识别，就意味着这个模型的参数无法估计，因而所建立的模型就毫无意义。在掌握了模型的识别规则以后，我们就会知道，虽然在 7.1.1 节中提出的三个联立方程模型都属于客观经济现象，然而它们却都是不可识别的（主要是第二个方程)。所以，识别问题是构造联立方程模型时必须首先考虑的重要问题。

由第一节我们已经知道，由于在结构模型中存在双向因果关系，因而不能直接对联立方程模型使用 OLS 方法。因此，一个自然的想法就是先把结构模型转化为约化模型，再对约化模型使用 OLS 方法，在求得约化模型参数以后，再采用参数关系式计算结构参数。容易证明，约化参数的 OLS 估计量至少具有一致性（在前定变量不含滞后内生变量的情况下，约化参数的 OLS 估计量还具有无偏性)。但是，从约化参数估计值出发确定结构参数并非在任何情况下都是可能的，因此必须对联立方程模型进行识别。

对于任何一个结构方程（不包括恒等式)，如果方程中的结构参数估计值可通过约化参数估计值求得，就说这个结构方程**可识别**；相反，如果结构参数估计值不可能由约化参数估计得出，就说这个方程**不可识别**。一个可识别的方程又分为两种情况，即恰好识别和过度识别。如果从约化参数估计值只能得出唯一的一组结构参数估计值，就说该方程**恰好识别**，也称正确识别；如果从约化参数估计值可以得出一组以上的结构参数估计值，就说该方程**过度识别**。如果结构模型中除恒等式以外的所有方程皆可识别，就说这个模型是**可识别模型**。

(2) 线性组合方程

识别问题有两种形式不同但彼此完全等价的提法：

1) 能否由一组约化参数确定一组唯一的结构参数？

2）结构模型中的某个方程能否同其他方程及其任意的线性组合方程相区别，即这一方程是否具有**统计形式的唯一性**？

其中，线性组合方程是指对联立方程模型：

$$\sum_{j=1}^{m} b_{ij} Y_j + \sum_{j=1}^{k} a_{ij} X_j = U_i \quad (i=1, 2, \cdots, m)$$

每个方程两端依次乘以任意常数 λ_1，λ_2，…，λ_i，…，λ_m，然后把所有方程相加所得到的方程，即：

$$\sum_{i=1}^{m} \sum_{j=1}^{m} \lambda_i b_{ij} Y_j + \sum_{j=1}^{m} \sum_{j=1}^{k} \lambda_i a_{ij} X_j = \sum_{i=1}^{m} \lambda_i U_i$$

（3）统计形式的唯一性

在联立方程模型中，如果某一方程的内生变量和前定变量不完全与其他方程及其线性组合方程相同，则认为该方程具有唯一的统计形式；相反，如果某个方程与模型中的另一方程或某一线性组合方程有相同的内生变量和前定变量，则认为此方程的统计形式不是唯一的。

统计形式的唯一性是可识别方程的另一种完全等价的说法。凡是不具有唯一统计形式的方程均为不可识别方程。

7.2.2 模型识别的条件

模型识别的条件包括必要条件和充分必要条件两种，也称阶条件和秩条件，阶条件是必要条件，秩条件是充分必要条件。

（1）阶条件

一个结构方程可识别的必要条件是：

$$H-G \geqslant M-1 \tag{7—6}$$

其中，M 是模型中内生变量的个数，它与方程的个数相等（内生变量数与方程个数相等是保证模型在数学上完备的必要条件），H 是模型中的变量总数（$H=M+K$，K 是模型中的前定变量数），G 是被识别方程的变量总数（$G<H$）。

阶条件可以表述为，可识别方程的剩余变量（即不在该识别方程中包括的变量）数必须大于或等于模型中的内生变量数减 1，其中，等于为恰好识别，大于为过度识别。

根据阶条件，显然在一个数学上完备的结构模型中，其结构参数必须由大量的零元素构成，否则，阶条件将无法满足。比如，在形如（7—3）式的结构模型中，如果所有的结构参数都是非 0 的，则对于每一个方程有 $H-G=0$。因此，阶条件均不能成立。

阶条件的另一种完全等价的表达式为：

$$G \leqslant K+1 \text{ 或 } K'' \geqslant M'-1 \tag{7—7}$$

其中，K 是模型中的前定变量数，K''为被识别方程剩余的前定变量数，M'是被识别方程的内生变量数。这一条件就是说，可识别方程的变量数必须小于或等于模型中的前定变量数加 1。或者说，可识别方程剩余的前定变量数必须大于或等于该方程中的内生变量数减 1。这一条件是容易理解的，它是在与其等价的关系式（7—6）两端同时减去内生变量数 M 或被识别方程的剩余内生变量数后得到的。简要证明如下：

【证】

$\because\ H=M+K$

$\therefore\ H-G\geqslant M-1$

即：

$$M+K-G\geqslant M-1 \quad 或 \quad M''+K''\geqslant M''+M'-1$$

也就是：

$$G\leqslant K+1$$

同时，由于 $G=M'+K'$，$K=K'+K''$，于是有：

$$K''\geqslant M'-1$$

（2）秩条件

一个结构方程可识别的充分必要条件为：

$$Rk(\mathbf{A}')=M-1 \tag{7—8}$$

其中，矩阵 $\mathbf{A}'$ 是从由结构方程系数构成的 $M\times H$ 阶矩阵中划去被识别方程参数所在行和所在列元素之后剩余的矩阵。

模型识别的阶条件是必要条件，即满足阶条件的不一定是可识别方程，但不满足阶条件的一定是不可识别方程。秩条件是充分必要条件，即满足秩条件的结构方程一定是可识别方程，不满足秩条件的结构方程，一定是不可识别方程。在应用中，两个条件一般是结合使用的。因为对于较大的模型来说，阶条件往往具有简便易用的特点，而秩条件则显得相对烦琐些。因此，对于较大模型通常可先使用阶条件，然后只对符合阶条件的方程使用秩条件。

（3）模型识别条件的证明

在一个一般形式的结构模型中，假定要识别的是第一个方程，其中包含有 G 个变量，$G=M'+K'$ 或 $S+L$，S 为内生变量数，L 为前定变量数，模型的总变量数为 H，方程数和内生变量数均为 M，则不在第一个方程中的剩余变量数为 $H-G$。要证明第一个方程统计形式的唯一性，实际上就是要使该方程中所包含的 G 个变量与其余的 $H-G$ 个变量相区别或者没有共同解。于是，在结构模型的系数矩阵中划掉 $G=S+L$ 个变量所在行和所在列的元素（这些元素只与 G 个变量的值有关）后对剩余元素的系数矩阵重新排序后为：

$$\mathbf{A}'=\begin{pmatrix} b_{21} & b_{22} & \cdots & b_{2(m-s)} & a_{21} & a_{22} & \cdots & a_{2(H-M-L)} \\ b_{31} & b_{32} & \cdots & b_{3(m-s)} & a_{31} & a_{32} & \cdots & a_{3(H-M-L)} \\ \vdots & \vdots & & \vdots & \vdots & \vdots & & \vdots \\ b_{m1} & b_{m2} & \cdots & b_{m(m-s)} & a_{m1} & a_{m2} & \cdots & a_{m(H-M-L)} \end{pmatrix}$$

根据线性代数知识，如果说第一个方程中的 G 个变量是有解的，则它们肯定是不全为零的。因此，要使得这 G 个变量与其余的 $H-G$ 个变量无共同解，那么一个最简单的办法就是让其余的 $H-G$ 个变量全部为零，这也就等价于让以下齐次线性方程组有零解：

$$\mathbf{A}'\mathbf{Z}=\mathbf{0} \tag{7—9}$$

其中：$\mathbf{Z}=(Y_1, Y_2, \cdots, Y_{m-s}, X_1, X_2, \cdots, X_{H-M-L})^T$，

变量数 $=(M-S)+(H-M-L)=H-(S+L)=H-G$。

首先，根据齐次线性方程组成立（即有零解和非零解）的条件，要使齐次线性方程组（7—9）有零解和非零解，必须使方程的个数小于和等于未知量的个数，即必须有：

$$M-1\leqslant H-G$$

这就是模型识别的阶条件即必要条件，其中小于为无零解（即非零解），等于为零解。

其次，根据齐次线性方程组有唯一解的充分必要条件，要使齐次线性方程组（7—9）有唯一解即零解，则必须使其系数矩阵的秩等于方程的个数，即：

$$Rk(\boldsymbol{A}')=M-1$$

这就是模型识别的秩条件。

7.2.3 模型识别实例及实用规则

最能说明识别问题的例子是供求模型。这个模型一般由需求方程、供给方程和供求平衡条件三个方程构成。这里需要识别的对象是需求方程和供给方程，它们能否识别取决于它们各自的结构。

（1）不可识别的情形

【例7.1】 设有下列联立方程模型

$$\begin{cases}D=b_0+b_1P+u_1\\S=a_0+a_1P+u_2\\D=S=Q\end{cases}$$

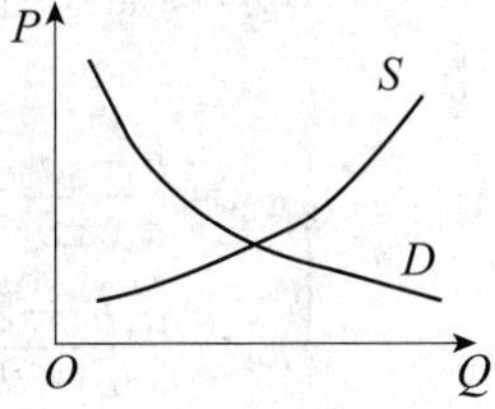

图7-1 供求关系简图

其中：D 表示需求，S 代表供给，P 为商品价格。各变量间的关系如图7-1所示。显然，由平衡条件 $D=S$ 可得到：

$$b_0+b_1P+u_1=a_0+a_1P+u_2$$

即：

$$P=\frac{b_0-a_0}{a_1-b_1}+\frac{u_1-u_2}{a_1-b_1}=\pi_{10}+V_1$$

分别代入需求函数和供给函数，有：

$$D=b_0+b_1\left(\frac{b_0-a_0}{a_1-b_1}+\frac{u_1-u_2}{a_1-b_1}\right)+u_1=\frac{a_1b_0-a_0b_1}{a_1-b_1}+\frac{a_1u_1-b_1u_2}{a_1-b_1}$$

$$S=a_0+a_1\left(\frac{b_0-a_0}{a_1-b_1}+\frac{u_1-u_2}{a_1-b_1}\right)+u_2=\frac{a_1b_0-a_0b_1}{a_1-b_1}+\frac{a_1u_1-b_1u_2}{a_1-b_1}$$

所以，

$$Q=D=S=\pi_{20}+V_2$$

即该模型有两个约化参数 π_{10} 和 π_{20}，它们与结构参数的关系体系为：

$$\begin{cases}\pi_{10}=\dfrac{b_0-a_0}{a_1-b_1}\\[2ex]\pi_{20}=\dfrac{a_1b_0-a_0b_1}{a_1-b_1}\end{cases}$$

假如约化参数已知，但由于参数关系体系中有四个结构参数未知量，只有两个方程，根据线性方程组有唯一解的定理，显然这四个结构参数是无法确定的，即模型是不可识别的。

同时，由结构模型我们不难发现，两个数量函数 Q 亦即需求函数和供给函数的线性组合实际上是无法区别的，由于 $D=S=Q$，因而两个结构方程中的变量实际上是完全同一的，因而两个结构方程均不具有统计形式的唯一性，这也说明了该模型是不可识别的。

我们再应用阶条件进行分析。由于平衡条件的保证，因此实际上该模型有两个结构方程、两个内生变量（Q 和 P，P 也是内生变量），没有外生变量。显然对于每个方程来说，阶条件都不成立，因为在这里 $M-1=1$，$H-G=0$，零不大于等于 1。由于阶条件不成立，所以模型不可识别。

（2）恰好识别

【例 7.2】 设有如下联立方程模型：

$$\begin{cases} D_t = b_0 + b_1 P_t + b_2 Y_t + U_{1t} \\ S_t = a_0 + a_1 P_t + a_2 P_{t-1} + U_{2t} \\ D_t = S_t = Q_t \end{cases}$$

其中，Y_t 是居民收入，P_{t-1} 是上期价格。

据此，可得到的约化模型为：

$$\begin{cases} P_t = \pi_{10} + \pi_{11} Y_t + \pi_{12} P_{t-1} + V_{1t} \\ Q_t = \pi_{20} + \pi_{21} Y_t + \pi_{22} P_{t-1} + V_{2t} \end{cases}$$

其中：

$$\begin{cases} \pi_{10} = \dfrac{b_0 - a_0}{a_1 - b_1} \quad \pi_{11} = \dfrac{b_2}{a_1 - b_1} \quad \pi_{12} = \dfrac{-a_2}{a_1 - b_1} \\ \pi_{20} = \dfrac{a_1 b_0 - a_0 b_1}{a_1 - b_1} \quad \pi_{21} = \dfrac{a_1 b_2}{a_1 - b_1} \quad \pi_{22} = \dfrac{a_2 b_1}{a_1 - b_1} \\ V_{1t} = \dfrac{U_{1t} - U_{2t}}{a_1 - b_1} \quad V_{2t} = \dfrac{a_1 U_{1t} - b_1 U_{2t}}{a_1 - b_1} \end{cases}$$

显然，由于约化参数个数与结构参数相等，即由约化参数可求出唯一结构参数，故模型是可识别的。

再从每一方程统计形式的唯一性来看，在约化模型中由于两个数量函数 Q_t（$D_t=S_t=Q_t$）所包含的变量及其参数不同，因而是可以互相区别的，即每个方程的统计形式都是唯一的，因而也说明模型是可识别的。

从阶条件来看，该模型的总变量数 $H=4$，内生变量数 $M=2$，每个方程包含的变量数 $G=3$，每个方程都满足 $M-1=H-G$，由于阶条件只是必要条件，还不能说明每个方程是否一定可识别，所以尚需要对秩条件进行分析。该模型的系数矩阵为：

$$\mathbf{A} = \begin{pmatrix} 1 & -b_1 & -b_2 & 0 \\ 1 & -a_1 & 0 & -a_2 \end{pmatrix}$$
$$\quad Q_t \quad P_t \quad Y_t \quad P_{t-1}$$

不难看出，对于第一个方程 $\mathbf{A}'=(-a_2)$，对于第二个方程 $\mathbf{A}'=(-b_2)$，即对于两个方程，均有：$Rk(\mathbf{A}')=M-1=1$。

所以模型是可识别的。

由于模型可识别，因而在约化参数已知时可求得：

$$b_0 = \pi_{20} - \pi_{10}\pi_{22}/\pi_{12}$$

$$a_0 = \pi_{20} - \pi_{10}\pi_{21}/\pi_{11}$$

$$b_1 = \pi_{21} - \pi_{11}\pi_{22}/\pi_{12}$$

$$a_1 = \pi_{22} - \pi_{12}\pi_{21}/\pi_{11}$$

$$b_2=\frac{\pi_{22}}{\pi_{12}} \quad a_2=\frac{\pi_{21}}{\pi_{11}}$$

（3）过度识别

【例 7.3】 设联立方程模型为：

$$\begin{cases} D_t=a_0+a_1P_t+a_2Y_t+a_3P'+U_{1t} \\ S_t=b_0+b_1P_t+b_2P_{t-1}+U_{2t} \\ D_t=S_t=Q_t \end{cases}$$

其中，P'为代用品价格。其对应的约化模型为：

$$\begin{cases} P_t=\pi_{10}+\pi_{11}Y_t+\pi_{12}P'+\pi_{13}P_{t-1}+V_{1t} \\ Q_t=\pi_{20}+\pi_{21}Y_\pi+\pi_{22}P'+\pi_{23}P_{t-1}+V_{2t} \end{cases}$$

其中：

$$\begin{cases} \pi_{10}=\frac{b_0-a_0}{a_1-b_1} \quad \pi_{11}=\frac{a_2}{a_1-b_1} \quad \pi_{12}=\frac{a_3}{a_1-b_1} \\ \pi_{13}=\frac{b_2}{a_1-b_1} \quad \pi_{20}=\frac{a_1b_0-a_0b_1}{a_1-b_1} \quad \pi_{21}=\frac{a_2b_1}{a_1-b_1} \\ \pi_{22}=\frac{a_3b_1}{a_1-b_1} \quad \pi_{23}=\frac{a_2b_1}{a_1-b_1} \quad V_{1t}=V_{2t}=\frac{a_1u_{2t}-b_1u_{1t}}{a_1-b_1} \end{cases}$$

显然，由于结构参数只有 7 个，而约化参数却有 8 个，这时，如约化参数已知，则结构参数就有无穷多解，即该模型是过度识别的。

再从阶条件来看，该模型的总变量数 $H=5$，其中内生变量数 $M=2$，对于方程一，$G=4$，对于方程二，$G=3$，所以对于方程一有 $H-G=M-1$ 成立，对于方程二有 $H-G>M-1$ 成立，所以模型为过度识别。

从秩条件来看，该模型的系数矩阵为：

$$\boldsymbol{A}=\begin{pmatrix} 1 & -a_1 & -a_2 & 0 & -a_3 \\ 1 & -b_1 & 0 & -b_2 & 0 \end{pmatrix}$$
$$\quad Q_t \quad P_t \quad\quad Y_t \quad P_{t-1} \quad\quad P'$$

对于方程一来说，$\boldsymbol{A}'=(-b_2)$，$Rk(\boldsymbol{A}')=1$，方程可识别。对于方程二来说，$\boldsymbol{A}'=(-a_2,-a_3)$，很显然 $Rk(\boldsymbol{A}')=1$。

但由阶条件可知，方程二实际是过度识别的。这个实例也告诉我们，对于过度识别的模型使用秩条件是没有意义的。对于过度识别的模型，如何确定参数的最佳估计量，这是计量经济学至今尚未很好解决的难题之一。

（4）识别的一些实用规则

1）如果两个方程包含同一组变量，则这两个方程都不可识别，如上述的例 7.1。

2）每个方程都是包含一个内生变量和全部前定变量的模型可恰好识别。这是容易理解的，因为在这种情况下，内生变量的系数矩阵为单位阵，恒有 $Rk(\boldsymbol{A}')=M-1$。同样，每个方程都只包含一个前定变量和全部内生变量的模型也可以恰好识别，如例 7.2。

3）包含模型中的全部变量（包括内生变量和前定变量）的方程不可识别，因为这里恒有 $Rk(\boldsymbol{A}')=0$。如在 7.1.1 节中提出的形如模型（7—1）的三个模型中的第二个方程。

4）如果第 i 个方程的剩余变量都不出现在第 j 个方程中，则第 i 个方程必不满足秩条件，因而不可识别。因为这里充其量只有 $Rk(\boldsymbol{A}')=M-2$ 成立。

5）如果第 i 个方程的剩余变量都不出现在其余的 $M-1$ 个方程的某个线性组合中，则第 i 个方程亦不可识别。

作为一种练习，读者可试着分析克莱因宏观模型（7—4）的可识别性。

7.2.4 识别问题与多重共线性问题

识别问题是由于模型中包含一个以上的方程而产生的特殊问题，对于单方程模型来说不存在识别问题。多重共线性问题是由于一个方程包含一个以上的解释变量而产生的特殊问题，只有一个解释变量的方程不存在多重共线性问题。显然，这两个问题之间存在十分密切的亲缘关系。

首先，我们知道，当两个变量共线时，从统计的观点来看，这个变量不能作为不同的变量来处理，因此往往需要将其中之一删除或者改变模型的数学形式。识别问题也是如此。当某方程不可识别时，即该方程不具有统计形式的唯一性，它不能与其他的方程或这些方程的线性组合方程相区别，因此该方程也应该从模型中删除。当然也可以像处理多重共线性问题一样，通过改变模型的数学形式来解决。比如在 7.1.1 节中的三个模型中，对第一个方程引入第二个内生变量的滞后变量，模型即由不可识别变为可识别。

其次，识别问题和多重共线性问题都给参数估计造成了困难，这一点具有完全相同的性质。

最后，识别问题和多重共线性问题产生的根源，都是因为变量之间存在多重关系。正因如此，在存在这两类问题的场合，都很难用统计方法满意地评价每一个变量对被解释变量的影响。

§7.3 联立方程模型的估计方法

7.3.1 估计方法概述

联立方程模型的参数估计是一个相当复杂的问题，因为存在多种不同的估计方法，而且每种方法的适用范围、计算量和所给出的估计量的统计性质又不尽相同，所以处理具体问题时必须根据研究目的进行适当选择。

联立方程模型的估计方法一般分为单方程估计法和系统估计法两类。

如果在估计参数时将模型中的每一个方程单独进行处理而不考虑其余方程的存在对所估计方程的约束，这种方法就称为单方程估计法。单方程估计法也称**有限信息估计法**，因为这种方法没有考虑对所估计方程具有约束的其余方程的有关信息。单方程估计法包括以下五种方法：

(1) 普通最小平方法（OLS 法）

一般地，把 OLS 法直接用于联立方程模型得出的估计量不仅在小样本情况下有偏，甚至在大样本情况下也是有偏的。这在 7.1.2 节已经做过证明。所以一般来说，OLS 法只适用于递归模型。在递归模型中，由于属于不同方程的同期随机扰动项互不相关，每个方程中的内生解释变量与随机扰动项也不相关，所以可直接使用 OLS 法逐一地对每个方程进行估计。

但是对此说法也有不同意见，即对于结构模型来说，OLS 法未必不适用，其理由是：

1）虽然 OLS 估计量有偏，但在小样本情况下用其他方法估计的参数同样是有偏的。此外，同其他估计量相比，OLS 估计量的方差最小，因此在小样本情况下，OLS 估计量的均方误差也是最小的。这一看法已经为蒙特卡罗的研究所证实。

2）蒙特卡罗还表明，同其他估计量相比，OLS 估计量的统计性质对于多重共线性和定型错误等常见的估计问题较不敏感，在小样本情况下尤其如此。

3）在很多情形下，用 OLS 法估计的模型同用其他方法估计的同一模型相比，前者所给出的预测结果并不比后者差。

(2) 间接最小平方法（ILS 法）

ILS（indirect least squares）法是通过对约化模型使用 OLS 法以便利用约化参数确定结构参数的一种方法。这一方法一般只适用于可恰好识别的方程和模型，而不适用于过度识别的模型。

即使是对于可恰好识别的模型而言，ILS 法实际上也并非最佳估计方法。因为即使约化模型中每一个方程所含的随机扰动项都满足经典回归的基本假定，结构参数的 ILS 估计量也仍然是有偏的。这是因为约化参数的 OLS 估计量虽然是无偏的，但由于结构参数与约化参数之间的关系是非线性的，所以由这种非线性关系得出的结构参数估计量将仍然是有偏的。所以，用 ILS 法得出的结构参数估计量只是一致估计量。也就是说，在大样本情况下，结构参数的 ILS 估计量将优于 OLS 估计量，但是在小样本情况下这一优越性并不明显。

(3) 工具变量法（IV 法）

IV（instrumental variables）法在联立方程模型的估计中有重要应用，我们将它专门作为一个小节来讨论。

(4) 二阶段最小平方法（2SLS 法）

2SLS（two-stage least squares）法实际上是 IV 法的一种特殊情形，我们也将把它与 IV 法一起讨论。

(5) 有限信息最大似然法（LI/ML 法）

2SLS 法的一个主要缺点就是估计量同正规化方式或被解释变量的选择有关，估计结果因每一方程中被解释变量的选择不同而异。而 LI/ML（limit information/maximum likelihood）法则恰恰可以克服这一缺陷。LI/ML 法同 2SLS 法相比，一个显著的优点就是估计量对正规化方式的选择具有不变性。换言之，即在被估计方程中，不管选取哪一个内生变量作解释变量，LI/ML 估计量都一样。

遗憾的是，LI/ML 法的这一优点被这一方法的两个缺点所掩盖：1）这一方法的计算量比 2SLS 法大，因而计算费用较高；2）这一方法得出的估计量对多重共线性的敏感程度要比 2SLS 估计量高，因而极不稳定。正因如此，这一方法虽然在历史上曾起过重要作用（20 世纪 50 年代的许多重要模型都是用这一方法估计的），但目前已经很少使用。

以上方法都是单方程法。

如果在估计参数时对模型中的所有方程同时进行估计，这种估计方法就称为**系统估计法**。由于这类方法考虑了与各方程之间的相互联系有关的全部信息，所以这类方法也称作**完全信息估计法**。系统估计法主要包括两种方法：1）三阶段最小平方法（3SLS 法）；2）完全信息最大似然法（FI/ML 法）。由于多方面原因，系统估计法使用得并不广泛，本书之后将主要对 3SLS 法进行简单介绍。

7.3.2 工具变量法

IV 法的基本思路是，当某个解释变量与随机扰动项相关，不能应用 OLS 法时，可引入一个与此解释变量强相关而与相应的随机扰动项不相关的前定变量作为工具，以便达到消除该解释变量与随机扰动项之间相关关系的目的。由于将 OLS 法应用于结构方程模型时产生估计偏倚的根源，正是某些解释变量与随机扰动项相关，即 $E(UX)\neq 0$，所以这种估计问题正好可以通过引入适当的工具变量来解决。不过对于联立方程模型而言，其中的每一个内生解释变量都需要单独地引进一个相应的工具变量。

IV 估计量不具备无偏性，但具备一致性，证明如下：

设有如下单方程模型：

$$Y_i=\alpha+\beta X_i+u_i$$

其中：

$$E(u_i)=0 \quad E(X_i u_i)\neq 0$$

于是可得到由样本观测值表示的第一个正规方程式为：

$$\sum Y_i = n\hat{\alpha}+\hat{\beta}\sum X_i$$

但由于 $E(X_i u_i)\neq 0$ 即 $\sum X_i u_i \neq 0$，所以就不能由方程两端乘以 X_i 后加总获得第二个正规方程。为克服这一困难，我们设想用工具变量 Z_i 代替 X_i，Z_i 与 X_i 强相关而与 u_i 不相关，于是用 Z_i 乘以方程式两端加总得到：

$$\sum Z_i Y_i = \hat{\alpha}\sum Z_i+\hat{\beta}\sum Z_i X_i$$

代入 $\hat{\alpha}=\bar{Y}-\hat{\beta}\bar{X}$ 后，再代入 $\sum Z_i = n\bar{Z}$，可求得

$$\begin{cases}\hat{\beta}=\dfrac{\sum zy}{\sum zx}\\ \hat{\alpha}=\bar{Y}-\hat{\beta}\bar{X}\end{cases}$$

由 $\hat{\beta}=\dfrac{\sum zy}{\sum zx}$ 不难得到：

$$\hat{\beta}=\beta+\frac{\sum Z_i u_i}{\sum zx} \quad 即 \quad E(\hat{\beta})=\beta+E\left(\frac{\sum Z_i u_i}{\sum zx}\right)$$

由于在 $E\left(\dfrac{\sum Z_i u_i}{\sum zx}\right)$ 中，$\sum zx$ 不是非随机变量，所以不能单独对分子求期望，即第二项 $E\left(\dfrac{\sum Z_i u_i}{\sum zx}\right)$ 不等于 0，所以 $\hat{\beta}$ 不是无偏估计量。但是由于：

$$\text{Plim}E(\hat{\beta})=\beta+\frac{\text{Plim}\left[\sum E(Z_i u_i/n)\right]}{\text{Plim}(\sum zx/n)}=\beta+\frac{\text{Cov}(Z_i,\ u_i)}{\text{Cov}(Z_i,\ X_i)}=\beta$$

所以，$\hat{\beta}$ 是 β 的一致估计量。

把 IV 法用于联立方程模型，不仅要求经典回归的基本假定都满足，而且要假定存在恰当的工具变量。

IV 法最重要的问题是如何寻找恰当的工具变量。合适的**工具变量必备的条件**包括：一是必须同方程所考虑的内生解释变量强相关；二是必须同该方程中的随机扰动项不相关。按照这两个条件，显然单方程模型中的 OLS 估计量实际也是一种 IV 估计量，它所用的工具变量就是方程中的解释变量 X，由于 X 与自身完全相关，而且与 U 不相关，所以完全符合作为工具变量的条件。

由此看来，在联立方程模型中利用某一方程剩余的前定变量作为内生解释变量的工具变量以求得参数的一致估计量也就是十分自然的想法，因为模型中的所有前定变量都正好具备工具变量的两个条件。问题是，在联立方程模型中内生解释变量一般不止一个，每个内生解释变量都需要一个前定变量作工具变量，那么会不会出现前定变量不够用的情况？一般地，只要方程是可以识别的，就保证了有足够的前定变量可用来作为内生解释变量的工具变量使用。我们知道，阶条件的另一种完全等价的表述是：被识别方程剩余的前定变量数必须大于等于该方程的内生变量数减 1（参见（7—7）式，被作为被解释变量的内生变量无需工具变量）。所以，方程的可识别性是应用 IV 法的基本前提。

我们已经知道，可识别包括两种情况，即恰好识别和过度识别。在恰好识别的情况下，所需的工具变量数与能够提供的变量数相等，选择不成问题。在过度识别的情况下，能够提供的工具变量数大于需要的工具变量数，因此就有一个如何选择的问题。因为在用不同的前定变量作工具变量时，系数的估计值将是不同的。所以在方程过度识别的情况下，IV 法不适用。在模型过度识别的情况下，2SLS 法是一种常用的估计方法。

然而，即使是在恰好识别的情况下，当模型中的某一方程有多个剩余的前定变量时，要从中选择一个最合适的前定变量作为工具变量也相当困难，因为：1）这里有多种可能情况；2）作为工具变量除满足两个方面的一般条件外，尚要求它必须与方程中的其他前定变量无关或相关性很小，如果在一个结构方程中引入了两个以上的工具变量，则它们之间也必须互相独立，以避免多重共线性；3）每个结构方程中的随机扰动项都是不能观测的，因此事实上很难断定它是否与某个拟选为工具变量的前定变量相互独立。正因如此，IV 法在联立方程模型的估计中实际上并不常用。我们之所以说它重要，是因为它是理解其他重要方法如 2SLS 法的基础。

7.3.3 二阶段最小平方法

（1）2SLS 法的基本思路

2SLS 法的实质是一种存在多个剩余前定变量条件下的 IV 法。设有如下模型：

$$\begin{cases} Y_1 = b_{10} + b_{11}Y_2 + a_{11}x_1 + a_{12}x_2 + u_1 \\ Y_2 = b_{20} + b_{21}Y_1 + a_{21}x_3 + a_{22}x_4 + u_2 \end{cases}$$

其中，Y 代表内生变量，x 代表前定变量。利用阶条件不难看出，两个方程均属于过度识别。按照 IV 法，该模型中的每一个前定变量都与随机扰动项不相关，因而均可作为任一内生解释变量的工具变量。然而，对于每一个方程来说，都有两个剩余的前定变量供选择。所以存在的问题是，就某一特定的内生解释变量而言，究竟选哪一个前定变量作工具变量最恰当，这里并没有一个可遵循的准则。也就是说，我们需要解决如何利用模型中的前定变量来构造内生解释变量的唯一和最佳工具变量的问题。

对于这一问题，2SLS法是采用这样一种思路解决的：首先，选取模型中所有前定变量的线性组合作为工具变量的最普遍形式，以克服究竟选择哪一个前定变量作工具变量的困难。这种形式的工具变量，在**把线性组合中的参数作为常数**的情况下，满足工具变量的第一条件，即与随机扰动项独立。因为所有的前定变量均与随机扰动项不相关，因而它们的线性组合亦必与随机扰动项不相关。其次，将模型中的每一个内生解释变量分别对所有的前定变量的线性组合进行回归，以这些内生解释变量的回归估计量（即利用回归方程得到的理论估计值）分别作为各自的工具变量。显然，在前定变量的所有可能的线性组合中，只有这种回归估计量与它们所代表的内生解释变量之间的相关性最强。

按照这一思路，对上述模型使用IV法，通常分为以下两个阶段：

第一阶段：先将模型中的内生解释变量分别写成所有前定变量的线性组合并加上随机扰动项，这相当于把模型写成如下的约化形式：

$$\begin{cases}Y_1=\pi_{10}+\pi_{11}x_1+\pi_{12}x_2+\pi_{13}x_3+\pi_{14}x_4+V_1\\Y_2=\pi_{20}+\pi_{21}x_1+\pi_{22}x_2+\pi_{23}x_3+\pi_{24}x_4+V_2\end{cases}$$

然后对每一个方程分别应用OLS法，得出 Y_1 和 Y_2 的回归估计量：

$$\begin{cases}\hat{Y}_1=\hat{\pi}_{10}+\hat{\pi}_{11}x_1+\hat{\pi}_{12}x_2+\hat{\pi}_{13}x_3+\hat{\pi}_{14}x_4\\\hat{Y}_2=\hat{\pi}_{20}+\hat{\pi}_{21}x_1+\hat{\pi}_{22}x_2+\hat{\pi}_{23}x_3+\hat{\pi}_{24}x_4\end{cases}$$

在这里，并不需要像ILS法那样先求出约化参数与结构参数之间的关系。

第二阶段：用内生解释变量的回归估计量分别作为原相应内生解释变量的工具变量，再用IV法估计结构参数。这时，原模型变为：

$$\begin{cases}Y_1=b_{10}+b_{11}\hat{Y}_2+a_{11}x_1+a_{12}x_2+u_1^*\\Y_2=b_{20}+b_{21}\hat{Y}_1+a_{22}x_3+a_{22}x_4+u_2^*\end{cases}$$

对该模型中的每一个方程分别应用OLS法，便可得出所有结构参数的估计值。

不难看出，2SLS法对恰好识别和过度识别的方程都适用，而且即使方程是过度识别的，所得出的结构参数估计量也是唯一的。

(2) 当方程恰好识别时2SLS法与ILS法的比较

当方程恰好识别时，同一结构参数的2SLS估计量与ILS估计量完全相同，因而在这种情况下两种估计方法彼此等价。我们先从数学形式上进行比较，设有如下模型：

$$\begin{cases}D_t=\alpha_0+\alpha_1P_t+\alpha_2Y_t+u_1\\S_t=\beta_0+\beta_1P_t+\beta_2W_t+u_2\\D_t=S_t=Q_t\end{cases}$$

其中，Y_t 为收入，W_t 为气候指数（如大部分农产品的供应都与气候指数有关），该模型的两个方程都恰好识别。

第一阶段：写出约化形式如下：

$$\begin{cases}P=\pi_{10}+\pi_{11}Y+\pi_{12}W+V_1\\Q=\pi_{20}+\pi_{21}Y+\pi_{22}W+V_2\end{cases}$$

对两个约化方程使用OLS法，得到：

$$\begin{cases}\hat{P}=\hat{\pi}_{10}+\hat{\pi}_{11}Y+\hat{\pi}_{12}W\\\hat{Q}=\hat{\pi}_{20}+\hat{\pi}_{21}Y+\hat{\pi}_{22}W\end{cases}$$

第二阶段：按照 2SLS 法，将 $\hat{P}$ 代入原模型后得到：

$$\begin{cases}Q(D)=\alpha_0+\alpha_1\hat{P}+\alpha_2 Y+u_1^*\\ Q(S)=\beta_0+\beta_1\hat{P}+\beta_2 W+u_2^*\end{cases}$$

再次对每一方程使用 OLS 法，得到：

$$\begin{cases}\hat{Q}(D)=\hat{\alpha}_0+\hat{\alpha}_1\hat{P}+\hat{\alpha}_2 Y\\ \hat{Q}(S)=\hat{\beta}_0+\hat{\beta}_1\hat{P}+\hat{\beta}_2 W\end{cases}$$

而按照 ILS 法，在求出约化参数的估计值以后，按照如下的参数关系体系确定结构参数：

$$\begin{cases}\hat{\pi}_{10}=\dfrac{\alpha_0-\beta_0}{\beta_1-\alpha_1} \quad \hat{\pi}_{11}=\dfrac{\alpha_2}{\beta_1-\alpha_1} \quad \hat{\pi}_{12}=\dfrac{-\beta_2}{\beta_1-\beta_2}\\ \hat{\pi}_{20}=\dfrac{\alpha_0\beta_0-\beta_0\alpha_1}{\beta_1-\alpha_1} \quad \hat{\pi}_{21}=\dfrac{\beta_1\alpha_2}{\beta_1-\alpha_1} \quad \hat{\pi}_{22}=\dfrac{-\beta_2\alpha_1}{\beta_1-\alpha_1}\end{cases}$$

现在把 $\hat{P}$ 的估计式直接代入原模型方程一，有：

$$\begin{aligned}Q(D)&=\alpha_0+\alpha_1(\hat{\pi}_{10}+\hat{\pi}_{11}Y+\hat{\pi}_{12}W)+\alpha_2 Y+u_1^*\\ &=(\alpha_0+\alpha_1\hat{\pi}_{10})+(\alpha_1\hat{\pi}_{11}+\alpha_2)Y+\alpha_1\hat{\pi}_{12}W+u_1^*\end{aligned}$$

将此方程与约化模型的估计式进行比较，显然有：

$$\hat{\pi}_{20}=\alpha_0+\alpha_1\hat{\pi}_{10} \quad \hat{\pi}_{21}=\alpha_1\hat{\pi}_{11}+\alpha_2 \quad \hat{\pi}_{22}=\alpha_1\hat{\pi}_{12}$$

这三个关系式利用参数关系体系是不难证明的。在参数关系体系中，已知：

$$\begin{aligned}\hat{\pi}_{20}&=\frac{\alpha_0\beta_1-\beta_0\alpha_1}{\beta_1-\alpha_1} \quad \text{（在分子中加减一个 }\alpha_0\alpha_1\text{）}\\ &=\frac{\alpha_0(\beta_1-\alpha_1)+\alpha_1(\alpha_0-\beta_0)}{\beta_1-\alpha_1}\\ &=\alpha_0+\hat{\pi}_{10}\alpha_1\end{aligned}$$

$$\begin{aligned}\hat{\pi}_{21}&=\frac{\beta_1\alpha_2}{\beta_1-\alpha_1} \quad \text{（在分子中加减一个 }\alpha_1\alpha_2\text{）}\\ &=\frac{\alpha_2(\beta_1-\alpha_1)+\alpha_1\alpha_2}{\beta_1-\alpha_1}\\ &=\alpha_2+\hat{\pi}_{11}\alpha_1\end{aligned}$$

$$\hat{\pi}_{22}=\frac{-\beta_2\alpha_1}{\beta_1-\alpha_1}=\hat{\pi}_{12}\alpha_1$$

同理可证得 $Q(S)$ 函数中 β 估计量的等价性。所以，在模型恰好识别的情况下，2SLS 法与 ILS 法是等价的。

下面我们通过一个实例来看一看这两种方法的等价性，有关资料如表 7－1 所示。

表 7－1　2SLS 法和 ILS 法应用实例

t	1	2	3	4	5	6	7	8	9	10
Q_t	11	16	11	14	13	17	14	15	12	18
P_t	20	18	12	21	27	26	25	27	30	28
Y_t	8.1	8.4	8.5	8.5	8.8	9.0	8.9	9.4	9.5	9.9
W_t	42	58	35	46	41	56	48	50	39	52
$\hat{P}_t$	19.991	19.385	23.677	21.933	24.658	23.568	24.132	27.096	29.485	29.999

如使用 ILS 法，得到的约化模型为：

$$\begin{cases}\hat{P}_t=-25.255\,3+6.441\,6Y_t-0.158\,6W_t \quad R^2=0.841\,6\\ \qquad\qquad\qquad (1.068\,1) \quad (0.080\,0)\\ \hat{Q}_t=-12.304\,7+1.572\,9Y_t+0.265\,7W_t\\ \qquad\qquad\qquad (0.478\,0) \quad (0.035\,8)\end{cases}$$

由参数关系体系获得的结构方程估计式为：

$$\begin{cases}D_t=-55.067\,2-1.675\,3P_t+12.364\,6Y_t\\ S_t=-6.071\,4+0.244\,2P_t+0.304\,4W_t\end{cases}$$

而采用 2SLS 法，则是将 $\hat{P}_t$ 的值代入原模型得到：

$$\begin{cases}Q_t=\alpha_0+\alpha_1\hat{P}_t+\alpha_2Y_t+u_1^*\\ Q_t=\beta_0+\beta_1\hat{P}_t+\beta_2W_t+u_1^*\end{cases}$$

$\hat{P}_t$ 的各期值如表 7-1 中底行所列。再次使用 OLS 法即得：

$$\begin{cases}D_t=-54.941\,8-1.670\,7\hat{P}_t+12.336\,4Y_t \quad R^2=0.915\,2\\ \qquad\qquad\qquad (0.228\,0) \quad (1.460\,4)\\ S_t=-6.078\,3+0.244\,4\hat{P}_t+0.304\,4W_t \quad R^2=0.917\,2\\ \qquad\qquad\qquad (0.074\,1) \quad (0.035\,5)\end{cases}$$

结果基本上是相同的，其中误差主要是舍入误差。

如果对结构模型直接使用 OLS 法，则得到的结果是：

$$\begin{cases}D_t=-25.081\,6-0.658\,9P_t+6.208\,9Y_t \quad R^2=0.545\,1\\ \qquad\qquad\qquad (0.316\,9) \quad (2.212\,2)\\ S_t=4.584\,0+0.190\,5P_t+0.300\,6W_t \quad R^2=0.881\,7\\ \qquad\qquad\qquad (0.081\,1) \quad (0.042\,4)\end{cases}$$

显然直接使用 OLS 法所得结果与 2SLS 法有重大差别。当然，由于样本很小，还不能说明 2SLS 法明显优于 OLS 法。

(3) 2SLS 法的一些突出优点

2SLS 法是 IV 法的一种特殊情形，所以 2SLS 估计量必是有偏而一致的估计量。与其他方法相比，它具有如下主要优点：

1) 使用方便。不管模型有多大，使用这种方法都可以对其中的方程逐一进行估计而不必顾及整个系统。此外，在完成第一阶段的估计时并不需要建立结构参数和约化参数间的关系，一般只需知道模型中有哪些前定变量即可。

2) 适用性较广。2SLS 法对正确识别和过度识别的模型都适用，用于前者时与 ILS 法所得结果相同，用于后者时能对每个结构参数给出唯一的估计值，因而优于 ILS 法。

3) 估计量具有较优良的性质。蒙特卡罗研究表明，2SLS 估计量不仅其小样本性质优于其他估计量，而且对于诸如多重共线性和模型的定型偏倚等估计中经常遇到的问题不敏感。

4) 计算量较小。同其他估计量相比，2SLS 法的计算量较小，因而相对来说计算费用也较低。

由于存在上述优点，2SLS 法已被广泛使用，成为估计联立方程模型的一个重要方法。

7.3.4 三阶段最小平方法

3SLS 法是一种系统估计法。提出系统估计法的目的主要是要克服单方程估计法的一些缺点。单方程估计法的主要缺点是所给出的估计量虽然具有一致性（OLS 估计量除外），但都不具备渐近有效性（即一致估计量所具有的较小渐近方差性）。解决这一问题的办法就是充分利用模型系统信息，即采用系统估计法。

三阶段最小平方法的实质是在 2SLS 法的基础上，第三阶段再运用广义最小平方法进行估计，以改进估计量的有效性。广义最小平方法（generalized least squares，GLS 法）即不对原模型直接应用最小平方法，先对模型进行变换，然后再应用 OLS 法。这一方法我们在 4.3.3 节实际上已经使用过，并且，在 6.4 节中还专门讨论过这一方法。不过，那里的目的主要是消除单方程模型中的异方差问题。为方便应用，这里简要回顾如下：

（1）参数的广义最小平方估计

设有如下多元单方程模型：

$$\boldsymbol{Y}=\boldsymbol{XB}+\boldsymbol{U} \tag{7—10}$$

也就是：

$$\begin{pmatrix}Y_1\\Y_2\\\vdots\\Y_n\end{pmatrix}=\begin{pmatrix}1 & x_{11} & x_{21} & \cdots & x_{k1}\\1 & x_{12} & x_{22} & \cdots & x_{k2}\\\vdots & \vdots & \vdots & & \vdots\\1 & x_{1n} & x_{2n} & \cdots & x_{kn}\end{pmatrix}\begin{pmatrix}b_0\\b_1\\\vdots\\b_k\end{pmatrix}+\begin{pmatrix}u_1\\u_2\\\vdots\\u_n\end{pmatrix}$$

其中，n 为样本容量，k 是解释变量数目。假定随机扰动项无自相关而有异方差，即：

$$E(u_i^2)=\sigma_{u_i}^2 \quad E(u_iu_j)=0 \quad (i\neq j)$$

这时 $\boldsymbol{U}$ 的协方差矩阵具有对角形式：

$$\mathrm{E}(\boldsymbol{UU}')=\begin{pmatrix}\sigma_{u_1}^2 & 0 & \cdots & 0\\0 & \sigma_{u_2}^2 & \cdots & 0\\\vdots & \vdots & & \vdots\\0 & 0 & \cdots & \sigma_{u_n}^2\end{pmatrix}=\boldsymbol{\Phi}$$

显然，$\boldsymbol{\Phi}$ 是一个对称方阵。因此，必存在一个 $n\times n$ 阶的非奇异矩阵（即行列式不等于零的矩阵）$\boldsymbol{P}$，使得：

$$\boldsymbol{P\Phi P}'=\boldsymbol{I}_{\mathrm{n}} \qquad \boldsymbol{P}'\boldsymbol{P}=\boldsymbol{\Phi}^{-1}$$

其中 $\boldsymbol{P}'$ 是 $\boldsymbol{P}$ 的转置阵，$\boldsymbol{I}_n$ 是 n 阶单位阵，$\boldsymbol{\Phi}^{-1}$ 是 $\boldsymbol{\Phi}$ 的逆矩阵。

不难看出：

$$\boldsymbol{P}=\begin{pmatrix}\sigma_{u_1}^{-1} & 0 & \cdots & 0\\0 & \sigma_{u_2}^{-1} & \cdots & 0\\\vdots & \vdots & & \vdots\\0 & 0 & \cdots & \sigma_{u_n}^{-1}\end{pmatrix}$$

为了获得 $\boldsymbol{B}$ 的最佳线性无偏估计量，用矩阵 $\boldsymbol{P}$ 对模型进行变换，得到：

$$\boldsymbol{PY}=\boldsymbol{PXB}+\boldsymbol{PU} \quad 或 \quad \boldsymbol{Y}^*=\boldsymbol{X}^*\boldsymbol{B}+\boldsymbol{U}^*$$

显然，这时有：

$$E(\boldsymbol{U}^*\boldsymbol{U}^{*\prime})=E(\boldsymbol{PUU'P'})=\boldsymbol{P}E(\boldsymbol{UU'})\boldsymbol{P'}=\boldsymbol{P\Phi P'}=\boldsymbol{I}_n$$

（注意矩阵公式：$(\boldsymbol{AB})'=\boldsymbol{B'A'}$。）即变换的模型已无异方差。

这时参数估计值向量为：

$$\hat{\boldsymbol{B}}=(\boldsymbol{X}^{*\prime}\boldsymbol{X}^*)^{-1}\boldsymbol{X}^{*\prime}\boldsymbol{Y}^*=(\boldsymbol{X}'\boldsymbol{\Phi}^{-1}\boldsymbol{X})^{-1}\boldsymbol{X}'\boldsymbol{\Phi}^{-1}\boldsymbol{Y} \tag{7—11}$$

（注意对于原模型：$\hat{\boldsymbol{B}}=(\boldsymbol{X'X})^{-1}\boldsymbol{X'Y}$。）

根据（7—11）式，很显然使用GLS法的关键是要求出随机扰动项的方差—协方差矩阵$\boldsymbol{\Phi}$。在实际应用中，这一矩阵可通过样本残差获得。

（2）2SLS法的正规化

设联立方程模型中第i个方程样本观察值的标准化矩阵式为：

$$\underset{n\times 1}{\boldsymbol{Y}_j}=\underset{n\times(m-1)\ \ n\times k}{(\boldsymbol{Y}\quad \boldsymbol{X})}\ \underset{(h-1)\times 1}{\begin{pmatrix}\boldsymbol{B}\\ \boldsymbol{A}\end{pmatrix}}+\underset{n\times 1}{\boldsymbol{U}_i} \tag{7—12}$$

其中，n是样本容量，m是模型中的内生变量数，规定$i=1, 2, \cdots, n$；$j=1, 2, \cdots, m$。k是模型中的前定变量数（注意，矩阵X对于所有的方程是相同的），h是模型中的变量总数$h=m+k$。对该式使用2SLS法的过程如下：

第一阶段：先把（7—12）式中的一个内生解释变量写成相应的约化模型：

$$\underset{n\times 1}{\boldsymbol{Y}_j}=\underset{n\times k}{\boldsymbol{X}}\ \underset{k\times 1}{\boldsymbol{\pi}_i}+\underset{n\times 1}{\boldsymbol{V}_i}$$

对该式应用OLS法，得到

$$\hat{\boldsymbol{\pi}}_i=(\boldsymbol{X'X})^{-1}\boldsymbol{X'Y}_j$$

$$\hat{\boldsymbol{Y}}_j=\boldsymbol{X}\hat{\boldsymbol{\pi}}_i=\boldsymbol{X}(\boldsymbol{X'X})^{-1}\boldsymbol{X'Y}_j$$

第二阶段：用$\hat{\boldsymbol{Y}}_j$代替（7—12）式右端相应的$\boldsymbol{Y}$，再用OLS法完成$\boldsymbol{Y}_j$对$\hat{\boldsymbol{Y}}_j$和$\boldsymbol{X}$的回归，便得到方程（7—12）中$\boldsymbol{B}$和$\boldsymbol{A}$的2SLS估计量：

$$\begin{pmatrix}\hat{\boldsymbol{B}}\\ \hat{\boldsymbol{A}}\end{pmatrix}=[(\hat{\boldsymbol{Y}}\quad \boldsymbol{X})'(\hat{\boldsymbol{Y}}\quad \boldsymbol{X})]^{-1}(\hat{\boldsymbol{Y}}\quad \boldsymbol{X})'\boldsymbol{Y}_j$$

$$=\begin{pmatrix}\hat{\boldsymbol{Y}}'\hat{\boldsymbol{Y}} & \hat{\boldsymbol{Y}}'\boldsymbol{X}\\ \boldsymbol{X}'\hat{\boldsymbol{Y}} & \boldsymbol{X'X}\end{pmatrix}^{-1}\begin{pmatrix}\hat{\boldsymbol{Y}}'\boldsymbol{Y}_i\\ \boldsymbol{X'Y}_j\end{pmatrix}$$

令$\hat{\boldsymbol{V}}_j$代表第一阶段的残差，则：

$$\hat{\boldsymbol{V}}_j=\boldsymbol{Y}_j-\hat{\boldsymbol{Y}}_j$$

由于$\hat{\boldsymbol{V}}_j$与模型中的所有前定变量$\boldsymbol{X}$不相关，当然也与第i个方程中的前定变量X和由此获得的$\hat{\boldsymbol{Y}}_j$不相关，所以有：

$$\begin{cases}\hat{\boldsymbol{V}}_j'\boldsymbol{X}=\boldsymbol{X}'\hat{\boldsymbol{V}}_j=0\\ \hat{\boldsymbol{V}}_j'\hat{\boldsymbol{Y}}_j=\hat{\boldsymbol{Y}}_j'\hat{\boldsymbol{V}}_j=0\end{cases}$$

于是有：

$$\hat{\boldsymbol{Y}}_j'\hat{\boldsymbol{Y}}_j=(\boldsymbol{Y}_j-\hat{\boldsymbol{V}}_j)'\hat{\boldsymbol{Y}}_j=\boldsymbol{Y}_j'\hat{\boldsymbol{Y}}_j$$

$$\boldsymbol{X}'\hat{\boldsymbol{Y}}_j=\boldsymbol{X}'(\boldsymbol{Y}_j-\hat{\boldsymbol{V}}_j)=\boldsymbol{X}'\boldsymbol{Y}_j$$

$$\hat{\boldsymbol{Y}}_j'\boldsymbol{X}=(\boldsymbol{Y}_j-\hat{\boldsymbol{V}}_j)'\boldsymbol{X}=\boldsymbol{Y}_j'\boldsymbol{X}$$

（注意矩阵公式：$(\boldsymbol{A}+\boldsymbol{B})'=\boldsymbol{A}'+\boldsymbol{B}'$。）

所以第二阶段的结果可表示为：

$$\begin{pmatrix}\hat{\boldsymbol{B}}\\ \hat{\boldsymbol{A}}\end{pmatrix}=\begin{pmatrix}\boldsymbol{Y}'\hat{\boldsymbol{Y}}_j & \boldsymbol{Y}'\boldsymbol{X}\\ \boldsymbol{X}'\boldsymbol{Y} & \boldsymbol{X}'\boldsymbol{X}\end{pmatrix}^{-1}\begin{pmatrix}\hat{\boldsymbol{Y}}'\boldsymbol{Y}_j\\ \boldsymbol{X}'\boldsymbol{Y}_j\end{pmatrix}$$

在 3SLS 估计中进行 2SLS 估计的目的，主要是确定方差—协方差矩阵的估计值，为此设（7—12）式的残差为：

$$\boldsymbol{e}_j=\boldsymbol{Y}_j-\hat{\boldsymbol{Y}}_j$$

其中：

$$\hat{\boldsymbol{Y}}_j=(\hat{\boldsymbol{Y}}\quad \boldsymbol{X})\begin{pmatrix}\hat{\boldsymbol{B}}\\ \hat{\boldsymbol{A}}\end{pmatrix}$$

所以，对于模型中的 M 个方程来说，显然有：

$$\underset{m\times 1\,1\times m}{E(\boldsymbol{e}\boldsymbol{e}')}=\begin{bmatrix}E(\boldsymbol{e}_1\boldsymbol{e}_1{}') & \boldsymbol{0} & \cdots & \boldsymbol{0}\\ \boldsymbol{0} & E(\boldsymbol{e}_2\boldsymbol{e}_2{}') & \cdots & \boldsymbol{0}\\ \vdots & \vdots & & \vdots\\ \boldsymbol{0} & \boldsymbol{0} & \cdots & E(\boldsymbol{e}_m\boldsymbol{e}_m{}')\end{bmatrix}=\hat{\boldsymbol{\Phi}} \tag{7—13}$$

这是一个分块矩阵，其中每一个元素都是一个 $n\times n$ 的方阵。这一矩阵之所以成为对称阵，是因为在联立方程模型中假定不同的随机扰动项同期相关，非同期无关。

（3）GLS 法的应用

把 GLS 法应用于联立方程模型，作为一种系统估计法，要同时对 n 个方程估计参数，显然仍然有一个问题需要解决，即如何实现由单方程方法向联立模型方法的过渡，因为我们已知的 GLS 法参数估计公式是在单方程模型条件下获得的。3SLS 法是通过把 m 个方程合并成一个大方程的办法完成这一过渡的。这一合并过程可通过一个简单的**表观独立方程模型**（即一方面每一方程都没有内生解释变量，另一方面不同方程的随机扰动项又彼此相关的联立方程模型）演示如下。设有如下模型：

$$\begin{cases}Y_{1t}=\alpha_0+a_1X_{1t}+U_{1t}\\ Y_{2t}=\beta_0+\beta_1X_{2t}+U_{2t}\end{cases} \tag{7—14}$$

其中，U_{1t} 和 U_{2t} 同期相关。该模型的离差形式为：

$$\begin{cases}y_{1t}=a_1x_{1t}+u_{1t}\\ y_{2t}=\beta_1x_{2t}+u_{2t}\end{cases}$$

由于该模型的随机扰动项同期相关，即 $E(u_{1t}u_{2t})\neq 0$，所以不能直接应用 OLS 法。可对模型做如下变换，令：

$$y_t^*=\begin{cases}y_{1t}\ （当\ t=1,\ 2,\ \cdots,\ n\ 时）\\ y_{2t}\ （当\ t=n+1,\ \cdots,\ 2n\ 时）\end{cases}$$

$$x_{1t}^*=\begin{cases}x_{1t}\ （当\ t=1,\ 2,\ \cdots,\ n\ 时）\\ 0\ （当\ t=n+1,\ \cdots,\ 2n\ 时）\end{cases}$$

$$x_{2t}^*=\begin{cases}0\ （当\ t=1,\ 2,\ \cdots,\ n\ 时）\\ x_{2t}\ （当\ t=n+1,\ \cdots,\ 2n\ 时）\end{cases}$$

$$u_t^*=\begin{cases}u_{1t}\ （当\ t=1,\ 2,\ \cdots,\ n\ 时）\\ u_{2t}\ （当\ t=n+1,\ \cdots,\ 2n\ 时）\end{cases}$$

这时模型（7—14）的离差形式可以写成：

$$y_t^* = \alpha_1 x_{1t}^* + \beta_1 x_{2t}^* + u_t^*$$

这个方程也可以用如下的矩阵形式表示：

$$\boldsymbol{Y} = \boldsymbol{XB} + \boldsymbol{U}$$

或者：

$$\begin{pmatrix} \boldsymbol{y}_1 \\ \boldsymbol{y}_2 \end{pmatrix} = \begin{pmatrix} \boldsymbol{x}_1 & \boldsymbol{0} \\ \boldsymbol{0} & \boldsymbol{x}_2 \end{pmatrix} \begin{pmatrix} \boldsymbol{\alpha}_1 \\ \boldsymbol{\beta}_1 \end{pmatrix} + \begin{pmatrix} \boldsymbol{u}_1 \\ \boldsymbol{u}_2 \end{pmatrix}$$

其中，$\boldsymbol{y}_i$，$\boldsymbol{x}_i$ 和 $\boldsymbol{u}_i(i=1，2)$ 均为 $n \times 1$ 阶向量。

这种变换是容易理解的，这就相当于 $\boldsymbol{Y}_1$ 和 $\boldsymbol{X}_1$ 抽取时期 n 以前（包括 n 期）一个样本容量为 n 的样本，而 Y_2 和 X_2 则抽取时期 n 以后（不包括 n 期）一个样本容量为 n 的样本。

对于合并后的方程来说，随机扰动项 u_t^* 不仅同期相关（异方差），而且也非同期相关（自相关），所以其参数的估计只能采用 GLS 法进行，为此先写出其方差—协方差矩阵如下：

$$\boldsymbol{\Phi} = E(\boldsymbol{UU}') = \begin{pmatrix} E(\boldsymbol{u}_1\boldsymbol{u}_1') & E(\boldsymbol{u}_1\boldsymbol{u}_2') \\ E(\boldsymbol{u}_2\boldsymbol{u}_1') & E(\boldsymbol{u}_2\boldsymbol{u}_2') \end{pmatrix}$$

这是一个分块矩阵，其中

$$\boldsymbol{u}_i\boldsymbol{u}_j{}' = \begin{bmatrix} u_{i1} \\ u_{i2} \\ \vdots \\ u_{in} \end{bmatrix} (u_{j1} \quad u_{j2} \quad \cdots \quad u_{jn}) \quad (i，j=1，2)$$

上述过程同样可以用于有 m 个方程的联立方程模型，这时我们可以将标准化矩阵式（7—12）写成：

$$\underset{n\times 1}{\boldsymbol{Y}_i} = \underset{n\times(h-1)}{\boldsymbol{Z}_i} \underset{(h-1)\times 1}{\boldsymbol{C}_i} + \underset{n\times 1}{\boldsymbol{U}_i}$$

其中：

$$\boldsymbol{Z}_i = (\boldsymbol{Y}_{ij} \quad \boldsymbol{X}) \quad \boldsymbol{C}_i = \begin{pmatrix} \boldsymbol{B}_i \\ \boldsymbol{A}_i \end{pmatrix}$$

为了得到 $\boldsymbol{C}_i$ 的渐近有效估计量，必须先用模型中的所有前定变量的观察值矩阵 $\boldsymbol{X}'$（一个 $k \times n$ 阶矩阵）对上式进行变换，得到：

$$\boldsymbol{X}'\boldsymbol{Y}_i = \boldsymbol{X}'\boldsymbol{Z}_i\boldsymbol{C}_i + \boldsymbol{X}'\boldsymbol{U}_i$$

之所以这样做，是因为所有的 $\boldsymbol{X}$ 与 $\boldsymbol{U}$ 无关。这样把所有的方程合并，就得到：

$$\begin{bmatrix} \boldsymbol{X}'\boldsymbol{Y}_1 \\ \boldsymbol{X}'\boldsymbol{Y}_2 \\ \vdots \\ \boldsymbol{X}'\boldsymbol{Y}_m \end{bmatrix} = \begin{bmatrix} \boldsymbol{X}'\boldsymbol{Z}_1 & \boldsymbol{0} & \cdots & \boldsymbol{0} \\ \boldsymbol{0} & \boldsymbol{X}'\boldsymbol{Z}_2 & \cdots & \boldsymbol{0} \\ \vdots & \vdots & & \vdots \\ \boldsymbol{0} & \boldsymbol{0} & \cdots & \boldsymbol{X}'\boldsymbol{Z}_m \end{bmatrix} \begin{bmatrix} \boldsymbol{C}_1 \\ \boldsymbol{C}_2 \\ \vdots \\ \boldsymbol{C}_m \end{bmatrix} + \begin{bmatrix} \boldsymbol{X}'\boldsymbol{U}_1 \\ \boldsymbol{X}'\boldsymbol{U}_2 \\ \vdots \\ \boldsymbol{X}'\boldsymbol{U}_m \end{bmatrix}$$

或者：

$$\boldsymbol{Y}^* = \boldsymbol{Z}^*\boldsymbol{C}^* + \boldsymbol{V}^* \tag{7—15}$$

于是，应用 GLS 法可得到：

$$\hat{\boldsymbol{C}}^* = (\boldsymbol{Z}^*{}'\boldsymbol{\Phi}^{-1}\boldsymbol{Z}^*)^{-1}\boldsymbol{Z}^*\boldsymbol{\Phi}^{-1}\boldsymbol{Y}^* \tag{7—16}$$

比较（7—15）式和（7—10）式，（7—16）式是不难理解的。因为（7—15）式与（7—10）式在形式上是没有区别的。而对（7—10）式应用 GLS 法得到的结果是（7—11）式，根据（7—11）式，（7—16）式就应该是理所当然的。只不过（7—16）式中的方差—协方差矩阵 $\boldsymbol{\Phi}$ 应该是（7—13）式中的 $\hat{\boldsymbol{\Phi}}$，而不是与（7—10）式相对应的方差—协方差矩阵。

本章实验及案例分析

一、实验目的

掌握联立方程计量经济学模型的识别方法，能够使用 EViews 软件选择合适的方法估计相关参数。

二、模型设定

在不考虑进出口的影响时，货币供给、投资支出和政府支出决定国民收入，国民收入决定货币供给量。设定国民收入和货币供给理论模型如下：

国民收入函数：$Y_t=\beta_0+\beta_1M_t+\beta_2I_t+\beta_3C_t+\mu_{1t}$

货币供给函数：$M_t=\alpha_0+\alpha_1Y_t+\alpha_2P_t+\mu_{2t}$

其中，Y_t 为 GDP，M_t 为货币供给量，I_t 为投资，C_t 为居民消费；内生变量为 Y_t 和 M_t，前定变量为 I_t、C_t 和 P_t。可知在联立方程模型中，内生变量个数 $m=2$，前定变量个数 $k=3$。

（1）国民收入函数的识别性

根据秩条件 $Rk(B_0\Gamma_0)=1=m-1$，国民收入函数是可识别的。再根据阶条件，$m_1=2$，$k_1=2$，$m_1+k_1=4=k+1$，该方程恰好识别。

（2）货币供给函数的识别性

根据秩条件 $Rk(B_0\Gamma_0)=1=m-1$，货币供给函数是可识别的。再根据阶条件，$m_2=2$，$k_2=1$，$m_2+k_2=3<k+1$，货币供给函数过度识别。

分析中使用的数据由表 7-2 给出。

表 7-2　　1995—2014 年中国宏观经济相关数据

年份	国内生产总值（元）	居民消费价格指数（1995=100）	居民消费水平（元）	全社会固定资产投资（亿元）	货币和准货币（M2）供给量（亿元）
1995	61 339.9	100	2 330	20 019.3	60 750.5
1996	71 813.6	108.3	2 765	22 913.5	76 094.9
1997	79 715	111.332 4	2 978	24 941.1	90 995.3
1998	85 195.5	110.441 7	3 126	28 406.2	104 498.5
1999	90 564.4	108.895 6	3 346	29 854.7	119 897.9
2000	100 280.1	109.331 1	3 721	32 917.73	134 610.3
2001	110 863.1	110.096 5	3 987	37 213.49	158 301.9
2002	121 717.4	109.215 7	4 301	43 499.91	185 007

续前表

年份	国内生产总值（元）	居民消费价格指数（1995=100）	居民消费水平（元）	全社会固定资产投资（亿元）	货币和准货币（M2）供给量（亿元）
2003	137 422	110.526 3	4 606	55 566.61	221 222.8
2004	161 840.2	114.836 8	5 138	70 477.43	254 107
2005	187 318.9	116.903 9	5 771	88 773.61	298 755.7
2006	219 438.5	118.657 4	6 416	109 998.2	345 577.9
2007	270 232.3	124.353	7 572	137 323.9	403 442.2
2008	319 515.5	131.689 8	8 707	172 828.4	475 166.6
2009	349 081.4	130.768	9 514	224 598.8	610 224.5
2010	413 030.3	135.083 3	10 919	251 683.8	725 851.8
2011	489 300.6	142.377 8	13 134	311 485.1	851 590.9
2012	540 367.4	146.079 6	14 699	374 694.7	974 148.8
2013	595 244.4	149.877 7	16 190	446 294.1	1 106 525
2014	643 974	152.875 3	17 778	512 020.7	1 228 375

三、参数估计

由于国民收入函数为恰好识别，货币供给函数为过度识别，因此可用间接最小平方法（TSLS）估计参数。

方法一：估计国民收入函数，在 EViews 命令窗口输入“tsls y c m I ct @ I ct p”；估计货币供给函数，在 EViews 命令窗口输入“tsls m c y p @ I ct p”。分别得到表 7-3 和表 7-4。

表 7-3　　国民收入函数的 TSLS 回归结果

Dependent Variable：Y
Method：Two-Stage Least Squares
Date：10/09/16　Time：20：06
Sample：1995 2014
Included observations：20
Instrument specification：I CT P
Constant added to instrument list

Variable	Coefficient	Std. Error	t-Statistic	Prob.
C	−131 928.6	89 094.73	−1.480 767	0.158 1
M	−0.899 706	1.016 728	−0.884 903	0.389 3
I	0.382 663	0.739 695	0.517 326	0.612 0
CT	96.060 51	56.646 86	1.695 778	0.109 3

R-squared	0.991 409	Mean dependent var	252 412.7
Adjusted R-squared	0.989 798	S.D. dependent var	190 562.8
S.E. of regression	19 247.52	Sun squared resid	5.93E+09
F-statistic	619.755 8	Durbin-Watson stat	1.239 931
Prob(F-statistic)	0.000 000	Second-Stage SSR	1.17E+09
J-statistic	0.000 000	Instrument rank	4

表 7-4　　货币供给函数的 TSLS 回归结果

Dependent Variable: M
Method: Two-Stage Least Squares
Date: 10/09/16 Time: 20: 07
Sample: 1995 2014
Included observations: 20
Instrument specification: I CT P
Constant added to instrument list

Variable	Coefficient	Std. Error	t-Statistic	Prob.
C	780 491.5	283 388.9	2.754 136	0.013 5
Y	2.631 513	0.235 116	11.192 42	0.000 0
P	−8 383.390	2 802.092	−2.991 832	0.008 2
R-squared	0.995 874	Mean dependent var	421 257.2	
Adjusted R-squared	0.995 388	S. D. dependent var	369 121.2	
S. E. of regression	25 067.48	Sun squared resid	1.07E+10	
F-statistic	2 054.293	Durbin-Watson stat	0.885 656	
Prob(F-statistic)	0.000 000	Second-Stage SSR	7.01E+09	
J-statistic	4.796 755	Instrument rank	4	
Prob(J-statistic)	0.28513			

由表 7-3 和表 7-4 可分别得到国民收入和货币供给方程的估计式：

$$\hat{Y}_t = -131\ 928.6 - 0.899\ 706M_t + 0.382\ 663I_t + 96.060\ 51C_t$$

$$\hat{M}_t = 780\ 491.5 + 2.631\ 513Y_t - 838\ 3.39P_t$$

方法二：运用 EViews 中的 System 命令，对国民收入和货币供给方程进行 TSLS 估计。在主菜单 Objects/New Object 弹出的对象列表框中选择 System，在对话框中输入：

```
y=c(1)+c(2)*m+c(3)*i+c(4)*ct
m=c(5)+c(6)*y+c(7)*p
inst  i  ct  p
```

再选择 Estimation 按键，弹出估计结果，见表 7-5。

表 7-5　　TSLS 估计结果

System: UNTITLED
Estimation Method: Two-Stage Least Squares
Date: 10/09/16 Time: 20: 21
Sample: 1995 2014
Included observations: 20
Total system (balanced) observation 40

Variable	Coefficient	Std. Error	t-Statistic	Prob.
C(1)	−131 928.6	89 094.73	−1.480 767	0.147 9
C(2)	−0.899 706	1.016 728	−0.884 903	0.382 4
C(3)	0.382 663	0.739 695	0.517 326	0.608 3
C(4)	96.060 51	56.646 86	1.695 778	0.099 1
C(5)	1.991 934	0.039 501	50.427 35	0.000 0
C(6)	−670.350 1	100.554 7	−6.666 522	0.000 0

续前表

Determinant residual covariance	1.93E+17		
Equation：Y=C(1)+C(2)*M+C(3)*I+C(4)*CT			
Instruments：I CT P C			
Observations：20			
R-squared	0.991 409	Mean dependent var	252 412.7
Adjusted R-squared	0.989 798	S.D. dependent var	190 562.8
S.E. of regression	19 247.52	Sun squared resid	5.93E+09
Durbin-Watson stat	1.239 931		
Equation：M=C(5)*Y+C(6)*P			
Instruments：I CT P C			
Observations：20			
R-squared	0.994 954	Mean dependent var	421 257.2
Adjusted R-squared	0.994 673	S.D. dependent var	369 121.2
S.E. of regression	269 40.07	Sun squared resid	1.31E+10
Durbin-Watson stat	0.820 958		

课后思考及练习题

1. 什么是联立方程模型？为什么要建立联立方程模型？

2. 联立方程模型与单方程模型相比会产生哪些严重后果？

3. 为什么联立方程模型必须进行识别？如何理解识别的阶条件和秩条件？

4. 联立方程模型的参数估计通常有哪些方法？各自有什么特点？

5. 先对下面给出的联立方程模型进行识别，然后应用 EViews 和第 3 章练习题 5 给出的资料，分别使用 IV 法和 2SLS 法，对其中的参数进行估计，并将结果与第 3 章所作的单方程模型回归结果进行对比，要求：

(1) 指出模型的内生变量、外生变量；

(2) 导出模型的约化模型；

(3) 提出结构式模型的估计方法。

模型为

$$\begin{cases} \boldsymbol{Y}_1 = \alpha_0 + \alpha_1 \boldsymbol{Y}_2 + \alpha_2 \boldsymbol{X}_1 + \boldsymbol{U}_1 \\ \boldsymbol{Y}_2 = \beta_0 + \beta_1 \boldsymbol{Y}_1 + \beta_2 \boldsymbol{X}_2 + \boldsymbol{U}_2 \end{cases}$$

假定：$\boldsymbol{Y}_1$是社会商品零售总额；　　$\boldsymbol{Y}_2$是 GDP；

　　$\boldsymbol{X}_1$是物价指数；　　$\boldsymbol{X}_2$是流通中货币。

6. 完成下面的选择题。

(1) 在联立方程模型 $\begin{cases} I_t = \alpha_0 + \alpha_1 Y_t + \alpha_2 Y_{t-1} + \mu_{1t} \\ C_t = \beta_0 + \beta_1 Y_t + \mu_{2t} \\ Y_t = C_t + I_t + G_t \end{cases}$ 中，外生变量有（　　）。

A. Y_t　　B. I_t　　C. Y_{t-1}　　D. G_t

(2) 由模型系统之外其他因素决定的变量，表现为非随机性，其数值在模型求解之前就已经确定的变量为（　　）。

A. 外生变量　　B. 内生变量　　C. 滞后变量　　D. 前定变量

(3) 约化模型就是把结构式模型中的内生变量表示为（　　）。

A. 滞后变量和随机扰动项的模型

B. 外生变量和随机扰动项的模型

C. 前定变量和随机扰动项的模型

D. 外生变量和内生变量的模型

(4) 联立方程模型的参数估计方法分为两类，即（　　）。

A. 单方程估计法和系统估计法

B. 工具变量法和二阶段最小平方法

C. 广义最小平方法和三阶段最小平方法

D. 三阶段最小平方法和间接最小平方法

(5) 对于过度识别的模型，其适宜的单方程估计方法是（　　）。

A. 间接最小平方法　　B. 工具变量法

C. 二阶段最小平方法　　D. 普通最小平方法

(6) 若联立方程的约化模型中某个随机方程具有多个统计形式，则这个方程（　　）。

A. 不可识别　　B. 恰好识别　　C. 过度识别　　D. 不能确定

第8章

面板数据模型

随着经济现象的复杂化和经济学理论的深化，单纯应用截面数据或时间序列数据来检验经济理论、寻找经济规律和预测经济趋势存在一定的偏差，为了进一步发挥计量经济学的作用，1968年以来，计量经济学家开始关注面板数据（panel data）模型。目前，面板数据计量经济分析已经成为计量经济学研究的重要分支之一。

§8.1 面板数据模型及其应用

面板数据比截面数据和时间序列数据的样本量要大很多，因而更具有应用价值。面板数据模型可以是单方程面板数据模型，也可以是联立方程面板数据模型，还可以有线性面板数据模型和非线性面板数据模型，动态面板数据模型和静态面板数据模型，平衡面板数据模型和非平衡面板数据模型，平稳面板数据模型和非平稳面板数据模型等。其中单方程面板数据模型是比较简单的一种。然而即使是这种比较简单的单方程面板数据模型，它的估计比一般的单方程模型也要复杂得多，这主要是因为它使用的数据不同于一般的单方程模型，它使用的数据是面板数据。

8.1.1 面板数据模型的应用

面板数据，即混合数据，是指由变量 Y 关于 N 个不同对象的 T 个观测期所得到的二维结构数据，记为 Y_{it}，其中，i 表示 N 个不同对象或个体（如国家、地区、行业、企业或消费者等，本书通称为第 i 个个体），t 表示 T 个不同的观测期。也就是说，一个面板数据变量，通常都是由包含 N 个具有 T 个观测期的时间序列数据或者由包含有 N 个观测点的 T 个截面数据组成。

早在1968年，为了研究美国的贫困特征及其原因，密歇根大学社会科学研究所就建立了研究收入动态行为的面板数据 PSID（Panel Study of Income Dynamics），俄亥俄州立大学人力资源研究中心开发了国家劳动力市场长期调查面板数据 NLSLME（National Longitudinal Surveys of Labor Market Experience）。之后，美国又相继建立了退休历史研究面板数据 LRHS（Longitudinal Retirement History Study）、现有人口调查面板数据 CPS（Current Population Survey）和健康退休研究面板数据 HRS（Health Retirement Study）。1989 年德国建立了德国社会经济面板数据集 GSOEP（German Socio-Economic Panel）。1993 年加拿大建立了加拿大劳动者收入动态调查面板数据 CSLID（Canadian Survey of Labor Income Dynamics）。2002 年，欧共体统计办公室建立了欧共体家庭面板数据 ECHP（European Community Household Panel）。应用这些微观面板数据，西方经济学家 Borus（1982）、Wagner（1993）和 Peracchi（2002）等对微观经济学、发展经济学和劳动经济学等众多经济学领域的热点问题进行了广泛研究。近年来，应用宏观面板数据研究宏观经济问题的文献层出不穷。例如，在国际金融学领域，Chinn 与 Johnston（1996）和 MacDonald 与 Nagayasu（2000）等使用一些国家的宏观面板数据检验购买力平价理论（purchasing power parity，PPP，是一种根据各国不同的价格水平计算出来的货币之间的等值系数，以便于对各国的国内生产总值进行合理比较），研究实际汇率决定问题；在世界经济学领域，Michael 与 Ralf（2003）和 Jansen（2000）等应用宏观面板数据研究国际资本流动问题、东欧转型经济国家的出口变化和经济增长问题以及欧美国家的失业问题；在发展经济学中，Strauss（2000）、Nerlove（2002）和 Migue（2002）分别应用面板数据的计量经济学方法研究经济增长的决定因素和经济增长的收敛理论等。

20 世纪 70 年代初，在法国巴黎举行了第一次面板数据研究国际会议，会后 Mazodier 和 Trognon 编辑出版了两册有关的论文集，此后又先后召开了多次有关面板数据研究的国际会议。2007 年，《应用计量经济学杂志》（*Journal of Applied Econometrics*）出版了一期由 Baltagi 和 Pesaran 编辑的特刊，题目是《面板数据模型中的异方差与截面相关的理论及应用介绍》（Heterogeneity and Cross Section Dependence in Panel Data Models：Theory and Applications Introduction）。以 2004 年 6 月在美国得克萨斯州举行的第 11 届面板数据研究国际会议发表的论文为基础，Baltagi 编辑出版了《面板数据计量经济学：理论贡献和经验应用》一书（*Panel Data Econometrics*：*Theoretical Contributions and Empirical Applications*）。

为什么需要使用面板数据？我们知道，在多元线性回归分析中，如果在建立计量经济模型时缺失了某些不可观测的重要解释变量，常常会使得回归模型的随机扰动项存在自相关。于是，回归参数的 OLS 估计量就不再是无偏估计或有效估计。但是在运用面板数据建立计量经济模型时，对于一些被忽略的解释变量可以不需要其实际观察值，而通过控制该变量对被解释变量的影响就可以获得模型参数的无偏估计。

例如，当缺失的经济变量对被解释变量的影响不随时间变化，而且该影响对于不同的个体有所区别时，则可以在模型中设定个体效应，并采用组内估计方法进行估计，这样可以消除那些只随个体变化而不随时间变化的不可观测变量的影响。由此可见，面板数据计量经济学模型是社会和经济问题研究中具有重要价值的一类数据模型，它不仅可以同时利用截面数据和时间序列数据建立计量经济模型，而且可以更好地识别和度量单纯的时间序列模型和单纯的截面数据模型所不能发现的影响因素，它能够构造和检验更复杂的行为模型。因此，面板数据模型在很多领域有很好的应用前景。

例如，在宏观经济方面，它被广泛应用于劳动经济学、国际金融、经济增长、产业结构、技术创新、金融、税收政策等领域；在微观经济方面，它被大量应用于就业、家庭消费、企业管理、市场营销等领域。从1990年至今，已有数千篇有关面板数据理论和应用的文章发表，面板数据计量经济学模型的研究成为近十年来计量经济学研究的热点之一。类似于时间序列分析，用面板数据不仅可以建立静态计量模型，而且可以建立动态计量模型。本章主要介绍静态计量模型。

面板数据之所以受重视，其原因主要在于它具有如下优势：

1）与截面数据模型相比，面板数据模型控制了不可观测的经济变量所引致的OLS估计偏差，使得模型设定更合理。同时由于在截面数据的基础上增加了时间序列数据，因此能有效地克服截面数据经常可能引起的异方差问题，使模型参数的样本估计量更准确。

2）与时间序列模型相比较，面板数据模型扩大了样本信息，可以有效缓解经济变量间的多重共线性（许多时间序列变量通常随着时间都具有同向变化趋势），同时由于在一个时间序列数据的基础上增加了更多用以反映其他不同个体的时间序列，因而也可以有效地克服时间序列数据经常可能引起的序列相关问题，提高参数估计量的有效性。面板数据描述了一定时期内的个人、企业、地区、国家等个体单元之间客观存在的差异性，面板数据模型的研究能通过对特定个体变量的考察将这种差异非常清晰地加以研究。

3）面板数据能更好地识别和度量时间序列数据或截面数据不可发觉的效应。随着经济现象的复杂化和经济学理论的不断发展，单纯运用截面数据或时间序列数据来说明经济问题已显示出一定的不足，面板数据作为截面数据和时间序列数据的融合，为研究者提供了更加有效的工具。

例如，如果我们能在不同省份的低保标准（或最低工资）中加入低保标准的连续波动，那么就可以更好地研究低保标准对就业和收入的影响。再比如，对我国的结构性失业问题进行分析，它既受到各地区产业结构的影响，同时也受到国家在各个时期宏观政策的影响。只利用截面数据即选择同一时间上不同地区的数据作为样本观测值，可以分析各地区不同的产业结构对结构性失业的影响，但不能分析国家宏观政策对各地区结构性失业的影响；只利用时间序列数据，即选择同一省市或者全国不同时间的数据作为样本观测值，可以分析国家宏观政策对结构性失业的影响，但不能分析不同地区产业结构对结构性失业的影响。如果采用面板数据，无疑既可以分析不同地区产业结构对结构性失业的影响，又可以分析国家宏观政策对结构性失业的影响。

4）面板数据有助于建立和检验更复杂的行为模型。比如，比起纯粹的截面数据或时间序列数据，面板数据能够更好地处理诸如经济规模和技术变化这些现象。例如，如果分析生产成本问题，只利用截面数据，即选择同一截面上不同规模的企业数据作为样本观测值，可以分析成本与企业规模的关系，但不能分析技术进步对成本的影响；只利用时间序列数据，即选择同一企业在不同时间上的数据作为样本观测值，可以分析成本与技术进步的关系，但不能分析企业规模对成本的影响。如果利用面板数据，即在不同时间上选择不同规模的企业数据作为样本观测值，无疑既可以分析成本与技术进步的关系，又可以分析成本与企业规模的关系。

5）面板数据模型提供了更具挑战性的模型方法，它把研究对象划分为更多的类别，因此能更有效地估计模型的参数，更准确地捕捉社会经济的复杂行为。同时，计算机计算速度和计算能力的不断提高，以及现有时间序列分析理论的日趋完善，都使得面板数据模型的计算和统计推断更为简单方便。同时，动态面板数据模型的应用能够更全面准确地反映不同对象经济变量的动态调整。

6）面板数据模型通常可以为研究者提供大量的数据信息，增加自由度并减少解释变量之间的多重共线性问题，从而提高计量估计结果的有效性。而且，微观面板数据还丰富了微观经济学的内容，避免了宏观经济数据统计所导致的偏差。

7）宏观面板数据使研究经济合作组织内各国经济的协同效应（co-movement effects）成为可能。在实证研究中，我们通常会遇到相关变量遗失或无法观测的情况，但面板数据作为 N 个不同对象在 T 个时期内被观测的数据，可以控制某些类型的遗失变量，从而可得到更加准确的计量模型。比如在对宏观经济问题的研究中，各地区的文化背景和地区自然条件等均不相同，这些变量通常难以观测和量化，却并不随时间变化；面板数据模型允许对那些不随时间变化但对各地区发展具有重要影响的变量进行控制，例如度量宏观经济环境的变量等，从而考察因变量的变化。

因此，对面板数据模型的研究具有重要的理论意义和应用价值。就有关转型经济的研究而言，由于现行经济体制的历史较短，利用面板数据模型研究这些国家的经济规律显得尤为重要和迫切。

面板数据虽然具备以上优点，但它也有一定的局限性，主要表现在：

第一，模型设定错误和数据搜集不慎将引起较大的偏差。由于面板数据模型是由二维数据（截面和时间）构成的，如果模型设定错误或数据搜集不慎就会造成较大的偏差，使估计结果与实际相差很远。由于面板数据来自复杂的经济活动过程，假设经济变量在每个时点上都是由参数化的概率分布函数生成的是不现实的，忽视数据在截面基础上的时间差异，可能导致参数估计不一致或使估计出的参数无意义。

第二，在研究截面或面板数据时，样本的非随机性会造成观测值的偏差，进而会造成模型估计的偏差。经济活动中的数据往往会为了某种目的给样本加上某些人为的限制，从而使得观测值出现一些偏差，导致选择错误的模型，进而使模型的估计也会出现偏差。

第三，典型的面板数据一般时间序列数据的观测值较少，而截面数据的观测值却很多。随着对面板数据研究的发展，现在面板数据也倾向于研究截面数据的观测值较少而时间序列数据的观测值较多的情况。因此，有效地利用观测值较多的一维变量的信息及其与观测值较少的另一维变量之间的变化关系，有效地估计公共参数的变化，是进行面板数据研究必须注意的问题。

8.1.2 面板数据模型的基本类型

面板数据模型具有截面数据和时间序列数据两种特征，其模型一般形式为：

$$Y_{it}=\alpha_{it}+X'_{it}\beta_i+\mu_{it} \quad (i=1,\ \cdots,\ N \text{ 且 } t=1,\ \cdots,\ T) \tag{8—1}$$

根据截距项特征，可将面板数据模型分为混合模型、固定效应模型和随机效应模型。

混合模型（pooled regression model）即在（8—1）式中，截距项和解释变量的结构参数都是固定的，即不变系数模型。参数的估计是在假设截面个体无结构变化的基础上进行的，其估计方法与一般的回归模型相同。其模型的一般形式为：

$$Y_{it}=\alpha+X'_{it}\beta+\mu_{it} \tag{8—2}$$

变截距模型即在（8—1）式中，解释变量的结构参数相同而截距项不同。若截距项为确定的未知常数，则变截距模型为**固定效应模型**。固定效应模型可进一步分为个体固定效应模型、时间固定效应模型、个体时间双固定效应模型。

个体固定效应模型的一般形式为：

$$Y_{it}=\alpha_i+X'_{it}\beta+\mu_{it} \tag{8—3}$$

时间固定效应模型的一般形式为：

$$Y_{it}=\gamma_t+X'_{it}\beta+\mu_{it} \tag{8—4}$$

个体时间双固定效应模型的一般形式为：

$$Y_{it}=\alpha_i+\gamma_t+X'_{it}\beta+\mu_{it} \tag{8—5}$$

若模型的截距项受到随机扰动项的影响，则模型为**随机效应模型**，其一般形式为：

$$Y_i=\alpha+\varepsilon_i+X'_i\beta_i+\mu_i \tag{8—6}$$

其中，ε_i 是影响截距项的随机因素，μ_i 满足 OLS 关于随机扰动项的假设。若参数结构也受随机因素的影响，则称之为随机系数模型，其一般形式为：

$$Y_i=\alpha+\varepsilon_i+X'_i(\beta+h_i)+\mu_i \tag{8—7}$$

其中，h_i 为影响参数结构的随机向量。

若模型的参数结构和截距项都发生变化，则称之为**变系数模型**，其一般形式为：

$$Y_{it}=\alpha_i+X'_{it}\beta_i+\mu_{it} \tag{8—8}$$

§8.2 静态面板数据模型

8.2.1 何为静态面板数据模型

静态面板数据模型相对于动态面板数据模型而言，是指解释变量不包含被解释变量的滞后项的情形，如果解释变量中包含被解释变量的滞后项，即为动态面板数据模型。动态模型和静态模型在处理方法上往往有较大的差异。静态模型一般可分为三种基本模型：混合回归模型、固定效应模型和随机效应模型。除了划分为这三种形式以外，还有确定系数面板数据模型、随机系数模型和平均数据模型，所以静态面板数据模型通常包括六大类。

在一些经济关系中，经济变量不仅受本期因素的影响，而且受前期因素的影响，比如物价往往会受到上期物价的影响，各部门的投资额不仅影响本期的生产量，而且影响今后各期的生产量。滞后变量模型是计量经济学中一个非常重要的专门问题，所以许多经济变量的时间序列模型实际都是动态模型，这就使得动态面板数据模型的研究成为必要。由于面板数据模型是基于时间序列数据与截面数据的，因此必然涉及动态模型问题。动态面板数据模型讨论的主要是变截距模型，同样包括固定效应模型和随机效应模型等不同类型。

8.2.2 静态面板数据模型的协方差分析

假设 Y_{it}，X_{kit} $\{i=1, 2, \cdots, N; t=1, 2, \cdots, T; k=1, 2, \cdots, K\}$ 是 N 个对象在 T 个时期内的观测值，K 是外生解释变量的个数。通常的假设是，Y_{it} 是 X_{kit} 的线性函数。

如果对这 $N\times T$ 个观测数据直接使用最小平方法回归，我们就必须假设回归参数在所有截面和时间序列上都是相等的，如果假设不成立，我们将无法得到正确的结论。因此，对面板数据进行分析的第一步就是检验对于不同的 i 和 t，回归参数是否相同。目前运用最广泛的一种检验方法就是协方差分析法。

我们假设所有回归系数只随观测对象的不同而变化，不随时间发生改变，于是得到模型：

$$y_{it}=\alpha_i+\boldsymbol{X}_{it}\boldsymbol{\beta}_i+u_{it}\quad (i=1, 2, \cdots, n) \tag{8—9}$$

其中，$\boldsymbol{X}_{it}=(x_{1it}, x_{2it}, \cdots, x_{Kit})$，$\boldsymbol{\beta}_i=(\beta_{1i}, \beta_{2i}, \cdots, \beta_{Ki})'$均为 K 阶向量，$u_{it}\sim N(0, \sigma_u^2)$。

对于一般的静态面板数据模型通常可以分为 3 种情形：

情形一是变参数模型：

$$y_{ij}=\alpha_i+\boldsymbol{X}_{ij}\boldsymbol{\beta}_i+u_{ij}$$

这种情形是说，就研究的样本而言，既存在个体对象差异的影响，也存在结构变化，即在用变化的截距项来说明的同时，也用系数向量依个体对象的不同来说明个体对象之间的结构变化，这样的模型我们称为变参数模型或无约束模型（unrestricted model）。这种情形也就是上述的（8—9）式。

情形二是变截距模型：

$$y_{ij}=\alpha_i+\boldsymbol{X}_{ij}\boldsymbol{\beta}+u_{ij} \tag{8—10}$$

这种情形是说，就研究的样本而言，存在个体对象差异的影响而无结构变化，并且个体对象差异的影响可以用不同对象截距项的差别来说明，而每个对象的系数向量是相同的，故称该模型为变截距模型。从估计方法角度看，有的书也称之为个体均值修正回归模型（individual-mean corrected regression model）。

情形三是常参数模型：

$$y_{ij}=\alpha+\boldsymbol{X}_{ij}\boldsymbol{\beta}+u_{ij} \tag{8—11}$$

这种情形是说，就研究的样本而言，既无个体对象的影响，也没有结构的变化，即对于每个个体对象的方程而言，截距项和系数向量均相同。该模型实际上是将各个个体对象的时间序列数据堆积在一起作为样本数据使用，这种模型也称为混合回归模型（pooled regression model）。对于该模型，可以直接利用普通最小平方法估计参数。实际上，混合回归模型假设解释变量对被解释变量的影响与个体对象无关，这种假设虽然被广泛应用，但是在很多对实际问题的研究中，该模型不是很适用，因此很多书上都不讨论这种模型。

有些书上还提到了第四种情形，即变系数不变截距模型。这种情况实际上是不可能存在的。因为根据对一维数据（时间序列数据或截面数据）的研究我们知道，截距项的估计与系数参数有关，因此系数参数不同截距项必不同，不可能存在系数不同而截距相同的情况。

三种情形相应的原假设分别是：

假设一：H_1：$\alpha_i\neq\alpha_j\quad \beta_i\neq\beta_j\quad (i, j=1, 2, \cdots, n; i\neq j)$

假设二：H_2：$\alpha_i\neq\alpha_j\quad \beta_i=\beta_j\quad (i, j=1, 2, \cdots, n; i\neq j)$

假设三：H_3：$\alpha_i=\alpha_j\quad \beta_i=\beta_j\quad (i, j=1, 2, \cdots, n; i\neq j)$

对于面板数据模型的不同形式有不同的估计方法，对于具体问题要具体分析，若仅对个体样本间的差异而言，可以选用固定效应模型，此时可采用 F 检验进行模型假设检验。F 检验的步骤是：

1）计算 $S_i(i=1, 2, 3)$。S_i 是针对上述三种情形进行最小平方估计所得到的残差平

方和，且有

$$\frac{S_1}{\sigma_u^2} \sim \chi^2[N(T-K-1)], \ \frac{S_2}{\sigma_u^2} \sim \chi^2[N(T-1)-K], \ \frac{S_3}{\sigma_u^2} \sim \chi^2(NT-K-1)$$

其中：

$$S_1 = \sum_{i=1}^{n} W_{yy,i} - W'_{xy,i} W_{xx,i}^{-1} W_{xy,i} \tag{8—12}$$

$$W_{yy,i} = \sum_{t=1}^{T} (y_{it} - \bar{y}_i)^2 \quad W_{xy,i} = \sum_{t=1}^{T} (x_{it} - \bar{x}_i)(y_{ij} - \bar{y}_i)$$

$$W_{xx,i} = \sum_{t=1}^{T} (x_{it} - \bar{x}_i)^2 \quad \bar{y}_i = \frac{1}{T}\sum_{t=1}^{T} y_{it} \quad \bar{x}_i = \frac{1}{T}\sum_{t=1}^{T} x_{it}$$

在这里，我们有：

$$\hat{\beta}_i = W'_{xy,i} W_{xx,i}^{-1} \quad \hat{\alpha}_i = \bar{y}_i - \bar{x}_i \hat{\beta}_i$$

$$S_2 = W_{yy} - W'_{xy} W_{xx}^{-1} W_{xy} \tag{8—13}$$

其中：

$$W_{yy} = \sum_{i=1}^{N} W_{yy,i} \quad W_{xx} = \sum_{i=1}^{N} W_{xx,i} \quad W_{xy} = \sum_{i=1}^{N} W_{xy,i}$$

在这里，我们有：

$$\hat{\beta} = W'_{xy} W_{xx}^{-1} \quad \hat{\alpha}_i = \bar{y}_i - \bar{x}_i \hat{\beta}$$

$$S_3 = T_{yy} - T'_{xy} T_{xx}^{-1} T_{xy} \tag{8—14}$$

其中：

$$T_{yy} = \sum_{i=1}^{N} \sum_{t=1}^{T} (y_{it} - \bar{y})^2 \quad T_{xy} = \sum_{i=1}^{N} \sum_{t=1}^{T} (x_{it} - \bar{x})(y_{ij} - \bar{y})$$

$$T_{xx} = \sum_{i=1}^{N} \sum_{t=1}^{T} (x_{it} - \bar{x})^2 \quad \bar{y} = \frac{1}{NT}\sum_{i=1}^{N} \sum_{t=1}^{T} y_{it} \quad \bar{x} = \frac{1}{NT}\sum_{i=1}^{N} \sum_{t=1}^{T} x_{it}$$

在这里，我们有：

$$\hat{\beta} = T_{xy} W_{xx}^{-1} \quad \hat{\alpha} = \bar{y} - \bar{x}\hat{\beta}$$

2）首先检验假设三，给定显著性水平 α，检验统计量为：

$$F_3 = \frac{(S_3 - S_1)/(N-1)(K+1)}{S_1/[N(T-K-1)]}$$

当 $F_3 < F_\alpha$ 时，接受原假设，认为模型中的参数与个体的变化无关，模型为情形三；否则说明参数间存在显著差异，进行假设二的检验。

3）其次检验假设二，检验统计量为：

$$F_2 = \frac{(S_2 - S_1)/(N-1)K}{S_1/[N(T-K-1)]}$$

当 $F_2 < F_\alpha$ 时，接受原假设，认为模型的斜率系数之间无显著差异，模型为情形二；否则模型为情形一。

8.2.3 豪斯曼检验

假定随机效应模型：$Y_i = \alpha + \varepsilon_i + X'_i\beta_i + \mu_i$，其中 ε_i 是影响截距项的随机因素，模型的截距项受到随机扰动项的影响。当面板数据的 T 很小而 N 很大时，采用固定效应和随机效应不同的假设，其结果会产生很大差异，需要对采用固定效应还是随机效应进行模型设定检验。豪斯曼（Hausman）于 1978 年提出检验方法，被称为豪斯曼检验。

固定效应模型参数和随机效应模型参数估计量分别用 $\hat{\beta}_{CV}$ 和 $\hat{\beta}_{GLS}$ 表示（$\hat{\beta}_{CV}$ 表示 OLS 估计量，$\hat{\beta}_{GLS}$ 表示 GLS 估计量）。如果真实模型为随机效应模型，那么 $\hat{\beta}_{CV}$ 和 $\hat{\beta}_{GLS}$ 都是一致估计量，两者差异较小；如果真实模型为固定效应模型，$\hat{\beta}_{CV}$ 是一致估计量，而 $\hat{\beta}_{GLS}$ 是非一致估计量，二者差距较大。故若二者差异较小，则建立随机效应模型；若二者差异较大，则建立固定效应模型。豪斯曼检验是在原假设 H_0：ε_i 与 X_{it} 不相关（随机效应模型）和备择假设 H_1：ε_i 与 X_{it} 相关（固定效应模型）的基础上构建统计量：

$$H=\frac{(\hat{\beta}_{CV}-\hat{\beta}_{GLS})^2}{\hat{S}_{CV}^2-\hat{S}_{GLS}^2}\sim\chi_a^2(k) \tag{8—15}$$

给定显著性水平 α，若统计量 $W>\chi_a^2(k)$，则否定原假设，采用固定效应模型；否则采用随机效应模型。

§8.3　变截距模型的参数估计

面板数据模型的估计方法发展得非常迅速，从传统的线性估计方法到非线性方法均有发展，传统方法如最小平方法、矩方法、极大似然估计等；非线性方法如非参数方法、半参数方法、小波方法等。下面着重说明变截距模型（包括固定效应模型和随机效应模型）和随机系数模型的估计方法。如前所述，我们将形如（8—10）式的面板数据模型称为变截距模型，而根据截距项是固定常量还是随机变量，可以将变截距模型分为固定效应模型和随机效应模型两类。这里仅对固定效应模型的参数估计予以说明。

固定效应是方差分析中与随机效应相对应的一个概念。方差分析主要有三种模型：固定效应模型（fixed effects model）、随机效应模型（random effects model）和混合效应模型（mixed effects model）。按照一种通俗的解释，所谓的固定效应，也就是就事论事，不会由此及彼，具体来说即把所研究的样本当作一个给定的对象，或者说样本也就是总体，因此所估计的参数应该为常数。而所谓的随机效应，则并不是要就事论事，而是要由此及彼，具体地说就是把所研究的对象看作来自总体的一个样本，研究的目的在于以样本推断总体，因此所得到的参数均为随机变量（因样本的不同而变化）。

固定效应模型（fixed effects regression model）一般分为三种类型，即个体固定效应模型（entity fixed effects regression model）、时点固定效应模型（time fixed effects regression model）和个体时点双固定效应模型（time and entity fixed effects regression model）。在一维情形下，通常可以将固定效应模型分为两种情况，即只依不同的观测对象变化而在时间轴上保持不变和只依时间改变而与观测对象无关两种，前者就是个体固定效应模型，后者即时点固定效应模型。在这里，我们仅对前一种情形进行讨论。设固定效应模型形如上述的式（8—10）：

$$y_{ij}=\alpha_i+\boldsymbol{X}_{ij}\boldsymbol{\beta}+u_{ij}$$

为表达方便起见，先考虑双变量模型。假定：

$$y_i=\alpha_i+\beta x_{it}+u_{it}\text{，其中，}u_{it}\sim N(0,\ \sigma^2)$$

定义 $\bar{y}_i=\frac{1}{T}\sum_{t=1}^{T}y_{it}$，$\bar{x}_i=\frac{1}{T}\sum_{t=1}^{T}x_{it}$，$\bar{y}_i$ 和 $\bar{x}_i$ 为不同观测对象或个体的组内均值。组内平

方和及交叉乘积和为：

$$W_{xx,i}=\sum_t(x_{it}-\overline{x}_i)^2$$

$$W_{xy,i}=\sum_t(x_{it}-\overline{x}_i)(y_{it}-\overline{y}_i)$$

$$W_{yy,i}=\sum_t(y_{it}-\overline{y}_i)^2$$

再令：

$$W_{xx}=\sum_i W_{xxi}\quad W_{xy}=\sum_i W_{xyi}\quad W_{yy}=\sum_i W_{yyi}$$

参数 α_i 和 β 的估计值由残差平方和 $Q=\sum_{i,t}(y_{it}-\hat{\alpha}_i-\hat{\beta}x_{it})^2$ 关于 α_i 和 β 最小化得到。我们有：

$$\frac{\partial Q}{\partial\hat{\alpha}_i}=0\Rightarrow\sum_t(y_{it}-\hat{\alpha}_i-\hat{\beta}x_{it})=0$$

$$\Rightarrow\frac{\sum_t y_{it}}{T}-\frac{\sum_t\hat{\alpha}_i}{T}-\hat{\beta}\frac{\sum_t x_{it}}{T}=0$$

$$\Rightarrow\hat{\alpha}_i=\overline{y}_i-\hat{\beta}\overline{x}_i\tag{8—16}$$

$$\frac{\partial Q}{\partial\hat{\beta}}=0\Rightarrow\sum_{i,t}x_{it}(y_{it}-\hat{\alpha}_i-\hat{\beta}x_{it})=0$$

将（8—16）式即 $\hat{\alpha}_i=\overline{y}_i-\hat{\beta}\overline{x}_i$ 代入上式，有

$$\sum_{i,t}x_{it}(y_{it}-\overline{y}_i+\hat{\beta}\overline{x}_i-\hat{\beta}x_{it})=0$$

$$\Rightarrow\sum_{i,t}(x_{it}-\overline{x}_i+\overline{x}_i)(y_{it}-\overline{y}_i+\hat{\beta}\overline{x}_i-\hat{\beta}x_{it})=0$$

$$\Rightarrow\sum_i\sum_t(x_{it}-\overline{x}_i)(y_{it}-\overline{y}_i)+\sum_i\sum_t\overline{x}_i(y_{it}-\overline{y}_i)$$

$$-\sum_i\sum_t\hat{\beta}(x_{it}-\overline{x}_i)^2-\sum_i\sum_t\overline{x}_i\hat{\beta}(x_{it}-\overline{x}_i)=0$$

$$\Rightarrow\sum_i\sum_t(x_{it}-\overline{x}_i)(y_{it}-\overline{y}_i)+\sum_i\overline{x}_i\sum_t(y_{it}-\overline{y}_i)$$

$$-\hat{\beta}\sum_i\sum_t(x_{it}-\overline{x}_i)^2-\hat{\beta}\sum_i\overline{x}_i\sum_t(x_{it}-\overline{x}_i)=0$$

不难看出，上式中第一项和第三项分别是 W_{xy} 和 $\hat{\beta}W_{xx}$；而第二项和第四项内层求和部分都是离差和，内层对 t 求和等于 0。因此我们得到：

$$\hat{\beta}=W_{xy}/W_{xx}\tag{8—17}$$

$\hat{\beta}$ 被称为组内估计量，记为 $\hat{\beta}_{FE}$ 或 $\hat{\beta}_{LSDV}$。其中，$\hat{\beta}_{FE}$ 表示固定效应（fixed effects）参数，$\hat{\beta}_{LSDV}$ 表示最小平方虚拟变量（least squares dummy variable）参数。之所以称作虚拟变量参数，是因为模型（8—10）可以等价地表述为如下形式：

$$y_{ij}=D\alpha+\boldsymbol{X}_{ij}\boldsymbol{\beta}+u_{ij}$$

其中，D 是一个虚拟变量，对于相应的 i 取 1，其余的取 0。

为了使组内估计量是一致估计量，必须满足 $E\{(x_{it}-\overline{x}_i)u_{it}\}=0$，而满足此条件的充分条件是 x_{it} 与 u_{it} 不相关，则 $\overline{x}_i$ 与 u_{it} 也不相关，即满足：

$$E\{x_{it}u_{it}\}=0\ (i,\ t=1,\ 2,\ \cdots,\ T)$$

也就是说，x_{it} 必须是严格外生的。

在多个解释变量的情况下，$\boldsymbol{W}_{xx}$是矩阵，$\hat{\boldsymbol{\beta}}$和$\boldsymbol{W}_{xy}$是向量，前面的结果变为：

$$\hat{\boldsymbol{\alpha}}_i=\bar{y}_i-\hat{\boldsymbol{\beta}}'\bar{x}_i$$

$$\hat{\boldsymbol{\beta}}=\boldsymbol{W}_{xx}^{-1}\boldsymbol{W}_{xy}$$

（8—17）式之所以称作组内估计量，与方差分析或协方差分析中对总平方和的分解有关。因为：

$$T_{xx}=\sum_{i=1}^{N}\sum_{t=1}^{T}(x_{it}-\bar{x})^2=\sum_{i=1}^{N}\sum_{t=1}^{T}(x_{it}-\bar{x}_i)^2+T\sum_{i=1}^{N}(\bar{x}_i-\bar{x})^2 \tag{8—18}$$

在方差分析中，上式右端的第一项通常就是组内平方和，第二项即组间平方和（组间平方和反映不同对象之间的差异）。

$$\begin{aligned}T_{xy}&=\sum_{i=1}^{N}\sum_{t=1}^{T}(x_{it}-\bar{x})(y_{ij}-\bar{y})\\&=\sum_{i=1}^{N}\sum_{t=1}^{T}(x_{it}-\bar{x}_i)(y_{ij}-\bar{y}_i)+T\sum_{i=1}^{N}(\bar{x}_i-\bar{x})(\bar{y}_i-\bar{y})\end{aligned} \tag{8—19}$$

其中：

$$\bar{y}=\frac{1}{NT}\sum_{i=1}^{N}\sum_{t=1}^{T}y_{it}\quad \bar{x}=\frac{1}{NT}\sum_{i=1}^{N}\sum_{t=1}^{T}x_{it}$$

$$\bar{y}_i=\frac{1}{T}\sum_{t=1}^{T}y_{it}\quad \bar{x}_i=\frac{1}{T}\sum_{t=1}^{T}x_{it}$$

在上述两个分解式中，直接用左端相比（即T_{xy}/T_{xx}），为不变参数的回归系数，用右端的第一项相比，即得到固定效应的组内估计值。

§8.4　面板数据模型的 EViews 估计

8.4.1　应用步骤

为了说明面板数据模型的估计方法，我们先看一个例子。

【例 8.1】 1996—2002 年中国东北、华北、华东 15 个省级地区的居民家庭人均消费（不变价格，简记为 CP）和人均收入（简记为 IP）数据见表 8－1 和表 8－2。数据是 7 年的，每一年都有 15 个数据，共 105 个观测值。人均消费和收入两个面板数据都是平衡面板数据，各有 15 个个体，要求进行面板数据模型分析。

表 8－1　1996—2002 年中国东北、华北、华东 15 个省级地区的居民家庭人均消费数据

地区人均消费	1996	1997	1998	1999	2000	2001	2002
CP-AH（安徽）	3 282.466	3 646.150	3 777.410	3 989.581	4 203.555	4 495.174	4 784.364
CP-BJ（北京）	5 133.978	6 203.048	6 807.451	7 453.757	8 206.271	8 654.433	10 473.12
CP-FJ（福建）	4 011.775	4 853.441	5 197.041	5 314.521	5 522.762	6 094.336	6 665.005
CP-HB（河北）	3 197.339	3 868.319	3 896.778	4 104.281	4 361.555	4 457.463	5 120.485
CP-HLJ（黑龙江）	2 904.687	3 077.989	3 289.990	3 596.839	3 890.580	4 159.087	4 493.535
CP-JL（吉林）	2 833.321	3 286.432	3 477.560	3 736.408	4 077.961	4 281.560	4 998.874

续前表

地区人均消费	1996	1997	1998	1999	2000	2001	2002
CP-JS（江苏）	3 712.260	4 457.788	4 918.944	5 076.910	5 317.862	5 488.829	6 091.331
CP-JX（江西）	2 714.124	3 136.873	3 234.465	3 531.775	3 612.722	3 914.080	4 544.775
CP-LN（辽宁）	3 237.275	3 608.060	3 918.167	4 046.582	4 360.420	4 654.420	5 402.063
CP-NMG（内蒙古）	2 572.342	2 901.722	3 127.633	3 475.942	3 877.345	4 170.596	4 850.180
CP-SD（山东）	3 440.684	3 930.574	4 168.974	4 546.878	5 011.976	5 159.538	5 635.770
CP-SH（上海）	6 193.333	6 634.183	6 866.410	8 125.803	8 651.893	9 336.100	10 411.94
CP-SX（山西）	2 813.336	3 131.629	3 314.097	3 507.008	3 793.908	4 131.273	4 787.561
CP-TJ（天津）	4 293.220	5 047.672	5 498.503	5 916.613	6 145.622	6 904.368	7 220.843
CP-ZJ（浙江）	5 342.234	6 002.082	6 236.640	6 600.749	6 950.713	7 968.327	8 792.210

资料来源：1997—2003 年《中国统计年鉴》。

表 8－2　1996—2002 年中国东北、华北、华东 15 个省级地区的居民家庭人均收入数据（不变价格）

地区人均收入	1996	1997	1998	1999	2000	2001	2002
IP-AH（安徽）	4 106.251	4 540.247	4 770.470	5 178.528	5 256.753	5 640.597	6 093.333
IP-BJ（北京）	6 569.901	7 419.905	8 273.418	9 127.992	9 999.700	11 229.66	12 692.38
IP-FJ（福建）	4 884.731	6 040.944	6 505.145	6 922.109	7 279.393	8 422.573	9 235.538
IP-HB（河北）	4 148.282	4 790.986	5 167.317	5 468.940	5 678.195	5 955.045	6 747.152
IP-HLJ（黑龙江）	3 518.497	3 918.314	4 251.494	4 747.045	4 997.843	5 382.808	6 143.565
IP-JL（吉林）	3 549.935	4 041.061	4 240.565	4 571.439	4 878.296	5 271.925	6 291.618
IP-JS（江苏）	4 744.547	5 668.830	6 054.175	6 624.316	6 793.437	7 316.567	8 243.589
IP-JX（江西）	3 487.269	3 991.490	4 209.327	4 787.606	5 088.315	5 533.688	6 329.311
IP-LN（辽宁）	3 899.194	4 382.250	4 649.789	4 968.164	5 363.153	5 797.010	6 597.088
IP-NMG（内蒙古）	3 189.414	3 774.804	4 383.706	4 780.090	5 063.228	5 502.873	6 038.922
IP-SD（山东）	4 461.934	5 049.407	5 412.555	5 849.909	6 477.016	6 975.521	7 668.036
IP-SH（上海）	7 489.451	8 209.037	8 773.100	10 770.09	11 432.20	12 883.46	13 183.88
IP-SX（山西）	3 431.594	3 869.952	4 156.927	4 360.050	4 546.785	5 401.854	6 335.732
IP-TJ（天津）	5 474.963	6 409.690	7 146.271	7 734.914	8 173.193	8 852.470	9 375.060
IP-ZJ（浙江）	6 446.515	7 158.288	7 860.341	8 530.314	9 187.287	10 485.64	11 822.00

资料来源：1997—2003 年《中国统计年鉴》。

这是一个一元的面板数据模型，是面板数据模型中最简单的模型。通过这个例子，可以加深我们对面板数据模型方法的理解。

运用 EViews 进行面板数据模型分析的主要步骤如下：

(1) 建立合并数据库（pool）对象

首先建立工作文件（方法与建立时间序列数据工作文件的方法相同）。在打开工作文件的基础上，点击主功能菜单上的 Objects 键，选 New Object 打开 New Object 对话框。在 Type of Object 选择区选择 Pool，单击 OK，从而打开合并数据库窗口，在窗口输入不同的对象标识，如例 8.1 中的 AH、BJ、FJ 等，也可以用 O1（对象 1）、O2（对象 2）、O3（对象 3）等表示。

（2）定义序列名并输入数据

在新建的合并数据库窗口的工具栏中点击 Sheet 键，打开 Series List 窗口，定义时间序列变量，比如“CONSUME?”和“INCOME?”（注意一定要带上“?”，输入格式与时间序列变量相同，变量之间用空格隔开），本例中使用“CS?”和“IC?”，从而打开合并数据库窗口，然后点击“Edit+/−”标签输入数据（也可以从 Excel 中复制粘贴数据）。输入完成后点击“Name”标签给合并数据库命名，以方便随时打开合并数据库。合并数据库变量多，数据多，随时保存文件是一个好习惯。

（3）估计模型

在打开的 Pool 窗口的工具栏中点击 Estimate，打开 Pool Estimate 窗口，完成有关选项后单击 OK 得到结果。

用面板数据建立的模型通常有三种，即混合估计模型、固定效应模型和随机效应模型，下面分别予以介绍。

8.4.2 混合估计模型

如果从时间上看，不同个体之间不存在显著性差异；从截面上看，不同截面之间也不存在显著性差异，那么就可以直接把面板数据混合在一起用普通最小平方法估计参数。

如果从时间和截面看模型截距都不为零，且是一个相同的常数，以二变量模型为例，则建立如下模型，

$$y_{it}=\alpha+\beta x_{it}+\varepsilon_{it}\ (i=1,2,\cdots,N;\ t=1,2,\cdots,T) \tag{8—20}$$

其中 α 和 β 不随 i，t 变化，即称模型（8—20）为混合估计模型。

以例 8.1 中 15 个地区 1996—2002 年的数据建立关于消费的混合估计模型，得到输出结果如表 8－3 所示。

EViews 的估计方法是，在 Pool 窗口的工具栏中点击 Estimate 键，打开 Pool Estimation（混合估计）窗口，如图 8－1 所示。在 Dependent variable（相依变量）窗口填入“CS?”；在 Common coefficients（公共系数）窗口填入“C IC?”；Cross-section specific（截面指定）窗口保持空白，其他选项如图中所示即可，然后单击“确定”按钮，即得到所需的输出结果。

表 8－3 所反映的回归方程为：

$$\widehat{CS}_{it}=129.630\ 6+0.758\ 726IC_{it} \qquad R^2=0.98$$

$$(63.692\ 65) \qquad (0.009\ 522) \qquad F=6\ 349.193$$

即平均地看，15 个省级地区的人均收入每增加 1 个单位，人均消费会增加 0.758 726 个单位，人均消费的基数是 129.63。这种估计实际上就是将两组变量分别看作是由 105 个观测点组成的样本进行的估计。

表 8-3　　关于消费的混合估计模型的输出结果

Dependent Variable: CS?
Method: Pooled Least Squares
Date: 08/28/15　Time: 16: 42
Sample: 1996 2002
Included observations: 7
Cross-sections included: 15
Total pool (balanced) observations: 105

Variable	Coefficient	Std. Error	t-Statistic	Prob.
C	129.630 6	63.692 65	2.035 253	0.044 4
IC?	0.758 726	0.009 522	79.681 83	0.000 0
R-squared	0.984 036	Mean dependent var		4 917.608
Adjusted R-squared	0.983 881	S. D. dependent var		1 704.704
S. E. of regression	216.427 2	Akaike info criterion		13.611 25
Sum squared resid	4 824 597	Schwarz criterion		13.661 80
Log likelihood	−712.590 6	Hannan-Quinn criter.		13.631 73
F-statistic	6 349.193	Durbin-Watson stat		0.784 109
Prob(F-statistic)	0.000 000			

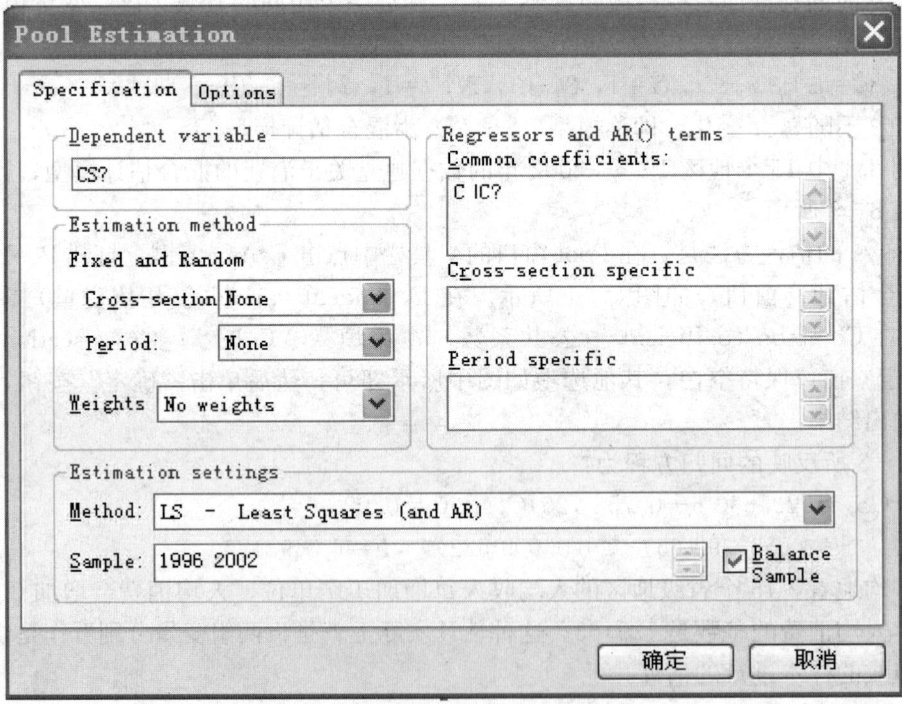

图 8-1　Pool Estimation（混合估计）窗口

如果从时间和截面上看模型截距都为零，就可以建立不含截距项（$\alpha=0$）的混合估计模型。以二变量模型为例，建立混合估计模型如下：

$$y_{it}=\beta_1 x_{it}+\varepsilon_{it} \qquad (i=1,2,\cdots,N;\ t=1,2,\cdots,T) \tag{8—21}$$

对于本例，因为上式中的截距项有显著性（$t=2.0>t_{0.05}(103)=1.99$），所以建立截距项为零的混合估计模型是不合适的。

EViews 的估计方法是，在 Pool Estimation（混合估计）窗口中的 Intercept（截距项）窗口选 None 即可，其余选项同上。

8.4.3 固定效应模型估计

在面板数据模型中，如果对于不同的截面或不同的时间序列，模型的截距是不同的，可以采用在模型中加入虚拟变量的方法估计回归参数，这种模型为固定效应模型。所谓的固定效应是说，不管是对于不同的个体（时间序列）还是对于不同的时点（横截面），解释变量的影响是固定不变的。固定效应模型通常分为三种类型，即个体固定效应模型、时点固定效应模型和个体时点双固定效应模型。

（1）个体固定效应模型

个体固定效应模型就是对于不同的个体有不同截距的模型。如果对于不同的时间序列（即个体）截距是不同的，但是对于不同的截面，模型的截距没有显著变化，那么就应该建立个体固定效应模型。

EViews 的估计方法是，在如图 8－1 所示的窗口中，在 Cross-section 选项处选 Fixed，其余选项同上，确定后即得到如表 8－4 所示的结果。

表 8－4 所示的估计结果中给出了 15 个个体常参数的均值 515.613 3、公共回归系数 0.697 561 以及每一个个体常参数与常参数均值的离差，即由表 8－4 不难知道，对象 1（安徽）的常参数应为 515.6－36.3＝479.3，对象 2（北京）的常参数应是 515.6＋537.6＝1 053.2，依此类推。

从估计的结果看，北京、上海、浙江是人均消费函数截距（自发消费）最大的 3 个地区，说明这三个地区属于经济发达地区，居民消费的基数比较高。

相应的回归模型是：

$$\widehat{CS}_{it}=479.3D_1+1\,053.2D_2+\cdots+714.2D_{15}+\underset{(0.013)}{0.70}IC_{it} \qquad R^2=0.99$$

其中：

$$D_i=\begin{cases}1 & \text{对于第 } i \text{ 个对象，} i=1,2,\cdots,15\\ 0 & \text{对于其他对象}\end{cases}$$

估计的实际过程是这样的：估计的时候除了需要使用两组具有 105 个观测值的实际变量外，另外需要有 15 组个体的虚拟变量观测数据（是为 1，否为 0），估计哪个个体常参数时删除相应列的虚拟变量，如此重复 15 次，即可得到 15 个个体的常参数，方法及原理参见本书 3.7.3 节关于虚拟变量设置原则部分的介绍。

表 8-4　　15 个省级地区个体固定效应模型的估计结果

Dependent Variable：CS?
Method：Pooled Least Squares
Date：08/28/15　Time：17：14
Sample：1996 2002
Included observations：7
Cross-sections included：15
Total pool（balanced）observations：105

Variable	Coefficient	Std. Error	t-Statistic	Prob.
C	515.613 3	81.596 80	6.319 038	0.000 0
IC?	0.697 561	0.012 692	54.960 20	0.000 0
Fixed Effects（Cross）				
O1—C	−36.305 68			
O2—C	537.566 3			
O3—C	−47.645 45			
O4—C	−154.236 8			
O5—C	−169.701 3			
O6—C	24.504 19			
O7—C	−35.195 84			
O8—C	−319.695 7			
O9—C	106.427 3			
O10—C	−209.548 3			
O11—C	−134.114 6			
O12—C	266.985 6			
O13—C	−74.888 92			
O14—C	47.229 20			
O15—C	198.619 9			

Effects Specification

Cross-section fixed（dummy variables）			
R-squared	0.992 488	Mean dependent var	4 917.608
Adjusted R-squared	0.991 222	S. D. dependent var	1 704.704
S. E. of regression	159.718 7	Akaike info criterion	13.124 14
Sum squared resid	2 270 394	Schwarz criterion	13.528 56
Log likelihood	−673.017 5	Hannan-Quinn criter.	13.288 02

这里需要注意的是：

1）个体固定效应模型的 EViews 输出结果中没有公共截距项，输出结果中给出的只是各个个体对象常参数的均值，斜率或系数项对于不同的个体来说是共同的。

2）EViews 输出结果中没有给出描述个体效应的截距项相应的标准差和 t 值，理由是通常不认为截距项是模型中的重要参数。

3）当对个体固定效应模型选择加权估计时，输出结果将给出加权估计和非加权估计两种统计量的评价结果。

4）输出结果的联立方程组形式可以通过点击菜单 View/Representations 功能获得。

5）点击菜单 View/ Coefficient Tests/ Wald Coefficient Restrictions 功能，可以对模型的斜率进行 Wald 检验。

6）点击菜单 View/Residuals/Table，Graphs，Covariance Matrix，Correlation Matrix 功能，可以分别得到按个体计算的残差序列表、残差序列图、残差序列的方差—协方差矩阵、残差序列的相关系数矩阵。

7）点击 Procs/Make Model 功能，将会出现估计结果的联立方程形式，进一步点击 Solve 键，在随后出现的对话框中可以进行动态和静态预测。

相对于混合估计模型来说，是否有必要建立个体固定效应模型，可以通过 F 检验来完成。

H_0：不同个体的模型截距项相同（建立混合估计模型）。

H_1：不同个体的模型截距项不同（建立个体固定效应模型）。

F 统计量的定义为：

$$F=\frac{(SSE_r-SSE_u)/[(NT-2)-(NT-N-1)]}{SSE_u/(NT-N-1)}=\frac{(SSE_r-SSE_u)/(N-1)}{SSE_u/(NT-N-1)}$$

其中，SSE_r、SSE_u 分别表示约束模型（混合估计模型）和非约束模型（个体固定效应模型）的残差平方和。非约束模型比约束模型多了 $N-1$ 个被估参数。（混合估计模型给出公共截距项。）

注意：当模型中含有 k 个解释变量时，F 统计量的分母的自由度是 $NT-N-k$。

用上例计算，已知 $SSE_r=4\ 824\ 597$，$SSE_u=2\ 270\ 394$（可分别于表 8－3 和表 8－4 中找到），则有：

$$F=\frac{(SSE_r-SSE_u)/(N-1)}{SSE_u/(NT-N-1)}=\frac{(4\ 824\ 597-2\ 270\ 394)/(15-1)}{2\ 270\ 394/(105-15-1)}=\frac{182\ 443}{25\ 510}=7.152$$

$$F_{0.05}(14,89)=1.81$$

因为 $F=7.152>F_{0.05}(14,89)=1.81$，所以拒绝原假设。结论是应该建立个体固定效应模型。

（2）时点固定效应模型

时点固定效应模型就是对于不同的截面（时间点）有不同截距的模型。如果确知对于不同的截面，模型的截距显著不同，但是对于不同的时间序列（即个体）截距是相同的，那么应该建立时点固定效应模型。

EViews 的估计方法是，以例 8.1 为例，在如图 8－1 所示的窗口中的 Period 选项处选 Fixed，其余选项同上，确定后即可得到如表 8－5 所示的结果。

与个体固定效应模型的输出结果类似，通常第一行会给出每一年纵截距（即回归常数）的平均数，第二行是固定效应或通用斜率（即通用系数），接下来便是每年纵截距与纵截距的平均数的离差（增量），即在表 8－5 中，通用斜率是 0.778 86，1996 年的常参数是 2.6＋105.9＝108.5，1997 年的常参数是 2.6＋134.1＝136.7，1998 年的常参数是 2.6＋54.8＝57.4，依此类推。相应的回归模型可写为：

$$\widehat{CS}_{it}=108.5D_1+136.7D_2+\cdots-91.3D_7+0.78IC_{it}\quad R^2=0.99$$
$$(0.010\ 438)$$

其中：

$$D_t=\begin{cases}1 & 对于第\ t\ 个截面，t=1，2，\cdots，7 \\ 0 & 对于其他截面\end{cases}$$

估计的实际过程是这样的：估计的时候除了需要使用两组具有 105 个观测点的实际变量外，另外需要有 7 组时点的虚拟变量观测数据（是为 1，否为 0），估计某个时点的常参数时删除相应列的虚拟变量，如此重复 7 次，即可得到 7 个不同时点的常参数，方法、原理与个体固定效应模型相同。

表 8-5　　15 个省级地区的时点固定效应模型估计结果

Dependent Variable：CS?
Method：Pooled Least Squares
Date：08/28/15　Time：17：24
Sample：1996 2002
Included observations：7
Cross-sections included：15
Total pool（balanced）observations：105

Variable	Coefficient	Std. Error	t-Statistic	Prob.
C	2.576 515	68.805 55	0.037 446	0.970 2
IC?	0.778 860	0.010 438	74.619 04	0.000 0
Fixed Effects（Period）				
1996—C	105.928 6			
1997—C	134.055 8			
1998—C	54.848 18			
1999—C	−37.074 11			
2000—C	−7.118 165			
2001—C	−156.747 5			
2002—C	−93.892 78			

Effects Specification

Period fixed（dummy variables）

R-squared	0.986 669	Mean dependent var	4 917.608
Adjusted R-squared	0.985 707	S. D. dependent var	1 704.704
S. E. of regression	203.800 3	Akaike info criterion	13.545 29
Sum squared resid	4 028 851	Schwarz criterion	13.747 50
Log likelihood	−703.127 7	Hannan-Quinn criter.	13.627 23
F-statistic	1 025.641	Durbin-Watson stat	0.785 378
Prob(F-statistic)	0.000 000		

相对于混合估计模型来说，是否有必要建立时点固定效应模型可以通过 F 检验来完成。

H_0：对于不同截面模型截距项相同（建立混合估计模型）。

H_1：对于不同截面模型截距项不同（建立时点固定效应模型）。

F 统计量定义为：

$$F=\frac{(SSE_r-SSE_u)/[(NT-2)-(NT-T-1)]}{SSE_u/(NT-T-1)}=\frac{(SSE_r-SSE_u)/(T-1)}{SSE_u/(NT-T-1)}$$

其中，SSE_r，SSE_u 分别表示约束模型（混合估计模型）和非约束模型（时点固定效应模型）的残差平方和。非约束模型比约束模型多了 $T-1$ 个被估参数。

注意：当模型中含有 k 个解释变量时，F 统计量的分母自由度是 $NT-T-k$。

用上例计算，已知 $SSE_r=4\ 824\ 597$，$SSE_u=4\ 028\ 851$，则有：

$$F=\frac{(SSE_r-SSE_u)/(T-1)}{SSE_u/(NT-T-1)}=\frac{(4\ 824\ 597-4\ 028\ 851)/(7-1)}{4\ 028\ 851/(105-7-1)}$$

$$=\frac{132\ 624}{41\ 535}=3.193$$

$$F_{0.05}(6,\ 97)=2.2$$

因为 $F=3.193>F_{0.05}(6,\ 97)=2.2$，拒绝原假设，结论是应该建立时点固定效应模型。

（3）个体时点双固定效应模型

个体时点双固定效应模型就是对不同的截面（时点）、不同的时间序列（个体）都有不同截距的模型。如果确知不同截面、不同时间序列模型的截距都显著地不相同，那么应该建立个体时点双固定效应模型。如例 8.1，个体固定效应和时点固定效应检验均显著不同，故可初步判断一定存在个体和时点的固定效应差异。

EViews 的估计方法是，以例 8.1 为例，在如图 8-1 所示的窗口里，在 Cross-section 选项处选 Fixed，在 Period 选项处也选 Fixed，其余选项同上，确定后即得到如表 8-6 所示的结果。

这里需要注意的是，在表 8-6 的输出结果中，“C”行给出的是 15 个时间序列（个体）截距或 7 个截面（时点）截距的平均数，“IC?”行是固定效应参数即回归系数，接下来的系数分别为 15 个个体常参数与平均常参数的离差以及 7 个时点常参数与平均常参数的离差，也就是说，15 个个体的常参数分别是：681.929－68.638＝613.291，681.929＋617.156＝1 299.085，等等。而 7 个时点的常参数分别为：681.929－75.329＝606.600，681.929＋23.582＝705.511，等等。如果想要知道某个个体某一年的常参数，就需要在 681.929 的基础上加上该个体在该年常参数的离差，如 1997 年北京市的系数为 1 299.085＋23.582＝1 322.667 或者 705.511＋617.156＝1 322.667。

相对于混合估计模型来说，是否有必要建立个体时点双固定效应模型可以通过 F 检验来完成。

H_0：对于不同截面、不同序列，模型截距项都相同（建立混合估计模型）。

H_1：对于不同截面、不同序列，模型截距项各不相同（建立个体时点双固定效应模型）。

F 统计量定义为：

$$F=\frac{(SSE_r-SSE_u)/[(NT-2)-(NT-N-T)]}{SSE_u/(NT-N-T)}=\frac{(SSE_r-SSE_u)/(N+T-2)}{SSE_u/(NT-N-T)}$$

其中，SSE_r、SSE_u 分别表示约束模型（混合估计模型）和非约束模型（个体时点双固定效应模型）的残差平方和。非约束模型比约束模型多了 $N+T$ 个被估参数。

注意：当模型中含有 k 个解释变量时，F 统计量的分母自由度是 $NT-N-T-k-1$。

表 8-6　　　　15 个省级地区 7 个时点的个体时点双固定效应模型估计结果

Dependent Variable：CS?
Method：Pooled Least Squares
Date：08/28/15　Time：17：27
Sample：1996 2002
Included observations：7
Cross-sections included：15
Total pool（balanced）observations：105

Variable	Coefficient	Std. Error	t-Statistic	Prob.
C	681.929 0	207.276 2	3.289 953	0.001 5
IC?	0.671 206	0.032 756	20.491 00	0.000 0
Fixed Effects（Cross）				
O1—C	−68.638 43			
O2—C	617.155 7			
O3—C	−28.381 30			
O4—C	−177.647 4			
O5—C	−211.923 3			
O6—C	−18.149 78			
O7—C	−30.408 12			
O8—C	−360.157 8			
O9—C	74.359 82			
O10—C	−252.623 2			
O11—C	−142.696 8			
O12—C	374.542 6			
O13—C	−120.336 3			
O14—C	81.087 07			
O15—C	263.817 2			
Fixed Effects（Period）				
1996—C	−75.329 23			
1997—C	23.581 69			
1998—C	−8.334 452			
1999—C	−38.772 92			
2000—C	32.760 87			
2001—C	−41.963 90			
2002—C	108.057 9			

Effects Specification

Cross-section fixed（dummy variables）
Period fixed（dummy variables）

R-squared	0.993 231	Mean dependent var	4 917.608
Adjusted R-squared	0.991 519	S. D. dependent var	1 704.704
S. E. of regression	156.992 7	Akaike info criterion	13.134 20
Sum squared resid	2 045 678	Schwarz criterion	13.690 27
Log likelihood	−667.545 7	Hannan-Quinn criter.	13.359 53
F-statistic	579.966 8	Durbin-Watson stat	1.433 232
Prob(F-statistic)	0.000 000		

用上例计算，已知 $SSE_r=4\ 824\ 597$，$SSE_u=2\ 045\ 678$，则有：

$$F=\frac{(SSE_r-SSE_u)/(N+T-2)}{SSE_u/(NT-N-T)}=\frac{(4\ 824\ 597-2\ 045\ 678)/(15+7-2)}{2045\ 678/(105-15-7)}$$

$$=\frac{138\ 945.95}{24\ 646.72}=5.638$$

$$F_{0.01}(20,83)=2.106$$

因为 $F=5.638>F_{0.01}(20, 83)=2.106$，拒绝原假设，结论是应该建立个体时点双固定效应模型。

§8.5　随机效应模型估计

对于一元方程模型：

$$y_{it}=\alpha+\beta_1 x_{it}+\varepsilon_{it}$$

如果随机扰动项在时间上和截面上都是相关的，用 3 个分量表示如下：

$$\varepsilon_{it}=u_i+v_t+w_{it}$$

其中，u_i 表示截面随机扰动分量；v_t 表示时间随机扰动分量；w_{it} 表示混合随机扰动分量。同时还假定 u_i，v_t，w_{it} 之间互不相关，各自分别不存在截面自相关、时间自相关和混合自相关，则该模型就称为随机效应模型。

将随机效应模型和固定效应模型进行比较，相当于把固定效应模型中的截距项看成两个随机变量。一个是截面随机扰动项（u_i），一个是时间随机扰动项（v_t）。如果这两个随机扰动项都服从正态分布，对模型估计时就能够节省自由度，因为在此条件下只需要估计两个随机扰动项的均值和方差。假定固定效应模型中的截距项包括了截面随机扰动项和时间随机扰动项的平均效应，而且对均值的离差分别是 u_i 和 v_t，固定效应模型就变成了随机效应模型。

对随机效应模型估计可以使用广义最小平方法进行，以观测值方差的倒数为权。为了求权数，必须采用二阶段最小平方法估计。因为各随机扰动分量的方差一般是未知的，第一步用普通最小平方法对混合数据进行估计（采用固定效应模型），用估计的残差计算随机扰动分量的方差。第二步用这些估计的方差计算参数的广义最小平方估计值。如果随机扰动分量服从的是正态分布，模型的参数还可以用极大似然法估计。

随机效应模型与固定效应模型类似，同样也分为截面随机效应和个体随机效应以及个体时点双随机效应三种。如果利用 EViews 估计，以例 8.1 为例，当分析个体随机效应时（注意这里是 15 个个体的 15 个时间序列数据和 7 个时点的 7 个截面数据），如果在如图 8－1所示的窗口中的 Cross-section 选项处选 Random，在 Period 选项处选 None，确认后得到如表 8－7 所示的输出结果；如果在 Period 选项处选 Fixed，则得到如表 8－8 所示的输出结果；如果在 Period 选项处也选 Random，则得到如表 8－9 所示的输出结果。如果要分析时点随机效应，在 Period 选项处选 Random，在 Cross-section 选项处选 None，则得到如表 8－3 所示的与混合估计类似的输出结果，表中虽然会给出 7 个时点（截面）的截距参数，但 7 个截距参数均为 0（想一想这是为什么）；如果在 Cross-section 选项处选 Fixed，则得到如表 8－10 所示的输出结果。

表 8－7　　15 个省级地区随机效应模型的估计结果（1）

Dependent Variable：CS?
Method：Pooled EGLS（Cross-section random effects）
Date：09/17/15　Time：10：15
Sample：1996 2002
Included observations：7
Cross-sections included：15
Total pool（balanced）observations：105
Swamy and Arora estimator of component variances

Variable	Coefficient	Std. Error	t-Statistic	Prob.
C	345.178 4	75.472 27	4.573 579	0.000 0
IC?	0.724 569	0.010 572	68.538 06	0.000 0
Random Effects（Cross）				
O1—C	−2.553 285			
O2—C	367.043 9			
O3—C	−54.240 29			
O4—C	−104.836 7			
O5—C	−101.767 7			
O6—C	54.906 65			
O7—C	−32.278 64			
O8—C	−223.951 5			
O9—C	112.115 1			
O10—C	−133.137 5			
O11—C	−100.871 3			
O12—C	126.181 6			
O13—C	−22.791 76			
O14—C	10.087 75			
O15—C	106.093 6			

Effects Specification

	S. D.	Rho
Cross-section random	122.620 7	0.370 8
Idiosyncratic random	159.718 7	0.629 2

Weighted Statistics

R-squared	0.975 741	Mean dependent var	2 172.054
Adjusted R-squared	0.975 506	S. D. dependent var	1 086.684
S. E. of regression	170.073 0	Sum squared resid	2 979 255
F-statistic	4 142.900	Durbin-Watson stat	1.230 758
Prob(F-statistic)	0.000 000		

Unweighted Statistics

R-squared	0.982 042	Mean dependent var	4 917.608
Sum squared resid	5 427 330	Durbin-Watson stat	0.675 607

表 8-8　15 个省级地区随机效应模型的估计结果 (2)

Dependent Variable: CS?
Method: Pooled EGLS (Cross-section random effects)
Date: 09/01/15　Time: 10: 10
Sample: 1996 2002
Included observations: 7
Cross-sections included: 15
Total pool (balanced) observations: 105
Swamy and Arora estimator of component variances

Variable	Coefficient	Std. Error	t-Statistic	Prob.
C	142.510 5	105.263 0	1.353 852	0.178 9
IC?	0.756 685	0.016 503	45.851 77	0.000 0
Random Effects (Cross)				
O1—C	29.399 24			
O2—C	291.349 6			
O3—C	−73.735 28			
O4—C	−82.546 14			
O5—C	−60.849 59			
O6—C	97.537 03			
O7—C	−37.277 92			
O8—C	−185.776 0			
O9—C	144.745 9			
O10—C	−91.633 28			
O11—C	−93.211 85			
O12—C	20.854 77			
O13—C	21.963 69			
O14—C	−23.311 15			
O15—C	42.490 98			
Fixed Effects (Period)				
1996—C	68.592 86			
1997—C	111.300 1			
1998—C	41.833 73			
1999—C	−37.424 03			
2000—C	1.096 178			
2001—C	−133.104 2			
2002—C	−52.294 67			

Effects Specification

	S. D.	Rho
Cross-section random	123.122 6	0.380 8
Period fixed (dummy variables)		
Idiosyncratic random	156.992 7	0.619 2

Weighted Statistics

R-squared	0.978 647	Mean dependent var	4 917.608
Adjusted R-squared	0.977 106	S. D. dependent var	1 080.154
S. E. of regression	163.436 6	Sum squared resid	2 591 016
F-statistic	635.088 3	Durbin-Watson stat	1.195 936
Prob(F-statistic)	0.000 000		

Unweighted Statistics

R-squared	0.986 049	Mean dependent var	4 917.608
Sum squared resid	4 216 309	Durbin-Watson stat	0.734 929

表 8-9　　15 个省级地区随机效应模型的估计结果（3）

Dependent Variable：CS?
Method：Pooled EGLS (Two-way random effects)
Date：09/01/15　Time：11：41
Sample：1996 2002
Included observations：7
Cross-sections included：15
Total pool (balanced) observations：105
Swamy and Arora estimator of component variances

Variable	Coefficient	Std. Error	t-Statistic	Prob.
C	305.371 4	89.323 32	3.418 719	0.000 9
IC?	0.730 877	0.012 685	57.617 24	0.000 0
Random Effects (Cross)				
O1—C	3.705 842			
O2—C	354.595 8			
O3—C	−58.426 92			
O4—C	−101.149 5			
O5—C	−94.401 55			
O6—C	63.641 82			
O7—C	−33.473 34			
O8—C	−217.929 4			
O9—C	119.263 3			
O10—C	−125.863 0			
O11—C	−100.031 7			
O12—C	106.325 5			
O13—C	−14.151 35			
O14—C	3.594 194			
O15—C	94.300 38			
Random Effects (Period)				
1996—C	10.104 68			
1997—C	34.090 73			
1998—C	10.726 47			
1999—C	−15.205 77			
2000—C	4.283 178			
2001—C	−42.439 32			
2002—C	−1.559 966			

Effects Specification

	S. D.	Rho
Cross-section random	123.122 6	0.370 5
Period random	33.230 65	0.027 0
Idiosyncratic random	156.992 7	0.602 5

Weighted Statistics

R-squared	0.969 907	Mean dependent var	2 011.385
Adjusted R-squared	0.969 615	S. D. dependent var	952.919 0
S. E. of regression	166.106 0	Sum squared resid	2 841 893
F-statistic	3 319.747	Durbin-Watson stat	1.203 498
Prob(F-statistic)	0.000 000		

Unweighted Statistics

R-squared	0.982 711	Mean dependent var	4 917.608
Sum squared resid	5 225 263	Durbin-Watson stat	0.704 226

表 8-10　　15 个省级地区随机效应模型的估计结果（4）

Dependent Variable: CS?
Method: Pooled EGLS (Period random effects)
Date: 09/01/15　Time: 11: 36
Sample: 1996 2002
Included observations: 7
Cross-sections included: 15
Total pool (balanced) observations: 105
Swamy and Arora estimator of component variances

Variable	Coefficient	Std. Error	t-Statistic	Prob.
C	530.386 5	98.374 79	5.391 488	0.000 0
IC?	0.695 220	0.015 399	45.147 90	0.000 0
Fixed Effects (Cross)				
O1—C	−39.177 68			
O2—C	544.636 0			
O3—C	−45.934 28			
O4—C	−156.316 3			
O5—C	−173.451 7			
O6—C	20.715 40			
O7—C	−34.770 56			
O8—C	−323.289 8			
O9—C	103.578 8			
O10—C	−213.374 5			
O11—C	−134.876 9			
O12—C	276.539 5			
O13—C	−78.925 84			
O14—C	50.236 67			
O15—C	204.411 2			
Random Effects (Period)				
1996—C	−14.026 06			
1997—C	19.383 39			
1998—C	2.315 006			
1999—C	−15.431 93			
2000—C	9.592 247			
2001—C	−27.158 26			
2002—C	25.325 60			

Effects Specification		
	S. D.	Rho
Cross-section fixed (dummy variables)		
Period random	33.230 65	0.042 9
Idiosyncratic random	156.992 7	0.957 1

Weighted Statistics			
R-squared	0.992 061	Mean dependent var	4 917.608
Adjusted R-squared	0.990 722	S. D. dependent var	1 627.064
S. E. of regression	156.719 0	Sum squared resid	2 185 916
F-statistic	741.388 7	Durbin-Watson stat	1.545 601
Prob(F-statistic)	0.000 000		

Unweighted Statistics			
R-squared	0.992 485	Mean dependent var	4 917.608
Sum squared resid	2 271 262	Durbin-Watson stat	1.609 881

在这里，除了表 8 - 7 外，其余三个表的输出模式是一样的。这三个表的共同特点是，输出的截距参数的格式是相同的，即三个表里面“C”行的截距参数反映的都是 15 个个体参数或 7 个时点参数的均值，而 15 个个体参数和 7 个时点参数位置给出的都是这个均值与相应参数的离差。然而值得注意的是，这三个表里面给出的截距参数和回归系数都是不同的。显然，这里使用的方法是不一样的。

不难看出，与个体固定效应模型相比，个体随机效应模型实际上假定了每个对象截距变化的基数不为 0，而个体固定效应模型实际上假定了每个对象截距变化的基数是为 0 的。

随机效应模型和固定效应模型哪一个更好？实际上它们各有优缺点。随机效应模型的好处是节省自由度。对于从时间序列和截面两方面看都存在较大变化的数据，随机效应模型能明确地描述出误差来源的特征。固定效应模型的好处是很容易分析任意截面数据所对应的因变量与全部截面数据所对应的因变量均值的差异程度。此外，固定效应模型不要求误差项中的个体效应分量与模型中的解释变量不相关。当然，当这一假定不成立时，可能会引起模型参数估计的不一致性。

本章实验及案例分析

一、实验目的

掌握面板数据模型的 EViews 估计及豪斯曼检验方法。

二、模型设定

企业研发支出受到企业利润的影响，利用我国 31 个省市自治区（不包括中国台湾、中国香港、中国澳门的数据）2008—2014 年的数据，以规模以上工业企业的研发支出为被解释变量，规模以上工业企业的利润为解释变量，建立面板数据模型。数据见表 8 - 11 和表 8 - 12。

表 8 - 11　　各地区规模以上工业企业的利润　　单位：万元

	2008	2009	2010	2011	2012	2013	2014
北　京	5 570 000	15 193 871	8 142 280	11 294 991	12 678 868	12 828 840	15 157 524
天　津	7 527 900	17 726 503	13 074 926	19 337 460	21 006 622	22 473 795	22 519 256
河　北	13 698 400	7 736 537	12 660 184	26 390 077	25 594 676	27 347 038	26 118 190
山　西	6 342 500	1 985 429	9 560 178	12 829 640	10 109 063	6 145 866	2 563 147
内蒙古	7 714 400	1 136 498	12 302 334	22 109 720	19 316 873	19 852 726	15 891 854
辽　宁	7 815 800	23 870 617	11 089 015	25 088 880	24 356 947	29 765 954	21 075 522
吉　林	3 962 300	1 755 542	5 729 685	11 750 643	12 150 390	12 783 917	14 458 894
黑龙江	15 816 900	1 526 053	10 418 953	14 468 964	13 385 582	11 854 868	10 070 814
上　海	9 672 400	66 856 775	17 505 122	22 523 651	21 494 233	23 844 144	26 479 927
江　苏	39 729 300	149 348 063	38 203 230	69 892 894	72 501 970	83 725 491	90 571 696
浙　江	16 342 000	84 113 899	19 081 533	33 204 323	31 126 510	35 640 667	37 291 324
安　徽	6 067 300	5 723 920	9 664 078	16 631 564	18 702 634	21 118 120	19 427 747

续前表

	2008	2009	2010	2011	2012	2013	2014
福　建	8 961 100	35 431 437	11 900 728	21 145 439	20 232 665	22 274 465	23 442 688
江　西	5 079 600	8 026 044	3 892 040	12 159 406	15 065 092	18 022 359	21 304 081
山　东	39 235 600	55 701 718	30 805 067	70 976 506	80 163 518	87 153 560	88 439 068
河　南	22 877 800	4 525 519	16 279 405	42 401 106	40 163 934	45 283 284	49 461 938
湖　北	9 090 300	6 534 666	11 715 397	18 662 838	20 462 766	24 800 247	24 027 011
湖　南	6 635 600	3 236 949	6 913 348	18 480 015	17 909 573	20 477 613	17 471 533
广　东	32 726 000	210 851 462	44 155 437	58 574 063	54 649 033	64 882 204	70 148 504
广　西	2 311 400	2 754 932	4 846 539	8 948 183	9 328 294	10 136 040	11 642 859
海　南	807 400	882 529	999 757	1 548 350	1 333 455	1 231 642	1 133 638
重　庆	3 086 800	2 683 102	3 202 401	6 603 471	6 453 886	9 056 146	12 561 111
四　川	8 445 600	5 413 890	10 149 183	21 918 373	23 337 588	23 489 033	22 300 644
贵　州	1 818 300	707 601	1 931 684	4 406 371	6 270 247	6 373 862	7 518 009
云　南	3 101 400	957 570	4 456 505	6 392 383	5 865 245	6 274 024	6 152 613
西　藏	45 000	378	51 318	128 314	128 885	73 423	125 588
陕　西	10 089 900	2 271 499	10 919 477	19 763 081	20 572 234	21 513 719	19 013 323
甘　肃	1 094 600	307 373	1 980 599	2 663 682	2 852 259	2 954 405	2 389 846
青　海	1 771 700	24 454	1 573 404	2 153 301	1 688 947	1 488 135	1 061 911
宁　夏	391 300	354 393	1 158 348	1 756 765	1 312 215	1 799 690	1 180 606
新　疆	7 795 200	353 061	7 460 438	9 637 368	8 886 378	8 551 303	7 317 107

表 8-12　　各地区规模以上工业企业的研发消费支出　　单位：万元

	2008	2009	2010	2011	2012	2013	2014
北　京	937 381	831 767	843 169	1 284 900	1 566 431	1 647 824	1 801 576
天　津	909 369	1 035 671	1 089 204	1 629 171	2 068 960	2 484 962	2 778 885
河　北	739 315	742 588	926 520	1 360 221	1 668 431	2 050 210	2 336 008
山　西	456 634	500 082	531 423	707 747	853 715	1 094 029	1 068 811
内蒙古	262 856	312 969	391 336	544 990	705 484	844 594	952 140
辽　宁	1 335 153	1 185 440	1 445 113	2 134 585	2 346 177	2 711 630	2 760 065
吉　林	242 626	285 663	325 318	425 061	518 173	650 311	680 706
黑龙江	423 013	495 233	539 388	608 270	683 871	835 447	749 920
上　海	1 951 538	1 961 319	2 146 408	2 932 134	3 033 694	3 672 035	4 013 303
江　苏	4 467 556	5 125 128	4 864 313	7 743 727	9 464 830	11 009 479	12 259 542
浙　江	2 721 154	3 082 179	2 585 884	4 509 534	5 509 738	6 421 123	7 241 376
安　徽	672 727	744 445	824 656	1 325 186	1 784 074	2 161 182	2 462 204
福　建	796 128	926 586	952 344	1 530 296	2 061 424	2 453 011	2 784 353
江　西	485 122	499 800	488 208	639 834	805 227	986 917	1 102 030
山　东	3 551 630	3 818 300	4 519 390	6 327 202	7 901 337	9 281 216	10 317 006

续前表

	2008	2009	2010	2011	2012	2013	2014
河　南	954 064	1 179 514	1 343 574	1 892 771	2 238 004	2 710 856	3 089 545
湖　北	763 246	913 304	1 193 793	1 561 021	2 265 420	2 388 780	2 745 670
湖　南	766 812	880 251	1 015 363	1 578 379	1 970 781	2 352 569	2 730 370
广　东	4 315 293	5 016 490	5 847 235	8 094 556	9 956 427	11 318 818	12 800 803
广　西	233 533	283 298	304 176	501 601	632 035	741 096	783 534
海　南	8 734	20 497	14 739	35 939	58 018	76 394	93 097
重　庆	446 329	455 834	533 003	761 360	984 968	1 176 841	1 451 617
四　川	562 629	557 021	599 369	770 625	1 185 599	1 373 596	1 615 550
贵　州	142 755	155 140	169 494	230 907	281 260	318 579	363 506
云　南	125 792	104 554	127 157	239 296	304 596	364 648	450 044
西　藏	4 376	5 970	892	1 591	4 933	3 993	2 396
陕　西	401 746	393 502	472 592	659 850	794 257	1 090 159	1 321 262
甘　肃	166 373	143 053	154 294	165 296	248 149	302 944	360 341
青　海	24 586	29 774	39 637	61 403	78 178	73 275	80 251
宁　夏	62 812	66 215	60 875	99 091	116 409	135 860	160538
新　疆	88 813	106 454	113 334	163 398	215 519	212 524	273 307

三、参数估计

运用 EViews 进行面板数据模型分析的主要步骤如下：

1）在 Equation Estimation 窗口中 Specification 对话框中（如图 8－2 所示）确定被解释变量、解释变量和截距项。

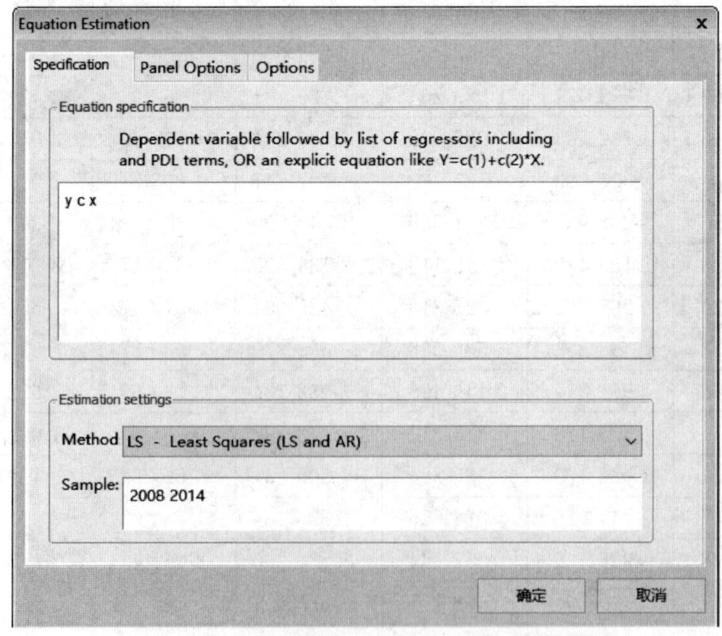

图 8－2　面板数据分析的 Specification 页面

2）在 Panel Options 标签（如图 8－3 所示）中的 Effects specification 选择区，设定面板数据模型的个体效应和时点效应，选项中的“None”“Fixed”和“Random”，分别表示“无效应”“固定效应”和“随机效应”，如果选择了“Fixed”或“Random”，EViews 的输出结果中会添加一个共同截距项。在 GLS Weights 下拉菜单中进行选择：面板数据不存在异方差和自相关时选择“No weights”；个体间存在异方差时选择“Cross-section weights”；个体间存在同期相关性和异方差时选择“Cross-section SUR”；给定的个体存在时间上的异方差时选择“Period weights”；给定的个体残差存在时间上的序列相关和异方差时选择“Period SUR”。

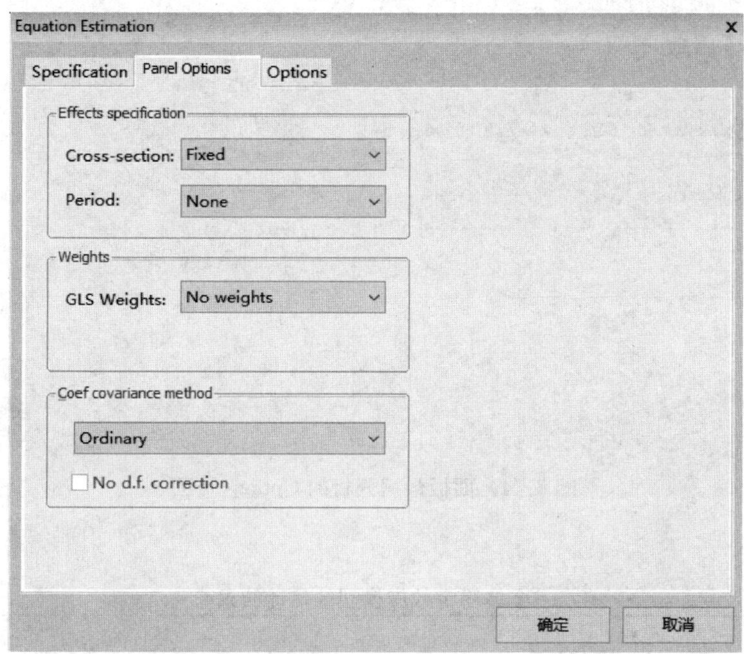

图 8－3　面板数据分析的 Panel Options 页面

在 Coef covariance method 选择区，确定系数标准差的各种估计方法：当不存在异方差和序列相关时，选择“Ordinary”；当存在个体间的异方差和同期相关性时，选择“White cross-section”或“Cross-section SUR”；当模型残差只存在时间上的异方差时，选择“White Period”；当只存在个体间异方差时，选择“White [diagonal]”；当只存在时间上的异方差但不存在同期相关性时，选择“Period weights”。

3）在 Options 页面（见图 8－4），对于随机效应模型，选择“Weighting options”确定随机效应方差的估计方法；对于固定效应模型，选择“Iteration control”确定迭代估计方法的收敛和迭代选择。选择完毕，单击“确定”，得到个体固定效应模型的估计结果如表 8－13 所示，得到个体随机效应模型的估计结果如表 8－14 所示。

4）进行固定效应检验。

菜单操作方式是：View/Fixed/Random Effects Testing/Redundant Fixed Effects-Likelihood Ratio，检验结果如表 8－15 所示。可以看出，固定效应显著。

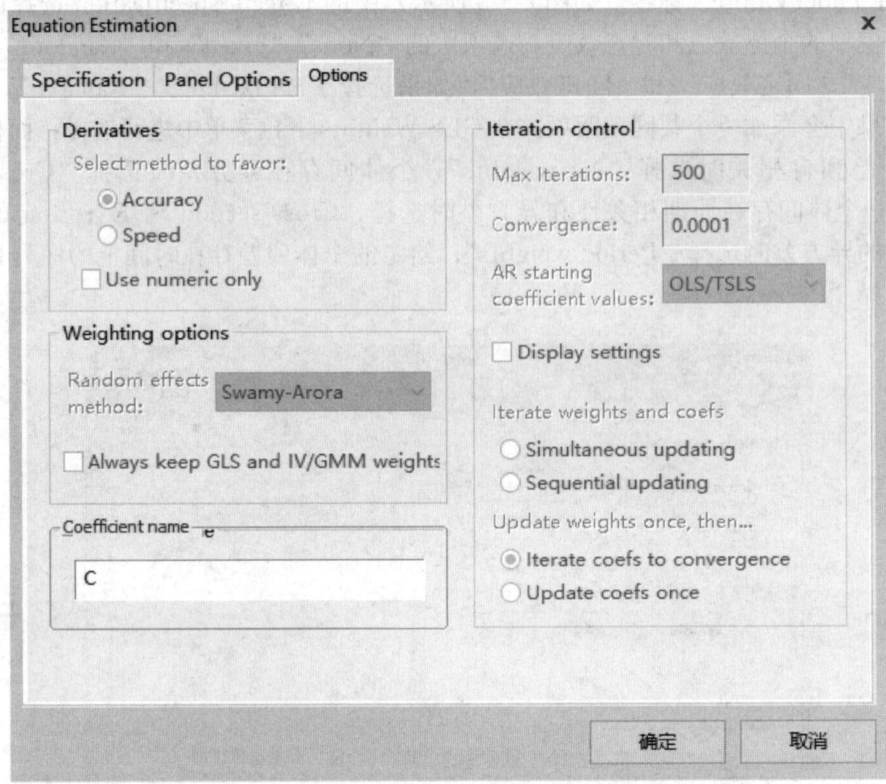

图 8-4　面板数据分析的 Options 页面

表 8-13　个体固定效应模型的估计结果

Dependent Variable：Y
Method：Panel Least Squares
Date：12/03/16 Time：07：36
Sample：2008 2014
Periods included：7
Cross-sections included：31
Total panel (balanced) observations：217

Variable	Coefficient	Std. Error	t-Statistic	Prob.
C	1 481 889	120 269.4	12.321 42	0.000 0
X	0.010 371	0.005 170	2.005 886	0.046 3

Effects Specification

Cross-section fixed (dummy variables)

R-squared	0.819 057	Mean dependent var	1 671 618
Adjusted R-squared	0.788 737	S. D. dependent var	2 380 776
S. E. of regression	1 094 284	Akaike info criterion	30.784 49
Sum squared resid	2.22E+14	Schwarz criterion	31.282 91
Log likelihood	−3 308.117	Hannan-Quinn criter.	30.985 83
F-statistic	27.013 65	Durbin-Watson stat	0.961 896
Prob(F-statistic)	0.000 000		

表 8-14　　个体随机效应模型的估计结果

Dependent Variable：Y
Method：Panel EGLS（Cross-section random effects）
Date：12/03/16　Time：07：33
Sample：2008 2014
Periods included：7
Cross-sections included：31
Total panel（balanced）observations：217
Swamy and Arora estimator of component variances

Variable	Coefficient	Std. Error	t-Statistic	Prob.
C	344 039.3	93 458.88	3.681 184	0.000 3
X	0.072 567	0.003 041	23.860 33	0.000 0
Effects Specification				
			S.D	Rho
Cross-section random			61 134.21	0.003 1
Idiosyncratic random			1 094 284	0.996 9
Weighted Statistics				
R-squared	0.566 706	Mean dependent var		1 653 651
Adjusted R-squared	0.564 690	S.D. dependent var		2 359 939
S.E. of regression	1 557 041	Sum squared resid		5.21E+14
F-statistic	281.198 5	Durbin-Watson stat		1.307 208
Prob(F-statistic)	0.000 000			
Unweighted Statistics				
R-squared	0.572 001	Mean dependent var		1 671 618
Sum squared resid	5.24E+14	Durbin-Watson stat		1.302 239

表 8-15　　固定效应的检验结果

Redundant Fixed Effects Tests
Equation：Untitled
Test cross-section fixed effects

Effects Test	Statistic	d.f.	Prob.
Cross-section F	8.419 083	(30.185)	0.000 0
Cross-section Chi-square	186.812 389	30	0.000 0

5）进行随机效应检验。

菜单操作方式是：View/Fixed/Random Effects Testing/Correlated Random Effects-Hausman Test，检验结果如表 8-16 所示。

给定显著性水平 $\alpha=0.05$，统计量 $W=221.29>\chi^2_{0.05}(1)=3.84$，故拒绝原假设，采用固定效应模型。

表 8-16 随机效应的检验结果

Correlated Random Effects-Hausman Test Equation：Untitled Test cross-section random effects			
Test Summary	Chi-Sq. Statistic	Chi-Sq. d. f.	Prob.
Cross-section random	221.289 535	1	0.000 0

课后思考及练习题

1. 什么是面板数据？使用面板数据建模有什么优势？

2. 什么是动态面板数据模型和静态面板数据模型？

3. 静态面板数据模型通常有哪些情形？它们的数学形式有什么不同？

4. 变截距模型中的固定效应和随机效应是什么意思？固定效应包括几种情况？

5. 运用 EViews 进行面板数据模型分析包括哪些主要步骤？

6. 表 8-17 给出了我国 1978—2014 年三次产业就业人数及产值数据，可以建立面板数据模型如下：

$$Y_{it}=\alpha_i+\beta_i X_{it}+\mu_{it}$$

模型中 Y_{it} 是 i 产业第 t 年的产值；X_{it} 是 i 产业第 t 年的就业人数。要求：

（1）检验数据符合不变系数、变截距还是变系数模型结构。

（2）建立固定效应模型和随机效应模型，并用豪斯曼检验进行判别。

表 8-17 我国 1978—2014 年三次产业就业人数及产值数据

年份	就业人数（万人）			产值（亿元）		
	第一产业	第二产业	第三产业	第一产业	第二产业	第三产业
1978	28 318	6 945	4 890	1 018.4	1 736.0	895.8
1979	28 634	7 214	5 177	1 258.9	1 903.3	905.4
1980	29 122	7 707	5 532	1 359.4	2 180.5	1 011.6
1981	29 777	8 003	5 945	1 545.6	2 243.7	1 108.8
1982	30 859	8 346	6 090	1 761.6	2 370.6	1 200.9
1983	31 151	8 679	6 606	1 960.8	2 632.6	1 382.2
1984	30 868	9 590	7 739	2 295.5	3 089.7	1 841.1
1985	31 130	10 384	8 359	2 541.6	3 846.8	2 651.6
1986	31 254	11 216	8 811	2 763.9	4 469.9	3 074.9
1987	31 663	11 726	9 395	3 204.3	5 225.3	3 672.6
1988	32 249	12 152	9 933	3 831.0	6 554.0	4 716.0
1989	33 225	11 976	10 129	4 228.0	7 240.8	5 621.6

续前表

年份	就业人数（万人）			产值（亿元）		
	第一产业	第二产业	第三产业	第一产业	第二产业	第三产业
1990	38 914	13 856	11 979	5 017.0	7 678.0	6 079.3
1991	39 098	14 015	12 378	5 288.6	9 055.8	7 551.2
1992	38 699	14 355	13 098	5 800.0	11 640.4	9 627.9
1993	37 680	14 965	14 163	6 887.3	16 373.0	12 264.1
1994	36 628	15 312	15 515	9 471.4	22 333.5	16 654.7
1995	35 530	15 655	16 880	12 020.0	28 536.2	20 573.6
1996	34 820	16 203	17 927	13 877.8	33 665.8	24 028.7
1997	34 840	16 547	18 432	14 264.6	37 353.9	27 810.9
1998	35 177	16 600	18 860	14 618.0	38 808.8	31 456.8
1999	35 768	16 421	19 205	14 548.1	40 827.6	34 812.0
2000	36 043	16 219	19 823	14 716.2	45 326.0	39 734.1
2001	36 399	16 234	20 165	15 501.2	49 262.0	45 507.2
2002	36 640	15 682	20 958	16 188.6	53 624.4	51 189.0
2003	36 204	15 927	21 605	16 968.3	62 120.8	57 475.6
2004	34 830	16 709	22 725	20 901.8	73 529.8	66 282.8
2005	33 442	17 766	23 439	21 803.5	87 127.3	76 964.9
2006	31 941	18 894	24 143	23 313.0	103 163.5	91 180.1
2007	30 731	20 186	24 404	27 783.0	125 145.4	115 090.9
2008	29 923	20 553	25 087	32 747.0	148 097.9	135 906.9
2009	28 890	21 080	25 857	34 154.0	157 850.1	153 625.1
2010	27 931	21 842	26 332	39 354.6	188 804.9	180 743.4
2011	26 594	22 544	27 282	46 153.3	223 390.3	214 579.9
2012	25 773	23 241	27 690	50 892.7	240 200.4	243 030.0
2013	24 171	23 170	29 636	55 321.7	256 810.0	275 887.0
2014	22 790	23 099	31 364	58 336.1	271 764.5	306 038.2

附录1　一些必要的数理统计知识

A1.1　概率及其分布

一、关于概率

概率即随机事件发生的可能性。随机事件 X 的概率可以用 $P(X)$ 表示，$P(X)$ 一般应满足以下两个条件：

$$0 \leqslant P(X_i) \leqslant 1 \quad \sum P(X_i) = 1$$

概率为 0 是不可能事件，概率为 1 是必然事件。

二、概率分布

概率分布即任一随机变量在其值域上任一点出现的概率集合。离散型随机变量的概率分布可以列表表示，如抛掷一枚硬币得到［正，反］或［0，1］的分布和抛掷一枚骰子得到 6 个点的概率可分别表示为：

$$\begin{bmatrix} 0 & 1 \\ 0.5 & 0.5 \end{bmatrix} \begin{bmatrix} 1 & 2 & 3 & 4 & 5 & 6 \\ 1/6 & 1/6 & 1/6 & 1/6 & 1/6 & 1/6 \end{bmatrix}$$

连续型随机变量的概率分布可用函数式和曲线图来描述，也可以列表表示。其一般的函数式为：

$$P(a \leqslant x \leqslant b) = \int_a^b f(x)\mathrm{d}x$$

其中，$f(x)$ 称作概率密度函数，一般应满足条件：

$$0 < f(x) < 1 \quad \int_a^b f(x)\mathrm{d}x = 1$$

$f(x)$ 的具体形式对于不同的分布是不同的。

三、计量经济学中常用的概率分布

在计量经济学中，最常用的概率分布有三个：

(1) 正态分布

正态分布的形式取决于随机变量的均值和标准误差，其概率密度函数为：

$$f(x) = \frac{1}{\sigma\sqrt{2\pi}} \mathrm{e}^{-\frac{(x-\mu)^2}{2\sigma^2}}$$

当 $\mu=0$，$\sigma=1$ 时，其概率分布称作标准正态分布，这时概率密度函数为：

$$f(x) = \frac{1}{\sqrt{2\pi}} \mathrm{e}^{-\frac{x^2}{2}}$$

正态分布的分布形式如图 A1－1 所示，主要特点是：

①以直线 $x=\mu$ 为对称轴；

②在 $x=\mu$ 处有最大值$\frac{1}{\sigma\sqrt{2\pi}}$；

③在 $x=\mu\pm\sigma$ 处有拐点；

④横坐标轴为 $x\to\pm\infty$时的渐近线。

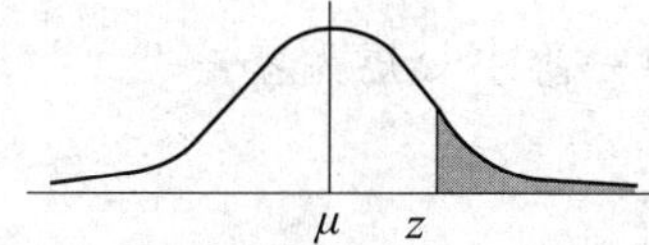

图 A1－1　正态分布图

任何正态分布都可以通过令 $z=(x-\mu)/\sigma$ 而转化为标准正态分布，z 称作概率度。在这里要特别注意，在掌握概率论时，一定要注意把密度函数和分布函数的概念区分开来。密度函数给出的是概率曲线在某一特定点的坐标，分布函数给出的是某一给定区间的概率。

（2）t 分布

t 分布即随机变量的概率分布既受均值和标准误差的影响，又与自由度密切相关的分布。t 分布也叫做学生（student）分布。t 分布也是对称分布，其均值为 0，方差 σ_t^2 为$\frac{n-1}{n-3}$，其中 n 为样本容量。当 $n\to\infty$时，t 分布趋于正态分布。t 分布的概率度用 t 表示。t 分布的密度函数比较复杂，此处从略。

自由度即样本中随机变量可以自由变化的数目，自由度的大小由样本的大小和样本中已知常量的数目决定。

（3）F 分布

F 分布即分布形式由两个随机变量的方差和自由度所决定的概率分布。F 分布的概率度用 F 表示：

$$F=\frac{n_1 s_1^2/(n_1-)}{n_2 s_2^2/(n_2-1)}$$

其中，s_1 和 s_2 分别称作相应变量的均方差：

$$s_1^2=\frac{1}{n_1}\sum(x-\bar{x})^2 \quad s_2^2=\frac{1}{n_2}\sum(y-\bar{y})^2$$

必须注意，均方差和方差不是同一概念。

A1.2　期望与方差

计量经济学处理的基本对象是模型和数据。因此，它要求必须熟悉反映数据基本特征的一些常用指标。反映数据基本特征的指标主要是期望和方差。

一、期望

期望的定义为：

$$E(x) = \sum_{i=1}^{\infty} x_i P(x_i)$$

期望也叫做数据的原点矩。期望的实质也就是均值，是一个以概率为权数的加权平均数。

期望的性质为：

$E(k)=k$（k 为常数）

$E(X+Y)=E(X)+E(Y)$

$E[X-E(X)]=0$（亦即一阶中心矩为零）

二、方差及协方差

方差的定义为：

$$D^2(x) = \sum_{i=1}^{\infty} [x - E(x)]^2 P(x) = E[x - E(x)]^2 = E(x^2) - [E(x)]^2$$

方差也叫做数据的二阶中心矩。方差主要用于考察变量围绕其均值（即期望）分布的集中性程度，方差越小，变量分布就越集中。

方差的性质为：

$D^2(k)=0 \quad D^2(kX)=k^2 D^2(X)$

$D^2(X+Y)=D^2(X)+D^2(Y)$（X、Y 为独立变量）

协方差：$\mathrm{Cov}(X, Y)=E[X-E(X)][Y-E(Y)]=E(XY)-E(X)E(Y)$

协方差主要用来考察两个变量之间的相关程度，协方差越大，两变量之间的相关程度就越高。两个独立变量之间的协方差为 0。

A1.3 连加规则

计量经济学的表达式和公式可以有两种表述方式，一种是利用连加规则（使用符号 Σ），另一种是利用矩阵形式。前者更直观且更容易理解，后者相对显得晦涩一些。本书上篇的表述一律使用连加规则。所以，熟悉连加规则对于掌握计量经济学基本方法非常重要。这些规则主要是：

① $\sum_{i=1}^{n} X_i = \sum X_i = X_1 + X_2 + \cdots + X_n$

② $\sum k = nk$

③ $\sum kX_i = k \sum X_i$

④ $\sum (X_i + Y_i) = \sum X_i + \sum Y_i$

⑤ $\sum_{i=1}^{m} \sum_{j=1}^{n} X_{ij} = \sum_{j=1}^{n} \sum_{i=1}^{m} X_{ij} = \sum \sum X_{ij}$

⑥ $\sum_{i=1}^{m} \sum_{j=1}^{n} X_i Y_j = \sum_{i=1}^{m} X_i \sum_{j=1}^{n} Y_j$

附录 2　矩阵运算的基础知识

A2.1　有关的定义

(1) 矩阵

一个有 m 行 n 列的矩阵：

$$\boldsymbol{A}=\begin{pmatrix} a_{11} & a_{12} & \cdots & a_{1n} \\ a_{21} & a_{22} & \cdots & a_{2n} \\ \vdots & \vdots & & \vdots \\ a_{m1} & a_{m2} & \cdots & a_{mn} \end{pmatrix}$$

就称作 $m\times n$ 阶矩阵。矩阵 $\boldsymbol{A}$ 常常也简记为 $\boldsymbol{A}=(a_{ij})_{m\times n}$。

(2) 向量和标量

一个 $m\times 1$ 阶矩阵称作一个 m 维列向量，一个 $1\times n$ 阶矩阵称作一个 n 维行向量。向量是矩阵的特例。一个 1×1 阶向量叫做标量。标量是向量的特例。标量就是一个数。

(3) 方阵

行数和列数相等的矩阵称作方阵。

(4) 对角矩阵

非对角元素皆为 0 的方阵称作对角矩阵。如：

$$\boldsymbol{A}=\begin{pmatrix} a_{11} & 0 & \cdots & 0 \\ 0 & a_{22} & \cdots & 0 \\ \vdots & \vdots & & \vdots \\ 0 & 0 & \cdots & a_{nn} \end{pmatrix}$$

上述的对角矩阵也可以简记为：$\boldsymbol{A}=\text{diag}(a_1, a_2, \cdots, a_n)$。英文词“diagonal”意为对角线。

(5) 单位阵

如果对角矩阵的每一个对角元素皆为 1，则此对角矩阵称作单位阵，记作 $\boldsymbol{I}_n$，其中 n 是单位阵的阶数。

(6) 零矩阵

如果矩阵的全部元素都为 0，则此矩阵称作零矩阵。

A2.2 矩阵的基本运算规则

（1）矩阵的相等

设$\boldsymbol{A}$和$\boldsymbol{B}$是两个同阶矩阵，如果它们的对应元素 $a_{ij}=b_{ij}$，则称矩阵$\boldsymbol{A}$等于矩阵$\boldsymbol{B}$，记作$\boldsymbol{A}=\boldsymbol{B}$。

（2）矩阵加法

设$\boldsymbol{A}$和$\boldsymbol{B}$同阶，若有另一同阶矩阵$\boldsymbol{C}$，且 $c_{ij}=a_{ij}+b_{ij}$，则可记作$\boldsymbol{C}=\boldsymbol{A}+\boldsymbol{B}$，即矩阵加法等于同阶矩阵的对应元素相加。

矩阵的加减利用 Excel 计算很方便。在 Excel 中分别输入两个矩阵后，可先选中矩阵，然后打开菜单“插入/名称/定义”，给矩阵命名，比如分别命名为$\boldsymbol{A}$和$\boldsymbol{B}$，即可在选定与$\boldsymbol{A}$和$\boldsymbol{B}$等阶的单元域后输入“＝A＋B”，然后同时按 Ctrl＋Shift＋Enter 即可。

【例 1】 已知

$$\boldsymbol{A}=\begin{pmatrix}-1 & 2 & 3 & 1\\ 0 & 3 & -2 & 1\\ 4 & 0 & 3 & 2\end{pmatrix}，\boldsymbol{B}=\begin{pmatrix}4 & 3 & 2 & -1\\ 5 & -3 & 0 & 1\\ 1 & 2 & -5 & 0\end{pmatrix}，求\boldsymbol{A}+\boldsymbol{B}。$$

【解】 在 Excel 上按照上述方法操作后得到：

$$\boldsymbol{A}+\boldsymbol{B}=\begin{pmatrix}3 & 5 & 5 & 0\\ 5 & 0 & -2 & 2\\ 5 & 2 & -2 & 2\end{pmatrix}$$

（3）标量与矩阵相乘

标量k与矩阵$\boldsymbol{A}$相乘仍是矩阵，其元素为k与$\boldsymbol{A}$的每一元素相乘的积。若$\boldsymbol{A}$为n阶方阵，则有：$|k\boldsymbol{A}|=k^n|\boldsymbol{A}|$。

如在例 1 中，有

$$3\boldsymbol{A}-2\boldsymbol{B}=\begin{pmatrix}-11 & 0 & 5 & 5\\ -10 & 15 & -6 & 1\\ 10 & -4 & 19 & 6\end{pmatrix}$$

（4）矩阵乘法

设矩阵$\boldsymbol{A}$为$m\times p$阶矩阵，$\boldsymbol{B}$为$p\times n$阶矩阵，则矩阵$\boldsymbol{C}=\boldsymbol{A}\boldsymbol{B}$为$m\times n$阶矩阵，其相应的元素为：

$$c_{ij}=\sum_{k=1}^{p}a_{ik}b_{kj}$$

注意，矩阵乘法一般不适用于交换律。

矩阵乘法在 Excel 中可使用函数“＝MMULT（A，B)”计算。

【例 2】 已知

$$\boldsymbol{A}=\begin{pmatrix}2 & 3\\ 1 & -2\\ 3 & 1\end{pmatrix}\quad \boldsymbol{B}=\begin{pmatrix}1 & -2 & -3\\ 2 & -1 & 0\end{pmatrix}，求\boldsymbol{A}\boldsymbol{B}=？\boldsymbol{B}\boldsymbol{A}=？$$

【解】 在 Excel 上先输入矩阵，然后命名（注意，在同一张表中和同一文件的不同表中，矩阵不可以重复命名），在选择输出单元域后输入函数"＝MMULT（A，B)"，同时按 Ctrl＋Shift＋Enter 键得到：

$$\boldsymbol{AB}=\begin{pmatrix}8 & -7 & -6\\3 & 0 & -3\\5 & -7 & -9\end{pmatrix}\quad \boldsymbol{BA}=\begin{pmatrix}-9 & 4\\3 & 8\end{pmatrix}$$

矩阵乘法也可以在选定输出单元域后输入函数"＝MMULT（)"，然后通过圈选方式输入需要相乘的矩阵，而不必对矩阵命名。

(5) 矩阵的转置

将矩阵 $\boldsymbol{A}$ 的行变成列的运算称作矩阵的转置。$\boldsymbol{A}$ 的转置记作 $\boldsymbol{A}'$，有时也记作 $\boldsymbol{A}^T$。如果 $\boldsymbol{A}=(a_{ij})_{m\times n}$，则 $\boldsymbol{A}'=(a_{ij})_{n\times m}$。矩阵的转置具有如下性质：

1) $(\boldsymbol{A}')'=\boldsymbol{A}$。

2) $(\boldsymbol{A}+\boldsymbol{B})'=\boldsymbol{A}'+\boldsymbol{B}'$。

3) $(\boldsymbol{AB})'=\boldsymbol{B}'\boldsymbol{A}'$。

4) 若 $\boldsymbol{A}$ 为方阵且 $\boldsymbol{A}'=\boldsymbol{A}$，则 $\boldsymbol{A}$ 为对称阵。显然，对于任一矩阵 $\boldsymbol{X}$，$\boldsymbol{X}'\boldsymbol{X}$ 必为对称阵。

5) 对于任意的分块矩阵，有：

$$\begin{pmatrix}\boldsymbol{A} & \boldsymbol{B}\\\boldsymbol{C} & \boldsymbol{D}\end{pmatrix}^T=\begin{pmatrix}\boldsymbol{A}' & \boldsymbol{C}'\\\boldsymbol{B}' & \boldsymbol{D}'\end{pmatrix}$$

在 Excel 中，矩阵的转置可以使用"＝TRANSPOSE（）"函数，也可以通过"复制—选择性粘贴"命令实现。

(6) 非奇异矩阵和伴随矩阵

如果一个 n 阶方阵的行列式不为 0，则该方阵就是非奇异矩阵。

一个方阵 $\boldsymbol{A}$ 的伴随矩阵（也叫做共轭矩阵）定义为：

$$\text{adj}\boldsymbol{A}=\boldsymbol{C}'$$

其中，$\boldsymbol{C}$ 是与 $\boldsymbol{A}$ 同阶的方阵，其元素 c_{ij} 是行列式 $|\boldsymbol{A}|$ 相应元素的代数余子式 M_{ij}。

【例 3】 已知 $\boldsymbol{A}=\begin{pmatrix}4 & 1\\3 & 2\end{pmatrix}$，求 adj$\boldsymbol{A}$。

【解】 对于 $\boldsymbol{A}=\begin{pmatrix}4 & 1\\3 & 2\end{pmatrix}$，有：

$$\boldsymbol{C}=\begin{pmatrix}2 & -3\\-1 & 4\end{pmatrix}\quad \text{adj}\boldsymbol{A}=\begin{pmatrix}2 & -1\\-3 & 4\end{pmatrix}$$

$\boldsymbol{A}$ 的伴随矩阵除了表示为 adj$\boldsymbol{A}$ 外，也常常用 $\boldsymbol{A}^*$ 表示。

伴随矩阵的基本性质是：$\boldsymbol{A}^*\boldsymbol{A}=\boldsymbol{A}\boldsymbol{A}^*=|\boldsymbol{A}|$。

在 Excel 中，一个矩阵的行列式可以通过函数"＝MDETERM（**A**)"得到。如在例 2 中，利用该函数可方便地求得 $|\boldsymbol{AB}|=-126$。

(7) 矩阵的秩

一个矩阵中不等于 0 的子式（子行列式）的最大阶数叫做这个矩阵的秩。如果一个矩阵中没有不等于 0 的子式，其秩为 0。如果矩阵 $\boldsymbol{A}$ 的秩为 k，可记作：$Rk(\boldsymbol{A})=k$，Rk

即“rank”的意思。无疑 $\boldsymbol{A}$ 中的这个 k 阶子式一定是非奇异矩阵。矩阵的秩有以下重要性质：

1）$Rk(\boldsymbol{A})=Rk(\boldsymbol{A}^T)$。

2）$Rk(\boldsymbol{AB})\leqslant\min[Rk(\boldsymbol{A}),\ Rk(\boldsymbol{B})]$。

(8) 逆阵

设 $\boldsymbol{A}$ 为方阵，若存在另一个与 $\boldsymbol{A}$ 同阶的方阵 $\boldsymbol{B}$，无论用 $\boldsymbol{B}$ 左乘还是右乘 $\boldsymbol{A}$ 皆得单位阵，则称 $\boldsymbol{B}$ 为 $\boldsymbol{A}$ 的逆阵，记作 $\boldsymbol{B}=\boldsymbol{A}^{-1}$。对于逆阵有：

$$\boldsymbol{A}^{-1}\boldsymbol{A}=\boldsymbol{A}\boldsymbol{A}^{-1}=\boldsymbol{I}$$

并非所有矩阵都有逆阵，只有非奇异矩阵才有逆阵。矩阵 $\boldsymbol{A}$ 的逆阵可定义为：

$$\boldsymbol{A}^{-1}=\frac{\mathrm{adj}\boldsymbol{A}}{|\boldsymbol{A}|}$$

逆阵可通过矩阵的行初等变换得到。逆阵具有如下性质：

1）$(\boldsymbol{A}^{-1})^{-1}=\boldsymbol{A}$。

2）$(\boldsymbol{A}^{-1})'=(\boldsymbol{A}')^{-1}$。

3）$(\boldsymbol{AB})^{-1}=\boldsymbol{B}^{-1}\boldsymbol{A}^{-1}$。

4）$|\boldsymbol{A}^{-1}|=\dfrac{1}{|\boldsymbol{A}|}$。

在 Excel 中，一个矩阵的逆可以利用函数“＝MINVERSE（）”求得，以矩阵 $\boldsymbol{A}$ 为例，即在选好输出单元域后输入函数“＝MINVERSE（**A**）”，然后按 Ctrl＋Shift＋Enter 即可。

(9) 矩阵的迹及求迹公式

一个方阵 $\boldsymbol{A}$ 的对角元素之和称作 $\boldsymbol{A}$ 的迹，记作 $Tr\boldsymbol{A}$。如有：

$$\boldsymbol{A}=\begin{bmatrix} a_{11} & a_{12} & \cdots & a_{1n} \\ a_{21} & a_{22} & \cdots & a_{2n} \\ \vdots & \vdots & & \vdots \\ a_{n1} & a_{n2} & \cdots & a_{nn} \end{bmatrix}$$

$$Tr\boldsymbol{A}=\sum a_{ii}$$

矩阵的迹具有如下性质：

1）$Tr\boldsymbol{A}^T=Tr\boldsymbol{A}$。

2）若 $\boldsymbol{A}$、$\boldsymbol{B}$ 为同阶方阵，则：

$$Tr(\boldsymbol{A}+\boldsymbol{B})=Tr\boldsymbol{A}+Tr\boldsymbol{B}$$

3）若矩阵 $\boldsymbol{AB}$ 和 $\boldsymbol{BA}$ 皆存在，则有：

$$Tr(\boldsymbol{AB})=Tr(\boldsymbol{BA})$$

4）$Tr(k\boldsymbol{A})=kTr\boldsymbol{A}$。

5）若矩阵 $\boldsymbol{ABC}$、$\boldsymbol{BCA}$ 和 $\boldsymbol{CAB}$ 皆存在，则有：

$$Tr(\boldsymbol{ABC})=Tr(\boldsymbol{BCA})=Tr(\boldsymbol{CAB})$$

6）设 $\boldsymbol{U}$ 为 $n\times1$ 阶的非零列向量，$\boldsymbol{A}$ 为 n 阶方阵，则有：

$$\boldsymbol{U}'\boldsymbol{A}\boldsymbol{U}=Tr(\boldsymbol{U}'\boldsymbol{A}\boldsymbol{U})=Tr(\boldsymbol{A}\boldsymbol{U}\boldsymbol{U}')$$

不难看出，第一个等号左端实际上是一个标量，标量的迹显然就是这一标量。第二个等号两端即上述第三个公式。

（10）正定矩阵和半正定矩阵

仍设 $\boldsymbol{U}$ 为 $n\times1$ 阶的非零列向量，$\boldsymbol{A}$ 为 n 阶方阵，如果 $\boldsymbol{A}$ 是 n 阶实对称阵且 $\boldsymbol{U}'\boldsymbol{A}\boldsymbol{U}>0$，则 $\boldsymbol{A}$ 就称作正定矩阵；如果 $\boldsymbol{U}'\boldsymbol{A}\boldsymbol{U}\geqslant0$，则 $\boldsymbol{A}$ 就称作半正定矩阵。正定矩阵（半正定矩阵）的特征值皆大于（大于等于）零。对于正定矩阵和半正定矩阵 $\boldsymbol{A}$，一般存在可逆方阵 $\boldsymbol{P}$ 使得 $\boldsymbol{A}=\boldsymbol{P}'\boldsymbol{P}$。正定矩阵和半正定矩阵的另一种等价的说法是：

正定矩阵：主对角线上元素均大于 0 的实对称矩阵。

半正定矩阵：主对角线上元素不小于 0 的实对称矩阵。

这种定义根据上述求迹公式（5）是不难理解的。

A2.3　向量内积及正交向量

［定义 1］　设 $\boldsymbol{V}$ 是实数域 $\boldsymbol{R}$ 上的一个向量空间，对于 $\boldsymbol{V}$ 中的任意两个向量 $\boldsymbol{X}$ 和 $\boldsymbol{Y}$：

$$\boldsymbol{X}=(x_1,\ x_2,\ \cdots,\ x_n)\qquad \boldsymbol{Y}=(y_1,\ y_2,\ \cdots,\ y_n)$$

实数 $[\boldsymbol{X},\boldsymbol{Y}]=x_1y_1+x_2y_2+\cdots+x_ny_n=\sum x_iy_i$ 称作向量 $\boldsymbol{X}$ 和 $\boldsymbol{Y}$ 的内积。显然，向量内积满足如下性质：

1）$[\boldsymbol{X},\boldsymbol{Y}]=[\boldsymbol{Y},\boldsymbol{X}]$；

2）$[\boldsymbol{X}+\boldsymbol{Y},\boldsymbol{Z}]=[\boldsymbol{X},\boldsymbol{Z}]+[\boldsymbol{Y},\boldsymbol{Z}]$；

3）$[k\boldsymbol{X},\boldsymbol{Y}]=k[\boldsymbol{X},\boldsymbol{Y}]$；

4）当 $\boldsymbol{X}\neq0$ 时，$[\boldsymbol{X},\boldsymbol{X}]>0$；

其中，$\boldsymbol{Z}$ 也是 $\boldsymbol{V}$ 中的任意向量，k 是任意实数，$\boldsymbol{V}$ 叫做相对于该内积的欧氏空间。

［定义 2］　设 $\boldsymbol{X}$ 是欧氏空间中的一个向量，非负实数 $[\boldsymbol{X},\boldsymbol{X}]$ 的算术根 $\sqrt{[\boldsymbol{X},\boldsymbol{X}]}$ 叫做 $\boldsymbol{X}$ 的长度，用符号 $|\boldsymbol{X}|$ 表示，即 $|\boldsymbol{X}|=\sqrt{[\boldsymbol{X},\boldsymbol{X}]}$。向量的长度也叫做向量的范数。

欧氏空间中的每一个向量都有一个确定的长度，零向量的长度为零，任意非零向量的长度均为正数，长度为 1 的向量叫做**单位向量**。对于任意的非零向量 $\boldsymbol{X}$，$\boldsymbol{X}/|\boldsymbol{X}|$ 都是单位向量。

［定义 3］　如果欧氏空间中的两个向量 $\boldsymbol{X}$ 与 $\boldsymbol{Y}$ 的内积为零，则两向量为正交向量。即对于正交向量，有 $[\boldsymbol{X},\boldsymbol{Y}]=0$。根据这一定义，很显然相互独立的两组变量的离差是正交向量，因为相互独立的两组变量的离差之和为零，即对于独立变量有：$\sum x_iy_i=0$。

欧氏空间 $\boldsymbol{V}$ 中的一组两两正交的非零向量叫做 $\boldsymbol{V}$ 的一个正交组。

［定义 4］　对于欧氏空间 $\boldsymbol{V}$ 中的任意两个非零向量 $\boldsymbol{X}$ 和 $\boldsymbol{Y}$，其夹角 ϕ 定义为：

$$\phi=\arccos\frac{[\boldsymbol{X},\boldsymbol{Y}]}{|\boldsymbol{X}||\boldsymbol{Y}|}\quad 或者\quad \cos\phi=\frac{[\boldsymbol{X},\boldsymbol{Y}]}{|\boldsymbol{X}||\boldsymbol{Y}|}$$

若 $[\boldsymbol{X},\boldsymbol{Y}]=0$，则 $\boldsymbol{X}$ 与 $\boldsymbol{Y}$ 正交（或垂直），记作 $\boldsymbol{X}\perp\boldsymbol{Y}(\cos90^\circ=0)$。零向量与任意向量正交。根据向量长度的性质 $[\boldsymbol{X},\boldsymbol{Y}]^2\leqslant[\boldsymbol{X},\boldsymbol{X}][\boldsymbol{Y},\boldsymbol{Y}]$ 或者 $|[\boldsymbol{X},\boldsymbol{Y}]|\leqslant|\boldsymbol{X}||\boldsymbol{Y}|$，一般地，有 $-1\leqslant\cos\phi\leqslant1$。

［定义 5］　如果一个 n 阶实矩阵 $\boldsymbol{U}$ 满足条件：

$$U'=U^{-1} \quad 或 \quad UU'=U'U=I_n$$

则 U 为一个**正交矩阵**。正交矩阵的行列式值为 1，即有 $|\det A|=1$。

一个任意阶数的单位矩阵 I 是正交矩阵。在平面解析几何中，两直角坐标系（即当直角坐标系旋转角度 θ 后）的坐标变换矩阵 T 也是正交矩阵，即：

$$\begin{pmatrix} x_2 \\ y_2 \end{pmatrix}=\begin{pmatrix} \cos\theta & -\sin\theta \\ \sin\theta & \cos\theta \end{pmatrix}\begin{pmatrix} x_1 \\ y_1 \end{pmatrix}=T \cdot x^{(0)}$$

其中，$T=\begin{pmatrix} \cos\theta & -\sin\theta \\ \sin\theta & \cos\theta \end{pmatrix}$。

正交矩阵的各行各列均为单位向量且都两两正交。

A2.4　特征值与特征向量

［**定义 6**］ 设 A 为 n 阶方阵，如果数 λ 和 n 维非零列向量 X 使得：$AX=\lambda X$ 成立，则称 λ 为方阵 A 的特征值，X 称作 A 对应于 λ 的特征向量。相应地，$(A-\lambda I)$ 称作 A 的特征矩阵，$\det(A-\lambda I)$ 称作 A 的特征多项式。通常，解 $|A-\lambda I|=0$，可求得 A 的全部 n 个特征值，所以特征值也叫做特征根；解 $(A-\lambda I)X=0$，其非零解向量就是 A 对应于 λ_i 的特征向量。

由对应于不同特征值的特征向量构成的矩阵的列向量两两线性无关。

对于 A 的全部特征值 λ_i，$\sum\lambda_i = Tr\,A$；$\Pi\,\lambda_i = \det A$，且 $(-1)Tr\,A$ 为 A 的特征多项式中 $n-1$ 项的系数，$(-1)^n\det A$ 为 A 的特征多项式的常数项。

【**例 4**】 求矩阵 $A=\begin{pmatrix} 3 & 1 \\ 5 & -1 \end{pmatrix}$ 的特征根和特征向量。

【**解**】 $|\lambda I-A|=\begin{vmatrix} \lambda-3 & -1 \\ -5 & \lambda+1 \end{vmatrix}=\lambda^2-2\lambda-8=(\lambda-4)(\lambda+2)=0$

解之得：$\lambda_1=4$ 和 $\lambda_2=-2$。

对应于 $\lambda_1=4$ 和 $\lambda_2=-2$ 的特征向量分别为：

$$\begin{pmatrix} 1 & -1 \\ -5 & 5 \end{pmatrix}\begin{pmatrix} x_1 \\ x_2 \end{pmatrix}=\begin{pmatrix} x_1-x_2 \\ -5x_1+5x_2 \end{pmatrix}=\mathbf{0}$$

$$\begin{pmatrix} -5 & -1 \\ -5 & -1 \end{pmatrix}\begin{pmatrix} x_1 \\ x_2 \end{pmatrix}=\begin{pmatrix} -5x_1-x_2 \\ -5x_1-x_2 \end{pmatrix}=\mathbf{0}$$

解之得：$\begin{pmatrix} 1 & 1 \\ 1 & -5 \end{pmatrix}$。

特征根 λ 和特征向量 X 在数学上可以解释为矩阵 A 和特征向量 X 相乘后的所得之积一定是特征向量 X 的 λ 倍特征根，即 $AX=\lambda X$ 必成立。如在例 4 中，必有：

$$\begin{pmatrix} 3 & 1 \\ 5 & -1 \end{pmatrix}\begin{pmatrix} 1 \\ 1 \end{pmatrix}=4\begin{pmatrix} 1 \\ 1 \end{pmatrix} \qquad \begin{pmatrix} 3 & 1 \\ 5 & -1 \end{pmatrix}\begin{pmatrix} 1 \\ -5 \end{pmatrix}=-2\begin{pmatrix} 1 \\ -5 \end{pmatrix}$$

由实对称矩阵对应于不同特征值的特征向量构成的矩阵是正交矩阵。如果 A 是一个 n 阶实对称矩阵，则必存在一个 n 阶正交矩阵 U，使得：

$$\boldsymbol{U}'\boldsymbol{A}\boldsymbol{U}=\begin{pmatrix}\lambda_1 & 0 & \cdots & 0\\ 0 & \lambda_2 & \cdots & 0\\ \vdots & \vdots & & \vdots\\ 0 & 0 & \cdots & \lambda_n\end{pmatrix}=\boldsymbol{\Lambda}$$

其中，λ_1，λ_2，…，λ_n是$\boldsymbol{A}$的全部特征根。这是关于正交矩阵的一个重要定理。

[定义 7] 设$\boldsymbol{A}$、$\boldsymbol{B}$是同一数域$\boldsymbol{F}$上的两个n阶方阵，如果存在$\boldsymbol{F}$上的一个可逆矩阵$\boldsymbol{P}$，使得$\boldsymbol{P}^{-1}\boldsymbol{A}\boldsymbol{P}=\boldsymbol{B}$，则称作$\boldsymbol{A}$与$\boldsymbol{B}$相似，记为$\boldsymbol{A}\sim\boldsymbol{B}$。相似也称作合同。

相似矩阵具有相同的特征多项式和特征值。

附录 3 常用临界值表

附表 1 标准正态分布表

$$P(x \geqslant z)=\frac{1}{\sqrt{2\pi}}\int_{z}^{\infty} e^{-\frac{x^2}{2}}dx$$

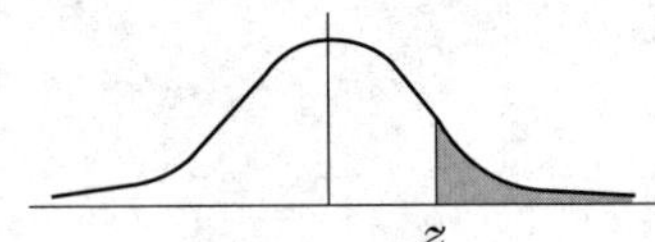

z	0.00	0.01	0.02	0.03	0.04	0.05	0.06	0.07	0.08	0.09
0.0	0.500 0	0.496 0	0.492 0	0.488 0	0.484 0	0.480 1	0.476 1	0.472 1	0.468 1	0.464 1
0.1	0.460 2	0.456 2	0.452 2	0.448 3	0.444 3	0.440 4	0.436 4	0.432 5	0.428 6	0.424 7
0.2	0.420 7	0.416 8	0.412 9	0.409 0	0.405 2	0.401 3	0.397 4	0.393 6	0.389 7	0.385 9
0.3	0.382 1	0.378 3	0.374 5	0.370 7	0.366 9	0.363 2	0.359 4	0.355 7	0.352 0	0.348 3
0.4	0.344 6	0.340 9	0.337 2	0.333 6	0.330 0	0.326 4	0.322 8	0.319 2	0.315 6	0.312 1
0.5	0.308 5	0.305 0	0.301 5	0.298 1	0.294 6	0.291 2	0.287 7	0.284 3	0.281 0	0.277 6
0.6	0.274 3	0.270 9	0.267 6	0.264 3	0.261 1	0.257 8	0.254 6	0.251 4	0.248 3	0.245 1
0.7	0.242 0	0.238 9	0.235 8	0.232 7	0.229 6	0.226 6	0.223 6	0.220 6	0.217 7	0.214 8
0.8	0.211 9	0.209 0	0.206 1	0.203 3	0.200 5	0.197 7	0.194 9	0.192 2	0.189 4	0.186 7
0.9	0.184 1	0.181 4	0.178 8	0.176 2	0.173 6	0.171 1	0.168 5	0.166 0	0.163 5	0.161 1
1.0	0.158 7	0.156 2	0.153 9	0.151 5	0.149 2	0.146 9	0.144 6	0.142 3	0.140 1	0.137 9
1.1	0.135 7	0.133 5	0.131 4	0.129 2	0.127 1	0.125 1	0.123 0	0.121 0	0.119 0	0.117 0
1.2	0.115 1	0.113 1	0.111 2	0.109 3	0.107 5	0.105 6	0.103 8	0.102 0	0.100 3	0.098 5
1.3	0.096 8	0.095 1	0.093 4	0.091 8	0.090 1	0.088 5	0.086 9	0.085 3	0.083 8	0.082 3
1.4	0.080 8	0.079 3	0.077 8	0.076 4	0.074 9	0.073 5	0.072 1	0.070 8	0.069 4	0.068 1
1.5	0.066 8	0.065 5	0.064 3	0.063 0	0.061 8	0.060 6	0.059 4	0.058 2	0.057 1	0.055 9
1.6	0.054 8	0.053 7	0.052 6	0.051 6	0.050 5	0.049 5	0.048 5	0.047 5	0.046 5	0.045 5
1.7	0.044 6	0.043 6	0.042 7	0.041 8	0.040 9	0.040 1	0.039 2	0.038 4	0.037 5	0.036 7
1.8	0.035 9	0.035 1	0.034 4	0.033 6	0.032 9	0.032 2	0.031 4	0.030 7	0.030 1	0.029 4
1.9	0.028 7	0.028 1	0.027 4	0.026 8	0.026 2	0.025 6	0.025 0	0.024 4	0.023 9	0.023 3
2.0	0.022 8	0.022 2	0.021 7	0.021 2	0.020 7	0.020 2	0.019 7	0.019 2	0.018 8	0.018 3
2.1	0.017 9	0.017 4	0.017 0	0.016 6	0.016 2	0.015 8	0.015 4	0.015 0	0.014 6	0.014 3
2.2	0.013 9	0.013 6	0.013 2	0.012 9	0.012 5	0.012 2	0.011 9	0.011 6	0.011 3	0.011 0
2.3	0.010 7	0.010 4	0.010 2	0.009 9	0.009 6	0.009 4	0.009 1	0.008 9	0.008 7	0.008 4
2.4	0.008 2	0.008 0	0.007 8	0.007 5	0.007 3	0.007 1	0.006 9	0.006 8	0.006 6	0.006 4
2.5	0.006 2	0.006 0	0.005 9	0.005 7	0.005 5	0.005 4	0.005 2	0.005 1	0.004 9	0.004 8
2.6	0.004 7	0.004 5	0.004 4	0.004 3	0.004 1	0.004 0	0.003 9	0.003 8	0.003 7	0.003 6
2.7	0.003 5	0.003 4	0.003 3	0.003 2	0.003 1	0.003 0	0.002 9	0.002 8	0.002 7	0.002 6
2.8	0.002 6	0.002 5	0.002 4	0.002 3	0.002 3	0.002 2	0.002 1	0.002 1	0.002 0	0.001 9
2.9	0.001 9	0.001 8	0.001 8	0.001 7	0.001 6	0.001 6	0.001 5	0.001 5	0.001 4	0.001 4
3.0	0.001 3	0.001 3	0.001 3	0.001 2	0.001 2	0.001 1	0.001 1	0.001 1	0.001 0	0.001 0

注：该表中数字的补数在 Excel 中可利用函数 Normsdist（ ）查出。

附表 2　t 分布表

$P[t(\nu)>t_{\alpha}(\nu)]=\alpha$

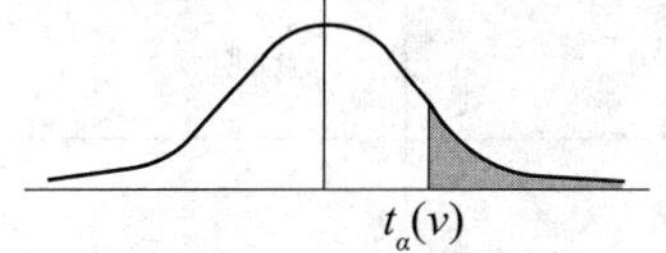

ν \ α	0.25	0.2	0.15	0.1	0.05	0.025	0.01	0.005	0.000 5
1	1.000	1.376	1.963	3.078	6.314	12.706	31.821	63.656	636.578
2	0.816	1.061	1.386	1.886	2.920	4.303	6.965	9.925	31.600
3	0.765	0.978	1.250	1.638	2.353	3.182	4.541	5.841	12.924
4	0.741	0.941	1.190	1.533	2.132	2.776	3.747	4.604	8.610
5	0.727	0.920	1.156	1.476	2.015	2.571	3.365	4.032	6.869
6	0.718	0.906	1.134	1.440	1.943	2.447	3.143	3.707	5.959
7	0.711	0.896	1.119	1.415	1.895	2.365	2.998	3.499	5.408
8	0.706	0.889	1.108	1.397	1.860	2.306	2.896	3.355	5.041
9	0.703	0.883	1.100	1.383	1.833	2.262	2.821	3.250	4.781
10	0.700	0.879	1.093	1.372	1.812	2.228	2.764	3.169	4.587
11	0.697	0.876	1.088	1.363	1.796	2.201	2.718	3.106	4.437
12	0.695	0.873	1.083	1.356	1.782	2.179	2.681	3.055	4.318
13	0.694	0.870	1.079	1.350	1.771	2.160	2.650	3.012	4.221
14	0.692	0.868	1.076	1.345	1.761	2.145	2.624	2.977	4.140
15	0.691	0.866	1.074	1.341	1.753	2.131	2.602	2.947	4.073
16	0.690	0.865	1.071	1.337	1.746	2.120	2.583	2.921	4.015
17	0.689	0.863	1.069	1.333	1.740	2.110	2.567	2.898	3.965
18	0.688	0.862	1.067	1.330	1.734	2.101	2.552	2.878	3.922
19	0.688	0.861	1.066	1.328	1.729	2.093	2.539	2.861	3.883
20	0.687	0.860	1.064	1.325	1.725	2.086	2.528	2.845	3.850
21	0.686	0.859	1.063	1.323	1.721	2.080	2.518	2.831	3.819
22	0.686	0.858	1.061	1.321	1.717	2.074	2.508	2.819	3.792
23	0.685	0.858	1.060	1.319	1.714	2.069	2.500	2.807	3.768
24	0.685	0.857	1.059	1.318	1.711	2.064	2.492	2.797	3.745
25	0.684	0.856	1.058	1.316	1.708	2.060	2.485	2.787	3.725
26	0.684	0.856	1.058	1.315	1.706	2.056	2.479	2.779	3.707
27	0.684	0.855	1.057	1.314	1.703	2.052	2.473	2.771	3.689
28	0.683	0.855	1.056	1.313	1.701	2.048	2.467	2.763	3.674
29	0.683	0.854	1.055	1.311	1.699	2.045	2.462	2.756	3.660
30	0.683	0.854	1.055	1.310	1.697	2.042	2.457	2.750	3.646
60	0.679	0.848	1.045	1.296	1.671	2.000	2.390	2.660	3.460
120	0.677	0.845	1.041	1.289	1.658	1.980	2.358	2.617	3.373
∞	0.674	0.842	1.036	1.282	1.645	1.960	2.326	2.576	3.291

注：t 分布的双尾临界值在 Excel 中可利用函数 Tinv（ ）查出。

附表 3　相关系数临界值表

ν \ α	30%	20%	10%	5%	1%	1‰
1	0.891 0	0.951 1	0.987 7	0.996 9	0.999 9	1.000 00
2	0.700 0	0.800 0	0.900 0	0.950 0	0.990 0	0.999 00
3	0.585 1	0.687 0	0.805 4	0.878 3	0.958 7	0.991 14
4	0.511 2	0.608 4	0.729 3	0.811 4	0.917 2	0.974 07
5	0.459 2	0.550 9	0.669 4	0.754 5	0.874 5	0.950 88
6	0.420 2	0.506 7	0.621 5	0.706 7	0.834 3	0.924 90
7	0.389 6	0.471 6	0.582 2	0.666 4	0.797 7	0.898 27
8	0.364 8	0.442 8	0.549 4	0.631 9	0.764 6	0.872 12
9	0.344 2	0.418 7	0.521 4	0.602 1	0.734 8	0.847 05
10	0.326 7	0.398 1	0.497 3	0.576 0	0.707 9	0.823 30
11	0.311 6	0.380 2	0.476 2	0.552 9	0.683 5	0.800 96
12	0.298 4	0.364 6	0.457 5	0.532 4	0.661 4	0.780 00
13	0.286 8	0.350 7	0.440 9	0.514 0	0.641 1	0.760 36
14	0.276 4	0.338 3	0.425 9	0.497 3	0.622 6	0.741 92
15	0.267 1	0.327 1	0.412 4	0.482 1	0.605 5	0.724 66
16	0.258 7	0.317 0	0.400 0	0.468 3	0.589 7	0.708 42
17	0.251 0	0.307 7	0.388 7	0.455 5	0.575 1	0.693 16
18	0.243 9	0.299 2	0.378 3	0.443 8	0.561 4	0.678 79
19	0.237 5	0.291 4	0.368 7	0.432 9	0.548 7	0.665 20
20	0.231 5	0.284 1	0.359 8	0.422 7	0.536 8	0.652 38
21	0.225 9	0.277 4	0.351 5	0.413 2	0.525 6	0.640 23
22	0.220 7	0.271 1	0.343 8	0.404 4	0.515 1	0.628 72
23	0.215 9	0.265 3	0.336 5	0.396 1	0.505 2	0.617 77
24	0.211 3	0.259 8	0.329 7	0.388 2	0.495 8	0.607 36
25	0.207 1	0.254 6	0.323 3	0.380 9	0.486 9	0.597 45
26	0.203 1	0.249 7	0.317 2	0.373 9	0.478 5	0.587 99
27	0.199 3	0.245 1	0.311 5	0.367 3	0.470 5	0.578 95
28	0.195 7	0.240 7	0.306 1	0.361 0	0.462 9	0.570 32
29	0.192 3	0.236 6	0.300 9	0.355 0	0.455 6	0.562 06
30	0.189 1	0.232 7	0.296 0	0.349 4	0.448 7	0.554 12
60	0.133 8	0.165 0	0.210 8	0.250 0	0.324 8	0.407 86
120	0.094 6	0.116 8	0.149 6	0.177 9	0.232 4	0.294 31

附表 4A　F 分布表　$F_{0.05}(\nu_1, \nu_2)$

$$F=\frac{X/\nu_1}{Y/\nu_2} \quad P(F \geqslant F_\alpha)=\alpha$$

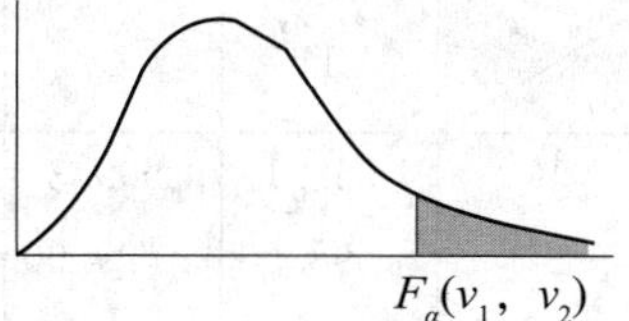

ν_2 \ ν_1	1	2	3	4	5	6	7	8	9
1	161.45	199.50	215.71	224.58	230.16	233.99	236.77	238.88	240.54
2	18.51	19.00	19.16	19.25	19.30	19.33	19.35	19.37	19.38
3	10.13	9.55	9.28	9.12	9.01	8.94	8.89	8.85	8.81
4	7.71	6.94	6.59	6.39	6.26	6.16	6.09	6.04	6.00
5	6.61	5.79	5.41	5.19	5.05	4.95	4.88	4.82	4.77
6	5.99	5.14	4.76	4.53	4.39	4.28	4.21	4.15	4.10
7	5.59	4.74	4.35	4.12	3.97	3.87	3.79	3.73	3.68
8	5.32	4.46	4.07	3.84	3.69	3.58	3.50	3.44	3.39
9	5.12	4.26	3.86	3.63	3.48	3.37	3.29	3.23	3.18
10	4.96	4.10	3.71	3.48	3.33	3.22	3.14	3.07	3.02
11	4.84	3.98	3.59	3.36	3.20	3.09	3.01	2.95	2.90
12	4.75	3.89	3.49	3.26	3.11	3.00	2.91	2.85	2.80
13	4.67	3.81	3.41	3.18	3.03	2.92	2.83	2.77	2.71
14	4.60	3.74	3.34	3.11	2.96	2.85	2.76	2.70	2.65
15	4.54	3.68	3.29	3.06	2.90	2.79	2.71	2.64	2.59
16	4.49	3.63	3.24	3.01	2.85	2.74	2.66	2.59	2.54
17	4.45	3.59	3.20	2.96	2.81	2.70	2.61	2.55	2.49
18	4.41	3.55	3.16	2.93	2.77	2.66	2.58	2.51	2.46
19	4.38	3.52	3.13	2.90	2.74	2.63	2.54	2.48	2.42
20	4.35	3.49	3.10	2.87	2.71	2.60	2.51	2.45	2.39
21	4.32	3.47	3.07	2.84	2.68	2.57	2.49	2.42	2.37
22	4.30	3.44	3.05	2.82	2.66	2.55	2.46	2.40	2.34
23	4.28	3.42	3.03	2.80	2.64	2.53	2.44	2.37	2.32
24	4.26	3.40	3.01	2.78	2.62	2.51	2.42	2.36	2.30
25	4.24	3.39	2.99	2.76	2.60	2.49	2.40	2.34	2.28
26	4.23	3.37	2.98	2.74	2.59	2.47	2.39	2.32	2.27
27	4.21	3.35	2.96	2.73	2.57	2.46	2.37	2.31	2.25
28	4.20	3.34	2.95	2.71	2.56	2.45	2.36	2.29	2.24
29	4.18	3.33	2.93	2.70	2.55	2.43	2.35	2.28	2.22
30	4.17	3.32	2.92	2.69	2.53	2.42	2.33	2.27	2.21
60	4.00	3.15	2.76	2.53	2.37	2.25	2.17	2.10	2.04
120	3.92	3.07	2.68	2.45	2.29	2.18	2.09	2.02	1.96
∞	3.84	3.00	2.60	2.37	2.21	2.10	2.01	1.94	1.88

注：F 分布的临界值在 Excel 中可利用函数 Finv（ ）查出。

附表 4B　F 分布表　$F_{0.01}(\nu_1, \nu_2)$

ν_2 \ ν_1	1	2	3	4	5	6	7	8	9
1	4 052.1	4 999.3	5 403.5	5 624.3	5 764.0	5 859.0	5 928.3	5 981.0	6 022.4
2	98.50	99.00	99.16	99.25	99.30	99.33	99.36	99.38	99.39
3	34.12	30.82	29.46	28.71	28.24	27.91	27.67	27.49	27.34
4	21.20	18.00	16.69	15.98	15.52	15.21	14.98	14.80	14.66
5	16.26	13.27	12.06	11.39	10.97	10.67	10.46	10.29	10.16
6	13.75	10.92	9.78	9.15	8.75	8.47	8.26	8.10	7.98
7	12.25	9.55	8.45	7.85	7.46	7.19	6.99	6.84	6.72
8	11.26	8.65	7.59	7.01	6.63	6.37	6.18	6.03	5.91
9	10.56	8.02	6.99	6.42	6.06	5.80	5.61	5.47	5.35
10	10.04	7.56	6.55	5.99	5.64	5.39	5.20	5.06	4.94
11	9.65	7.21	6.22	5.67	5.32	5.07	4.89	4.74	4.63
12	9.33	6.93	5.95	5.41	5.06	4.82	4.64	4.50	4.39
13	9.07	6.70	5.74	5.21	4.86	4.62	4.44	4.30	4.19
14	8.86	6.51	5.56	5.04	4.69	4.46	4.28	4.14	4.03
15	8.68	6.36	5.42	4.89	4.56	4.32	4.14	4.00	3.89
16	8.53	6.23	5.29	4.77	4.44	4.20	4.03	3.89	3.78
17	8.40	6.11	5.19	4.67	4.34	4.10	3.93	3.79	3.68
18	8.29	6.01	5.09	4.58	4.25	4.01	3.84	3.71	3.60
19	8.18	5.93	5.01	4.50	4.17	3.94	3.77	3.63	3.52
20	8.10	5.85	4.94	4.43	4.10	3.87	3.70	3.56	3.46
21	8.02	5.78	4.87	4.37	4.04	3.81	3.64	3.51	3.40
22	7.95	5.72	4.82	4.31	3.99	3.76	3.59	3.45	3.35
23	7.88	5.66	4.76	4.26	3.94	3.71	3.54	3.41	3.30
24	7.82	5.61	4.72	4.22	3.90	3.67	3.50	3.36	3.26
25	7.77	5.57	4.68	4.18	3.85	3.63	3.46	3.32	3.22
26	7.72	5.53	4.64	4.14	3.82	3.59	3.42	3.29	3.18
27	7.68	5.49	4.60	4.11	3.78	3.56	3.39	3.26	3.15
28	7.64	5.45	4.57	4.07	3.75	3.53	3.36	3.23	3.12
29	7.60	5.42	4.54	4.04	3.73	3.50	3.33	3.20	3.09
30	7.56	5.39	4.51	4.02	3.70	3.47	3.30	3.17	3.07
60	7.08	4.98	4.13	3.65	3.34	3.12	2.95	2.82	2.72
120	6.85	4.79	3.95	3.48	3.17	2.96	2.79	2.66	2.56
∞	6.63	4.61	3.78	3.32	3.02	2.80	2.64	2.51	2.41

附表 5A　*DW*临界值表（α=0.05）

	$k=1$		$k=2$		$k=3$		$k=4$		$k=5$		$k=6$	
n	*DL*	*DU*	*DL*	*DU*	*DL*	*DU*	*DL*	*DU*	*DL*	*DU*	*DL*	*DU*
6	0.610	1.400	—	—	—	—	—	—	—	—	—	—
7	0.700	1.356	0.467	1.896	—	—	—	—	—	—	—	—
8	0.763	1.332	0.559	1.777	0.368	2.287	—	—	—	—	—	—
9	0.824	1.320	0.629	1.699	0.455	2.128	0.296	2.588	—	—	—	—
10	0.879	1.320	0.697	1.641	0.525	2.016	0.376	2.414	0.243	2.822	—	—
11	0.927	1.324	0.658	1.604	0.595	1.928	0.444	2.283	0.316	2.645	0.203	3.005
12	0.971	1.331	0.812	1.579	0.658	1.864	0.512	2.177	0.379	2.506	0.268	2.832
13	1.010	1.340	0.861	1.562	0.715	1.816	0.574	2.094	0.445	2.390	0.328	2.692
14	1.045	1.350	0.905	1.551	0.767	1.779	0.632	2.030	0.505	2.296	0.389	2.572
15	1.077	1.361	0.946	1.543	0.814	1.750	0.685	1.977	0.562	2.220	0.449	2.472
16	1.106	1.371	0.982	1.539	0.857	1.728	0.734	1.935	0.615	2.157	0.502	2.388
17	1.133	1.381	1.015	1.536	0.897	1.710	0.779	1.900	0.664	2.104	0.554	2.318
18	1.158	1.391	1.046	1.535	0.933	1.696	0.820	1.872	0.710	2.060	0.603	2.257
19	1.180	1.401	1.074	1.536	0.937	1.685	0.859	1.848	0.752	2.023	0.649	2.206
20	1.201	1.411	1.100	1.537	0.998	1.676	0.894	1.828	0.792	1.991	0.692	2.162
21	1.221	1.420	1.125	1.538	1.026	1.669	0.927	1.812	0.829	1.964	0.732	2.124
22	1.239	1.429	1.147	1.541	1.053	1.665	0.958	1.797	0.863	1.940	0.769	2.090
23	1.257	1.437	1.168	1.543	1.078	1.660	0.986	1.785	0.895	1.920	0.804	2.061
24	1.273	1.446	1.188	1.546	1.101	1.656	1.013	1.775	0.925	1.902	0.837	2.035
25	1.288	1.454	1.206	1.550	1.123	1.654	1.038	1.767	0.953	1.886	0.868	2.012
26	1.302	1.461	1.224	1.553	1.143	1.652	1.062	1.759	0.979	1.873	0.897	1.992
27	1.316	1.469	1.240	1.556	1.162	1.651	1.084	1.753	1.004	1.861	0.925	1.974
28	1.328	1.476	1.255	1.560	1.181	1.650	1.104	1.747	1.028	1.850	0.951	1.958
29	1.341	1.483	1.270	1.563	1.198	1.650	1.124	1.743	1.050	1.841	0.975	1.944
30	1.352	1.489	1.284	1.567	1.214	1.650	1.143	1.739	1.071	1.833	0.998	1.931
32	1.373	1.502	1.309	1.574	1.244	1.650	1.177	1.732	1.106	1.819	1.041	1.909
34	1.393	1.514	1.333	1.580	1.271	1.652	1.208	1.728	1.144	1.808	1.080	1.891
36	1.411	1.525	1.354	1.587	1.295	1.654	1.236	1.724	1.175	1.799	1.114	1.877
38	1.427	1.535	1.373	1.594	1.318	1.656	1.261	1.722	1.204	1.792	1.146	1.864
40	1.442	1.544	1.391	1.600	1.338	1.659	1.285	1.721	1.230	1.786	1.175	1.854
45	1.475	1.566	1.430	1.615	1.383	1.666	1.336	1.720	1.287	1.776	1.238	1.835
50	1.503	1.585	1.462	1.628	1.421	1.674	1.738	1.721	1.335	1.771	1.291	1.822
55	1.528	1.601	1.490	1.641	1.452	1.681	1.414	1.724	1.374	1.768	1.334	1.814
60	1.549	1.616	1.514	1.652	1.480	1.689	1.444	1.727	1.408	1.767	1.372	1.808
70	1.583	1.641	1.554	1.672	1.525	1.703	1.494	1.735	1.464	1.768	1.433	1.802
80	1.611	1.662	1.586	1.688	1.560	1.715	1.534	1.743	1.507	1.772	1.480	1.801
90	1.635	1.679	1.612	1.703	1.589	1.726	1.566	1.751	1.524	1.776	1.518	1.801
100	1.654	1.694	1.634	1.715	1.613	1.736	1.592	1.758	1.571	1.780	1.550	1.803

注：k=解释变量数。

附表 5B　*DW*临界值表（α=0.01）

	k=1		k=2		k=3		k=4		k=5		k=6	
	DL	*DU*	*DL*	*DU*	*DL*	*DU*	*DL*	*DU*	*DL*	*DU*	*DL*	*DU*
6	0.390	1.142	—	—	—	—	—	—	—	—	—	—
7	0.435	1.036	0.294	1.676	—	—	—	—	—	—	—	—
8	0.497	1.003	0.345	1.489	0.229	2.102	—	—	—	—	—	—
9	0.554	0.998	0.408	1.389	0.279	1.875	0.183	2.433	—	—	—	—
10	0.604	1.001	0.466	1.333	0.340	1.733	0.230	2.193	0.150	2.690	—	—
11	0.653	1.010	0.519	1.297	0.396	1.640	0.286	2.030	0.193	0.124	0.124	2.892
12	0.697	1.023	0.569	1.274	0.449	1.575	0.339	1.913	0.244	2.280	0.164	2.665
13	0.738	1.038	0.616	1.261	0.499	1.526	0.391	1.826	0.294	2.150	0.211	2.490
14	0.776	1.054	0.660	1.254	0.547	1.490	0.441	1.757	0.343	2.049	0.257	2.354
15	0.811	1.070	1.700	1.252	0.591	1.464	0.488	1.704	0.391	1.967	0.303	2.244
16	0.844	1.086	0.737	1.252	0.633	1.446	0.532	1.663	0.437	1.900	0.349	2.153
17	0.874	1.102	0.772	1.255	0.672	1.432	0.574	1.630	0.480	1.847	0.393	2.078
18	0.902	1.118	0.805	1.259	0.708	1.422	0.613	1.604	0.522	1.803	0.435	2.015
19	0.928	1.132	0.835	1.265	0.742	1.415	0.650	1.584	0.561	1.767	0.476	1.963
20	0.952	1.147	0.863	1.271	0.773	1.411	0.685	1.567	0.598	1.737	0.515	1.918
21	0.975	1.161	0.890	1.277	0.803	1.408	0.718	1.554	0.633	1.712	0.552	1.881
22	0.997	1.144	0.914	1.284	0.831	1.407	0.748	1.543	0.667	1.691	0.587	1.849
23	1.018	1.187	0.938	1.291	0.858	1.407	0.777	1.534	0.698	1.673	0.620	1.821
24	1.037	1.199	0.960	1.298	0.882	1.407	0.805	1.528	0.728	1.658	0.652	1.797
25	1.055	1.211	0.981	1.305	0.906	1.409	0.831	1.523	0.756	1.645	0.682	1.776
26	1.072	1.222	1.001	1.312	0.928	1.411	0.855	1.518	0.783	1.635	0.711	1.759
27	1.089	1.233	1.019	1.319	0.949	1.413	0.878	1.515	0.808	1.626	0.738	1.743
28	1.104	1.244	1.037	1.325	0.969	1.415	0.900	1.513	0.832	1.618	0.764	1.729
29	1.119	1.254	1.054	1.332	0.988	1.418	0.921	1.512	0.855	1.611	1.788	1.718
30	1.133	1.263	1.070	1.339	1.006	1.421	0.941	1.511	0.877	1.606	0.812	1.707
32	1.160	1.282	1.100	1.352	1.040	1.428	0.979	1.510	0.917	1.597	0.856	1.690
34	1.184	1.299	1.128	1.364	1.070	1.435	1.012	1.511	0.954	1.591	0.896	1.677
36	1.206	1.315	1.153	1.876	1.098	1.442	1.043	1.513	0.988	1.588	0.932	1.666
38	1.227	1.330	1.176	1.388	1.124	1.449	1.072	1.515	1.019	1.585	0.966	1.658
40	1.246	1.344	1.198	1.398	1.148	1.457	1.098	1.518	1.048	1.584	0.997	1.652
45	1.288	1.276	1.245	1.423	1.301	1.474	1.156	1.528	1.111	1.584	1.065	1.643
50	1.324	1.403	1.285	1.446	1.245	1.491	1.205	1.538	1.164	1.587	1.123	1.639
55	1.356	1.327	1.320	1.466	1.284	1.506	1.247	1.548	1.209	1.592	1.172	1.638
60	1.383	1.479	1.350	1.484	1.317	1.520	1.283	1.558	1.249	1.598	1.214	1.639
70	1.429	1.485	1.400	1.515	1.372	1.546	1.343	1.578	1.313	1.611	1.283	1.645
80	1.466	1.515	1.441	1.541	1.416	1.568	1.390	1.595	1.364	1.624	1.338	1.653
90	1.496	1.540	1.474	1.563	1.452	1.587	1.429	1.611	1.406	1.636	1.383	1.661
100	1.522	1.562	1.903	1.583	1.482	1.604	1.462	1.625	1.441	1.647	1.421	1.670

附表 6　χ^2 分布表

$P(\chi^2 > \chi^2_\alpha(\nu)) = \alpha$

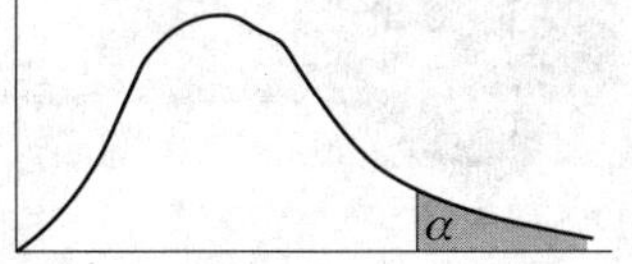

ν \ α	0.4	0.3	0.2	0.1	0.05	0.01	0.005	0.001
1	0.708	1.074	1.642	2.706	3.841	6.635	7.879	10.83
2	1.833	2.408	3.219	4.605	5.991	9.210	10.60	13.82
3	2.946	3.665	4.642	6.251	7.815	11.34	12.84	16.27
4	4.045	4.878	5.989	7.779	9.488	13.28	14.86	18.47
5	5.132	6.064	7.289	9.236	11.07	15.09	16.75	20.51
6	6.211	7.231	8.558	10.64	12.59	16.81	18.55	22.46
7	7.283	8.383	9.803	12.02	14.07	18.48	20.28	24.32
8	8.351	9.524	11.03	13.36	15.51	20.09	21.95	26.12
9	9.414	10.66	12.24	14.68	16.92	21.67	23.59	27.88
10	10.47	11.78	13.44	15.99	18.31	23.21	25.19	29.59
11	11.53	12.90	14.63	17.28	19.68	24.73	26.76	31.26
12	12.58	14.01	15.81	18.55	21.03	26.22	28.30	32.91
13	13.64	15.12	16.98	19.81	22.36	27.69	29.82	34.53
14	14.69	16.22	18.15	21.06	23.68	29.14	31.32	36.12
15	15.73	17.32	19.31	22.31	25.00	30.58	32.80	37.70
16	16.78	18.42	20.47	23.54	26.30	32.00	34.27	39.25
17	17.82	19.51	21.61	24.77	27.59	33.41	35.72	40.79
18	18.87	20.60	22.76	25.99	28.87	34.81	37.16	42.31
19	19.91	21.69	23.90	27.20	30.14	36.19	38.58	43.82
20	20.95	22.77	25.04	28.41	31.41	37.57	40.00	45.31
22	23.03	24.94	27.30	30.81	33.92	40.29	42.80	48.27
24	25.11	27.10	29.55	33.20	36.42	42.98	45.56	51.18
26	27.18	29.25	31.79	35.56	38.89	45.64	48.29	54.05
28	29.25	31.39	34.03	37.92	41.34	48.28	50.99	56.89
30	31.32	33.53	36.25	40.26	43.77	50.89	53.67	59.70
40	41.62	44.16	47.27	51.81	55.76	63.69	66.77	73.40
50	51.89	54.72	58.16	63.17	67.50	76.15	79.49	86.66
60	62.13	65.23	68.97	74.40	79.08	88.38	91.95	99.61
70	72.36	75.69	79.71	85.53	90.53	100.4	104.2	112.3
80	82.57	86.12	90.41	96.58	101.9	112.3	116.3	124.8
100	102.9	106.9	111.7	118.5	124.3	135.8	140.2	149.4

注：χ^2 分布的临界值在 Excel 中可利用函数 Chiinv（ ）查出。

主要参考书目

1. 达莫达尔·N. 古扎拉蒂. 经济计量学精要：第4版. 北京：机械工业出版社，2010.

2. 李子奈，潘文卿. 计量经济学：第三版. 北京：高等教育出版社，2010.

3. 白砂堤津耶. 通过例题学习计量经济学：第二版. 北京：中国人民大学出版社，2012.

4. 张兆丰. 计量经济学基础. 北京：机械工业出版社，2013.

5. 孙敬水. 计量经济学学习指导与 EViews 应用指南. 北京：清华大学出版社，2010.

6. 庞皓. 计量经济学：第三版. 北京：科学出版社，2016.

7. 张晓峒. 计量经济学基础：第3版. 天津：南开大学出版社，2007.

8. J. 约翰斯顿，J. 迪纳尔多. 计量经济学方法：第四版. 北京：中国经济出版社，2002.

9. 赵国庆. 计量经济学：第三版. 北京：中国人民大学出版社，2008.

10. 拉姆·拉玛纳山. 应用经济计量学：第5版. 北京：机械工业出版社，2003.

11. 刘思峰等. 计量经济学简明教程. 北京：高等教育出版社，2010.

12. 于俊年. 计量经济学：第二版. 北京：对外经济贸易大学出版社，2000.

13. 李长风. 经济计量学：第2版. 上海：格致出版社，上海人民出版社，2010.

14. 耿修，林琳. 计量经济学——原理、方法、应用及 EXCEL、MINITAB 工具. 北京：科学出版社，2004.

15. 徐仲等. 矩阵论简明教程. 北京：科学出版社，2001.

16. 吴雄华等. 矩阵论. 上海：同济大学出版社，1994.

17. 威廉·H. 格林. 经济计量分析. 北京：中国社会科学出版社，1998.

18. 琼·斯图亚特. 计量经济学入门. 北京：中国统计出版社，1989.

19. 亨利·瑟尔. 经济计量学入门. 北京：中国社会科学出版社，1986.

20. L. R. 克莱因. 经济计量学教科书. 北京：商务印书馆，1983.

图书在版编目（CIP）数据

计量经济学：第三版 / 熊义杰，孙赵勇编著. —北京：中国人民大学出版社，2017.8
21 世纪经济学系列教材
ISBN 978-7-300-24542-3

Ⅰ.①计… Ⅱ.①熊…②孙… Ⅲ.①计量经济学-高等学校-教材 Ⅳ.①F224.0

中国版本图书馆 CIP 数据核字（2017）第 133022 号

21 世纪经济学系列教材
计量经济学（第三版）
熊义杰　孙赵勇　编著
Jiliang Jingjixue

出版发行	中国人民大学出版社		
社　　址	北京中关村大街 31 号	**邮政编码**	100080
电　　话	010－62511242（总编室）		010－62511770（质管部）
	010－82501766（邮购部）		010－62514148（门市部）
	010－62515195（发行公司）		010－62515275（盗版举报）
网　　址	http://www.crup.com.cn		
	http://www.ttrnet.com（人大教研网）		
经　　销	新华书店		
印　　刷	北京东君印刷有限公司		
规　　格	185 mm×260 mm　16 开本	**版　　次**	2017 年 8 月第 1 版
印　　张	20.5 插页 1	**印　　次**	2019 年 5 月第 2 次印刷
字　　数	485 000	**定　　价**	42.00 元

版权所有　侵权必究　　印装差错　负责调换